馬德 呂義 主編

敦煌草書寫本識粹

大乘起信論略述（卷上）

姚志薇 編著

社會科學文獻出版社
SOCIAL SCIENCES ACADEMIC PRESS (CHINA)

《敦煌草書寫本識粹》編委會

總序

一九〇〇年，地處中國西北戈壁深山的敦煌莫高窟，封閉千年的藏經洞開啓，出土了數以萬計的敦煌寫本文獻。其中僅漢文文書就有近六萬件，而草書寫本則有四百多件二百餘種。同其他敦煌遺書一樣，由於歷史原因，這些草書寫本分散收藏於中國國家圖書館、英國國家圖書館、法國國家圖書館、故宫博物院、上海博物館、南京博物院、天津博物館、敦煌市博物館、日本書道博物館等院館。因此，同其他書體的敦煌寫本一樣，敦煌草書寫本也是一百二十年來世界範圍内的研究對象。

（一）

文字是對所有自然現象、社會發展的記載，是對人們之間語言交流的記録，人們在不同的環境和場合就使用不同的書體。敦煌寫本分寫經與文書兩大類，寫經基本爲楷書，文書多爲行書，而草書寫本多爲佛教經論的詮釋類文獻。

敦煌草書寫本大多屬於聽講記録和隨筆，係古代高僧對佛教經典的詮釋和注解，也有一部分抄寫本和佛典摘要類的學習筆記；寫卷所採用的書體基本爲今草，也有一些保存有濃厚的章草遺韻。

敦煌草書寫本雖然數量有限，但具有不凡的價值和意義。

首先是文獻學意義。敦煌草書寫本是佛教典籍中的寶貴資料，書寫於一千多年前的唐代，大多爲聽講筆記的孤本，僅存一份，無複本，也無傳世文獻相印證，均爲稀世珍品、連城罕物，具有極高的收藏價值、文物價值、研究價值。而一部分雖然有傳世本可鑒，但作爲最早的手抄本，保存了文獻的原始形態，對傳世本錯訛的校正作用顯而易見；更有一部分經過校勘和標注的草書寫本，成爲後世其他抄寫本的底本和範本。所以，敦煌草書寫本作爲最原始的第一手資料可發揮重要的校勘作用；同時作爲古代寫本，保存了諸多引人注目的古代異文，提供了豐富的文獻學和文化史等學科領域的重要信息。

其次是佛教史意義。作爲社會最基層的佛教宣傳活動的内容記録，以通俗的形式向全社會進行佛教的普及宣傳，深入社會，反映了中國大乘佛教的「入世」特色，是研究佛教的具體信仰形態的第一手資料。通過對敦煌草書寫本文獻的整理研究，可以窺視當時社會第一綫的佛教信仰形態，進而對古代敦煌以及中國佛教進行全方位的瞭解。

再次是社會史意義。多數草書寫本是對社會最基層的佛教宣傳活動的内容記録，所講内容緊貼社會生活，運用民間方言，結合風土民情，特别是大量利用中國歷史上的神話傳説和歷史故事來詮釋佛教義理，展現出宣講者淵博的學識和對中國傳統文化的認知。同時向世人展示佛教在社會發展進步中的歷史意義，進一步發揮佛教在維護社會穩定、促進社會發展方面的積極作用，也爲佛教在當今社會的傳播和發展提供歷史借鑒。另外有少數非佛典寫本，其社會意義則更加明顯。

最後是語言學的意義。隨聽隨記的草書寫本來源於活生生的佛教生活，内容大多爲對佛經的注解和釋義，將佛教經典中深奥的哲學理念以大衆化的語言進行演繹。作爲聽講記録文稿，書面語言與口頭語言混用，官方術語與民間方言共存；既有佛教術語，又有流行口語……是没有經過任何加工和處理的原始語言，保存了許多生動、自然的口語形態，展示了一般書面文獻所不具備的語言特色。

當然還有很重要的兩點，就是草書作品在文字學和書法史上的意義。其一，敦煌草書寫本使用了大量的異體字和俗體字，這些文字對考訂相關漢字的形體演變，建立文字譜系，具有重要的價值，爲文字學研究提供了豐富的原始資料。其二，草書作爲漢字的書寫體之一，簡化了漢字的寫法，是書寫進化的體現。敦煌寫本使用草書文字，結構合理，運筆流暢，書寫規範，書體標準，傳承有序；其中許多草書寫卷，堪稱中華書法寶庫中的頂級精品，許多字形不見於現今中外草書字典。這些書寫於千年之前的草書字，爲我們提供了大量的古代草書樣本，所展示的標準的草書文獻，對漢字草書的書寫和傳承有正軌和規範的作用，給各類專業人員提供完整準確的研習資料，爲深入研究和正確認識草書字體與書寫方法，解決當今書法界的很多争議，正本清源，提供了具體材料，從而有助於傳承中華民族優秀傳統文化。同時，一些合體字，如「𦫳」（菩薩）、「𦬇」（菩提），「卅」、「卌」或「夹」（涅槃）等，個别的符代字如「煩々」（煩惱）等，可以看作速記符號的前身。

總之，敦煌草書寫本無論是在佛教文獻的整理研究領域，還是對書法藝術的學習研究，對中華民族優秀傳統文化的傳承和創新都具有深遠的歷史意義和重大的現實意義，因此亟須挖掘、整理和研究。

（二）

遺憾的是，敦煌遺書出土歷兩個甲子以來，在國內，無論是學界還是教界，大多數研究者專注於書寫較爲工整的楷書文獻，對於字迹較難辨認但内容更具文獻價值和社會意義的草書寫本則重視不够。以往的有關成果基本上散見於敦煌文獻圖録和各類書法集，多限於影印圖片，釋文極爲少見，研究則更少。這使草書寫本不但無法展現其内容和文獻的價值意義，對大多數的佛教文獻研究者來講仍然屬於「天書」；而且因爲没有釋文，不僅無法就敦煌草書佛典進行系統整理和研究，即使是在文字識别和書寫方面也造成許多誤導——作爲書法史文獻也未能得到正確的認識和運用。相反，曾有日本學者對部分敦煌草書佛典做過釋文，雖然每見訛誤，但收入近代大藏經而廣爲流傳。此景頗令國人汗顔。

敦煌文獻是我們的老祖宗留下來的文化瑰寶，中國學者理應在這方面做出自己的貢獻。三十多年前，不少中國學人因爲受「敦煌在中國，敦煌學在外國」的刺激走上敦煌研究之路。今天，中國的敦煌學已經走在世界前列，但是我們不得不承認，還有一些領域，學術界關注得仍然不够，比如説對敦煌草書文獻的整理研究。這對於中國學界和佛教界來説無疑具有强烈的刺激與激勵作用。因此，敦煌草書寫本的整理研究不僅可以填補國内的空白，而且在一定程度上仍然具有「一雪前耻」的學術和社會背景。

爲此，在敦煌藏經洞文獻面世一百二十年之際，我們組織「敦煌草書寫本整理研究」項目組，計劃用八年左右的時間，對敦煌莫高窟藏經洞出土的四百多件二百餘種草書寫本進行全面系統的整理研究，内容包括對目前已知草書寫本的釋録、校注和内容、背景、草書文字等各方面的研究，以及相應的人才培養。這是一項龐大而繁雜的系統工程。「敦煌草書寫本識粹」即是這一項目的主要階段性成果。

（二）

「敦煌草書寫本識粹」從敦煌莫高窟藏經洞出土的四百多件二百餘種草書寫本中選取具有重要歷史文獻價值的八十種，分四輯編輯爲系列叢書八十册，每册按照統一的體例編寫，即分爲原卷原色圖版、釋讀與校勘和研究綜述三大部分。

寫本文獻編號與經名或文書名。編號爲目前國際通用的收藏單位流水號（因竪式排版，收藏單位略稱及序號均用漢字標識），如北敦爲中國國家圖書館藏品，斯爲英國國家圖書館藏品，伯爲法國國家圖書館藏品，故博爲故宫博物院藏品，上博爲上海博物館藏品，津博爲天津博物館（原天津市藝術博物館併入）藏品，南博爲南京博物院藏品等；卷名原有者襲之，缺者依内容擬定。對部分寫本中卷首與卷尾題名不同者，或根據主要内容擬定主題卷名，或據全部内容擬定綜述性卷名。

釋文和校注。竪式排版，採用敦煌草書寫本原件圖版與釋文、校注左右兩面對照的形式：展开後右面爲圖版頁，左面按原文分行竪排釋文，加以標點、斷句，並在相應位置排列校注文字。釋文按總行數順序標注。在校注中，爲保持文獻的完整性和便於專業研究，對部分在傳世大藏經中有相應文本者，或寫本爲原經文縮略或摘要本者，根據需要附上經文原文或提供信息鏈接；同時在寫本與傳世本的異文對照、對比方面，進行必要的注釋和説明，求正糾誤，去僞存真。因草書寫本多爲聽講隨記，故其中口語、方言使用較多，校注中儘量加以説明，包括對使用背景與社會風俗的解釋。另外，有一些草書寫本有兩個以上的寫卷（包括一定數量的殘片），還有的除草書外另有行書或楷書寫卷，在校釋中以選定的草書寫卷爲底本，以其他各卷互校互證。

研究綜述。對每卷做概括性的現狀描述，包括收藏單位、編號、保存現狀（首尾全、首全尾缺、尾缺、尾殘等）、寫本内容、時代、作者、抄寫者、流傳情況、現存情況等。在此基礎上，分内容分析、相關的歷史背景、獨特的文獻價值意義、書寫規律及其演變、書寫特色及其意義等問題，以歷史文獻和古籍整理爲主，綜合運用文字學、佛教學、歷史學、書法學等各種研究方法，對精選的敦煌草書寫本進行全面、深入、系統的研究，爲古籍文獻和佛教研究者提供翔實可靠的資料。另外，通過對草書文字的準確識讀，進一步對其中包含的佛教信仰、民俗風情、方言術語及其所反映的社會歷史背景等進行深入的闡述。

與草書寫本的整理研究同時，全面搜集和梳理所有敦煌寫本中的草書文字，編輯出版敦煌草書寫本字典，提供標準草書文字字形及書體，分析各自在敦煌草書寫本中的文字和文獻意義，藉此深入認識漢字的精髓，在中國傳統草書書法方面做到正本清源，又爲草書文字的學習和書寫提供準確、規範的樣本，傳承中華優秀傳統文化。在此基礎上，待條件成熟時，編輯「敦煌寫卷行草字典合輯」，也將作爲本項目的階段性成果列入出版計劃。

「敦煌草書寫本識粹」第一輯有幸得到二〇一八年國家出版基金的資助；蘭州大學敦煌學研究所將「敦煌草書文獻整理研究」列爲所内研究項目，並争取到學校和歷史文化學院相關研究項目經費的支持；部分工作列入馬德主持的國家社會科學基金重大項目「敦煌遺書數據庫建設」，並得到了適當資助，保證整理、研究和編纂工作的順利進行。

希望「敦煌草書寫本識粹」的出版，能够填補國内敦煌草書文獻研究的空白，開拓敦煌文獻與敦煌佛教研究的新領域，豐富對佛教古籍、中國佛教史、中國古代社會的研究。

由於編者水平有限，錯誤之處在所難免。我們殷切期望各位專家和廣大讀者的批評指正。同時，我們也將積極準備下一步整理研究敦煌草書文獻的工作，培養和壯大研究團隊，取得更多更好的成果。

是爲序。

馬德　呂義

二〇二一年六月

釋校凡例

一、本册所釋校敦煌唐草書寫本《大乘起信論略述》，卷上以英藏斯二四三六爲底本，以法藏伯二一四一背爲校本；卷下以法藏伯二〇五一爲底本，以斯〇一二五爲校本。卷上三二七行以下至卷下，見於《大乘起信論廣釋》卷三、卷四、卷五，用作參校本。《大正藏》對伯二一四一背和伯二〇五一進行了釋録，同時以斯二四三六對伯二一四一背進行校勘，因此對於《大正藏》與此三件草書寫本均不同的録文或失校的在脚注中注出。其中，黄征在《敦煌書法精品選（二）·大乘起信論略述殘卷》和《敦煌書法精品集·大乘起信論略述》中對伯二一四一背有釋録，亦以斯二四三六爲校本，對黄征録文與寫卷不同之處亦在脚注中注出（統一簡稱爲「黄征録文」）。

二、釋録時，對於筆畫清晰可辨，有可嚴格對應的楷化異體字者（與通用字構件不同），使用對應的楷化異體字；不能嚴格對應的（含筆畫增減、筆順不同等），一般採用《漢語大字典》釐定的通用規範繁體字。凡爲歷代字書所收有淵源的異體字（含古字，如仏、礼、秃等，俗字，如导等）、假借字，一般照録。凡唐代官方認可並見於正楷寫卷及碑刻而與今簡化字相同者，有的即係古代的正字（如万、无、与等），爲反映寫卷原貌，均原樣録出。

三、原卷尤其是斯二四三六行間補寫、删改（除直接塗抹，多連書數點（ ）情況複雜，録文一律使用校正後的文字和文本，僅對原卷的倒乙符號，加注説明，以作提示。對原卷仍存的錯訛衍脱等情況進行校勘，在校記中加以説明。對於寫卷不清晰，但能明確字數者，一字標以一「□」。釋校時不用引號。

四、對於寫卷中所用的佛教特殊用字，如上下疊用之合體字「𦬇」（菩薩）、「昔」（菩提）、「卌」、「卌」或「关」（涅槃）、「𦾔」（菩提）、菙（薩埵）、蔢（薩婆）等，或符代字如「煩々」（煩惱）等，均以正字釋出。

目録

大乘起信論略述卷上釋校

大乘起信論略述卷上

沙門曇曠撰

將釋此論三門分別一明造論意二顯論宗三解論文義初造意者
准論四義及八種因如下廣說今一總略攝以為二義一ゝ離妄二為顯
生ゝ法二利二一自二他謂諸衆生一心本性非動非靜非生非滅非淨非染
由無明熏動寂無念流轉生死備受諸苦ゝゝ衆生自心性本來寂
寂ゝ無動念無不動者亡是無明動念無明亡無以起知心無動亦起念者
契證心源無為無流轉息離以說顯自心無相以自覺聖者也是諸離以
說宗要攝以通其而顯照以攝自以照證為他說已離以云宗通說通
宗通為因說通為果者顯如是義故造此論　明宗趣者略有二種

一　大乘起信論略述卷上　沙門[一]曇曠撰

二　將釋此論，三門分別：一明造論意，二顯論宗〔趣〕[二]，三解論文義。初造意

者，

三　准論四義及八種因。如下廣説。今摠略攝，以爲二義：一令離妄，二爲顯

四　真。此二各二：一自，二他。謂諸衆生一心夲性，非動非静，非生非滅，非浄

非染；

五　由无明熏，動成妄念，流轉生死，備受諸苦。今令衆生了自心[三]性，夲來寂

六　滅，令无動念。有動者皆是无明動念，无明亦无所起；知心无動，不起念者，

七　契證心源，永无流轉，即經所説：離自心妄相，得自覺聖智。此是諸[四]經所

八　説宗要，依所通達而能脩行，依自所脩能爲他説，即經所言宗通説通。

九　宗通爲脩行，説通爲愚者，顯如是義，故造此論。明宗趣者，略[五]有二種：

校注

【一】「沙門」上，伯二一四一背有「建康」二字。【二】「趣」，原卷缺，據第九行、伯二一四一背、《大乘起信論義記》卷上補。【三】「心」，伯二一四一背缺。【四】「諸」，伯二一四一背同，《大正藏》作「法」。【五】「略」，伯二一四一背同，《大正藏》作「修」。

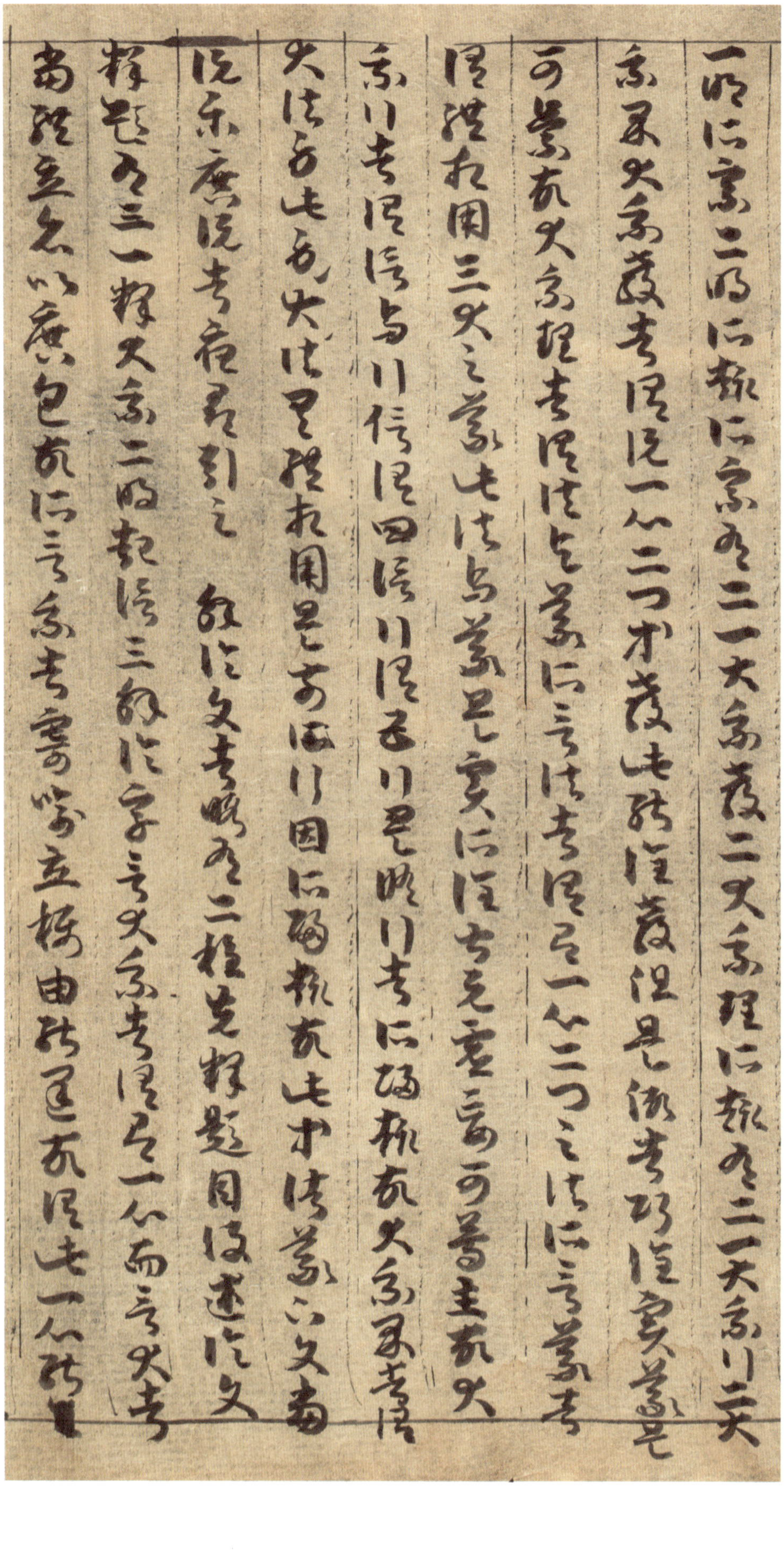

一〇　一明所宗，二明所趣。所宗有二：一大乘教，二[二]大乘理。所趣有二：一大乘行，二大

一一 乘果。大乘教者，謂説一心、二門等教。此能詮教，但是假者，巧詮[二]實義，是

一二 可崇故。大乘理者，謂法与義。所言法者，謂即一心、二門之法。所言義者，

一三 謂體相用三大之義。此法与義，是實所詮，皆无虚妄，可尊主故。大

一四 乘行者，謂信与行。信謂四信，行謂五行，是脩行者所歸趣故。大乘果者，謂

一五 大法身。此大法身[三]具體相用，是前[四]行因所歸趣故。此等諸義，下文當

一六 説，樂[五]廣説者，應尋引之。解論文者，略[六]有二種，先釋題目，後述論文。

一七 釋題有三：一釋大乘，二明起信，三解[七]論字。言大乘者，謂即一心。而言大者，

一八 當體立名，以廣包故。所言乘者，寄喻立稱。由能運故，謂此一心能

校注

【一】「二」下，伯二一四一背衍一「本」字。【二】「詮」，伯二一四一背同，《大正藏》作「雖」。【三】「大法身」，原卷作「身大法」，右有倒乙符。【四】「前」下，《大正藏》誤録「所」字。原卷已點删，伯二一四一背亦無。【五】「樂」，伯二一四一背同，《大正藏》作「示」。【六】「略」，伯二一四一背同，《大正藏》作「修」。【七】「解」，伯二一四一背同，《大正藏》作「釋」。

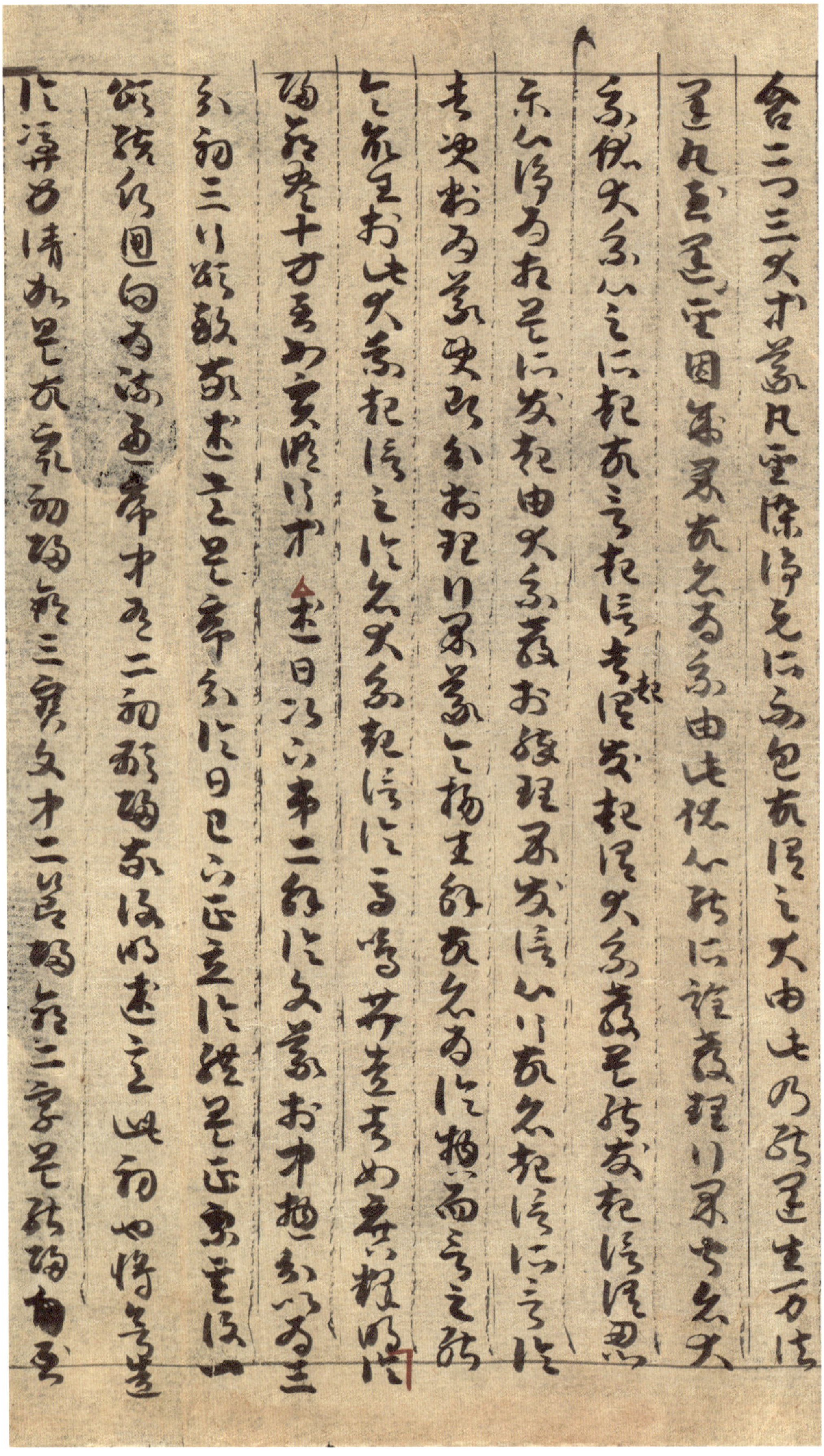

一九

含二門、三大等義，凡聖染淨无所不包，故謂之大；由此乃能運生万法，

二〇 運凡至聖，運[一]因成果，故名爲乘。由此依心能所詮，〔證〕[二]教理行果，皆
名大
二一 乘。依大乘心之所起，故言起信者。起謂[三]發起，謂大乘教是能發起，信謂忍
二二 樂心浄爲相，是所發起。由大乘教，於勝理果發信心行，故名起信。所言論
二三 者，決判爲義。決斷分判理行果義，令物[四]生解，故名爲論。揔而言之，能
二四 令衆生於此大乘起信之論，名大乘起信論。馬鳴菩薩造者，如廣釋明[五]。論：
二五 「歸命盡十方」至「如實脩行等」。述曰：次[六]下第二，解論文義。於中揔分
以爲三
二六 分：初三行頌致敬述意，是序分；論曰已下，正立論體，是正宗；其後一
二七 頌結願迴向，爲流通。序中有二，初顯歸敬，後明述意，此初也。將欲造
二八 論，凴力請加，是故冣初歸命三寶。文中[七]二節：歸命二字是能歸至

校注

【一】「聖運」，原作「運聖」，右有倒乙符。【二】「證」，原卷缺，據伯二一四一背補。【三】「謂」，伯二一四一背與《大正藏》作「爲」。【四】「物」，原卷俗寫作「扌」旁。【五】「明」下，《大正藏》有「門」字。【六】「次」，伯二一四一背同，《大正藏》作「以」。【七】「中」，伯二一四一背同，《大正藏》作「第」。

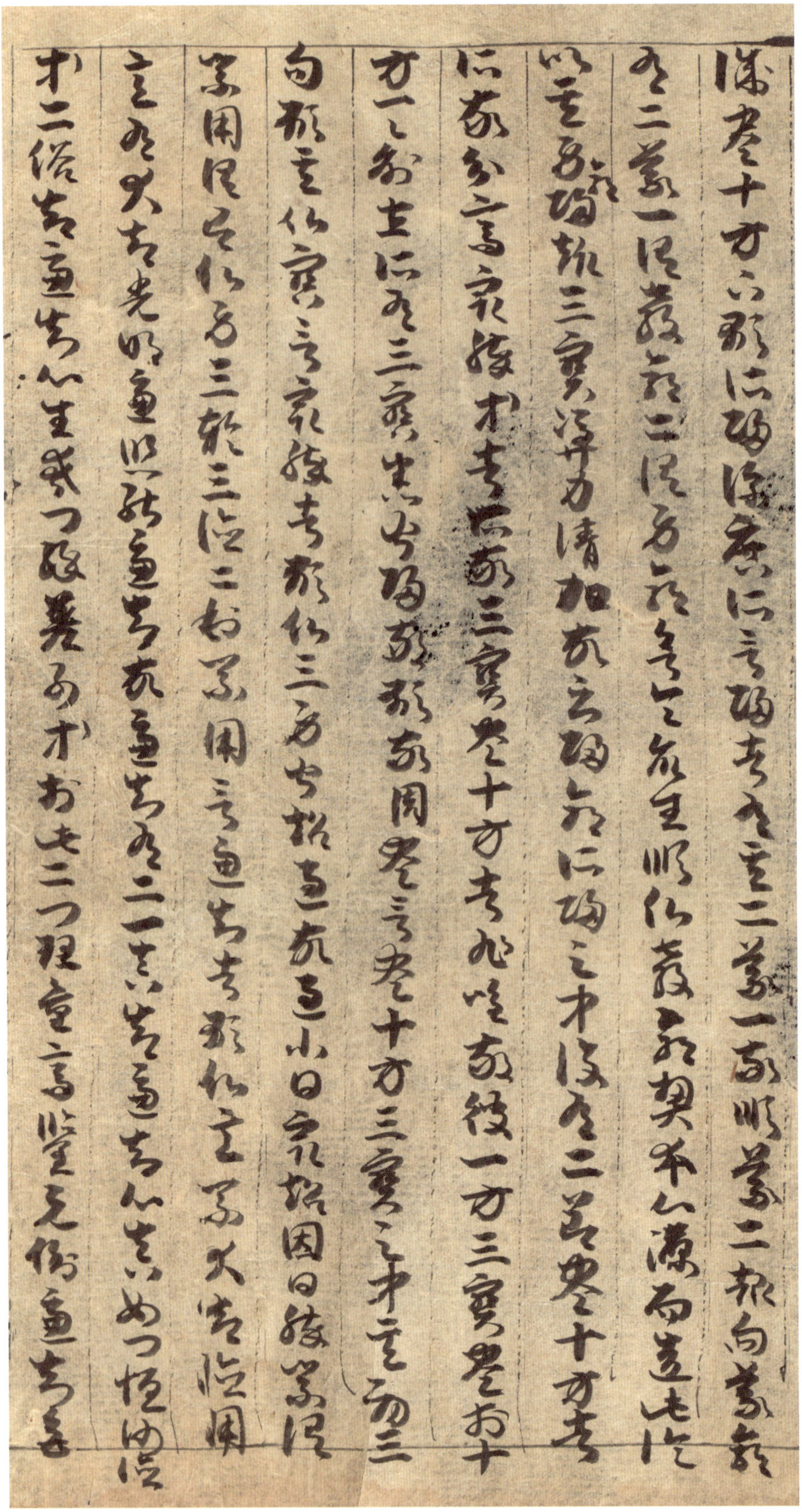

二九 誠；盡十方下，顯所歸深廣。所言歸者，有其二義：一敬順義，二趣[一]向義；

命

二〇 有二義：一[二]謂教命，二謂身命。欲令衆生順仏教命，契夲心源，而造此論。

二一 以其身命歸趣三寶，馮力請加，故云歸命。所歸之中復有二節：盡十方者

二二 所敬分齊，冣勝等者所敬三寶。盡十方者，非唯敬彼[三]一方三寶，盡於十

二三 方，一一刹土，所有三寶，悉皆歸敬。顯敬周盡，言盡十方。三寶之中，其初

三

二四 句顯其仏寶，言冣勝者，顯仏三身皆超過故。過小曰冣，超因曰勝，業謂

二五 業用，謂即仏身三輪[四]、三德，二利業用。言遍知者，顯仏意業。大智德用，

二六 意有大智，光明遍照，能遍知故。遍知有二：一真智，遍知心[五]真如門恒沙德

二七 等；二俗智，遍知心生滅門緣差別等。於此二門，理重高鑒[六]，无倒[七]遍知。

色[八]

校注

【一】「趣」，伯二一四一背同，《大正藏》作「報」。【二】「一」，《大正藏》漏録。【三】「彼」，伯二一四一背同，《大正藏》作「仏」。【四】「輪」，伯二一四一背作「論」，《大正藏》同。【五】「心」下，伯二一四一背有一「意」字。【六】「鑒」，伯二一四一背同，《大正藏》作「鑑」。【七】「倒」，《大正藏》同，伯二一四一背與黃征録文同作「到」。【八】「色」，伯二一四一背同，《大正藏》漏録，黃征録文作「言」。

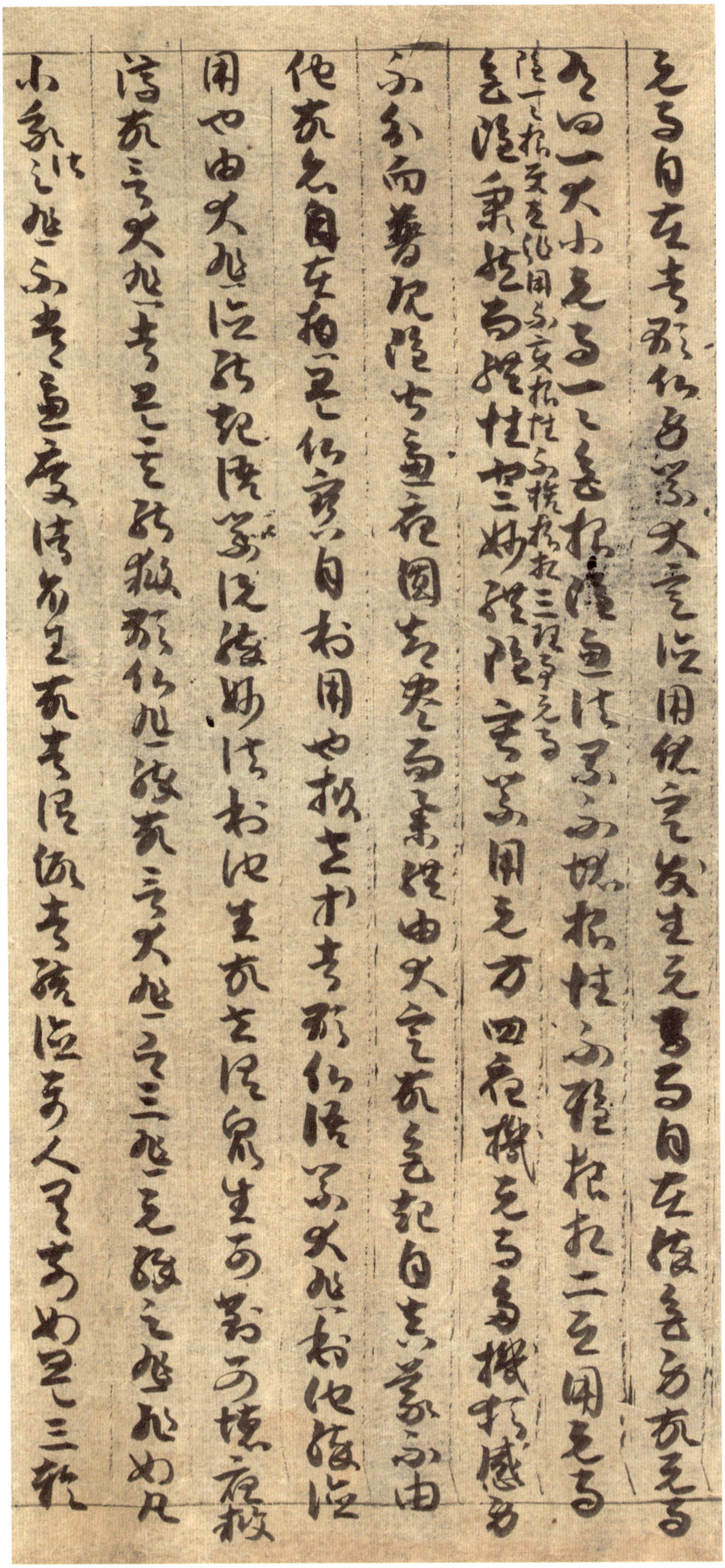

三八 无㝵[二]自在者，顯仏身業，大定德用，依定發生。无㝵自在緣色身故。无㝵

三九 有四：一大小无㝵，一一色根，雖遍法界，不壞根性，不輕根相；二互用无

㝵，

四〇 雖一一根，更互作用，不受根性，不捨根相；三理事无㝵，色雖秉然，而體性空[二]，妙體雖寂，業用无方；四應機无㝵，多機頓[三]感，身

四一 不分而普現，雖皆遍應，圓智盡而舉體，由大定故。色起自真，義不由

四二 他，故名自在。揔是仏寶，自利用也。救[四]世等者，顯仏語業，大悲利他，緣德

四三 用也。由大悲德，能起語業，説緣[五]妙法，利[六]他生故。世謂衆生，可對可壞，應救

四四 濟故。言大悲者，是其能救，顯仏悲緣，故言大悲。即三悲[七]无緣之悲，非如凡

四五 小我法之悲不常。遍度諸衆生故者，謂假者結德屬人，具前如是三輪、

校注

【一】「㝵」，伯二一四一背同，《大正藏》與黄征録文同作「礙」，後同。【二】「空」，伯二一四一背同，《大正藏》作「爲二」。《大乘起信論義記》卷上：「三理事無礙，謂現色蕭然而不礙舉體性空。」【三】「頓」字，伯二一四一背同，《大正藏》漏録。【四】「救」，伯二一四一背作「久」。【五】「緣」，伯二一四一背同，或當作「勝」。【六】「利」，《大正藏》同，伯二一四一背作「體」。【七】「悲」下，《大正藏》有「中」字。

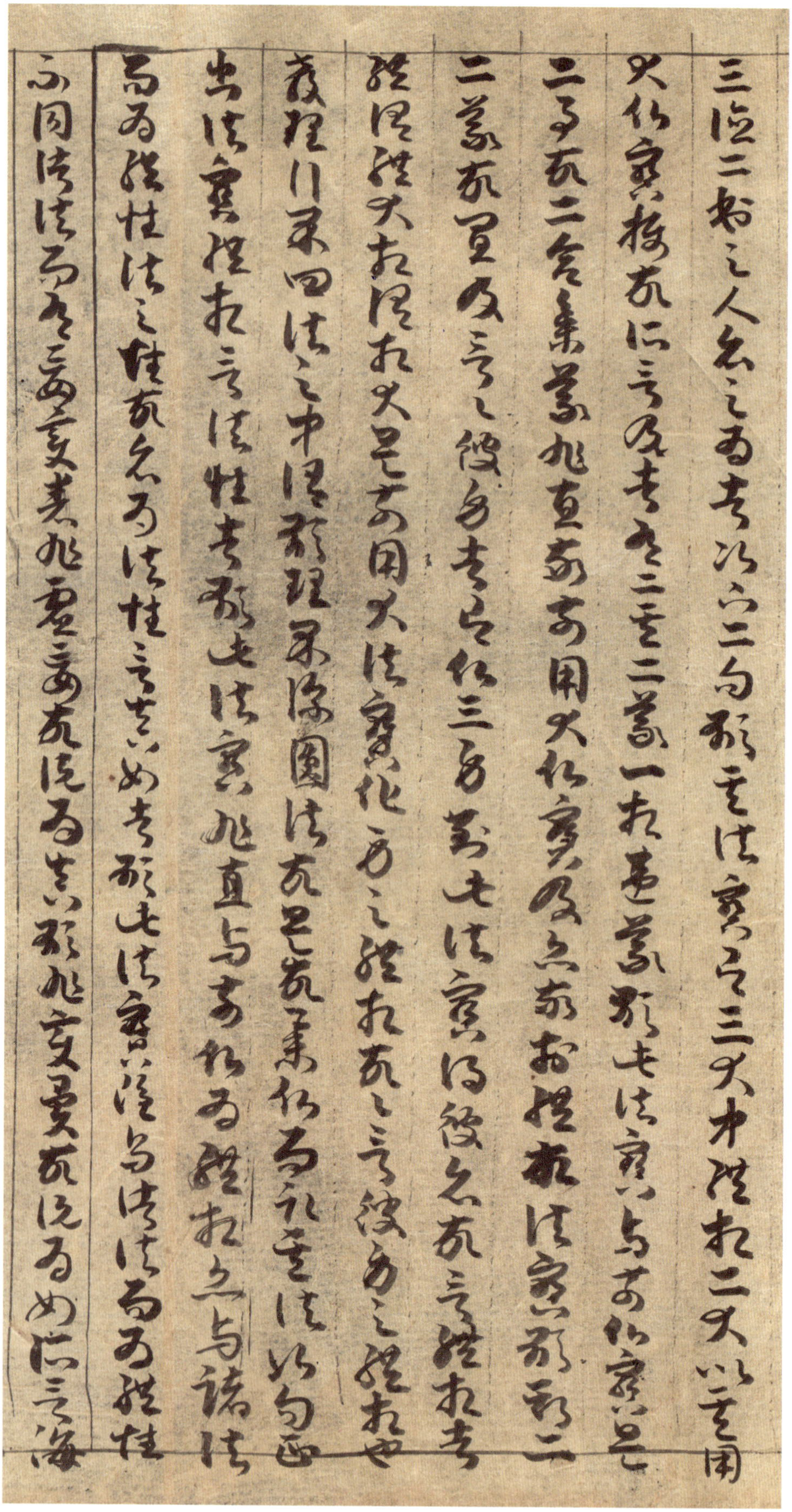

四六 三德、二利之人，名之爲者。次[二]下二句顯其法寶，即三大中體、相二大。以其用

四七 大仏寶攝故。所言及者，有二[一]。其二義：一相違義，顯此法寶与前仏寶是
四八 二事故；二含乘義，非直敬前用大仏寶，及亦敬於體相法寶。顯斯二
四九 義[二]，故置及言。言彼身者，即仏三身，對此法寶得彼名故。言體相者，
五〇 體謂體大，相謂相大，是前用大法寶化身之體相故，故言彼身之體相也。
五一 教、理、行、果，四法之中，謂顯理果深圓法故，是故𥝢仏而取[四]其法。次[五]
句正
五二 出法寶體相。言法性者，顯此法寶非直与前仏爲體相，亦与諸法
五三 而爲體性。法之性，故名爲法性。言真如者，顯此法寶雖与諸法而爲體性，
五四 不同諸法而有妄變[六]，悉非虛妄，故説爲真；顯非變異，故説爲如。所言海

校注

【一】「次」，伯二一四一背作「此」，《大正藏》作「以」。【二】「二」，伯二一四一背無。【三】「義」上，原卷衍「二」，據伯二一四一背删。

【四】「取」，原卷與伯二一四一背均又似「記」，《大正藏》作「記」。《大乘起信論義記》卷上：「今此所歸唯取深圓但歸理果。」【五】「次」，伯二一四一背與《大正藏》作「此」。【六】「變」，伯二一四一背同，《大正藏》作「實」。《大乘起信論義記》卷上：「言真如者，此明法性遍染淨時無變異義。真者體非僞妄。如者性無改異。」

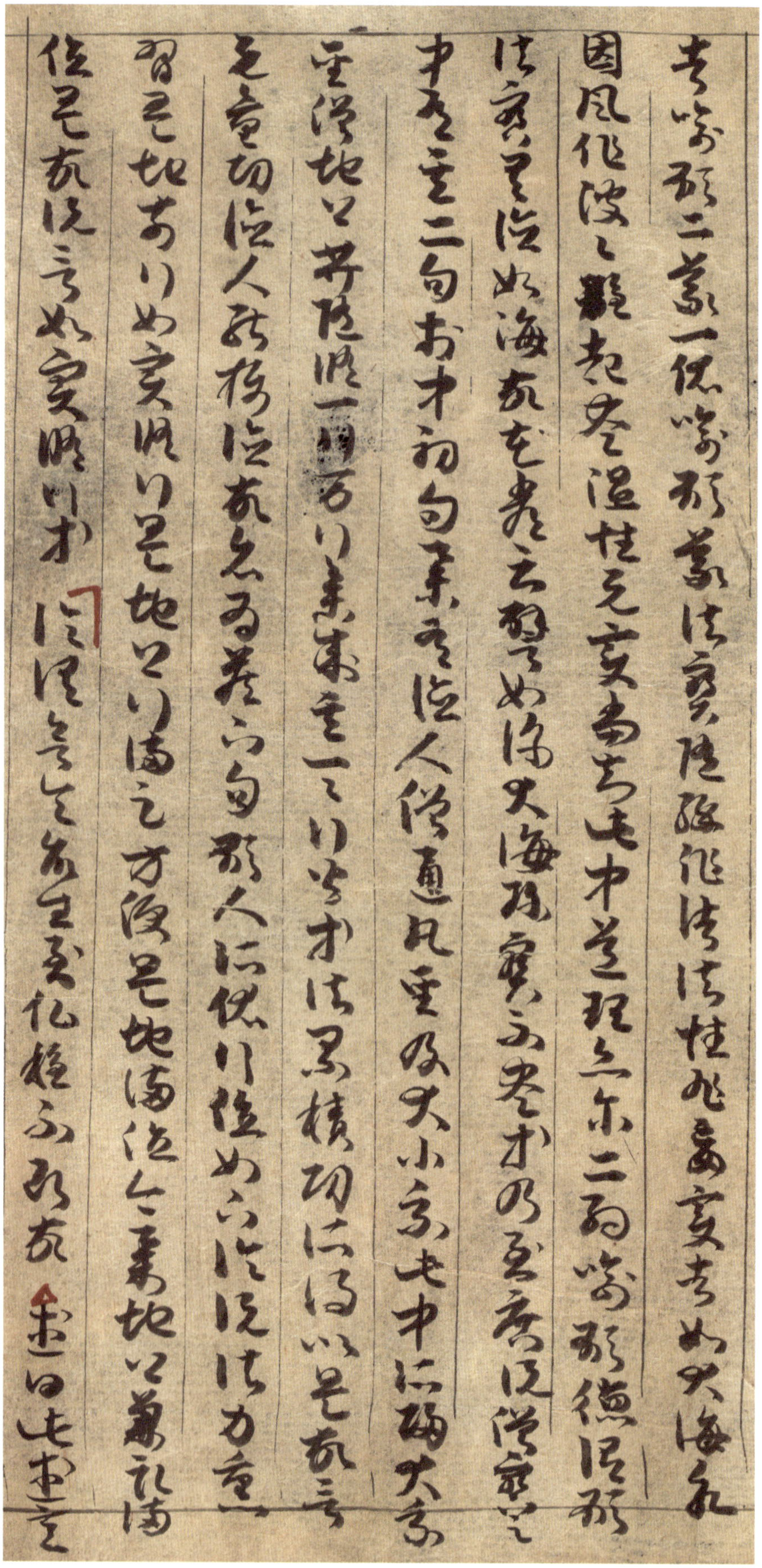

五五 者，喻顯二義。一依喻顯義。法寶隨緣作諸法，性非妄變者，如大海水

五六 因風作波，波雖起盡，濕性无變，當[一]知此中道理亦尔。二約喻顯德。謂[二]顯

五七 法寶，具德如海，故《花嚴》[三]云譬如深大海，珎寶不盡等。乃至廣説，僧寶之

五八 中有其二句。於中初句，私有德人，僧通凡聖，及大小乘。此中所歸大乘

五九 聖僧地上菩薩，随脩一行，万行舉成。其一一行，皆等法界[四]，積功所得[五]。以[六]是，故言

六〇 无量功德，人能攝德，故名[七]爲藏。下句顯人所依行位，如下論説：法力熏

六一 習是地前行，如實脩行是地上行，滿足方便是地滿位。今私地上，兼取[八]滿

六二 位，是故説言如實脩[九]行等。論：「爲[一〇]欲令衆生」至「仏種不斷故」。[一一]述曰：此述意

校注

【一】「當」，伯二一四一背作「雖」。【二】「德謂」，伯二一四一背與《大正藏》作「德德」。【三】「花嚴」，伯二一四一背同，《大正藏》與黄征録文作「在常」。【四】《大乘起信論義記》卷上：「備知一心有恒沙法界。今此文中舉正體等取後得，故云等也。」【五】「得」，伯二一四一背作「德」。【六】「以」，伯二一四一背作「已」。【七】「名」，伯二一四一背作「摄」。【八】「取」，原卷與伯二一四一背均又似「記」，《大正藏》作「記」。《大乘起信論義記》卷上：「此中等者，舉中等取前後也。」【九】「脩」，伯二一四一背缺。【一〇】「爲」，原卷作「謂」，據伯二一四一背、《大乘起信論》改。【一一】此所引《大乘起信論》係三藏法師真諦譯本。

六三

也。謂對三寶述造論意。文中四句，即爲四義。初句顯其所爲衆生，衆生雖

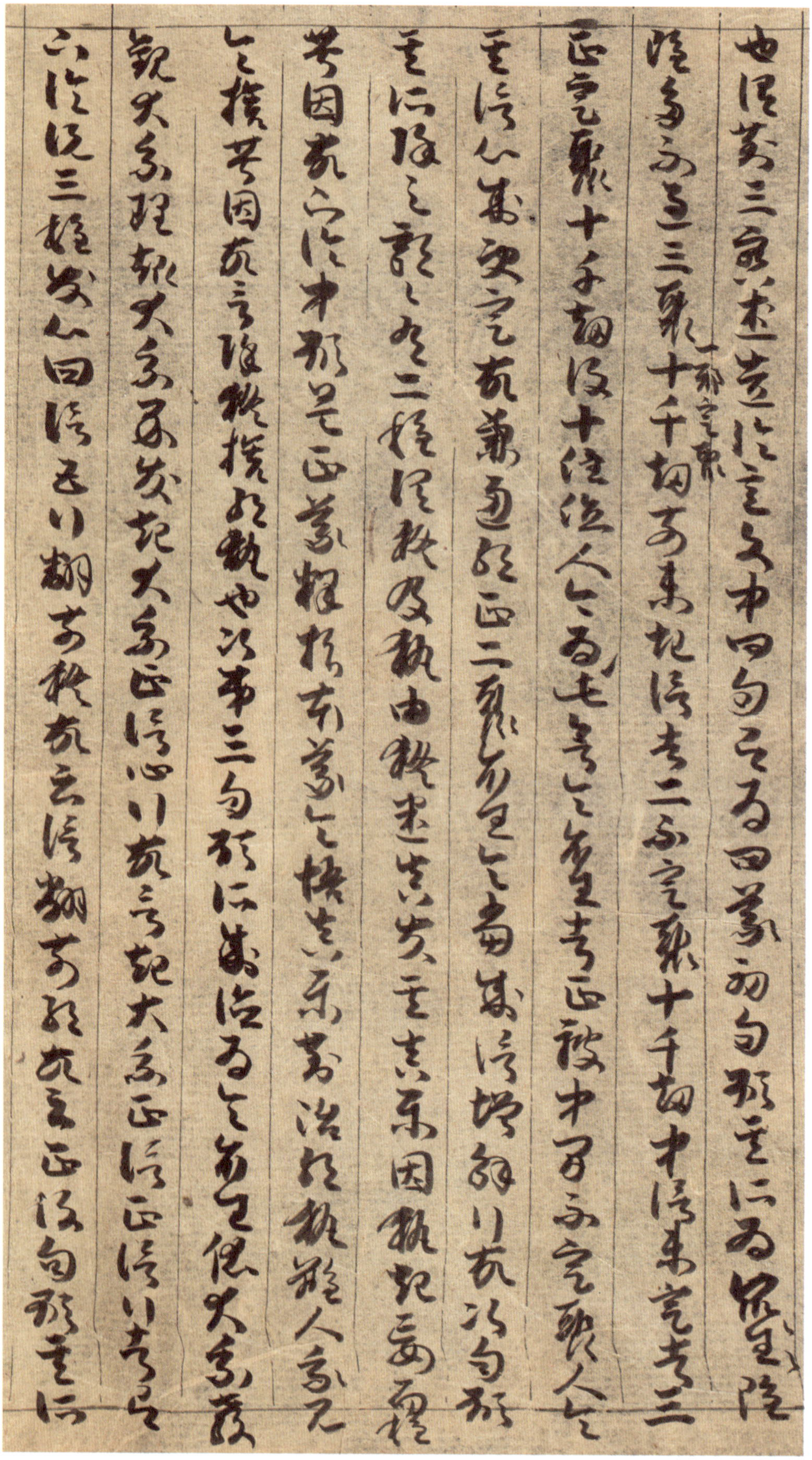

六四 多[一]，不過三聚：一邪定聚，十千劫前未起信者；二不定聚，十千劫中信未定
者；三
六五 正定聚，十千劫後十住位人。今此爲欲令衆生者，正被中間不定聚[二]人，令
六六 其信心成決定故；兼通邪、正二聚衆生，令當成信增解行故。次[三]句顯
六七 其所除之鄣。鄣有二種，謂疑及執。由疑迷真，失其[四]真樂；因執起妄，而種
六八 苦因。故下論中顯是[五]正義，釋根本義，令悟真樂，對治邪執，離人我見，
六九 令捨苦因，故言除疑捨邪執也。次第[六]三句顯所成德位[七]，令衆生依大乘教、
七〇 觀大乘理、趣[八]大乘果、發起大乘正信心行，故言起大乘正信。正信[九]行者，
即
七一 下論說三種發心、四信五行[一〇]，翻前疑故云信，翻前邪故云正。後句顯其所

校注

【一】「多」上，原卷衍「雖」，據伯二一四一背删。【二】「聚」，伯二一四一背缺。【三】「次」，伯二一四一背與《大正藏》作「此」。【四】「失其」，伯二一四一背同，《大正藏》作「故失」。【五】「是」，伯二一四一背作「示」。【六】「第」，黄征録文作「弟」，後同。【七】「位」，原卷作「爲」，據伯二一四一背改。【八】「趣」，伯二一四一背同，《大正藏》作「報」。【九】「正信」，伯二一四一背同，《大正藏》漏録。【一〇】「行」下，伯二一四一背有「即」。

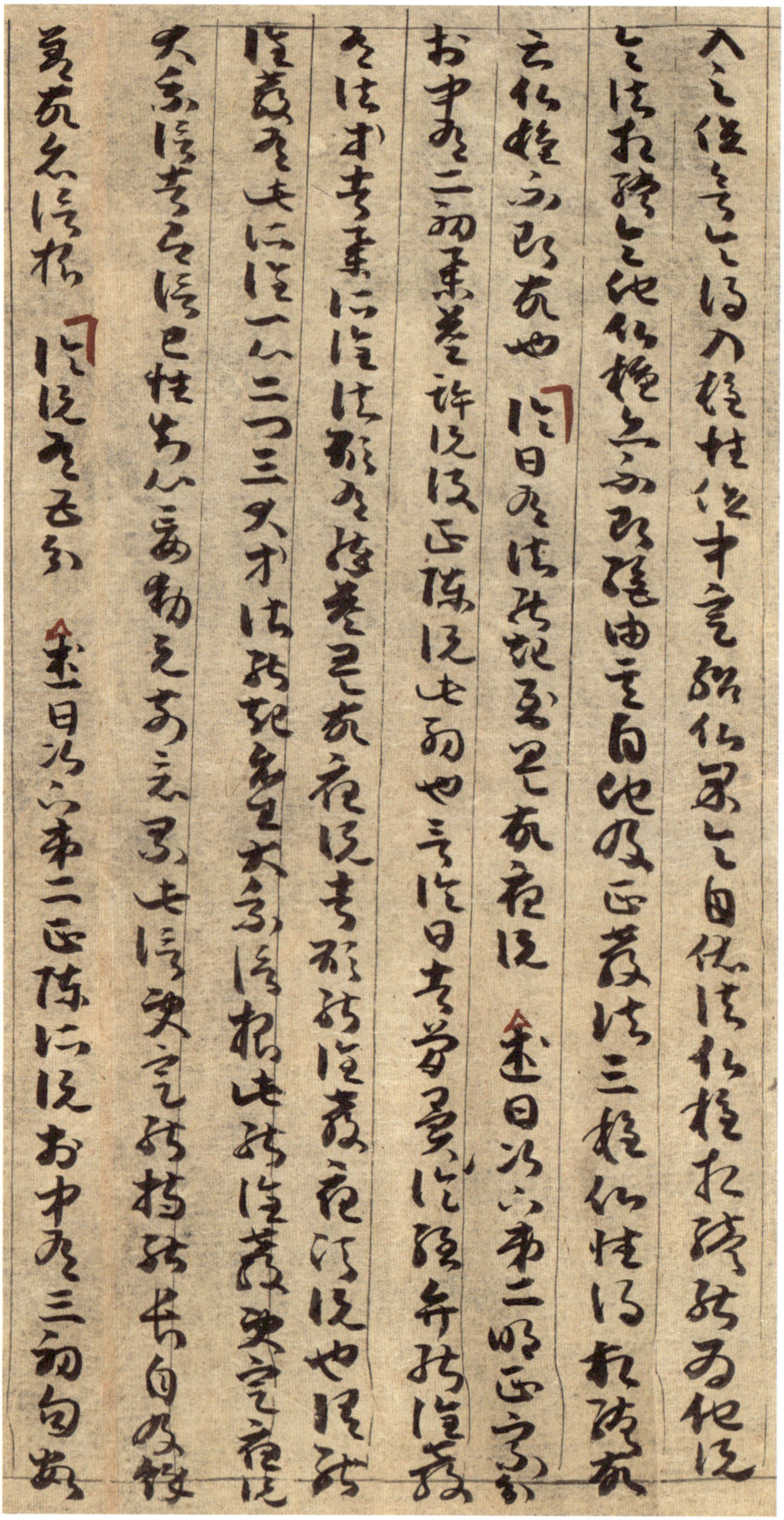

七

入之位，欲令得入種性位中，定紹仏果。令自依法，仏種相續；能爲[二]他説，

七三 令法相續；令他仏種，亦不斷絕。由其自他及正教法，三種仏性得相續故，
七四 〔故〕[二]云仏種不斷故也。論曰：「有法能起」至[三]「是故應說」。述曰：
次[四]下第二，明正宗分。
七五 於中有二，初乑荅許說，後正陳〔所〕[五]說，此初也。言論曰者，簡論異[六]
經，弁能詮教。
七六 有法等者，乑所詮法，顯有緣益。是故應說者，顯能詮教，應法說也。謂能
七七 詮教有此所詮，一心二門三大等法能起衆生大乘信根。此能詮教，決定應說。
七八 大乘信者，即信己性，知心妄動，无前境界。此信決定能持能長，自及餘
七九 善，故名信根。論：說有五[七]分。述曰：次下第二，正陳所說。於中有三，初
舉[八]數

校注

【一】「爲」，伯二一四一背作「位」。【二】「故」，原卷缺，據伯二一四一背及前後文例補。【三】「至」，原卷亦似「到」。【四】「次」，伯二一四一背作「此」。【五】「所」，原卷缺，據七九行、伯二一四一背、《大乘起信論義記》卷上補。【六】「論異」，原卷作「異論」，右有倒乙符。【七】「五」下，伯二一四一背衍「種」字。【八】「舉」，原卷作「句」，據伯二〇五一改。

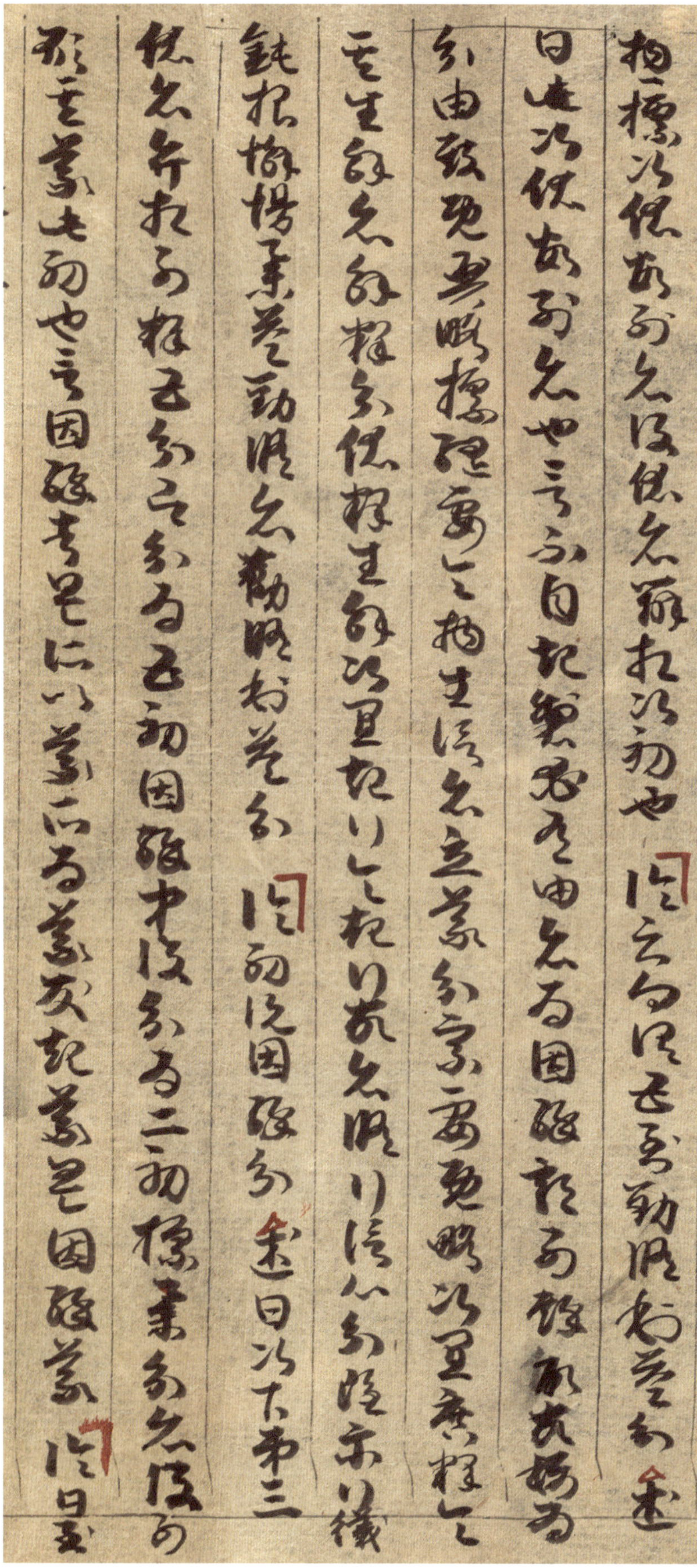

八〇 摠標，次[一]依數列名，後依名辨相，此[二]初也。論：「云何爲[三]五」至[四]「勸脩利益[五]分」。述

八一　曰：此次依[六]數列名也。言不自起，製必有由，名爲因緣；鄣[七]外餘取，故稱
爲
八二　分。由致既興[八]，略標經要，令物生信，名立義分。宗要既略，次宜廣釋，令
八三　其生解，名解釋分。依釋生解，次宜起行，令起行故，名脩行信心[九]分。雖示
行儀，
八四　鈍根懈慢，乑益勸脩，名勸脩利益分。論：初說因緣分。述曰：次[一〇]下第三，
八五　依名弁相。別釋[一一]五分，即分爲五。初因緣中，復分爲二，初標乑分名，後別
八六　顯其義，此初也。言因緣者，是所以義、所爲義、發起義，是因緣義。論：
「〔問〕[一二]曰」至

校注

【一】「次」，伯二一四一背作「此」。【二】「此」，原卷作「次」，據伯二一四一背改。【三】「爲」，原卷作「謂」，據伯二一四一背、《大乘起信論》改。【四】「至」，原卷亦似「到」。【五】「益」下，伯二一四一背衍「自」。【六】「次依」，伯二一四一背與《大正藏》無。【七】「鄣」，伯二一四一背同，《大正藏》本作「部」。【八】「興」，伯二一四一背同，《大正藏》漏録。【九】「心」，伯二一四一背同，《大正藏》漏録。【一〇】「次」，伯二一四一背同，《大正藏》作「以」。【一一】「釋」下，伯二一四一背有「第」。【一二】「問」，原卷缺，據伯二一四一背、《大乘起信論》補。

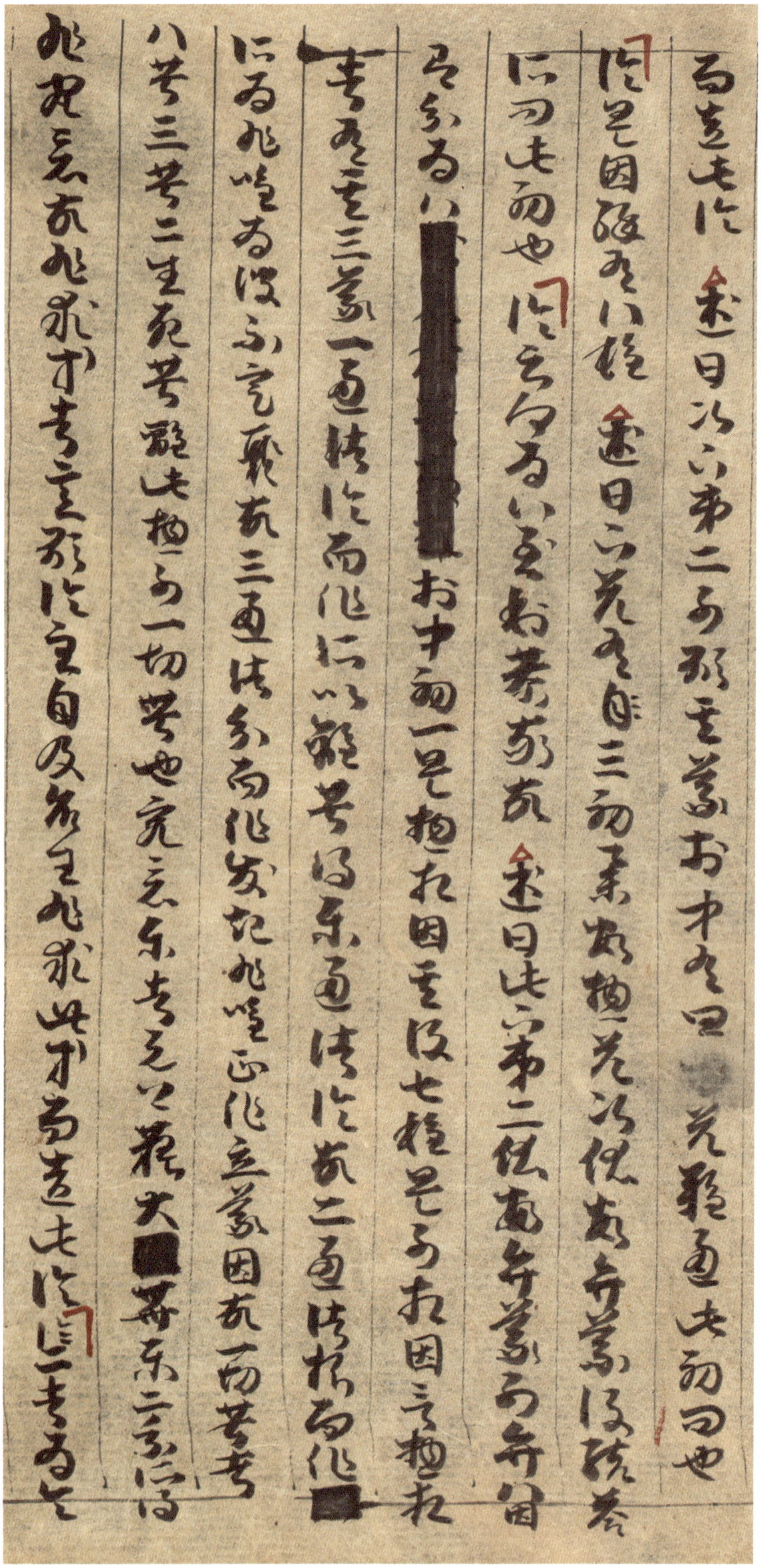

八七 「而造此論」。述曰：次[一]下第二，別顯其義。於中有四，問[二]、荅、難、通，此初問[三]也。

八八 論：「〔答曰〕：[四]是因緣有八種。」述曰：下荅有三，初汎數摠荅，次依數

弁義，後結答

八九 所問，此初也。論：「云何爲八」至[五]「利恭敬故」。述曰：此下[六]第二，依

數弁義。別弁八因，

九〇 即分为八。於中初一是揔相因，其後七種是別相因。言[七]揔相

九一 者，有其三義：一通諸論而[八]作，所以離苦得樂，通諸論故；二通諸根而作，

九二 所为非唯爲彼不定聚故；三通諸分而作，發起非唯正作立義因故。一切苦者，

九三 八苦、三苦、二生死苦，離此揔別一切苦也。究竟樂者，无上菩提大涅槃樂。

二乘所得，

九四 非究竟故。非求等者，意顯論主自及衆生，非求此等而造此論。論：「二者爲

欲[九]」

校注

【一】「次」，伯二一四一背與《大正藏》作「此」。【二】「問」，原卷浸漶不清。【三】「問」，伯二一四一背同，《大正藏》作「句」。【四】「答曰」，原卷缺，據伯二一四一背、《大乘起信論》補。【五】「至」下，伯二一四一背有「名」。【六】「此下」，伯二一四一背與《大正藏》作「次」。【七】「言」，伯二一四一背作「三」。【八】「而」，伯二一四一背作「二」。【九】「欲」，原卷作「令」，據伯二一四一背、《大乘起信論》改。

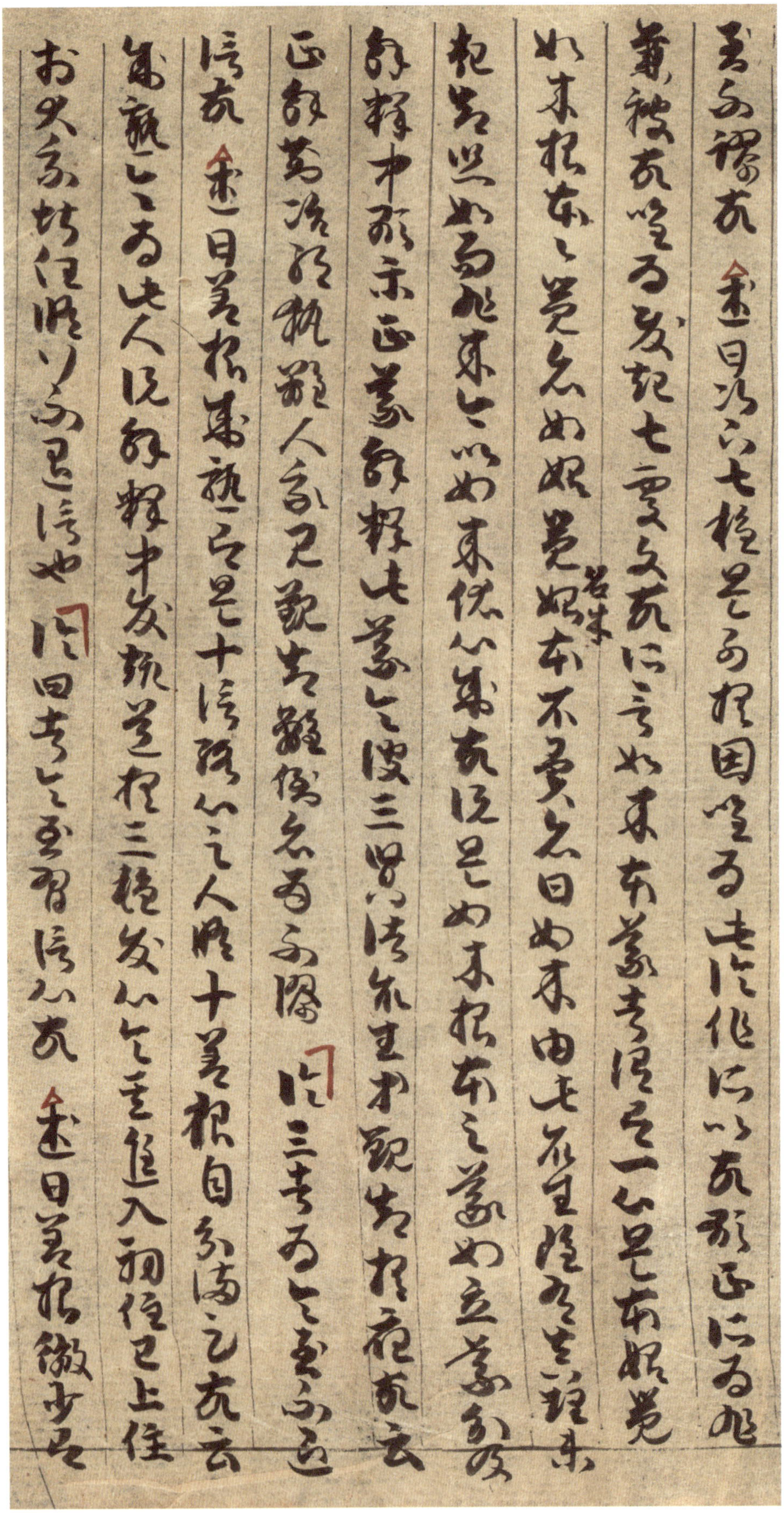

九五 至「不謬故」。述曰：次下七種是別相因。唯爲此論作所以故，顯正所爲非

九六 兼被故，唯爲發起七處文故。所言如來根本義者，謂[一]即一心是本，始覺

九七 如來根本。本覺名如，始覺名來，始、本不異[二]，名曰如來。由此衆生雖有真
理，未
九八 起智照，如而非來。今[三]以如來，依心成故，説是如來根本之義。如立義分及
九九 解釋中，顯示正義，解釋此義。令彼三賢諸衆生等，觀、智相[四]應，故云
一〇〇 正解。對治[五]邪執，離人我見，觀智離倒，名爲不謬。論：「三者爲令」至
「不退
一〇一 信故」。述曰：善根成熟，即是十[六]信終心之人，脩十善根，自分滿足，故云
一〇二 成熟。今[七]爲此人説解釋中，發趣、道、想[八]三種發心，令其進入初住已上，
住
一〇三 於大乘，堪任脩行，不退信也。論：「四者〔爲〕[九]令」至「習信心故」。述
曰：善根微少，即

校注

【一】「謂」，伯二一四一背作「爲」。【二】「異」，伯二一四一背作「二」。【三】「今」，伯二一四一背作「即」。【四】「相」，原卷作「想」，據伯二一四一背改。【五】「對治」，伯二一四一背作「即對治」，《大正藏》作「即對治」。【六】「十」下，伯二一四一背與《大正藏》有「方」。【七】「今」下，伯二一四一背衍「謂」。【八】「想」，伯二一四一背作「相」。【九】「爲」，原卷缺，據伯二一四一背、《大乘起信論》補。

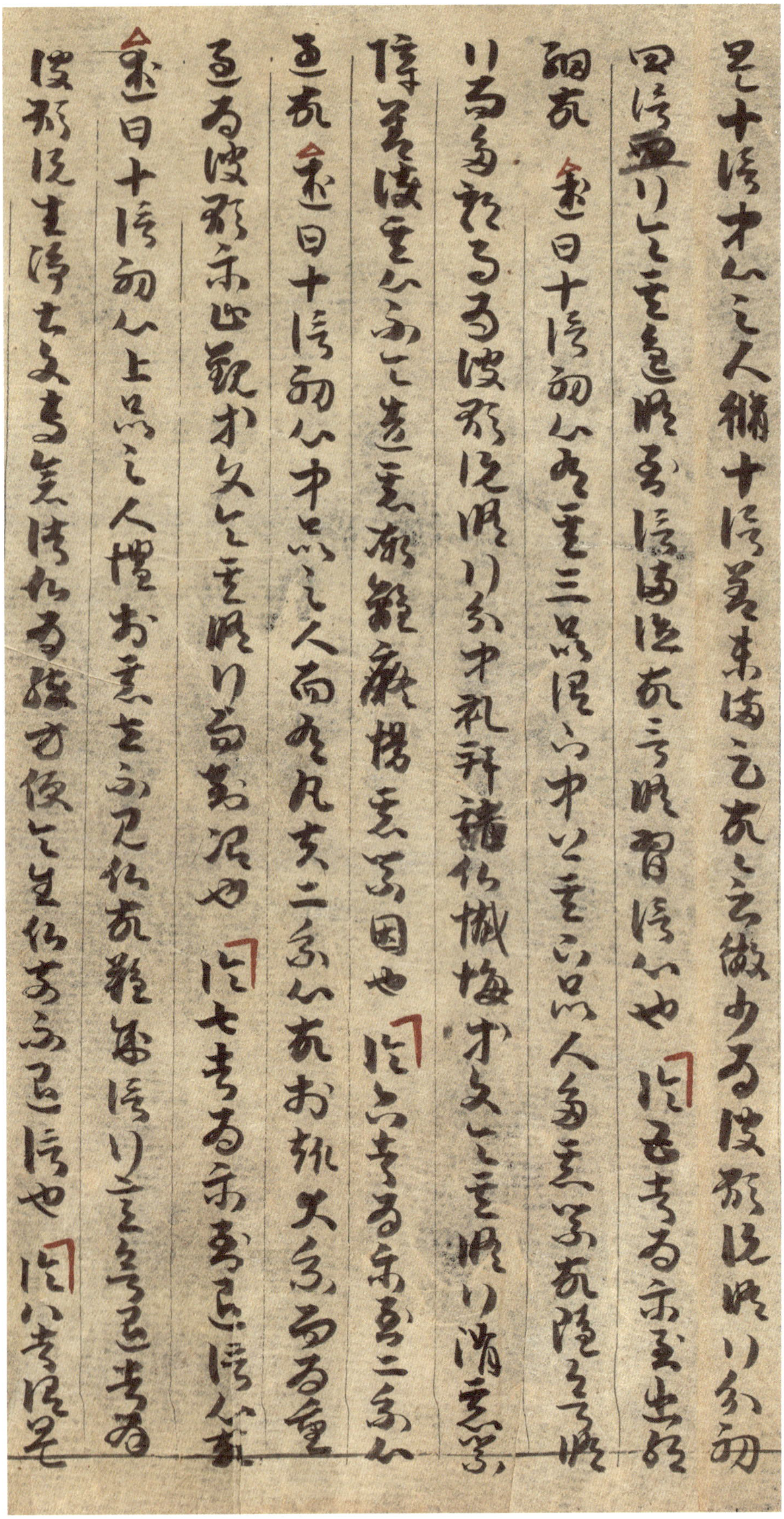

一〇四 是十信中心之人。脩十信善，未滿足故，故云微少。爲彼顯説脩行分初

一〇五 四信、五[一]行，令其遍脩，到[二]信滿位，故言脩習信心也。論：「五者爲

示〔三〕」至「出邪
一〇六 網故」。述曰：十信初心，有其三品，謂下、中、上。其下品人多惡業故，雖
欲〔四〕偹
一〇七 行，而多鄣㝵。爲彼顯說偹行分中礼拜諸仏、懺悔等文。令其偹行，消惡業
一〇八 鄣；善談其心，不令造惡。漸離癡慢惡業因也。論：「六者爲示」至「二乘心
一〇九 過故」。述曰：十信初心中品之人而有凡夫二乘心故，於趣大乘而爲重
一一〇 過。爲彼顯示止觀等文，令其偹行而對治也。論：「七者爲示」至「退信心
故」。
一一一 述曰：十信初心上品之人懼於惡世不見仏故，雖成信行，意欲退者。爲
一一二 彼顯說生淨土文，專念諸仏爲緣，方便令生仏前，不退信也。論：「八者爲
示〔五〕」

校注

【一】「五」，伯二一四一背與《大正藏》作「四」。【二】「到」，《大正藏》同，伯二一四一背作「至」。【三】「示」，伯二一四一背與《大正藏》作「是」。【四】「欲」，原卷似「無」，《大正藏》作「無」。【五】「爲示」，原卷作「謂示」，據《大乘起信論》改，伯二一四一背、《大正藏》缺「爲」。

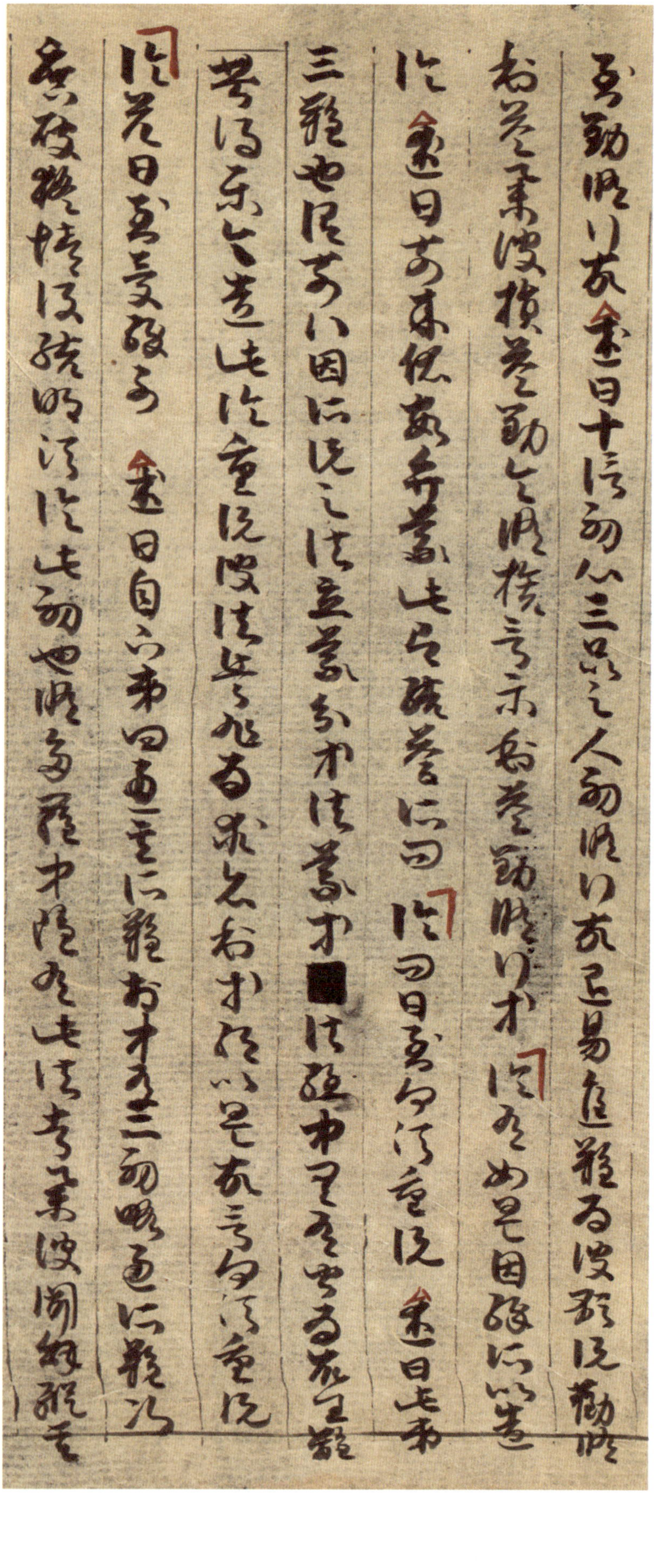

二三 至「勸脩行故」。述曰：十信初心三品之人，初脩行故，退易進難。爲彼顯説

勸脩

二四 利益，釆彼損益，勸令脩捨。言示利益，勸脩行等。論：有如是〔等〕[二]因

緣，所以造

二一五 論。述曰：前來[二]依數弁義，此即結荅所問。論：「問曰」至「何須重說」。

述曰：此第

二一六 三難也。謂前八因所說之法[三]立義分等諸義等，諸[四]經中具有[五]，皆爲衆生離

二一七 苦得樂。今造此論重說彼法，豈非爲求名利等邪？以是故言何須重說。

二一八 論：「荅曰」至「受〔解〕[六]緣別」。述曰：自下第四，通其所難。於中有

三[七]，初略通所難，次

二一九 廣破疑情，後結明次[八]論，此初也。脩多羅中雖有此法者，𥝌彼聞[九]辝，縱其

校注

【一】「等」，原卷、伯二一四一背、《大正藏》均缺，據《大乘起信論》、《大乘起信論義記》卷上補。【二】「來」，伯二一四一背同，《大正藏》作「成」。【三】「法」，伯二一四一背、《大正藏》作「諸」。【四】「諸」，原卷作「法」，據伯二一四一背改。【五】《大乘起信論義記》卷上：「六欲以種種美妙言辭、莊嚴法義生淨信故。此論下八因緣等，及《十住毗婆沙論》，並《大毗婆沙》等，各有因緣。」【六】「解」，原卷缺，據伯二一四一背、《大乘起信論》補。【七】「三」，伯二一四一背同，《大正藏》作「二」。【八】「次」，原卷作「須」，據一四一行、伯二一四一背改。《大正藏》作「此」。疑當作「此」，《大乘起信論裂網疏》卷一：「謂結明此論功能。」《大乘起信論》：「如是此論爲欲總攝如來廣大深法無邊義故。」【九】「聞」，伯二一四一背作「問」。

二〇 所難。衆生已下，荅其所難，奪彼疑情。根行不等者，顯[二]根異同。根謂根
性，
二一 行謂心行。根有利鈍，心示廣略，故言衆生根行不等。受解緣別者，顯緣增
二二 微。緣有二種：一人，二法。人謂如來及仏弟子，法謂經論廣略文義。依此二

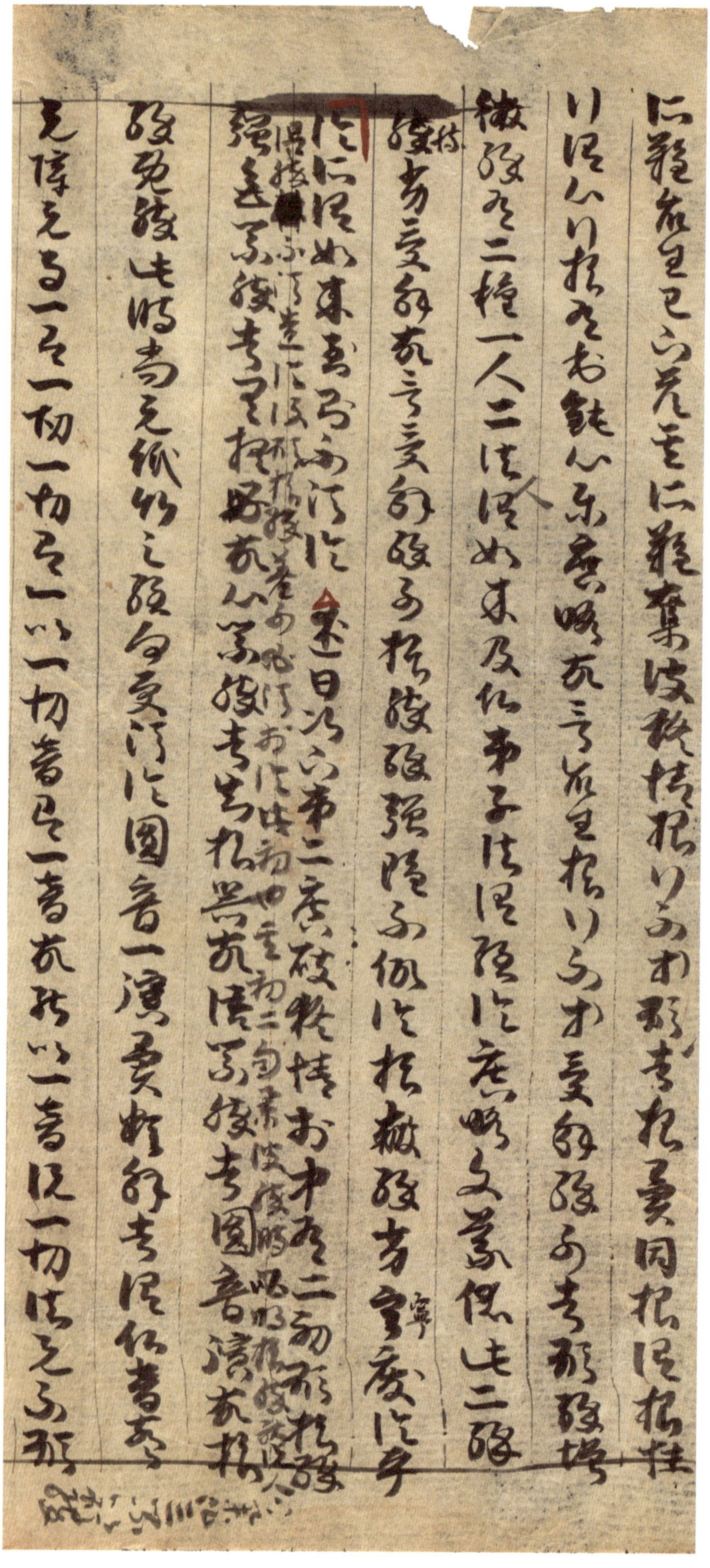

緣

〔二三〕勝[二]劣受解故，言受解緣別。根勝緣强，雖不假論；根微緣劣，寧廢[三]論乎。

〔二四〕論：「所謂如來」至「則不須論」。述曰：次下第二，廣破疑情。於中有二，初顯根緣

〔二五〕俱勝，不須造論；後顯根緣差別，必須於論，此初也。其初二句，礼彼勝時，以明根勝。能説人下，礼仏三業，以顯緣[四]强。色業勝者，具相[五]好故。心業勝者，知根器故。語業勝者，圓音演故。根、

〔二六〕緣既勝，此時尚无；續斷[六]之經，何更須論。圓音一演，異類解者，謂仏音聲

〔二七〕无障无㝵，一即一切[七]，一切即一。以一[八]切音即一音故，能以一音説一切法，无不顯

校注

【一】「者顯」，原卷作「顯者」，右有倒乙符。【二】「勝」，原卷先作「緣」，旁改作「勝」。以下同類情況不再注。【三】「廢」，伯二一四一背同（右似有删减符），《大正藏》作「度」。【四】「俱勝」至「顯緣」，係行間欄外補寫。【五】「相」，原卷作「想」，據伯二一四一背改。【六】「續斷」，伯二一四一背同，《大正藏》漏録，黄征録文作「孤竹」。【七】「切」，原卷作「⿸丆刀」，乃俗字。下作「切」，見於《玉篇》，但字義不同。【八】「一」，《大正藏》同，伯二一四一背缺。

二八 了。又以一音即一切故，能以一音作一切音，无不窮[一]盡。然一一音悉遍法界，而

二九 其音韻恒不雜乱。若此音聲曲而不遍，音而非圓；若由等遍，失其音

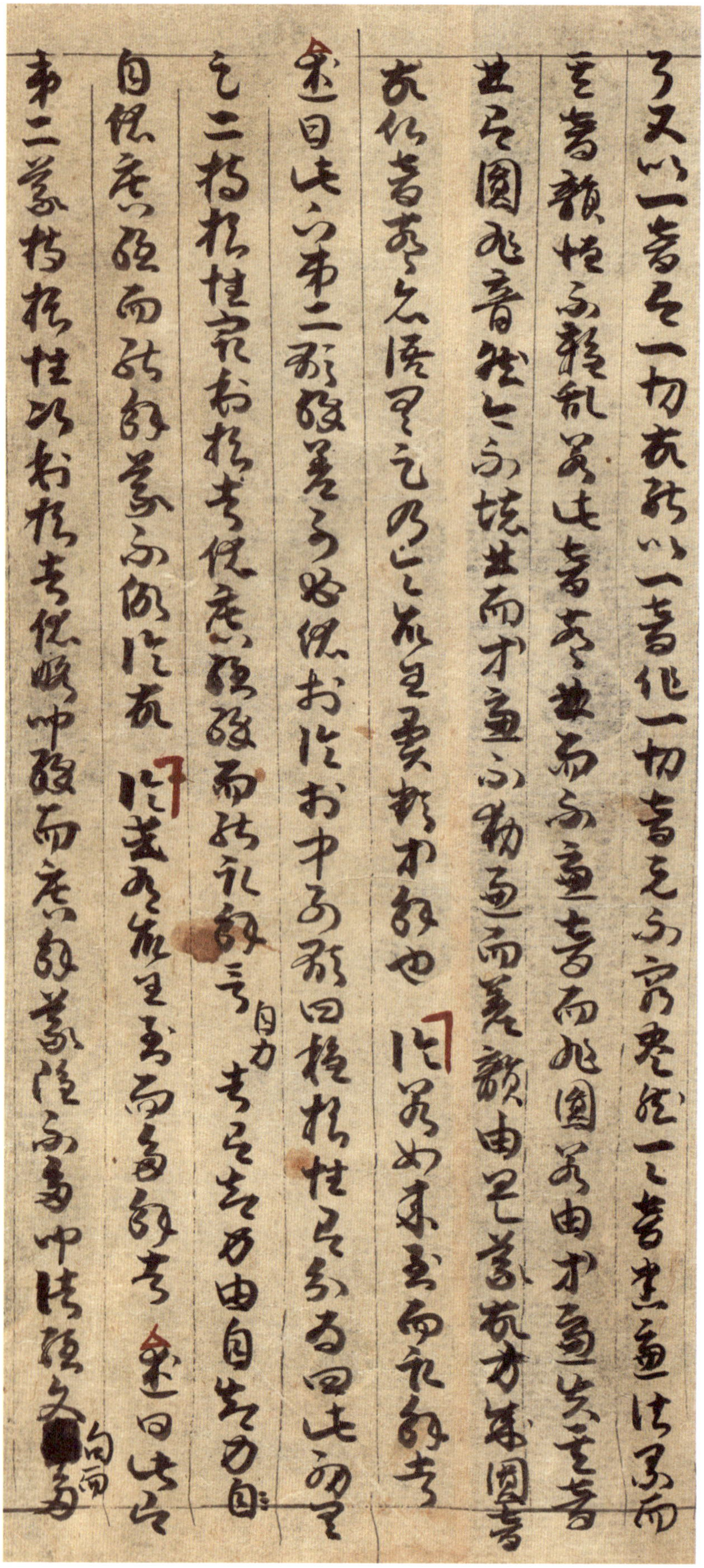

二〇 曲，則[二]圓非音。然今不壞，曲而等遍，不動遍而善韻。由是義故，方成圓音。

二一 故仏音聲，名語具足，乃令衆生異類等解也。論：「若如來」至「而取解者」。

二二 述曰：此下第二，顯[三]緣差別，必依於論。於中別顯四種根性，即分爲四。此初具

二三 足二持根性。寂利根者，依廣經緣而能取解。言自力者即〔自〕[四]智力，由自智力

二四 自依廣經而能解義，不假論故。論：「或有衆生」至「而多解者」。述曰：此即

二五 第二義持根性。次[五]利根者，依略聞緣而廣解義。雖不多聞諸經文[六]句而多

校注

【一】「窮」，伯二一四一背同，《大正藏》作「究」。【二】「則」，原卷作「即」，據伯二一四一背、《大乘起信論義記》卷上改。【三】「顯」下，伯二一四一背衍「根」。【四】「自」，原卷缺，據伯二一四一背補。【五】「次」，伯二一四一背同，《大正藏》作「此」。【六】「文」，伯二一四一背作「又」。

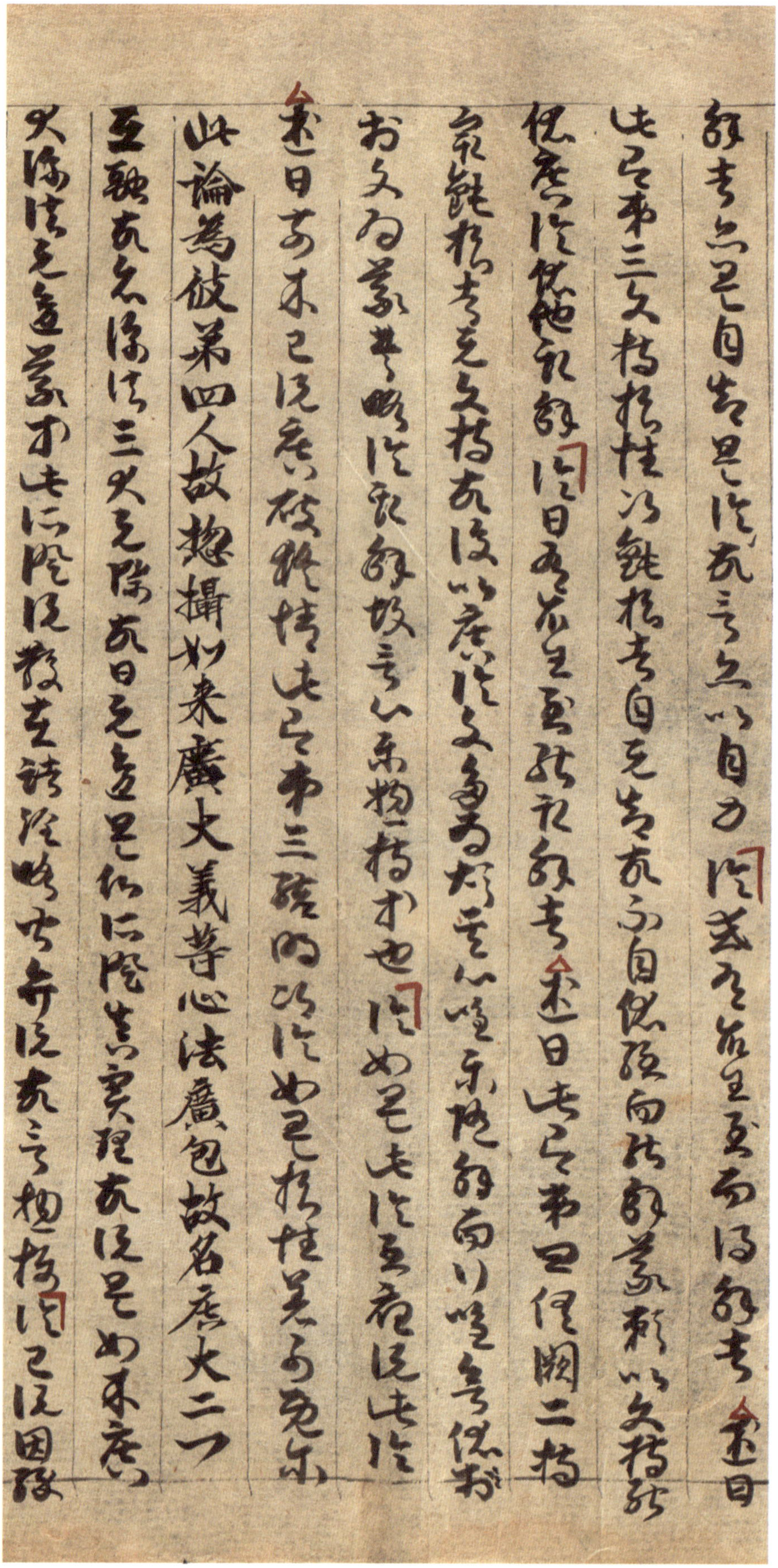

一三六 解者，亦是自智，是故論[一]言亦以自力。論：「或有衆生」至「而得解者」。

述曰：

一三七 此即第三，文[二]持根性。次[三]鈍根者自无智故，不自依經而能解義。賴[四]以文

持，能

一三八　依廣論，依他取解。論：「自[五]有衆生」至「能取解者」。述曰：此即第四，

俱闕[六]二持。

一三九　寂鈍根者，无[七]文持故，復以廣論文多爲煩。其心唯樂隨解[八]而行，唯欲依

一四〇　於文約義豐，略論取解，故言心樂揔持等也。論：「如是此論」至「應説此

論」。

一四一　述曰：前來已説廣破疑情，此即第三，結明次[九]論。如是根性差别既尔，

一四二　此論為彼弟四人故，揔攝如來廣大義等，心法廣包，故名廣大。二門

一四三　互融，故名深法。三大无際，故曰无邊。是仏所證真實理故，説是如來廣

一四四　大深法无邊義等。此所證説，散在諸經。略皆弁説，故言揔攝。論：已説因緣

校注

【一】「故論」，原卷作「論故」，右有倒乙符。【二】「文」，伯二一四一背作「又」。【三】「次」，伯二一四一背同，《大正藏》作「此」。【四】「頼」，伯二一四一背同，《大正藏》作「理」。【五】「自」，原卷作「曰」，據伯二一四一背、《大乘起信論》改。【六】「闕」，伯二一四一背同，《大正藏》漏録。【七】「无」，伯二一四一背與《大正藏》作「重」。【八】「隨解」，伯二一四一背同，《大正藏》漏録。【九】「次」，伯二一四一背同，《大正藏》作「此」。

一四五 分，次說立義分。述曰：次下第二，明立義分。於中有二：初結前起後，後正陳

一四六 法義，此[二]初也。論：摩訶衍者，揔說有二種。述曰：此下正陳法義。於中有三：

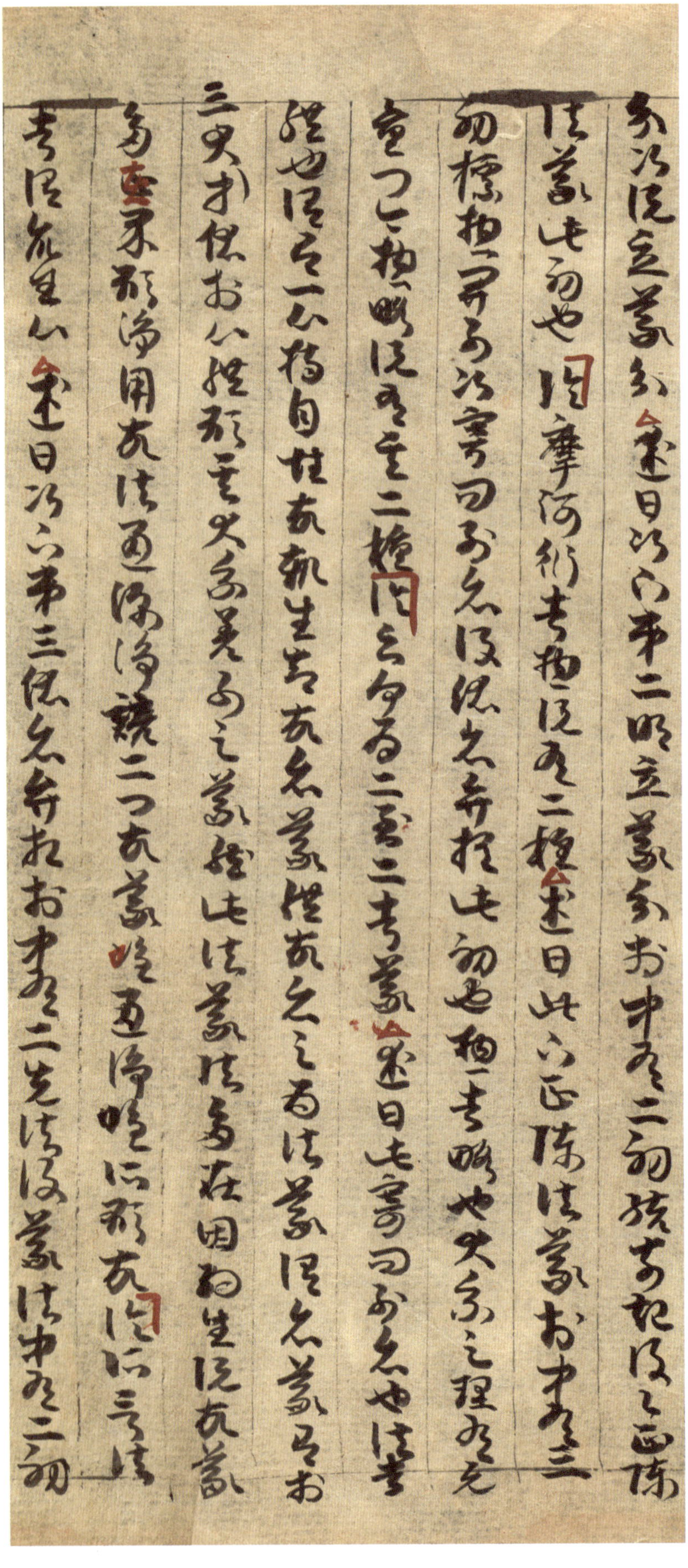

初標摠開別，次寄問[二]列名，後依名弁相[三]，此初也。摠者，略也。大乘之理有无量門，今摠略説有其二種。論：「云何爲二」至「二者義」。述曰：此寄問[四]列名也。法者體也，謂即一心持自性，故軌生智，故名義體，故名之爲法。義謂名義，即於[五]三大等，依於心體，顯其大乘差别之義。然此法義，法多在因約生説故，義多在果顯浄用故。法通染浄，該[六]二門故。義唯通浄，唯所顯故。論：所言法者，謂衆生心。述曰：次下第三，依名弁相。於中有二：先法，後義。法中有二：初

校注

【一】「此」下，伯二一四一背衍「義」。【二】「問」，伯二一四一背作「得」，《大正藏》作「句」。【三】「相」，原卷作「想」，據伯二一四一背改。【四】「問」，伯二一四一背同，《大正藏》作「句」。【五】「於」，伯二一四一背無。【六】「該」，原卷塗抹難識，據伯二一四一背録，《大正藏》漏録。

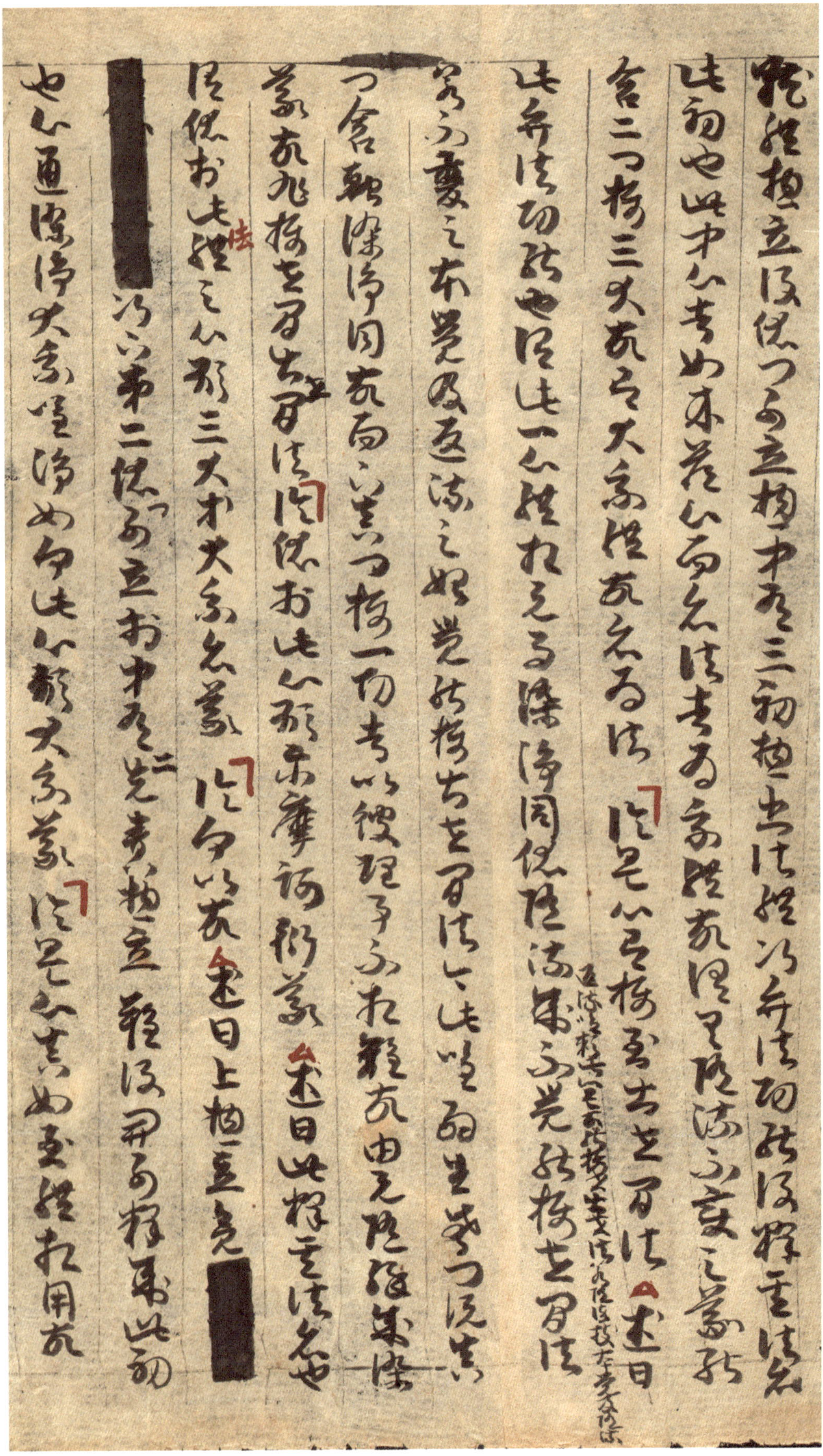

一五三

就體摠立，後依門別立。摠中有三：初摠出法體，次弁法功能，後釋其法名，

一五四 此初也。此中心者，如來藏心，而名法者，爲乘體故。謂具隨流不變之義。能
一五五 含二門、攝三大故，即大乘體，故名爲法。論：「是心則[一]攝」至「出世間
法」。述曰：
一五六 此弁法功能也。謂此一心，體相无㝵；染淨同依，隨流返流，唯賴此心。是故
能攝世、出世法。若隨流技[二]本覺及隨染成不覺，能攝世間法；
一五七 若不變之本覺及返流之始覺，能攝出世間法。今此唯約生威門、說真
一五八 門，含融染淨同故。而下真門攝一切者，以彼理事不相離故，由无隨緣成染
一五九 義故，非攝世間、出世間法。論：依於此心，顯示摩訶衍[三]義。述曰：此釋其
法名也。
一六〇 謂依於此法體之心，顯三大等大乘名義。論：何以故。述曰：上摠立竟。
一六一 次下第二，依門別立。於中有二：先責摠立難，後開別釋成，此初
一六二 也。心通染淨，大乘唯淨，如何此心顯大乘義？論：「是心真如」至「體相用
故」。

校注
【一】「則」，原卷、伯二一四一背作「即」，據《大乘起信論》改。【二】「技」，當作「成」。【三】「衍」，伯二一四一背作「演」。

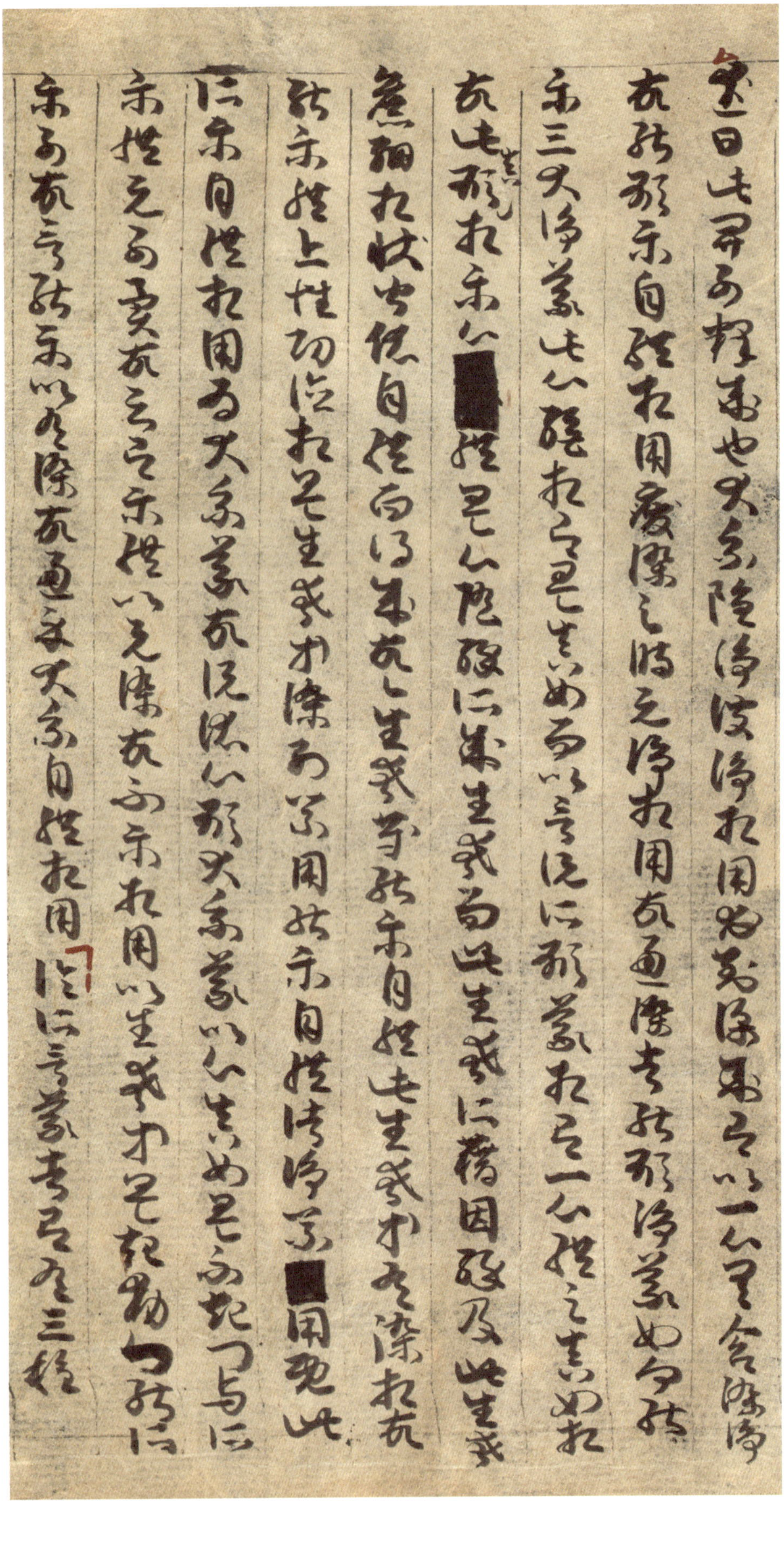

〔一三〕

述曰：此開別釋成〔一〕也。大乘唯〔二〕淨，彼淨相用，必對染〔三〕成，即以一心具含染淨故，能顯示自體相用，廢染之時无淨相用故。通染者，能顯淨義。如何能示三大淨[四]義？此心絶相即[五]是真如，而以言説所顯義相即[六]一心體之真如相故。此真相顯[七]示心體，是心隨緣所成生威。而此生威所藉因緣，及此生威麁細相狀，皆依自體而得成故。故生威等，能示自體。此生威等有染相，故能示體上性功德相。是生威等，染別業用，能示自體諸淨業用。既此所示自體相用爲大乘義，故説依心顯大乘義。以心真如是不起門，与所示體无別異，故云即示。體以无染，故不示相用。以生威等，是起動門，能所示別，故言能示。以有染故，通示大乘，自體相用。論：所言義者，即[八]有三種。

校注

【一】「成」，伯二一四一背作「廣」。【二】「唯」，原卷作「雖」，據伯二一四一背、《大乘起信論義記》卷上改。【三】「染」，伯二一四一背同，《大正藏》作「深」。【四】「淨」，伯二一四一背同，《大正藏》作「乘」。《大乘起信論義記》卷上：「生滅門中具宗三大，大乘之義莫過是三。」【五】「即」，伯二一四一背同，《大正藏》作「則」。【六】「即」，伯二一四一背同，《大正藏》作「則」。【七】「相顯」，原卷作「顯相」，右有倒乙符。【八】「即」，伯二一四一背同，《大正藏》作「則」。

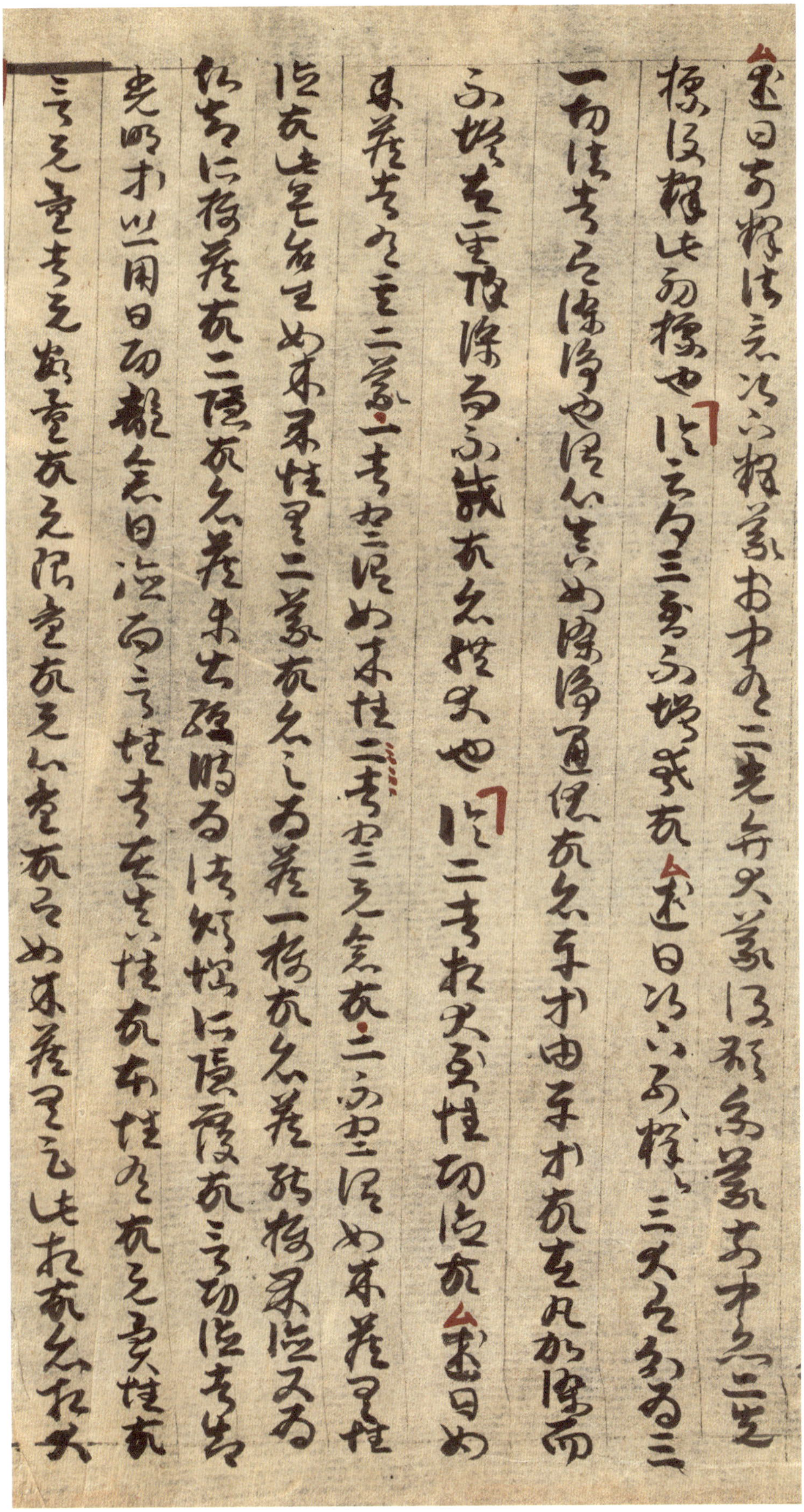

一七二 述曰：前釋法竟，次下釋義。於中有二：先弁大義，後顯乘義。前中亦二：先

一七三 標，後釋，此初標也。論：「云何〔爲〕〔二〕三」至「不增減故」。述曰：次下

別釋，釋[二]三大，即分爲三。

一七四 一切法者，即[三]染淨也。謂心〔具〕[四]真如，染淨通依，故名平等。由平等故，在凡加染而

一七五 不增，在聖染染而不減，〔在聖加淨而不增，在凡闕淨而不減，即由平等不增減〕[五]故，名體大也。論：「二者相大」至「性功德故」。述曰：如

一七六 來藏者，有其二義：一者空，謂如來性空无念故；二不空，謂如來藏具性

一七七 德故。此是衆生如來果，性具二義，故名之爲藏。一攝故名藏，能攝果德，又爲

一七八 仏智所攝藏故；二隱故名藏，未出經時，爲諸煩惱所隱覆故。言功德者，智

一七九 光明等照用曰功，離念曰德。而言性者，在真性故。夲性有故，无異性故。

一八〇 言无量者，无數量故，无限量故，无心量故。即如來藏具足此相，故名相大。

校注

【一】「爲」，原卷、伯二一四一背缺，據《大乘起信論》補。【二】「別釋釋」，伯二一四一背作「別別釋」。【三】「即」，伯二一四一背同，《大正藏》作「則」。【四】「具」，原卷缺，據伯二一四一背補。【五】「在聖加淨而不增在凡闕淨而不減即由平等不增減」，原卷缺，據伯二一四一背補。

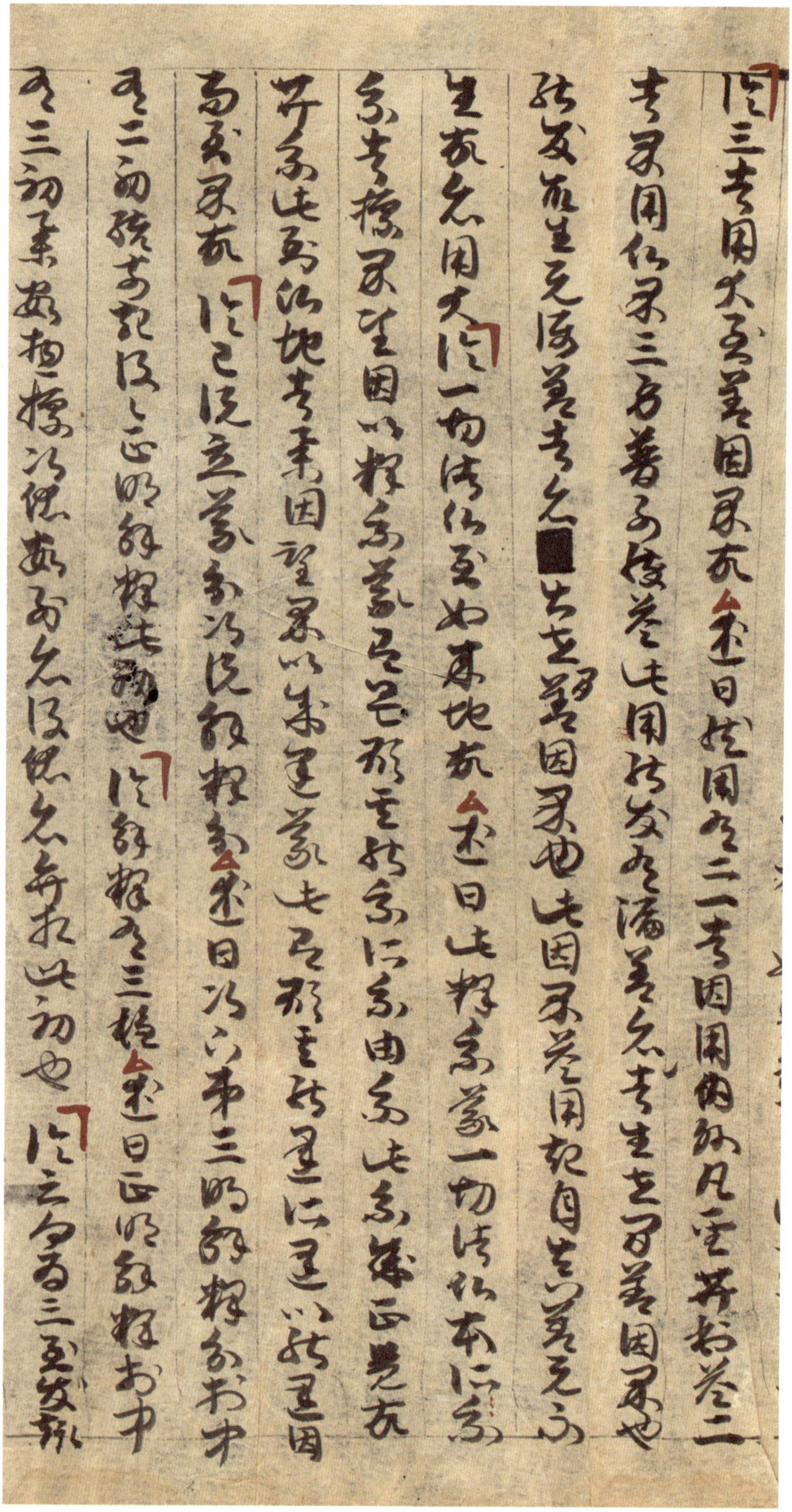

〔八〕論：「三者用大」至「善因果故」。述曰：然用有二：一者因用，内外凡聖，菩薩利益；二

者果用，仏果三身，普別勝益。此用能發有漏善者，名[一]生世間善因果也。
能發衆生无漏善者，名出世間[二]善因果也。此因果益用，起自真善无不
生，故名用大。論：「一切諸仏」至「如來地故」。述曰：此釋乘義。一切諸
仏本所
乘者，摽果望因以釋乘義，即是顯其能乘所乘，由乘此乘成正覺故。
菩薩乘此到仏地者，𠃵因望果，以成運義。此即顯其能運所運[三]，以能運因
而至果故。論：已説立義分，次説解釋分。述曰：次下第三，明解釋分。於中
有二：初結前起後，後正明解釋，此[四]初也。論：解釋有三種。述曰：正明解
釋。於中
有三[五]：初𠃵數捴摽，次依數列名，後依名弁相，此初也。論：「云何爲三」
至「發趣

校注

【一】「者名」，原卷作「名者」，右有倒乙符。【二】「出世間」，伯二一四一背作「生出世」。【三】「運」，伯二一四一背缺。【四】「此」下，伯二一四一背衍「義」。【五】「有三」，伯二一四一背作「三種」。

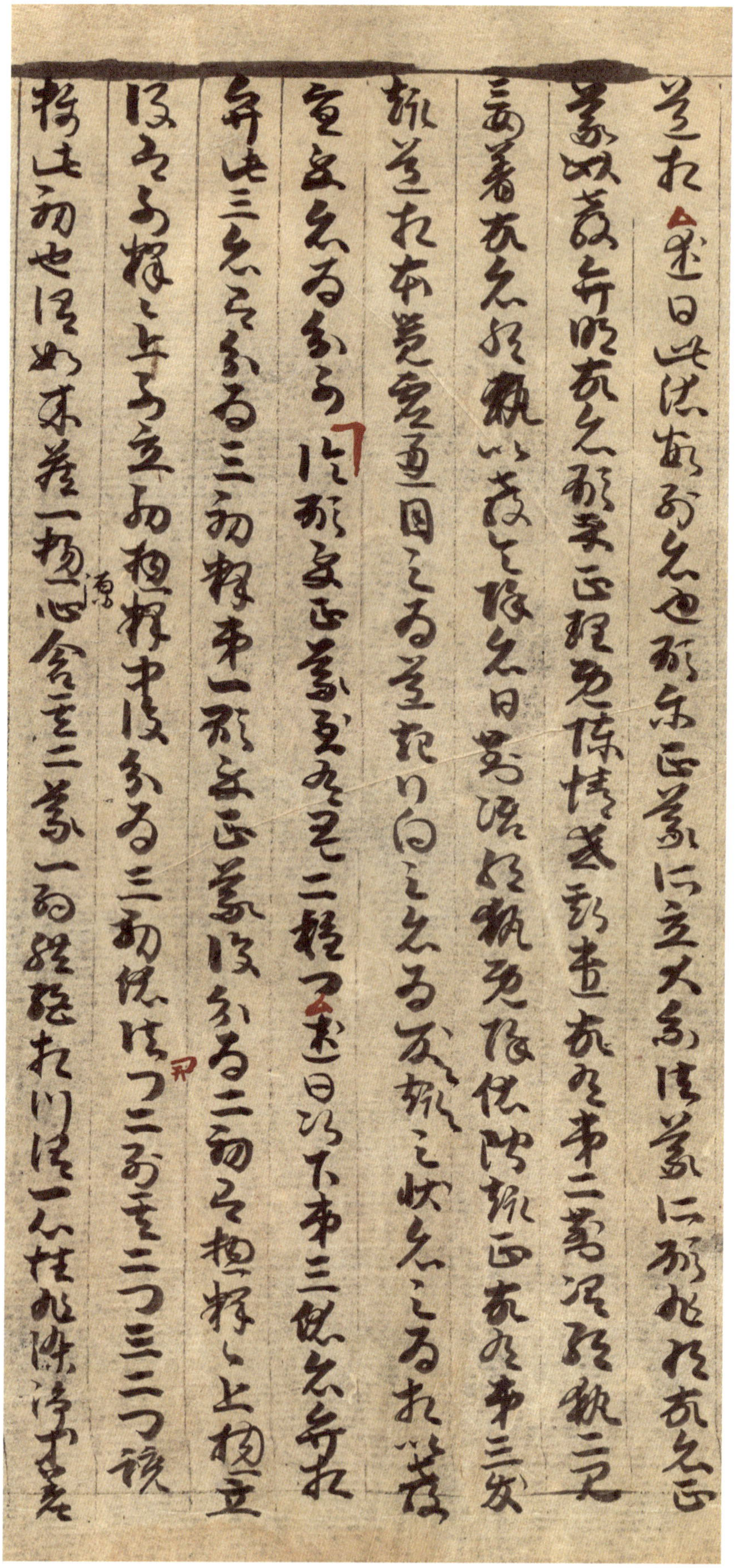

〔一九〇〕道相」。述曰：此依數列名也。顯示正義，所立大乘法義，所顯非邪，故名正

〔一九一〕義。以教弁明，故名顯示。正理既陳，情惑斯遣[二]，故有第二，對治[三]邪執。

二見

一九二 妄著，故名邪執；以教令除，名曰對治。邪執既除，依階趣正，故有第三，發

一九三 趣道相。本覺虛通，目之爲道；起行向之，名爲發趣；發趣之狀，名之爲相；以教

一九四 宣示，名爲分別。論：「顯示正義」至「有[三]二種門」。述曰：次下[四]第三，依名弁相。

一九五 弁此三名，即分爲三。初釋第一，顯示正義。復分爲二：初即[五]揔釋，釋上揔立；

一九六 後即別釋，釋上[六]別立。初揔釋中，復分爲三：初依法開門，二列其二門，三二門該

一九七 攝，此初也。謂如來藏一揔源心，含其二義。一約體絶相門，謂一心性非染淨等差

校注

【一】「遺」，伯二一四一背作「建」。【二】「治」，伯二一四一背同，《大正藏》作「治」。【三】「有」下，原卷有「是」，據伯二一四一背、《大乘起信論》删。【四】「下」，伯二一四一背缺。【五】「即」，伯二一四一背同，《大正藏》作「則」。【六】「上」，伯二一四一背作「下」。

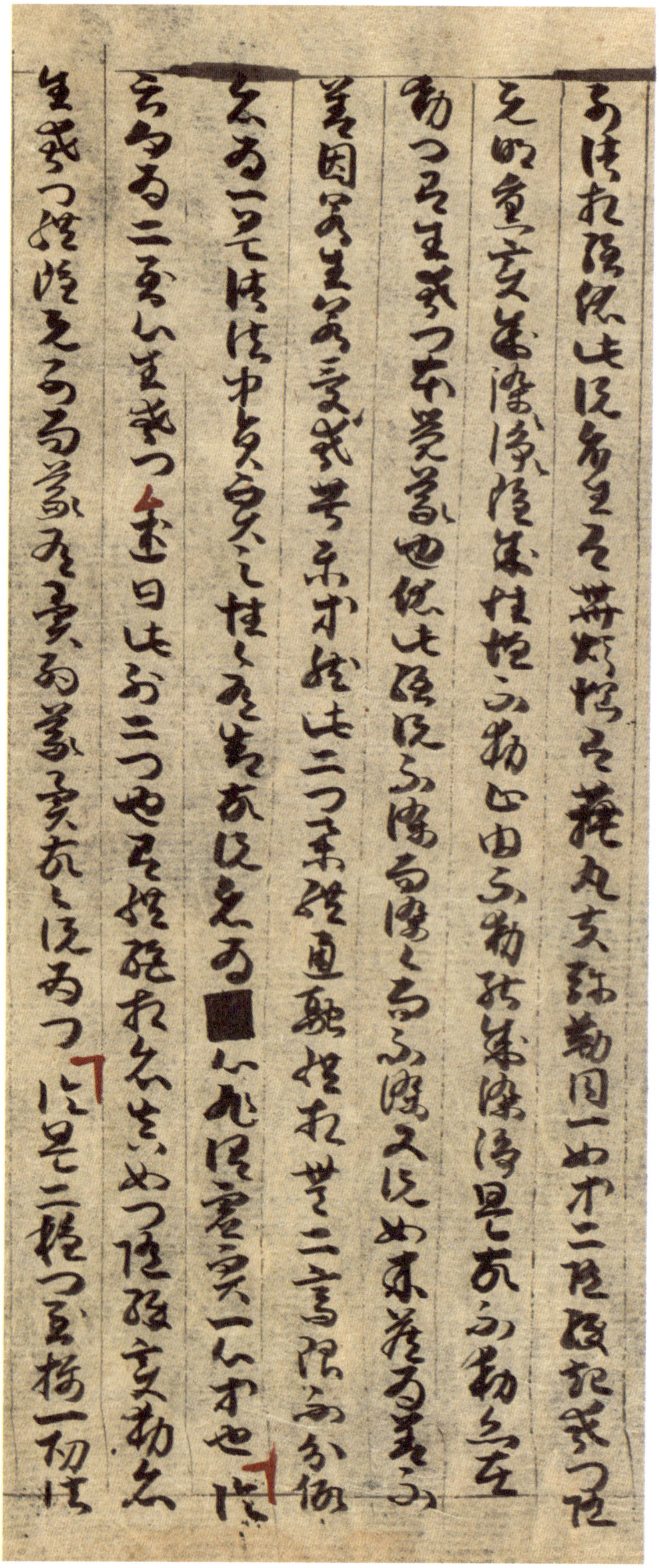

一九八 別諸相，經依此說，衆生即涅槃，煩惱即菩提，凡夫、弥勒同一如等。二隨緣

起感門，隨

一九九 无明熏[一]，變成[二]染淨。染淨雖成，性恒不動。止[三]由不動，能成染淨。是故

不動，亦在

二〇〇 動門，即生滅門夲覺義也。依此經說，不染而染，染而不染。又說如來藏爲善、不

二〇一 善因，若生若滅，受[四]苦樂等。然此二門，凡體通融，體相無二，齊限不分，假

二〇二 名爲一，是諸法中貞實之性。性有智故，說名爲心。非謂虛實、一心等也。論：

二〇三 「云何爲二」至[五]「心生滅門」。述曰：此列二門也。即體絶相名真如門、隨緣變動名

二〇四 生滅門。體雖无別而義有異，約義異故，故說爲門。論：「是二種門」至「攝一切法」。

校注

【一】「熏」，伯二一四一背與《大正藏》作「重」。【二】「成」，伯二一四一背同，《大正藏》作「或」。【三】「止」，伯二一四一背與《大正藏》作「正」。《大乘起信論義記》卷中作「只」。【四】「滅受」，原卷作「受滅」，右有倒乙符。【五】「至」下，伯二一四一背衍「本」。

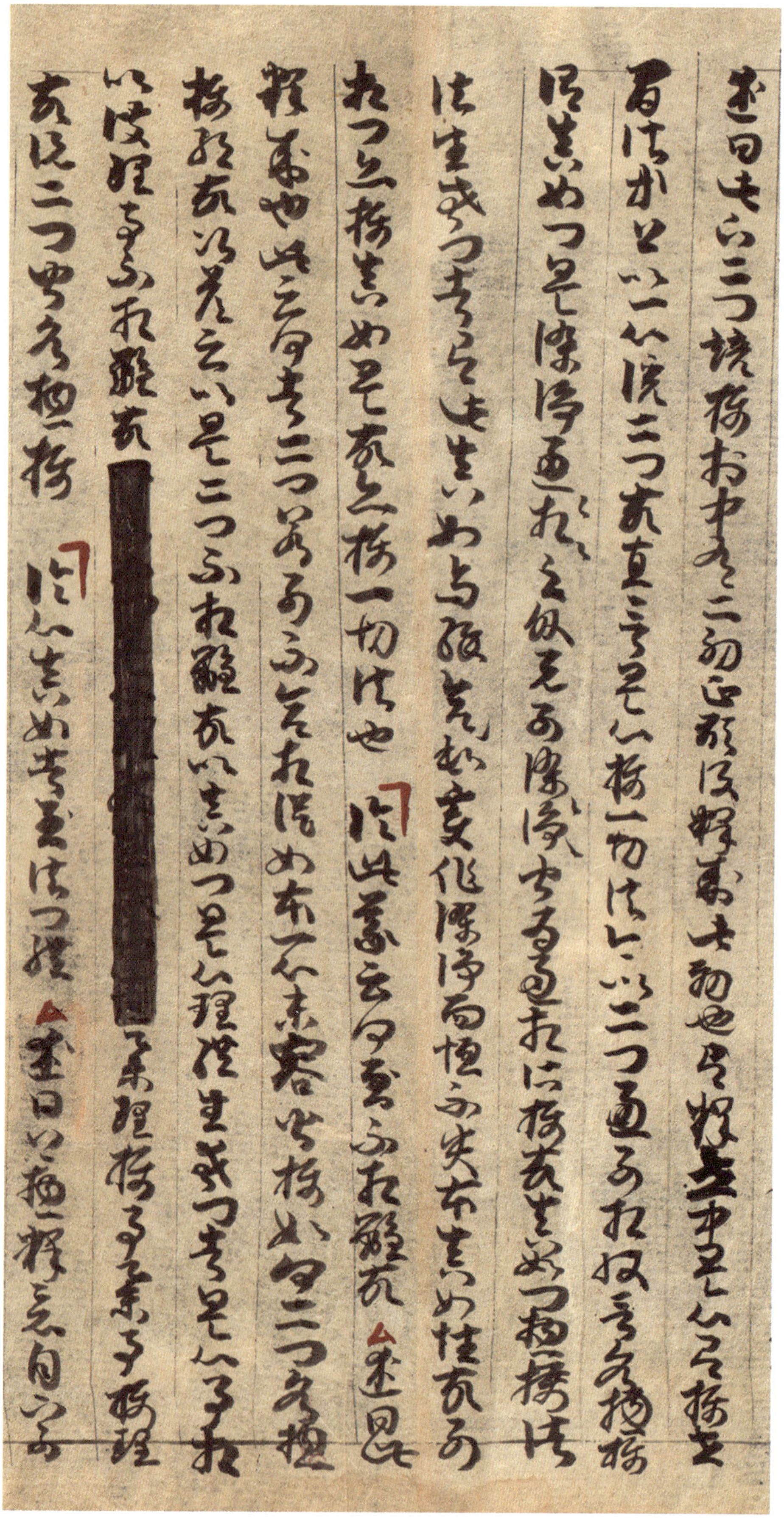

二〇五 述曰：此下二門該攝。於中有二：初正顯，後釋成，此初也。即釋世中是心，即攝世

二〇六 間法等。上以一心[一]該二門故，直言是心攝一切法。今以二門通別相收，言各
揔攝。
二〇七 謂真如門是染淨通相，通相之外无別染淨，染淨皆爲通相所攝故，真如門揔攝
諸
二〇八 法。生滅門者，即此真如与緣和合[二]變作染淨，而恒不失本真如性，故別
二〇九 相門亦攝真如，是故亦攝一切法也。論：「此義云何」至「不相離故」。述
曰：此
二一〇 釋成也。此云何者，二門若別，不合相從，如本一心，未容皆攝，如何二門各
揔
二一一 攝邪？故次荅云以是二門不相離故。以真如門是心理體，生滅門者是心事相；
二一二 以彼理事不相離故，乘理攝事，乘事攝理，
二一三 故說二門皆各揔攝。論：「心真如者」至「法門體」。述曰：上揔[三]釋竟，自
下別

校注

【一】「心」下，伯二一四一背與《大正藏》有「所」。【二】「和合」，原卷作「合和」，右有倒乙符。【三】「揔」下，伯二一四一背有「攝」。

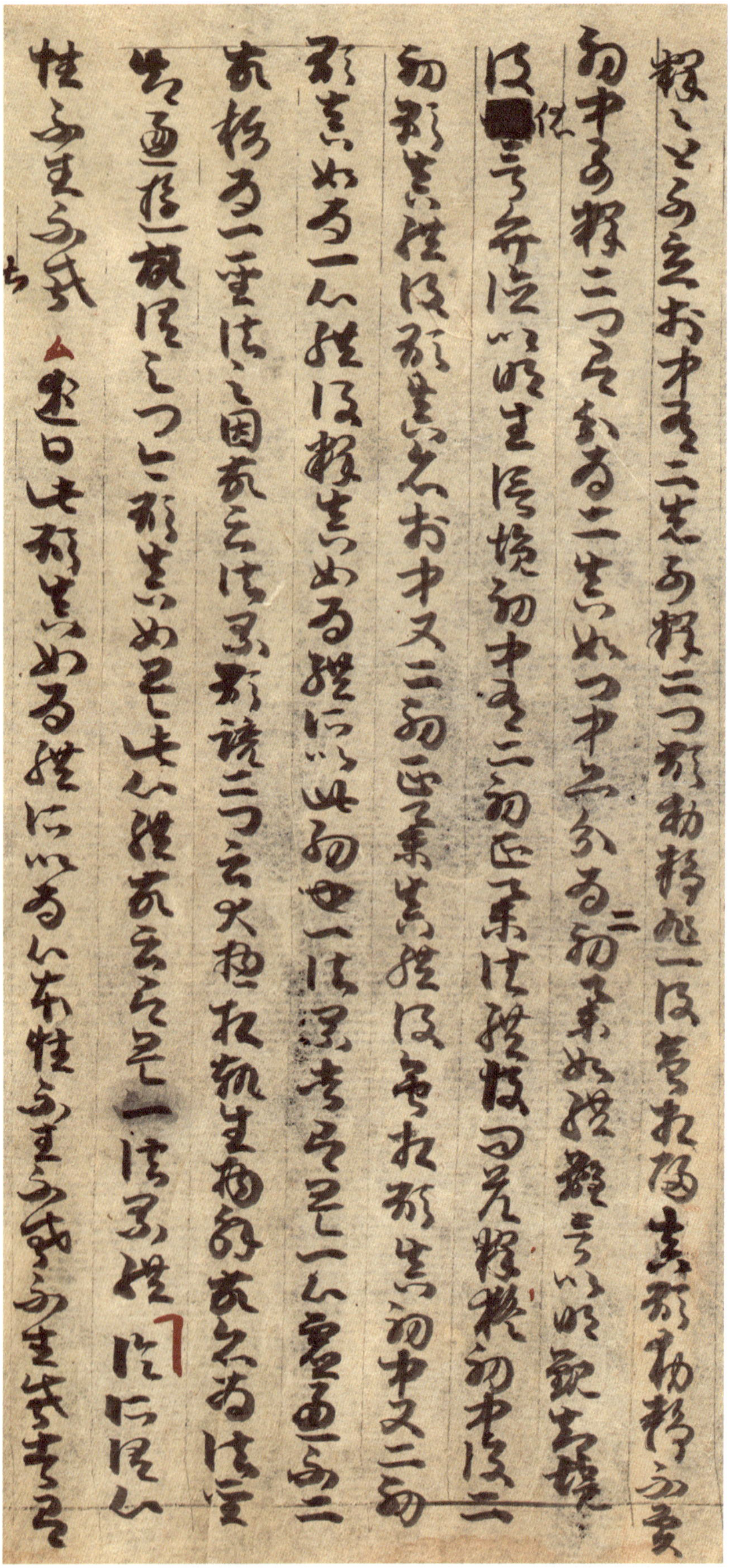

二四 釋，釋上別立。於中有二：先別釋二門，顯動靜非一；後會相歸真，顯動靜不異。

二五 初中別釋二門，即分爲二。真如門中，亦分爲二：初𥝢如體離言，以明觀智境；

二六 後依言弁德，以明生信境。初中有二：初正𥝢法體，後問[一]荅釋疑。初中復二：

二七 初顯真體，後顯真名。於中又[二]二：初正𥝢真體，後會相顯真。初中又二：初

二八 顯真如爲一心體，後釋真如爲體所以，此初也。一法界者，即是一心虛通不二，

二九 故攝爲一；聖法之因，故云法界。顯該二門，云大揔相，軌生物解[三]，故名[四]爲法；聖

三〇 智通遊，故謂之門。今顯真如是此心體，故云即是一法界體。論：所謂心

三一 性不生不滅。述曰：此顯真如爲體，所以謂[五]心本性，不生不滅。不生滅者，即

校注

【一】「問」，伯二一四一背同，《大正藏》作「句」。【二】「又」，伯二一四一背作「有」。【三】「解」，伯二一四一背同，《大正藏》作「釋」。

【四】「名」，伯二一四一背同，《大正藏》作「亦」。【五】「謂」，原卷作「爲」，據伯二一四一背改。此處釋「此謂」之涵義。

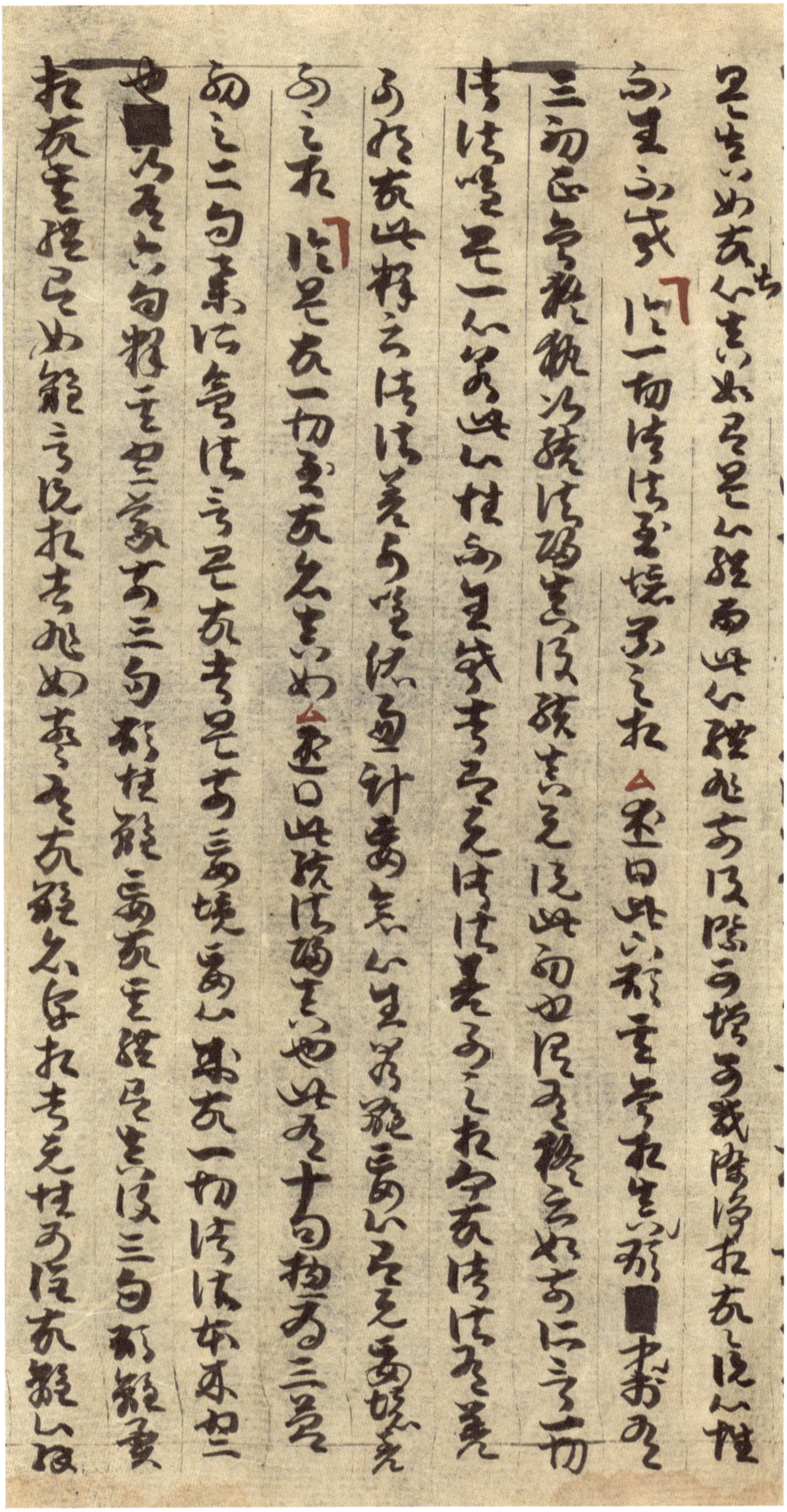

三三 是真如。故知[一]心真如即是心體。而此心體，非前後際可增可减[二]，染淨相故，故說心性

二三 不生不[三]烕。論：「一切諸法」至「境界之相」。述曰：此下顯其會相顯真[四]。於中[五]有

二四 三：初正會疑執，次結法歸真，後結真无說，此初也。謂有疑云：如前所言，一切

二五 諸法唯是一心，若此心性不生烕者，即无諸法差别之相，何故諸法有差

二六 别邪？故此釋云：諸法差别，唯依遍計，妄念心生；若離妄心，即无妄境差

二七 别之相。論：「是故一切」至「故名真如」。述曰：此結法歸真也。此有十句，揔爲三節。

二八 初之二句，𥝌所會法。言是故者，是前妄境、妄心成故。一切諸法夲來空

二九 也。次有六句，釋其空義。前三句顯性離妄，故其體即真；後三句顯離異

三〇 相，故其體即如。離言說相者，非如聲有故。離名字相者，无性可詮故。離心緣

校注

【一】「知」，伯二一四一背與《大正藏》無。【二】「烕」，亦似「減」，伯二一四一背作「減」，《大正藏》作「滅」。【三】「不」，伯二一四一背缺。【四】「顯真」，原卷作「真顯」，右有倒乙符。【五】「於中」，原卷作「中於」，右有倒乙符。

三二 相者，无可攀緣故。言語[一]道斷，心行處滅，皆即真也。畢竟平等者，无可

三三 差別故。无有變異者，无可轉變故。不可破壞者，非可對治故。既皆平等

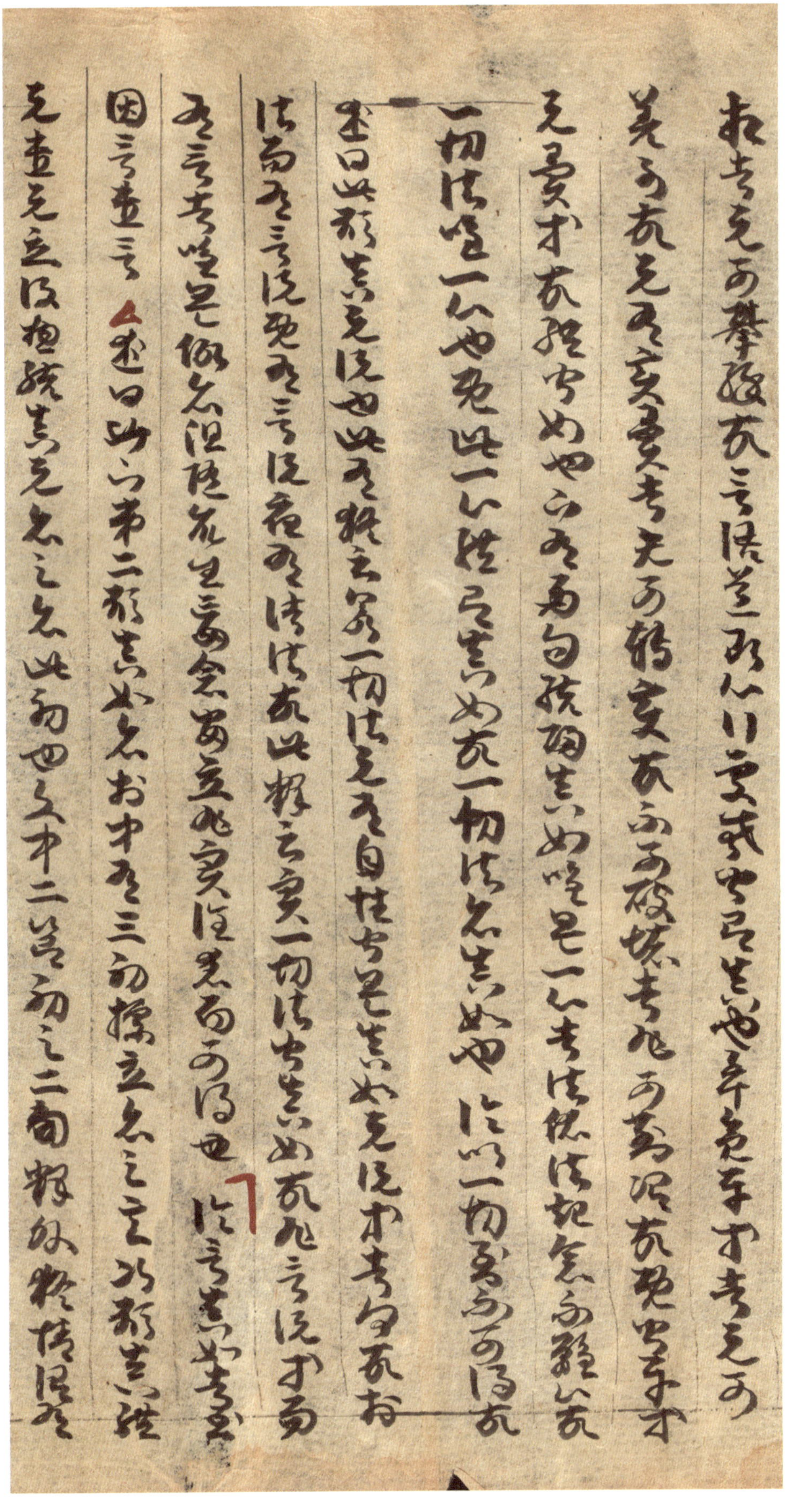

二三 无異等，故體皆如也。下有兩句結歸真如。唯是一心者，法依念[二]起，念不離心，故

二四 一切法唯一心也。既此一心，體即真如故，一切法名真如也。論：「以一切」至「不可得故」。

二五 述曰：此顯真[三]无説也。此有疑云：若一切法无有自性，皆是真如无説等者，何故於

二六 法而有言説，既有言説，應有諸法。故此釋云：實一切法皆真如故，非言説等，而

二七 有言者，唯是假名，但隨衆生妄念安立，非實詮表而可得也。論：「言真如者」至

二八 「因言遣言」。述曰：以下第二，顯真如名。於中有三：初摽立名之意，次顯真體

二九 无遣无立，後摠結真无名之名，此初也。文中二節，初之二句釋外疑情。謂有

校注

【一】「語」，伯二一四一背同，《大正藏》作「悟」。【二】「念」，原卷作「法」，據伯二一四一背改。【三】「真」下，伯二一四一背衍「此」。

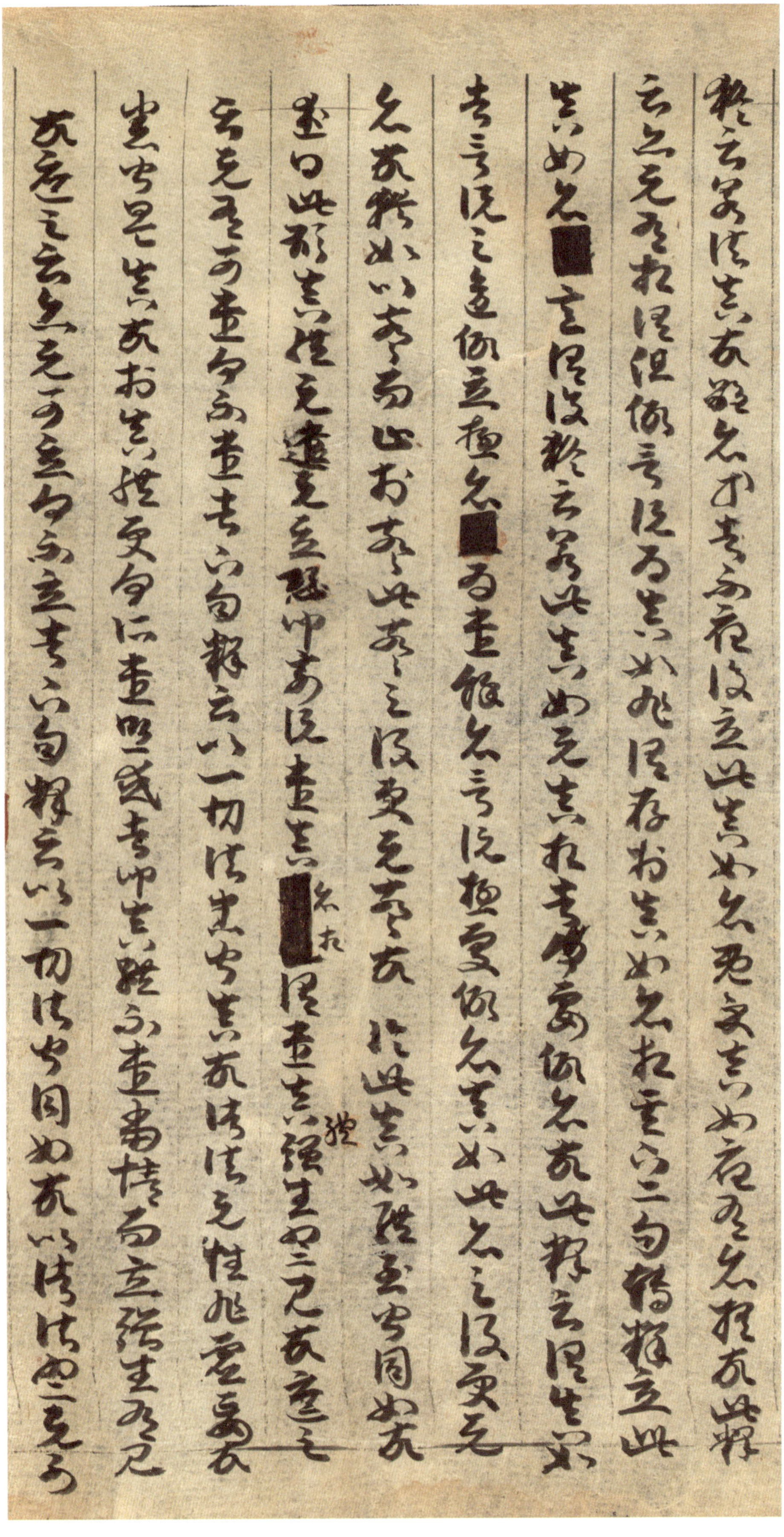

二四〇

疑云：若法真故離名等者，不應復立此真如名，既尔，真如應有名相[一]。故此

釋

二四一 云：亦无有相。謂但假言説爲真如，非謂存於真如名相。其下二句轉釋立此

二四二 真如名意。謂復疑云：若此真如无真相者，何要假名？故此釋云：謂真如

二四三 者，言説之邊，假立極名，爲遣餘名言説，極處假名真如，此名之後更无

二四四 名。故猶如以聲而止[二]於聲，此聲之後更无聲故。論：「此真如體」至「皆同如故」。

二四五 述曰：此顯真體，无遣无立。恐聞前説，遣真名相，謂遣真體，强生空見，故遮之

二四六 云无有可遣。何不遣者，下句釋云：以一切法悉皆真故。諸法无性，非虚妄故，

二四七 悉皆是真故，於真體更何所遣，恐惑者聞真體不遣，當情而立强生有[三]見，

二四八 故遮之云亦无可立。何不立者，下句釋云：以一切法皆同如故。以諸法空无別

校注

【一】「相」，原卷作「想」，據伯二一四一背改。【二】「止」，伯二一四一背同，《大正藏》作「正」。【三】「有」，伯二一四一背同，《大正藏》作「滅」。

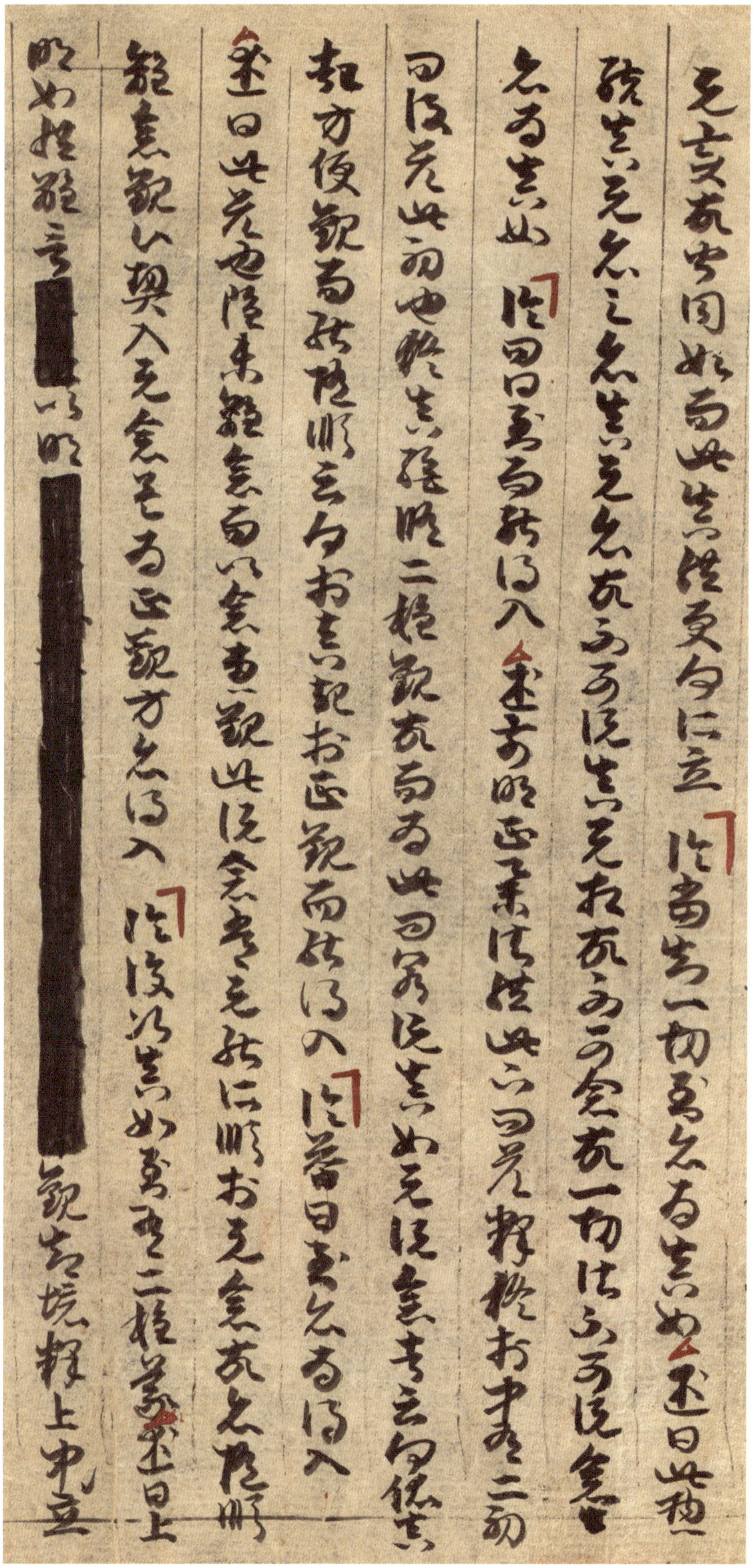

二四九　无變故，皆同如而此真體更何所立。論：「當知一切」至「名爲真如」。述曰：此揔

二五〇 結真无名之名。真无名故不可[一]說，真无相故不可念，故一切法不可說念，

二五一 名爲真如。論[二]：「問曰」至「而能得入」。述[三]：前明正𥝢法體，此下問荅釋疑。於中有二：初

二五二 問，後答，此初也。疑真絶脩二種觀，故而爲此問：若說真如无說念者，云何依真

二五三 起方便觀而能隨順[四]，云何於[五]真起於正觀而能得入？論：「荅曰」至「名爲得入」。

二五四 述曰：此荅也。雖未離念，而以念惠觀此說念常无能所，順於无念，故名隨順。

二五五 離念觀心，契入无念，是爲正觀，方名得入。論：「復次真如」至「有二種義」。述曰：上

二五六 明如體離言以明觀智境，釋上立中[六]，

校注

【一】「可」，伯二一四一背同，《大正藏》作「別」。【二】「論」下，伯二一四一背衍「曰」。【三】「述」下，伯二一四一背有「曰」。【四】「順」，伯二一四一背同，《大正藏》作「修」。【五】「於」，伯二一四一背作「依」。【六】「立中」，原卷作「中立」，右有倒乙符。

二五七

心真如竟。次下依言弁德以明生信境，釋上立中是真如相。於中有三：初釈

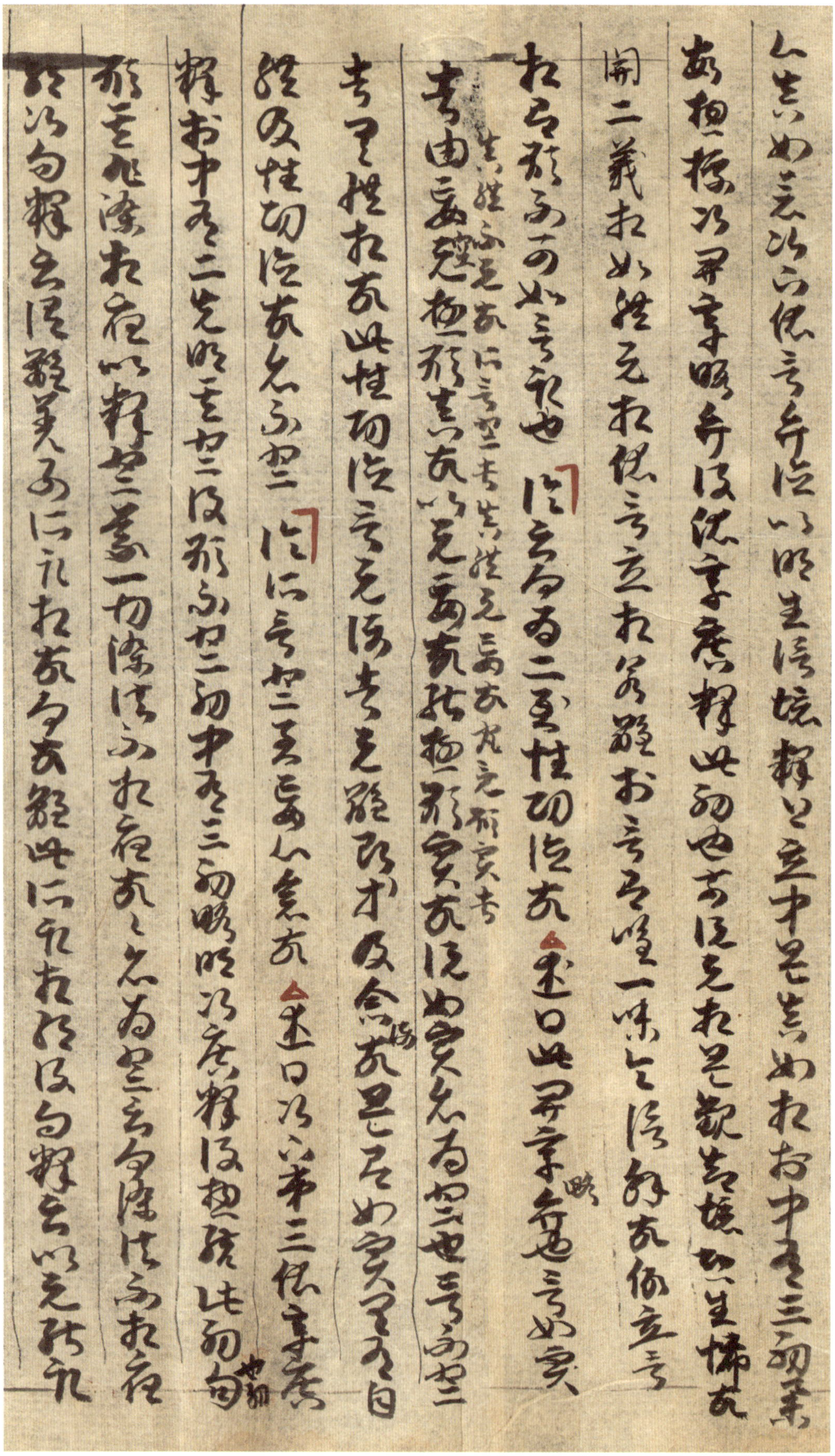

數揔標，次開章略弁，後依章廣釋，此初也。前說无相是觀智境，恐生怖故，開二義相。如體无相，依言立相。若離於言，即唯一味。令信解[一]故，假立言相，即顯不可如言取也。論：「云何爲二」至「性功德故」。述曰：此開章略弁也。言如實者，真體不无故。所言空者，真體无妄故。究竟顯實者，由妄空極顯真故。以无妄故[二]能揔顯[三]實故，說如實名爲空也。言不空者，具體相故。此性功德，言无漏者，无離斷等及念漏故。是即如實具有自體及性功德，故名不空。論：「所言空」至「妄心念故」。述曰：次下第三，依章廣釋。於中有二：先明其空，後顯不空。初中有三：初略明，次廣釋，後揔結，此初也。初句顯其非染相，應以釋空義。一切染法，不相應故，名爲空。云何染法不相應邪？次句釋云：謂離差別所取相故。何故離此所取相邪？後句釋云：以无能取

校注

【一】「解」，伯二一一四一背同，《大正藏》作「釋」。【二】「故」，《大正藏》漏録。【三】「顯」，伯二一一四一背缺。

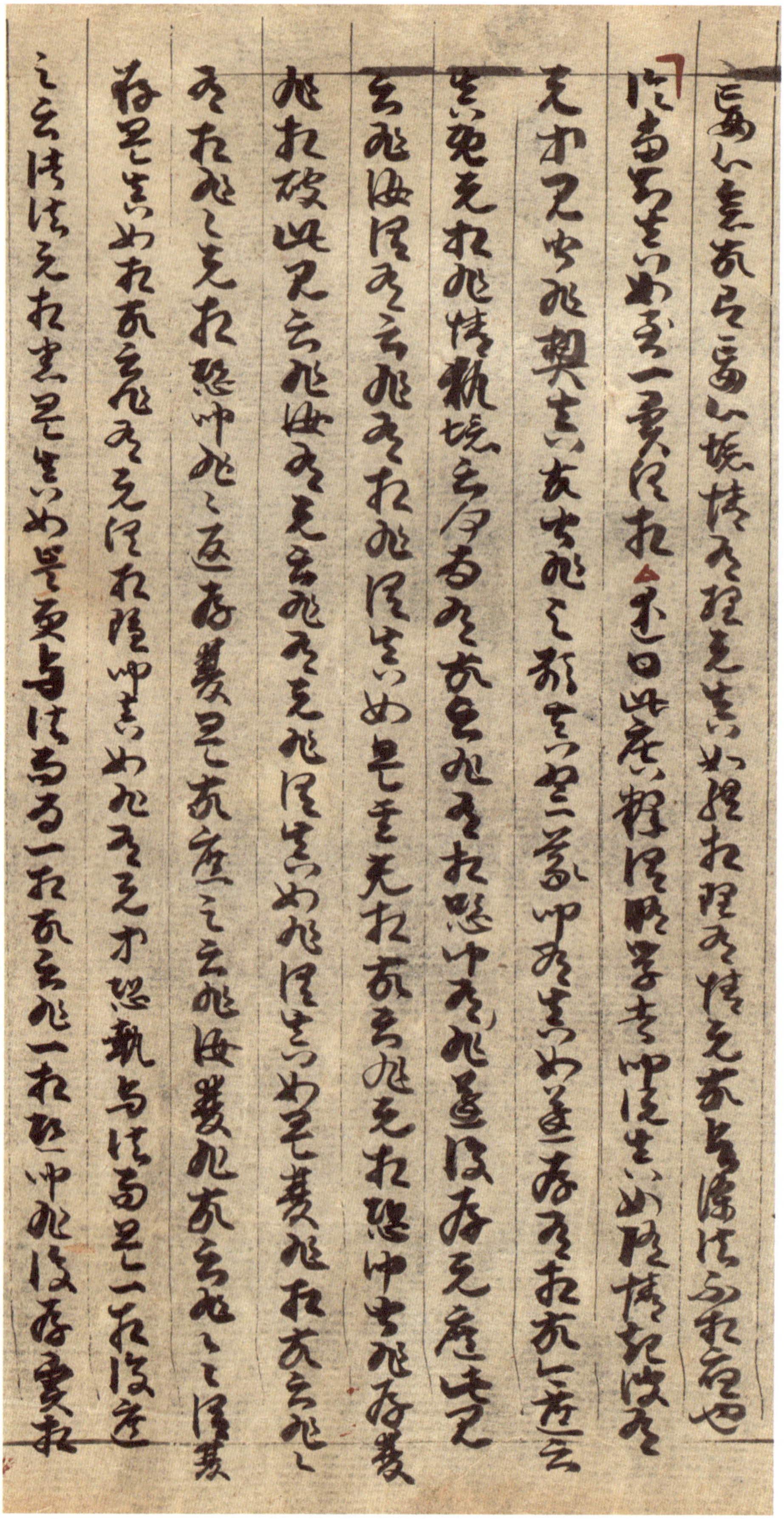

二六七 妄心念故。即妄心境，情有理无；真如體相，理有情无。故与染法不相應也。

二六八 論：「當知真如」至「一異俱相」。述曰：此廣釋[二]。謂脩學者聞說真如，隨

情起[二]彼有
二六九 无等見，皆非契真，故皆非之，顯真空義。聞有真如，遂存有相，故今遮云：
二七〇 真既无相，非情執[三]境，云何爲[四]有，故云非有相。恐聞非有[五]，遂復存无，
遮此見
二七一 云：非汝謂有，云非有相；非謂真如是其无相，故云非无相。恐聞皆非，存雙
二七二 非相，破此見云：非汝有无，云非有无；非謂真如[六]是雙非相，故云，非非
二七三 有相、非非无相。恐聞非非返存雙是，故遮之云：非汝雙非，故云非非；非[七]
謂雙
二七四 存是真如相，故云非有无謂相。雖聞真如非有无等，恐執与法而是一相，復遮
二七五 之云：諸法无相，悉是真如，是更与法而爲一相，故云非一相。恐聞非[八]復存
實相，

校注

【一】「釋」下，伯二一四一背與《大正藏》有「也」。【二】「起」，伯二一四一背缺。【三】「執」，伯二一四一背同，《大正藏》作「疑」。
【四】「爲」，伯二一四一背作「謂」。【五】「非有」，原卷作「有非」，右有倒乙符。【六】「如」下，原卷衍「非謂真如」，據伯二一四一背删。【七】「非」，伯二一四一背缺。【八】「非」，伯二一四一背作「本」。

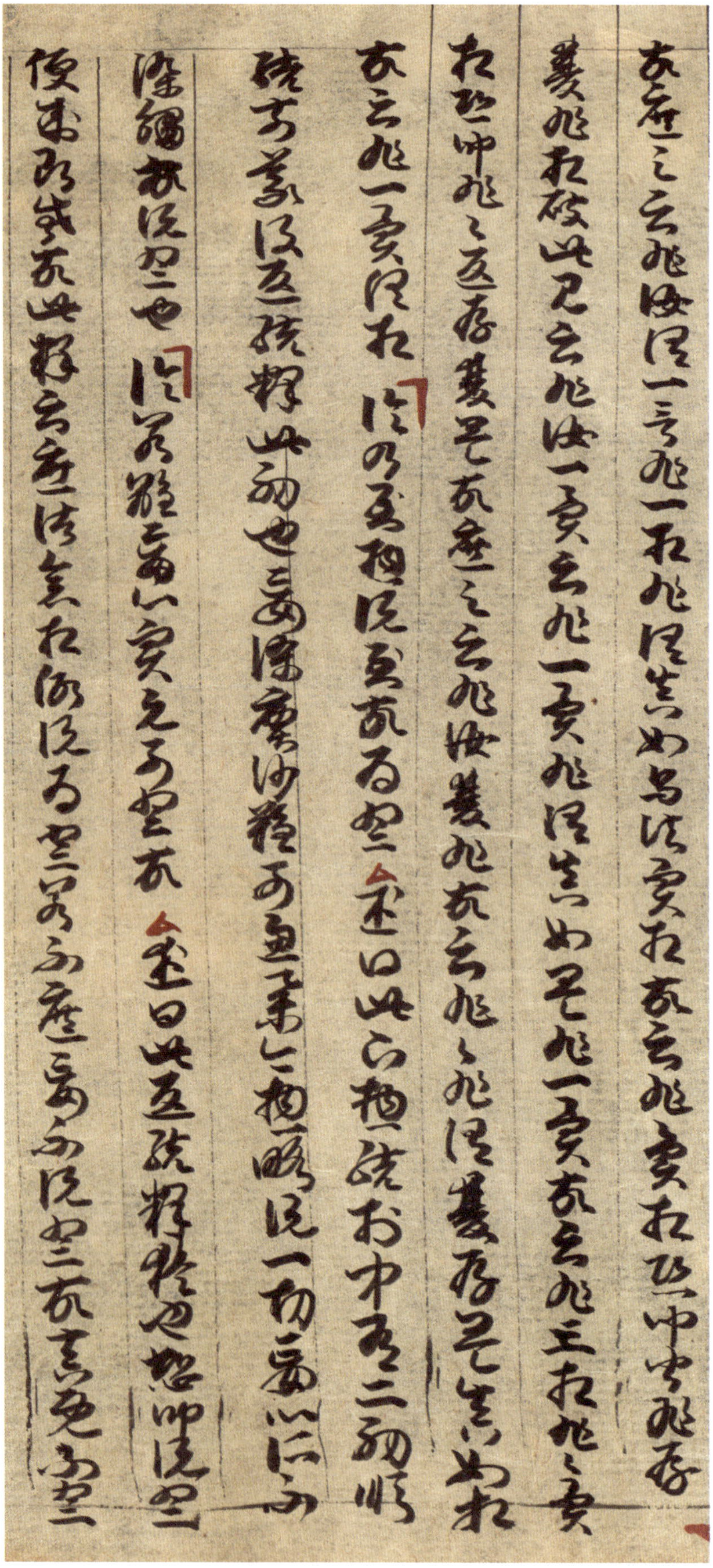

二七六 故遮之云：非汝謂一，言非一相；非謂真如与法實相，故云非異相。恐聞皆

非，存

二七七 雙非相〔二〕，破此見云：非汝一異，云非一異；非謂真如是非一異，故云非三

相、非非異
二七八 相[二]。恐聞非非返存雙是，故遮之云：非汝雙非，故云非非；非謂雙存是真如
相，
二七九 故[三]云非一異謂相。論：「乃至捴説」至「故〔説〕[四]爲空」。述曰：此下捴
結。於中有二：初順
二八〇 結前義，後返結釋〔疑〕[五]，此初也。妄染塵沙，難可遍𥝢，今捴略説。一切
妄心所不
二八一 染觸，故説空也。論：若離妄心，實无可空故。述曰：此返結釋疑[六]也。恐聞
説空，
二八二 便成斷戚，故此釋云：遮諸念相，假説爲空。若不遮妄不説空，故真既不空，

校注

【一】「相」下，伯二一四一背衍「非」。【二】「相」，伯二一四一背缺。【三】「故」下，伯二一四一背衍「故」。【四】「説」，原卷缺，據伯二一四一背、《大乘起信論》補。【五】「疑」，原卷缺，據六一行、伯二一四一背補。【六】「疑」，伯二一四一背缺。

二八三 故非斷滅。是顯真性，空而不空。論：「所言不空」至「空无妄故」。述曰：此下第二[二]，顯

二八四 不空義。於中有三：初牒前顯後，次正明不空，後釋外疑難，此初也。將明不

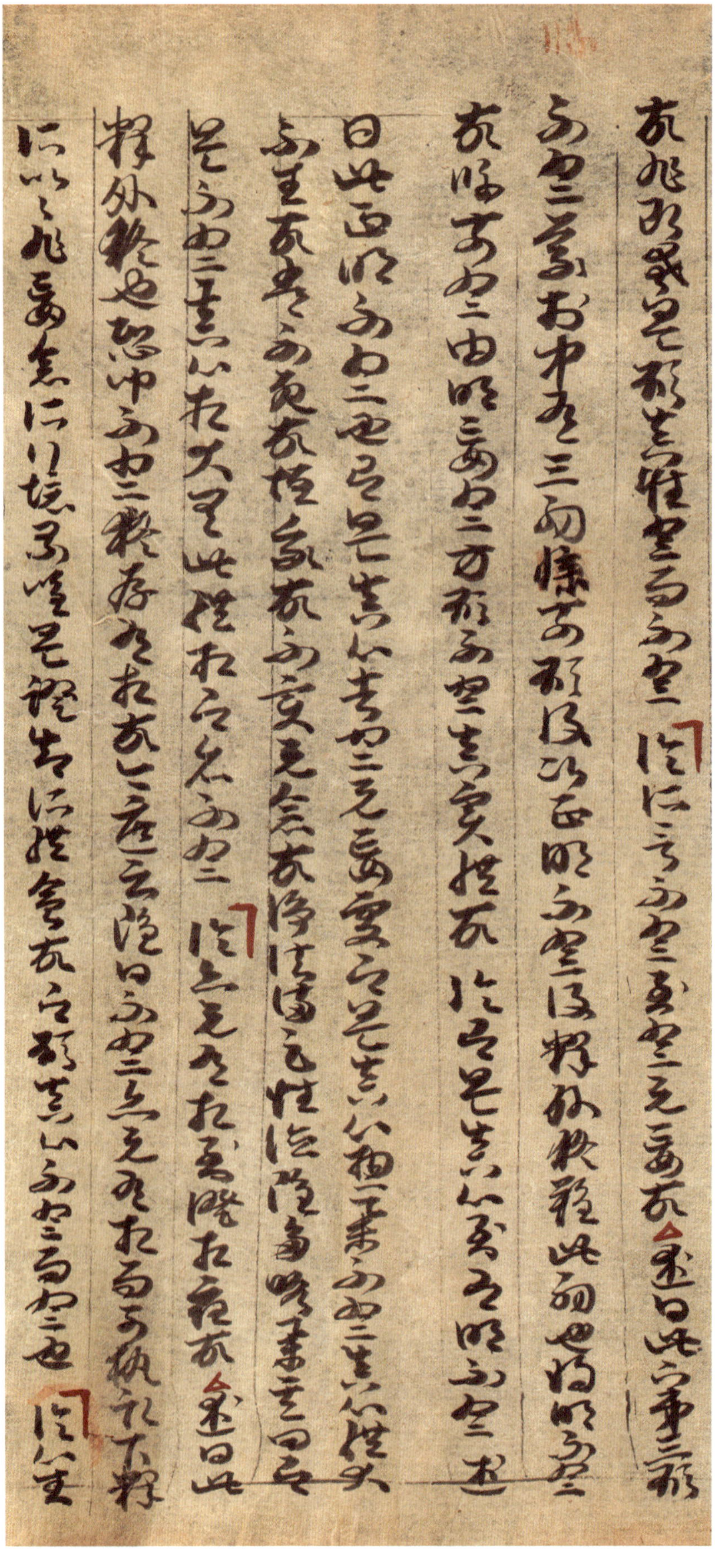

空，

二八五 故牒前空。由明妄空，方顯不空真實體故。論：「即是真心」至「即名[二]不

空」。述

二八六 曰：此正明不空也。即是真心者，空无妄處，即是真心。揔私不空真心，體大

二八七 不生故，常不起故，恒乘故，不變无念故。淨法滿足，性德雖多，略私其四，

即

二八八 是不空，真心相大，具此體相，即名不空。論：「亦无有相」至「證相應

故」。述曰：此

二八九 釋外疑也。恐聞不空，疑存有相，故今遮云：雖曰不空，亦无有相而可執取。

下釋

二九〇 所以，以非妄念所行境界，唯是證智所體會故，即顯真心，不空而空也。論：

「心生

校注

【一】「二」，原卷作「三」，據二六四行、伯二一四一背改。【二】「即名」，原卷作「即明」，據《大乘起信論》改。又，有的《大乘起信論》版本作「則名」。

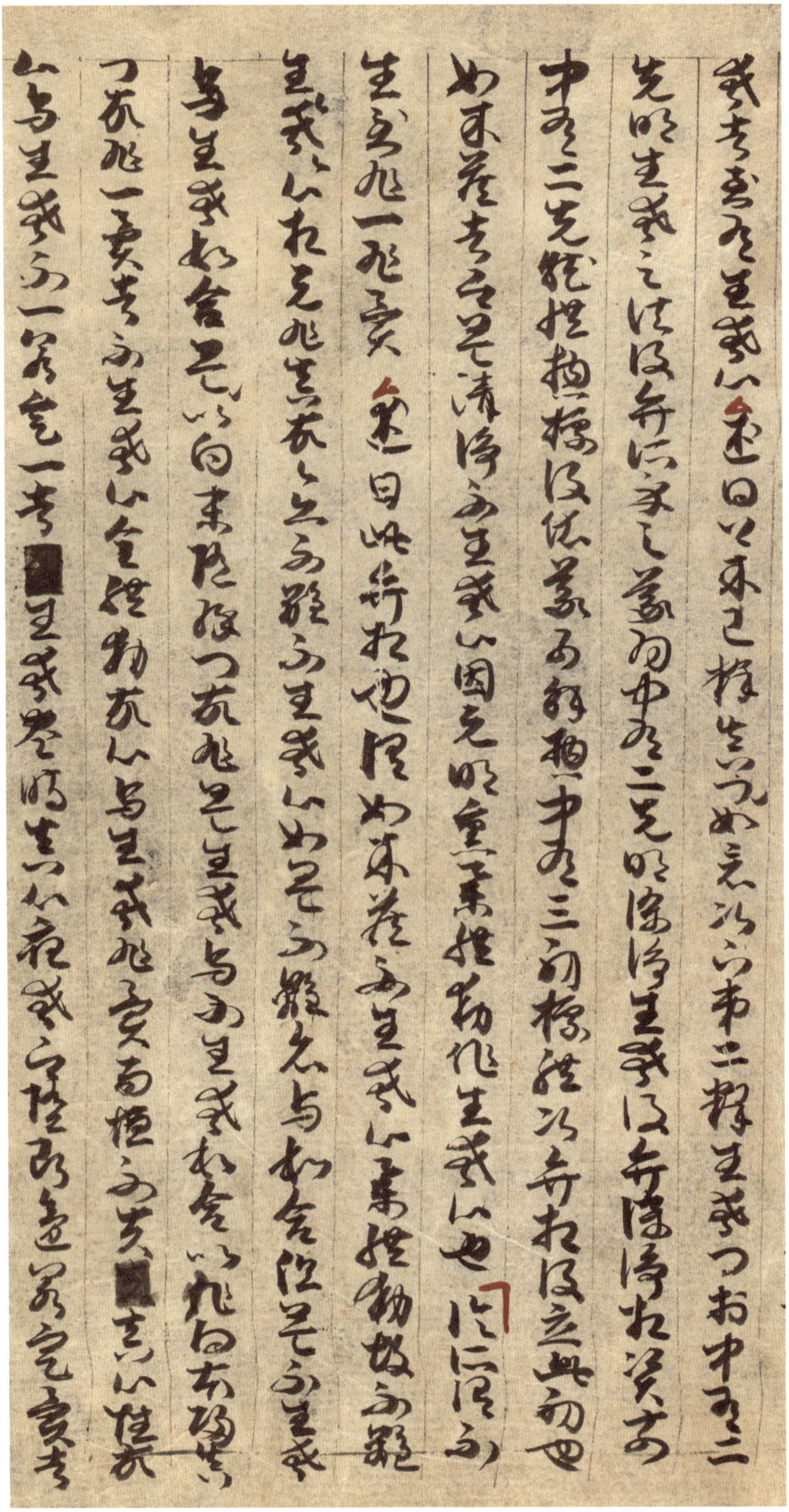

[一九一]威者」至「有生威心」。述曰：上來已釋真如門[一]竟，次下第二，釋生威門。

於中[二]有二：

二九二 先明生滅之[三]法，後弁所示之義。初中有二：先明染浄生滅，後弁染浄相資。
前
二九三 中有二：先就體揔摽，後依義別釋。揔中有三：初摽體，次弁相，後立名，此
初也。
二九四 如來藏者，即是清浄不生滅心。因无明熏，舉體動作生滅心也。論：「所謂不
二九五 生」至「非一非異」。述曰：此弁相也。謂如來藏不生滅心舉體動故。不離
二九六 生滅，生滅心相，无非真故，故亦不離不生滅心。如是不離，名与和合。俱是
不生滅
二九七 与[四]生滅和合。以是[五]向末隨緣門故，非是生滅与不生滅和合，以非向夲歸真
二九八 門故。非一異者，不生滅心全體動故。心与生滅非異而恒不失真心性，故
二九九 心与生滅不一。若定一者，生滅盡時，真心應滅，即墮斷邊。若定[六]異者，

校注

【一】「如門」，原卷作「門如」，右有倒乙符。【二】「中」，伯二一四一背缺。【三】「之」，伯二一四一背作「心」。【四】「与」下，《大正藏》有「不」。【五】「以是」，原卷作「是以」，右有倒乙符。【六】「定」，伯二一四一背同，《大正藏》作「是」。

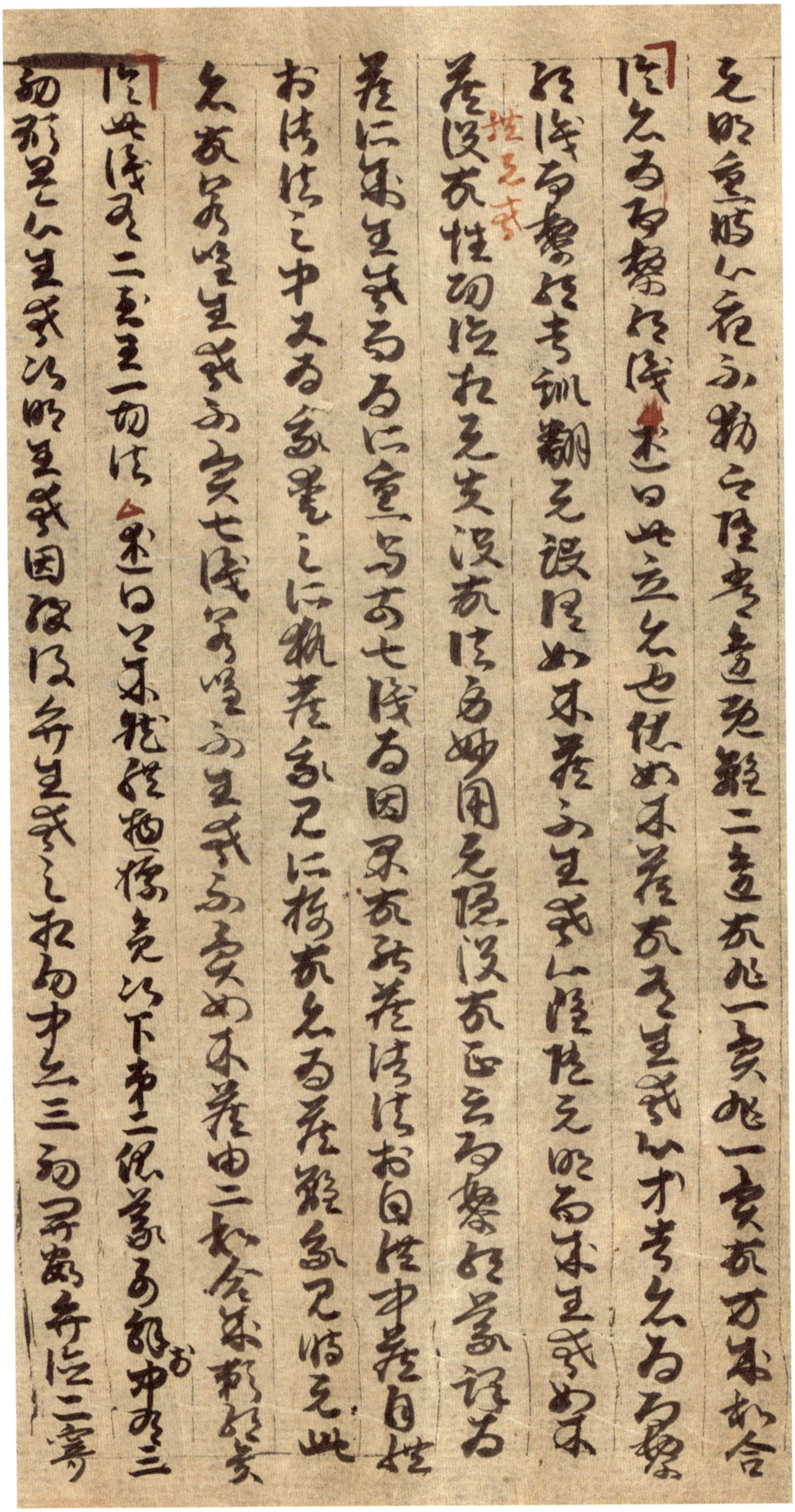

三〇〇 无明熏時，心應不動，即墮常邊，既離二邊，故非一異。非一異故，方[二]成和合。

三〇一 論：名爲阿黎耶識。述曰：此立名也。依[二]如來藏故有生滅心等者，名爲阿黎

三〇二 耶[三]識。阿黎耶者，訓翻无没。謂如來藏不生滅心雖隨无明而成[四]生滅，如來

三〇三 藏體无滅没故，性功德相无失没故，法身[五]妙用无隱没故。正云阿黎耶，義譯

爲

三〇四 藏所成。生滅而爲所熏，与前七識爲因果故。能藏諸法於自體中，藏自體

三〇五 於諸法之中，又爲我愛之所執藏，我見所攝，故名爲藏。離我見時无此

三〇六 名故。若唯生滅，不異七識；若唯不生滅，不異如來藏。由二和合成賴耶矣。

三〇七 論：「此識有二」至「生一切法」。述曰。上來就體揔標竟[六]。次下第二，依

義別釋。於中有三：

三〇八 初顯是心生滅，次明生滅因緣，後弁生滅之相。初中亦三：初開數弁德，二寄

校注

【一】「方」，似「万」。【二】「依」，伯二一四一背缺。【三】「耶」，伯二一四一背缺。【四】「成」，伯二一四一背同，《大正藏》作「來」。

【五】「身」，伯二一四一背同，《大正藏》作「示」。【六】「竟」，伯二一四一背同，《大正藏》作「是」。

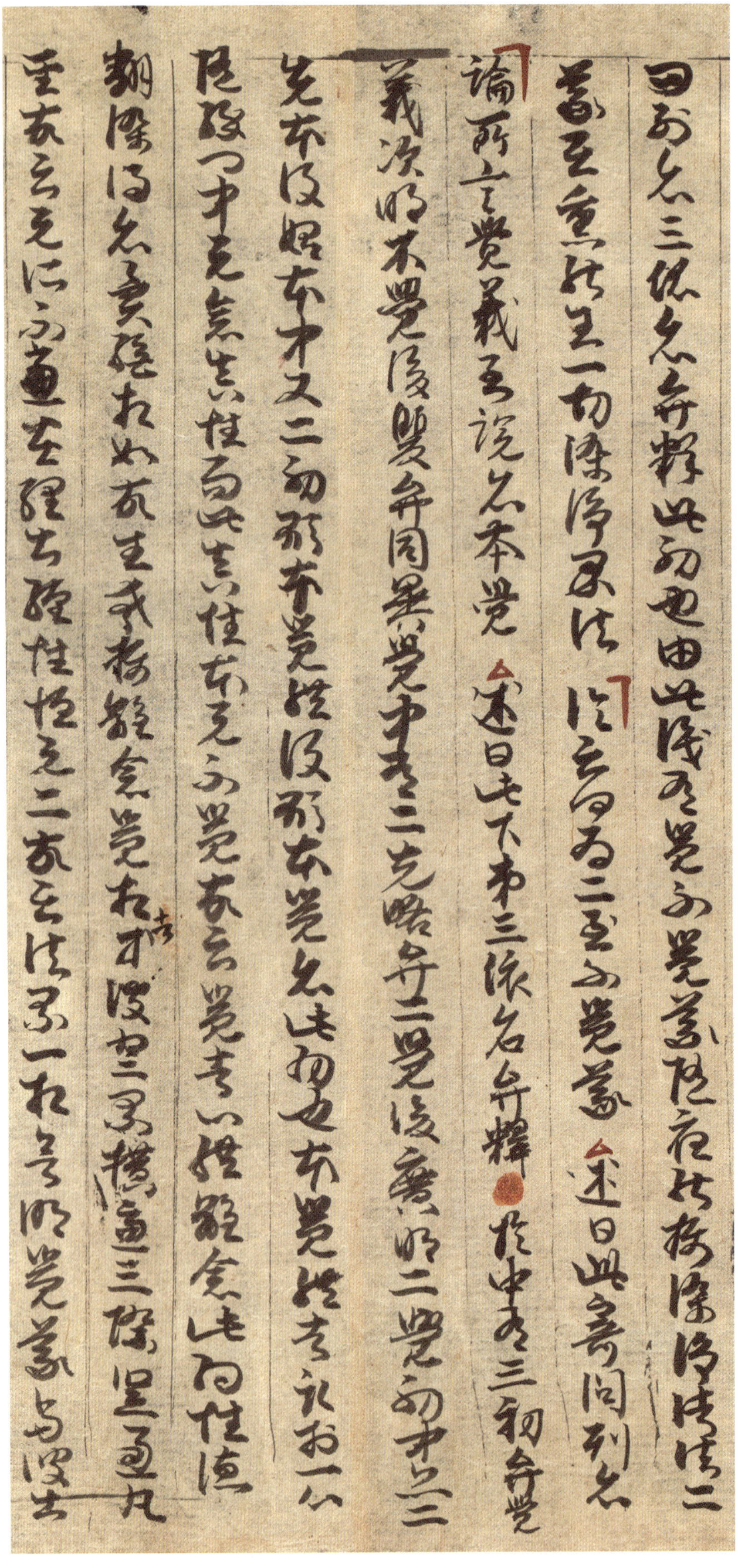

三〇九 問[一]別名，三依名弁釋，此初也。由此識有覺、不覺義，隨應[二]能攝染淨諸法，二

三一〇 義互熏能生一切染淨果法。論：「云何爲二」至「不覺義」，述曰：此寄問列

名。

三一 論：「所言覺義」至「説名夲覺」。述曰：此下第三，依名弁釋。於中有三：初弁覺

三二 義，次明不覺[三]，後雙弁同異。覺中有二：先略弁二覺，後廣明二[四]覺。初中亦二[五]：

三三 先夲，後始。夲中又二：初顯夲覺體，後顯夲覺名，此初也。夲覺體者，取於一心，

三四 隨緣門中，无念真性。而此真性夲无不覺，故云覺者心體離念。此約性德，

三五 翻染得[六]名。異絶於如，故生戚攝離念覺相者[七]等。彼空界横遍三際，竪通凡

三六 聖，故云无所不通。在纏、出纏，性恒无二，故云法界一相。欲明覺義，与彼出

校注

【一】「問」，伯二一一四一背同，《大正藏》作「門」。【二】「應」，伯二一一四一背同，《大正藏》作「境」。【三】「義次明不覺」，伯二一一四一背作「次名明覺不」。【四】「二」，《大正藏》同，伯二一一四一背作「不」。【五】「初中亦二」，伯二一一四一背作「初中亦」，《大正藏》作「初中亦二不」。【六】「得」，伯二一一四一背作「德」。【七】「者」，伯二一一四一背缺。

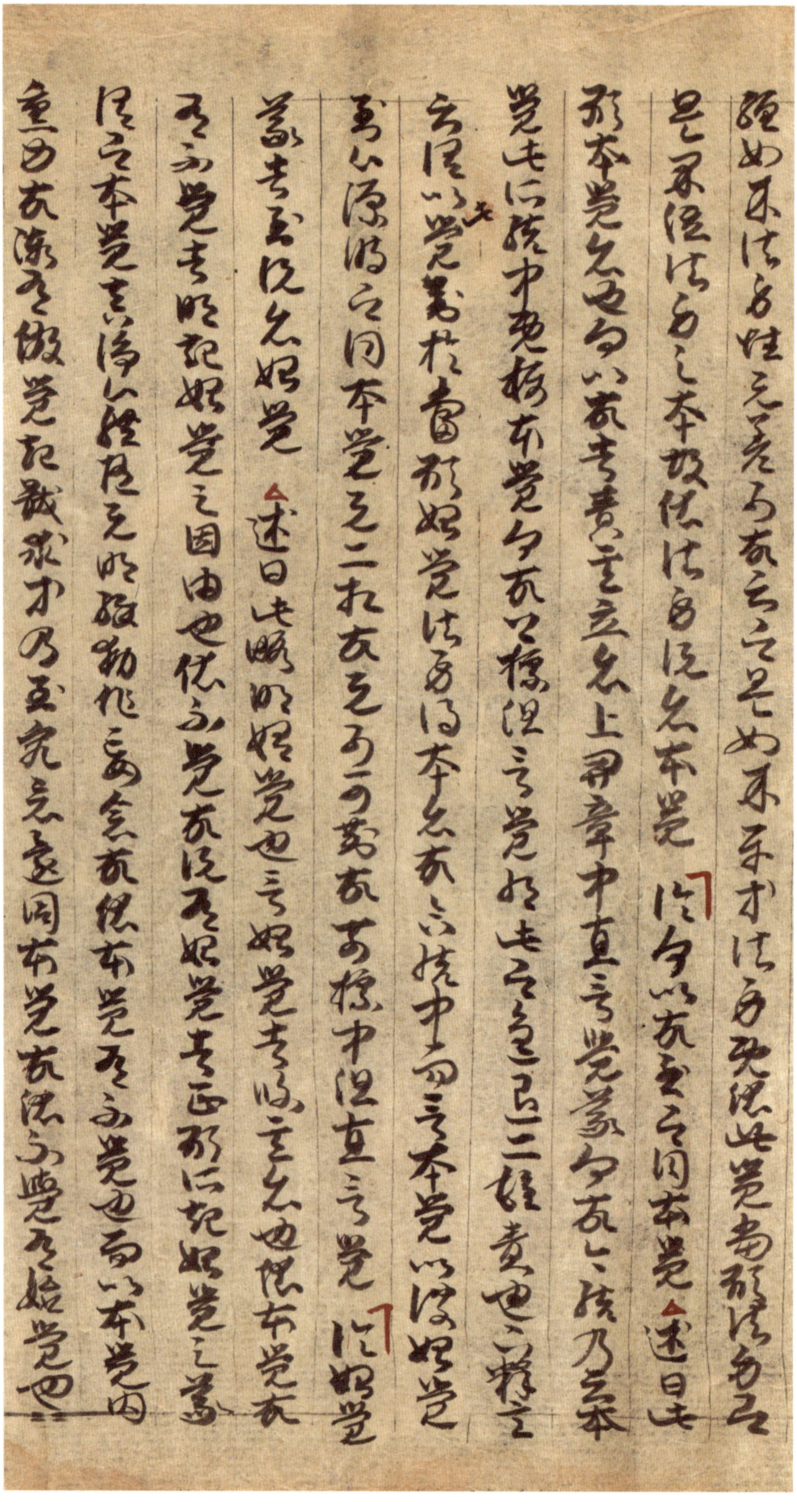

三七 經如來法身性无差別，故云即是如來平等法身。既依此覺，當顯法身即

三八 是果位法身之夲，故依法身説名夲覺。論：「何以故」至[二]「即同夲覺」。述

曰：此顯夲覺名也。何以故者，責其立名。上開章中直言覺義，何故今結乃云夲覺？此所結中既攝夲覺，何故上摽但言覺耶？此即進退二種責也。下釋意云：謂以此覺，對於當顯始覺法身，得夲名故[二]。下結中而言夲覺。以彼始覺至心源時，即同夲覺无二相，故无別可對，故前摽中但直言覺。論：「始覺義者」至「說名始覺」。述曰：此略明始覺也。言[三]始覺者，牒其名也。依夲覺故

有不覺者[四]，明記始覺之因[五]由也。依不覺故說有始覺者，正顯所起始覺之義。

謂即夲覺真淨心體，隨无明緣動作妄念，故依夲覺有不覺也。而以夲覺内熏力故，漸有微覺起猒求等，乃至究竟還同夲覺，故依不覺有始覺也。

校注

【一】「至」下，伯二一四一背衍「明」。【二】「故」，伯二一四一背作「故故」。【三】「言」，伯二一四一背同，《大正藏》漏録。【四】「有不覺者」，伯二一四一背作「有不者」，《大正藏》作「有心者」。【五】「因」，伯二一四一背與《大正藏》作「所」。

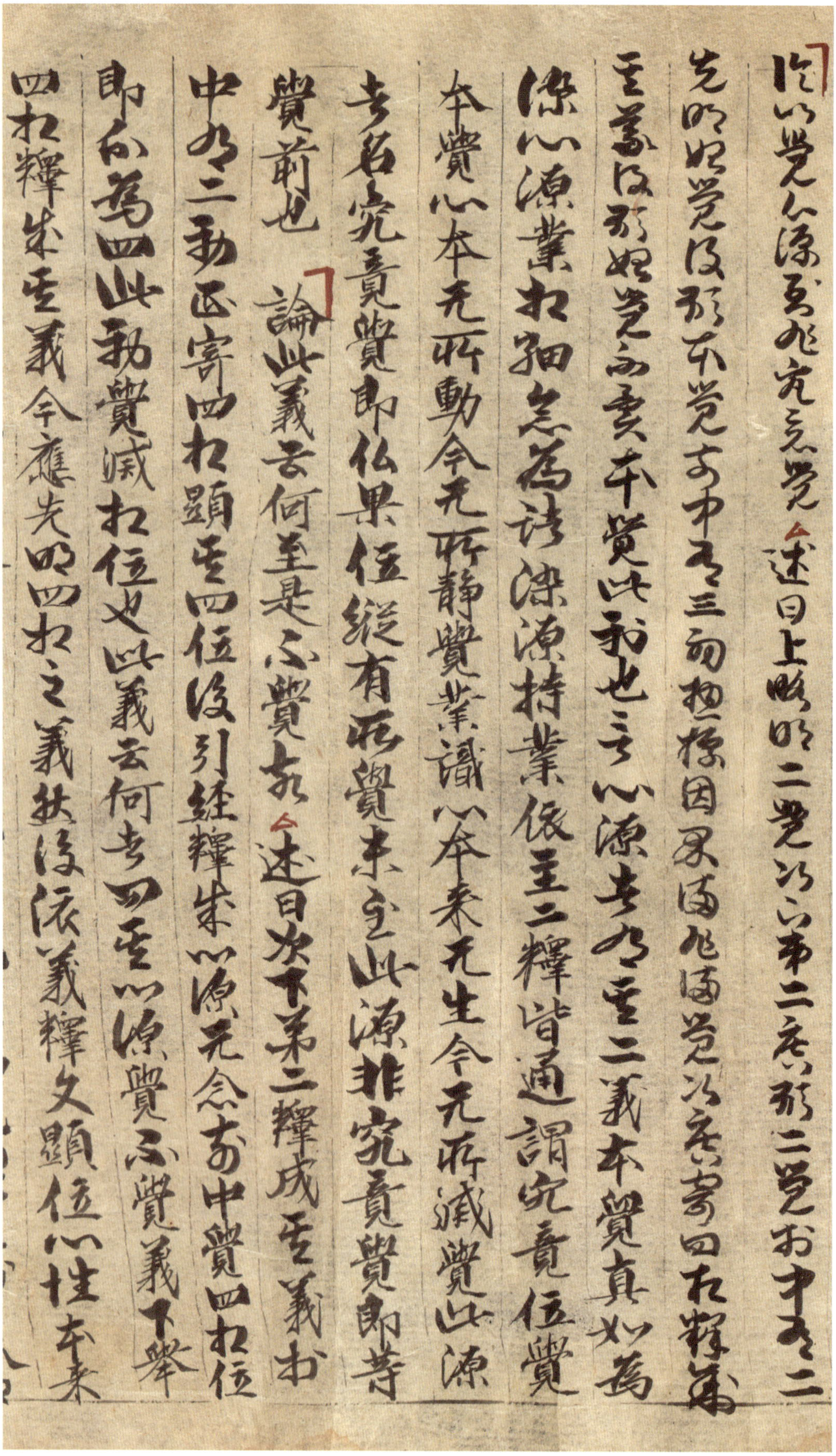

三七

論：「〔又〕[一]以[二]覺心源」至「非究竟覺」。述曰：上略明二覺，次下第二，廣顯二覺。於中有二：
一二八 先明始覺，後顯夲覺。前中有三：初摠摽因果，滿非滿覺；次廣寄四相，釋成
一二九 其義；後顯始覺不異夲覺，此初也。言心源者，有其二義：夲覺真如爲
一三〇 染心源，業相細念爲諸[三]染源。持業依主，二釋皆通，謂究竟位覺。
一三一 本覺心夲无所動，今无所靜覺。業識心夲來无生，今无所滅覺。此源
一三二 者名究竟覺，即仏果位。縱有所覺，未至[四]此源，非究竟覺，即等
一三三 覺前也。論：「此義云何」至「是不覺故[五]」。述曰：次下第二，釋成其義。
於
一三四 中有二：初正寄四相，顯其四位；後引經釋成，心源无念。前中覺四相位，
一三五 即分爲四。此初覺滅相位也。此義云何者，問[六]其心源覺不覺義，下舉[七]
一三六 四相釋成其義。今應先明四相之義，然後依義釋文顯位。心性夲來

校注

【一】「又」，原卷缺，據《大乘起信論》補。【二】「以」，《大正藏》誤作「不」。【三】「諸」，伯二一四一背同，《大正藏》作「法」。
【四】「至」，伯二一四一背同，《大正藏》作「主」。【五】「故」，伯二一四一背作「義」。【六】「問」，《大正藏》誤作「四」。【七】「舉」，
《大正藏》同，伯二一四一背作「覺」。

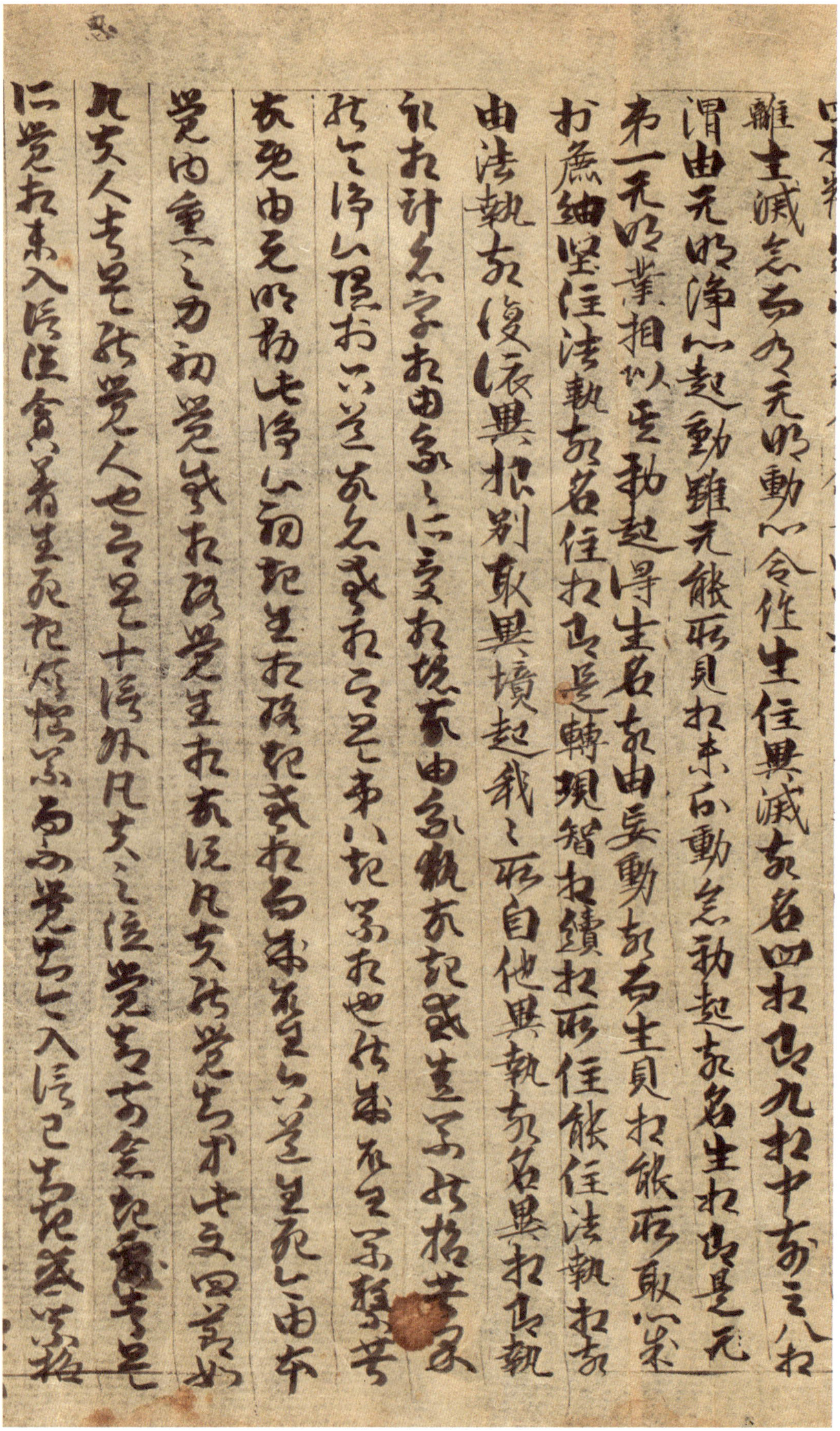

三七

離生滅念，而有无明動心，令作生住異滅，故名四相，即九相中前之八相。

三三八 謂由无明浄心起動，雖无能所見相未分，動念初起，故名生相，即是
三三九 第一无明業相。以其初起，得生名故。由妄動故，而生見相。能所取心，成
三四〇 於麁細，堅住法[一]執，故名住相，即是轉現智相、續相。所住能住，法執相
故。
三四一 由法執故，復依異根，別取異境，起我我所。自他異執，故名異相。即執
三四二 取相，計名字相。由我我所受相[二]境故，由我執故，起惑造業，能招苦果，
三四三 能令浄心隱於六道，故名滅相，即是第八起業相也。能成衆生業繫苦
三四四 故，既由无明動此浄心，初起生相，終起滅相，而成衆生六道生死。今由本
三四五 覺内熏之力，初覺滅相，終覺生相，故説凡夫能覺知等。此文四節，如
三四六 凡夫人者，是能覺人也。即是十信外凡夫[三]之位。覺知[四]前念起惡[五]者，是
三四七 所覺相。未入信位，貪著生死，起煩惱業而不覺知。今入信已，知起惑業招

校注

【一】「法」，伯二一四一背同，《大正藏》作「諸」。【二】「相」，伯二一四一背與《大正藏》作「想」。【三】「夫」，伯二一四一背缺。
【四】「知」，原卷作「智」，據伯二一四一背、《大乘起信論廣釋》卷三改。【五】「惡」，原卷塗改，據伯二一四一背、《大乘起信論廣釋》卷三録。

三四八 苦果，故定是惡也。能止後念令不起者，弁覺利益，前由不覺，起煩惱業，

三四九 今既覺，故止不造也。雖復名覺，即是不覺者，結覺分齊。雖知是惡，

三五〇 妄有制伏，未覺是夢，故是不覺。論：「如二乘觀」至「名相似覺」。述曰：此
三五一 下[一]第二，位覺異相也。文亦四節，二乘觀智等者，是能覺人[二]；三賢菩薩，名初
三五二 發意。得人空門，同二乘位。覺於念異，念无異相[三]，明所覺相。此二乘等，證
三五三 人空而共知无我，離妄根竟[四]，從異夢覺，名覺於[五]念異。返照異相，
三五四 都无所有，名念无異相。以捨麁分別執著相[六]者，是覺利益，即我我所名
三五五 麁分別執著相也。名相似覺者，是覺分齊，雖捨麁執而由未得无
三五六 分別故。論：「如法身菩薩」至「名隨分覺」。述曰：此第三，位覺住相也。文亦分

校注

【一】「下」，伯二一四一背缺。【二】「人」下，伯二一四一背有「也」。【三】「相」下，伯二一四一背衍「者」。【四】「竟」，伯二一四一背與《大正藏》作「境」。【五】「於」，伯二一四一背同，《大正藏》漏録。【六】「相」，伯二一四一背缺。

三五七

四。法身菩薩是能觀人，十地菩薩證法身故，皆名法身。覺於念住等者，是

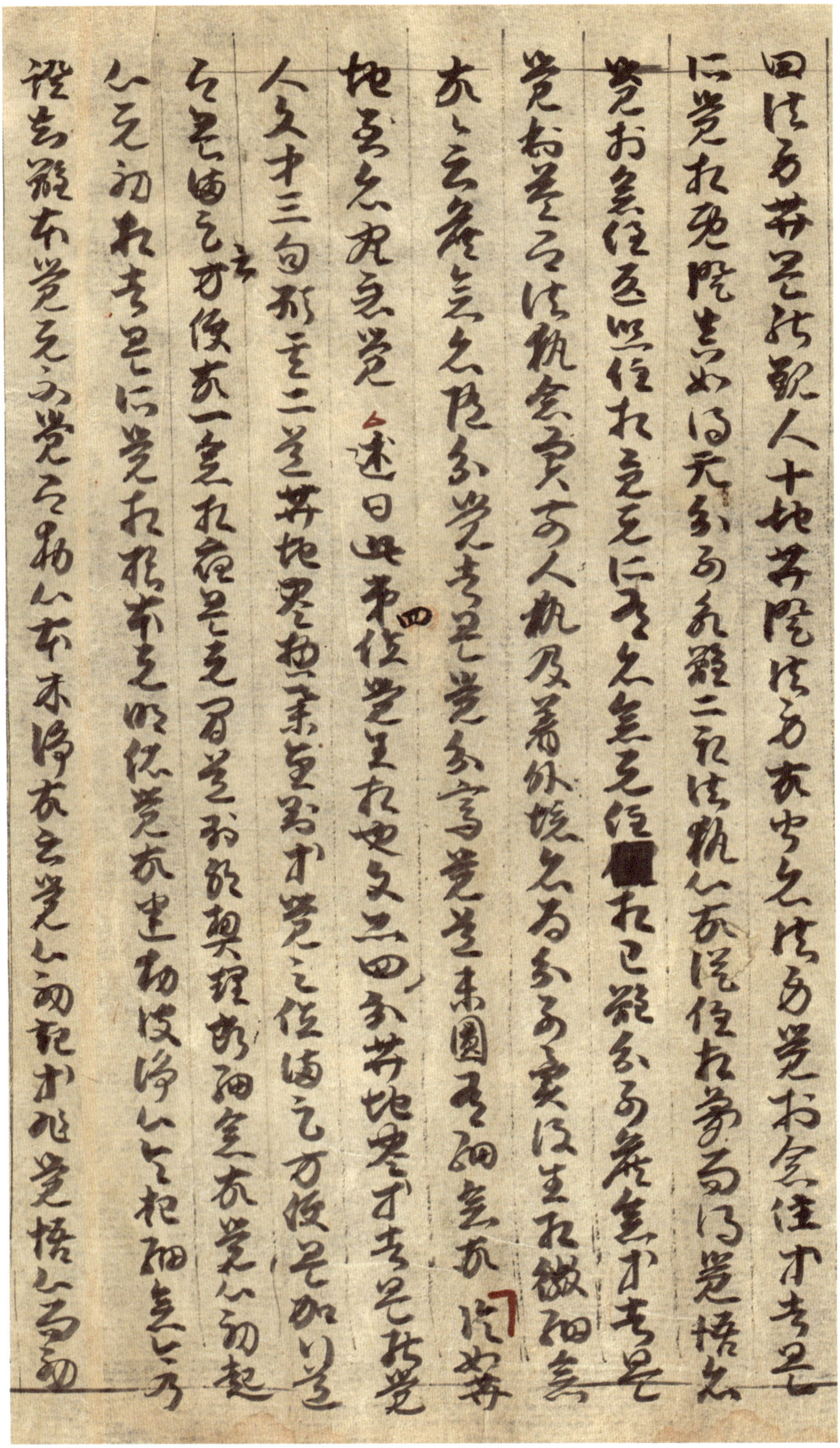

三五八 所覺相，既證真如，得无分別，永離二取法執心，故從住相夢而得覺悟，名
三五九 覺於念住。返照住相，竟无所有，名念无住相。已離分別麁念等者，是
三六〇 覺利益，即法執念異前人執及著外境[一]，名爲分別異。後生相[二]微細念
三六一 故，故云麁念。名隨分覺者，是覺分齊。覺道未圓，有細念故。論：「如菩薩
三六二 地」至「名究竟覺」。述曰：此第四，位覺生相也。文亦分四[三]。菩薩地盡等
者，是能覺
三六三 人。文中三句，顯其[四]二道。菩薩地盡揔⿵几禾金剛等覺之位，滿足方便。是加行
道，
三六四 即是滿足之方便，故一念相應；是无間道，刹那[五]契理，斷細念故。覺心初起
三六五 心无初相者，是所覺相。根夲无明，依覺故迷，動彼浄心，令起細念。今乃
三六六 證知：離夲覺无不覺，即動心夲來浄[六]故，云覺心初起等[七]，非覺悟心而初

校注

【一】「境」下，伯二一四一背有「故」。【二】「後生相」，伯二一四一背同，《大正藏》作「相後生」。【三】「分四」，原卷作「四分」，右有倒乙符。【四】「其」，伯二一四一背與《大正藏》作「有」。【五】「那」，伯二一四一背作「明」。【六】「浄」，伯二一四一背作「静」。【七】「等」下，伯二一四一背有「也」。

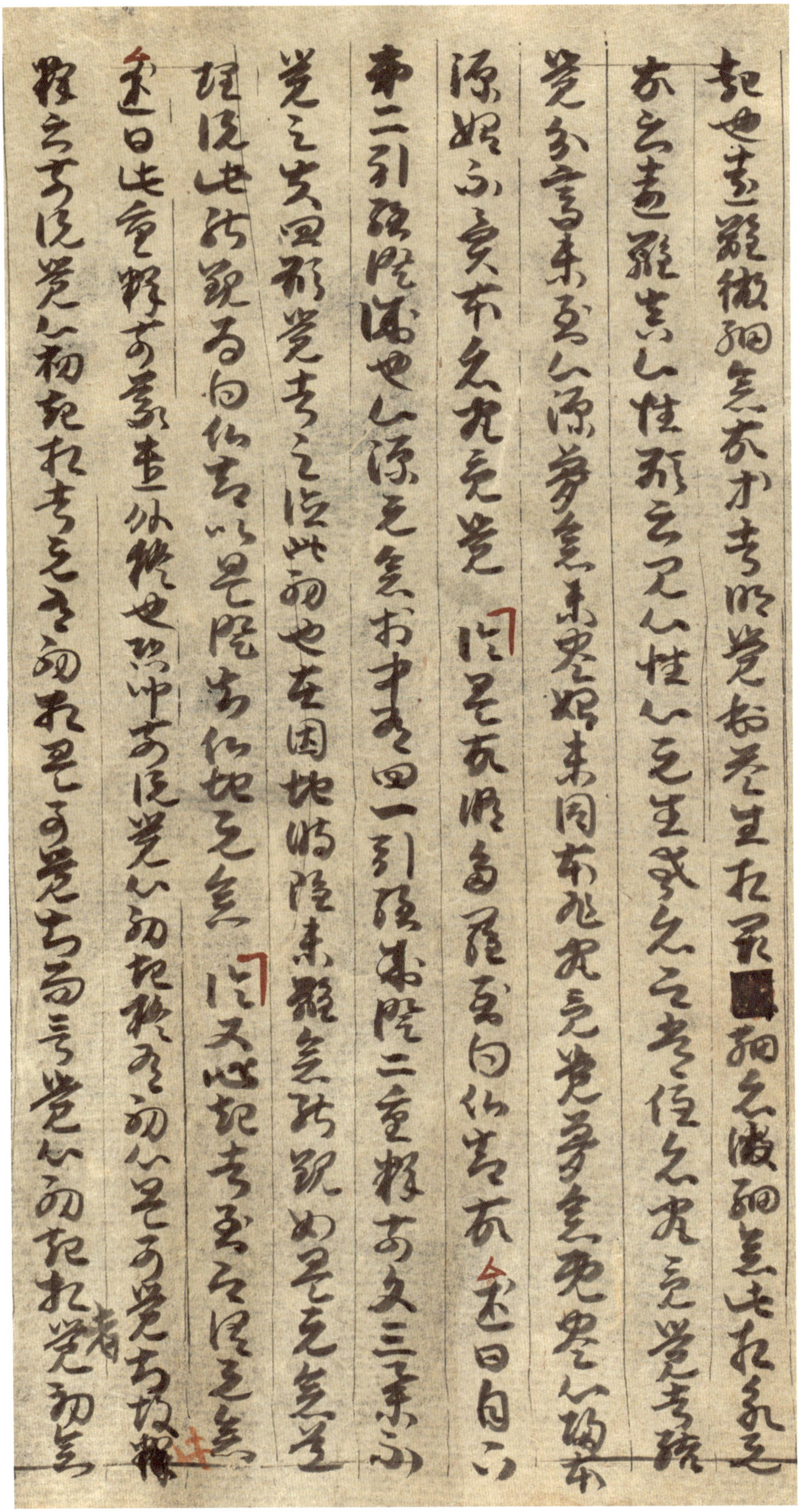

三六七 起也。遠離微細念故等者，明覺利益生相。寂細名微細念。此相永无，

三六八 故云遠離。真心性顯，云見心性。心无生[一]滅，名即常住。名究竟覺者，結

三六九 覺分齊。未至心源，夢念未盡；始末同夲[二]，非究竟覺。夢念既盡，心歸本

三七〇 源；始不異夲，名究竟覺。論：「是故脩多羅」至「向仏智故」。述曰：自下

三七一 第二，引經證誠[三]也，心源无念。於中有四：一引經成證[四]，二重釋前文，三

糺不

三七二 覺之失，四顯覺者之德，此初也。在因地時雖未離念，能觀如是无念道

三七三 理，說此能觀爲向仏智[五]，以是證知仏地无念。論：「又心起者」至「即謂无

念」。

三七四 述曰：此重釋前義，遣外疑也。恐聞前説覺心初起，疑有初[六]心，是可覺知，

故此

三七五 釋云：前説覺心初起相者，无有初相是可覺知；而言覺心初起相者，覺初念

校注

【一】「生」，伯二一四一背缺。【二】「夲」下，伯二一四一背有「覺」。【三】「誠」，伯二一四一背作「成」。【四】「成證」，《大乘起信論廣釋》卷三同，伯二一四一背作「證成」。【五】「仏智」，伯二一四一背與《大正藏》作「智故」。【六】「初」下，伯二一四一背衍「也」。

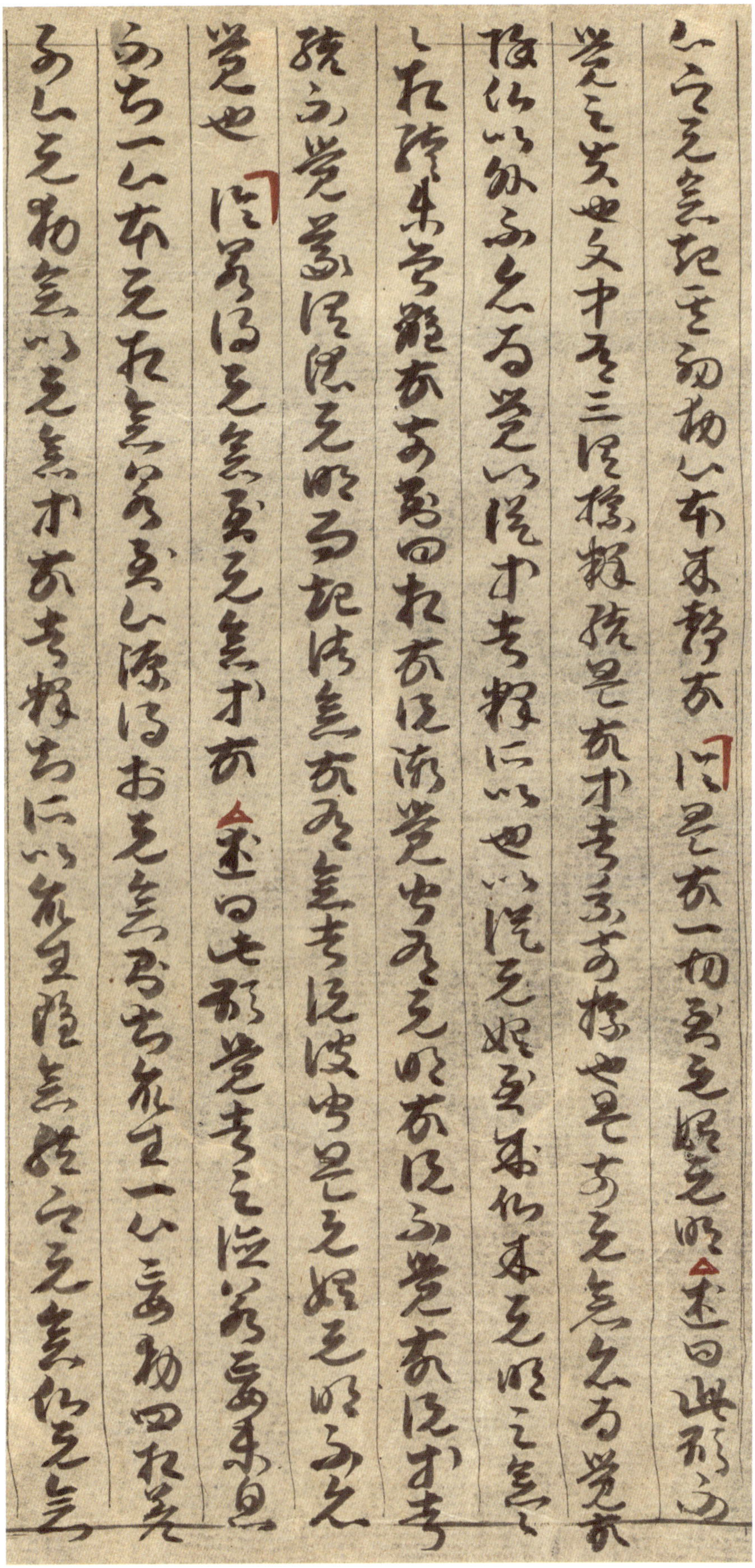

三七六 心即无念起，其初動心夲來靜故。論：「是故一切」至「无始无明」。述曰：

此顯不

三七七 覺之失也。文中有三，謂摽、釋、結。是故等者，乘前摽也。是前无念名爲覺
故，
三七八 除仏以[一]外不名爲覺。以從等者，釋所以也。以[二]從无始至成仏來，无明之
念，念
三七九 念相續，未曾[三]離故。前對四相，故說漸覺；皆有无明，故說不覺。故說等
者，
三八〇 結不覺義，謂依无明而起諸念，故有念者，說彼皆是无始无明，不名
三八一 覺也。論：「若得无念」至「无念[四]等故」。述曰：此顯覺者之德。若妄未
息[五]，
三八二 不知一心，夲无相念。若至心源，得於[六]无念，則[七]知衆生一心妄動，四相差
三八三 別，心无動念。以无念等故者[八]，釋知所以，衆生雖念，體即[九]无念。仏无念

校注

【一】「以」，伯二一四一背作「已」。【二】「以」，伯二一四一背與《大正藏》作「已」。【三】「曾」，伯二一四一背作「增」。【四】「念」，伯二一四一背作「明」。【五】「息」，伯二一四一背作「惠」，《大正藏》漏録。【六】「於」，伯二一四一背作「相」。【七】「則」，伯二一四一背同，《大正藏》作「即」。【八】「者」，伯二一四一背缺。【九】「即」，伯二一四一背同，《大正藏》作「則」。

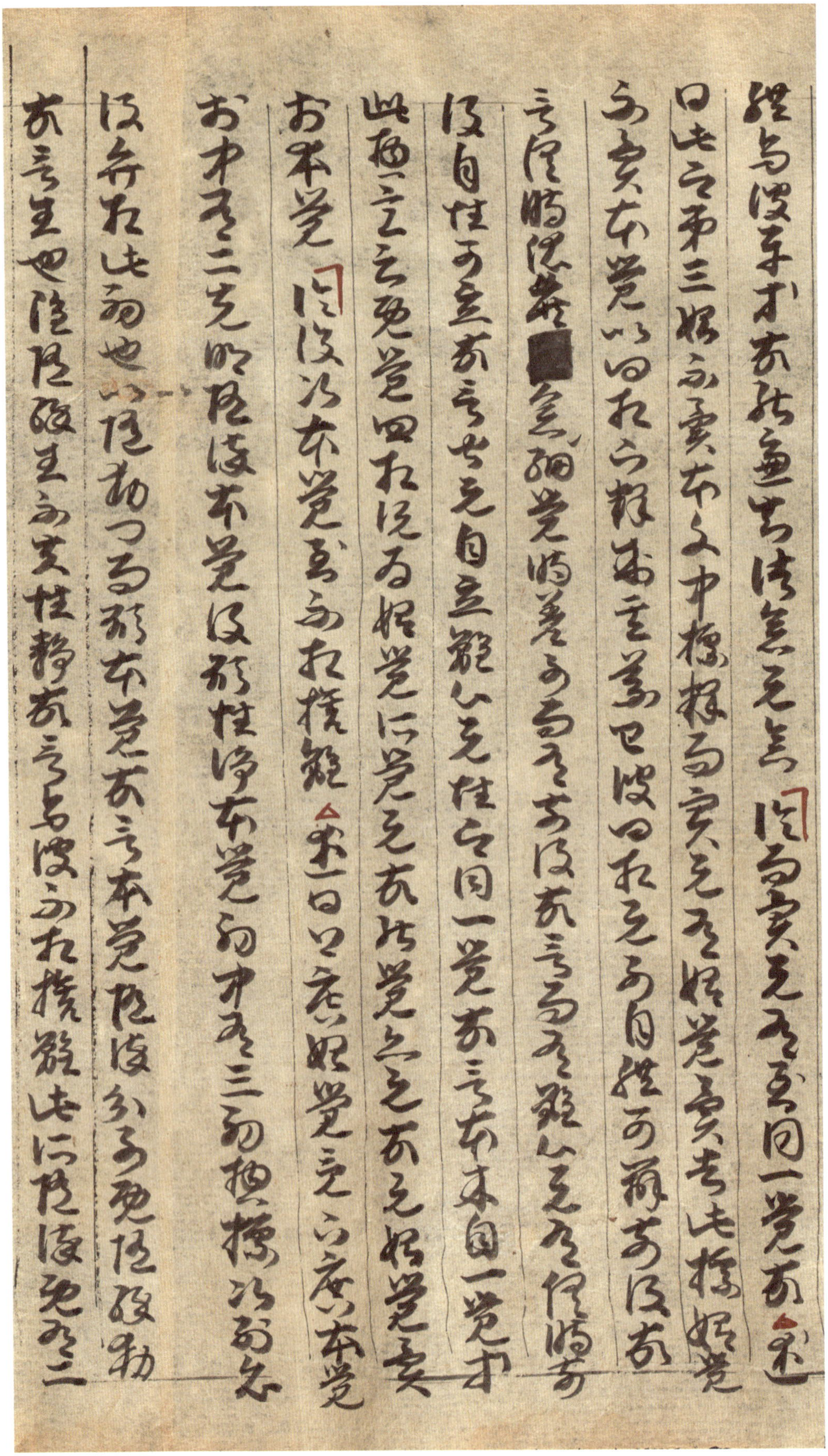

三八四

體，与彼平等，故能遍知諸念无念。論：「而實无有」至「同一覺故」。述

三八五 曰：此即第三，始不異本。文中摽釋。而實无有始覺異者，此摽始覺
三八六 不異本覺，以四相下釋成其義，已[一]彼四相无別，自體可辨前後，故
三八七 言俱時。依麁細念[二]覺時差別而有前後，故言而有。離心无有俱時，前
三八八 後自性可立，故言皆无自立，離心无性，即同一覺，故言本來同一覺等。
三八九 此揔意云：既覺四相說爲始覺，所覺无故，能覺亦无。故无始覺，異
三九〇 於本覺。論[三]：「復次本覺」至「不相捨離」。述曰：上[四]廣始覺竟，下廣本
覺。
三九一 於中有二，先明隨染本覺，後顯性淨本覺。初中有三，初揔摽，次別名，
三九二 後弁相，此初也。以隨動門而顯本覺，故言本覺隨染分別。既隨緣動，
三九三 故言生也。雖隨緣生，不失性靜[五]，故言与彼不相捨離。此所[六]隨染既有二

校注

【一】「已」，伯二一四一背與《大正藏》作「以」。【二】「細念」，原卷作「念細」，右有倒乙符。【三】「論」下，伯二一四一背衍「彼」。
【四】「上」，伯二一四一背與《大正藏》無。【五】「靜」，伯二一四一背與《大正藏》作「淨」。【六】「所」，伯二一四一背同，《大正藏》作「初」。

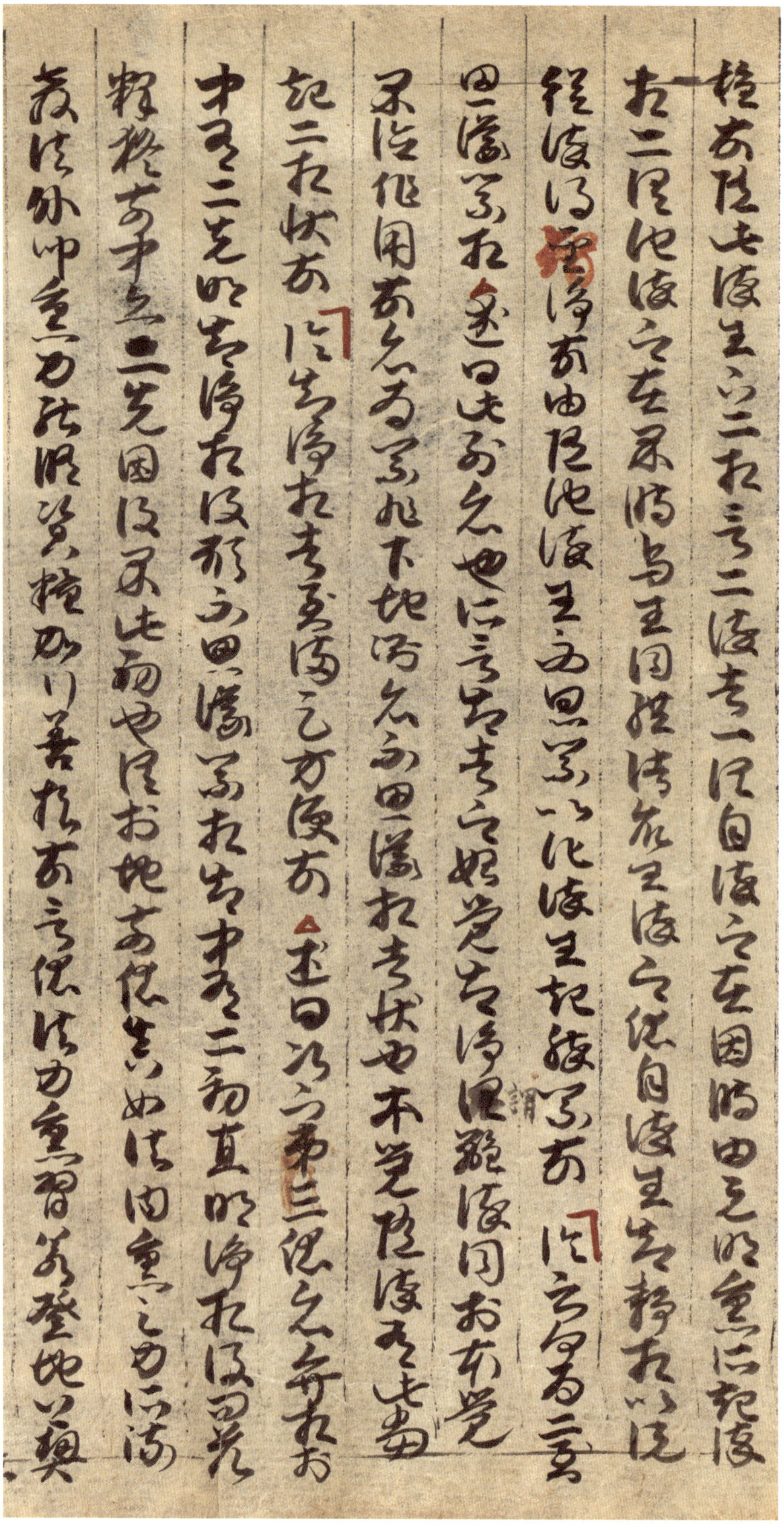

三九四 種，故隨此染，生下二相。言二染者，一謂自染，即在因時由无明熏所起染

三九五 相；二謂他染，即在果時与生同體。諸衆生染，即依自染，生智静[一]相。以

說[二]

三九六 從染得智淨故。由隨他染生不思業，以化[三]染生起勝業故。論：「云何爲二」至

三九七 「思議業相」。述曰：此別名也。所言智者，即始覺智；淨謂離染。同於夲覺

三九八 果德[四]作用，故名爲業。非下地測[五]，名不思議。相者，狀也。夲覺隨染，有此當

三九九 起二相狀故。論：「智淨相者」至「滿足方便故」。述曰：次下第三，依名弁相。於

四〇〇 中有二：先明智淨相，後顯不思議業相。智中有二：初直明淨相，後問荅

四〇一 釋疑。前中亦二，先因，後果，此初也。謂於地前，依真如法内熏之力所流

四〇二 教法，外聞熏力，能脩資糧，加行善根，故言依法力熏習。若登地上，契

校注

【一】「静」，伯二一四一背與《大正藏》作「淨」。【二】「説」，伯二一四一背與《大正藏》作「既」。【三】「化」，《大乘起信論廣釋》卷三同；亦似「非」，《大正藏》作「非」；伯二一四一作「作」。【四】「德」，伯二一四一背與《大正藏》缺。【五】「測」，《大乘起信論廣釋》卷三同，伯二一四一與《大正藏》作「例」。

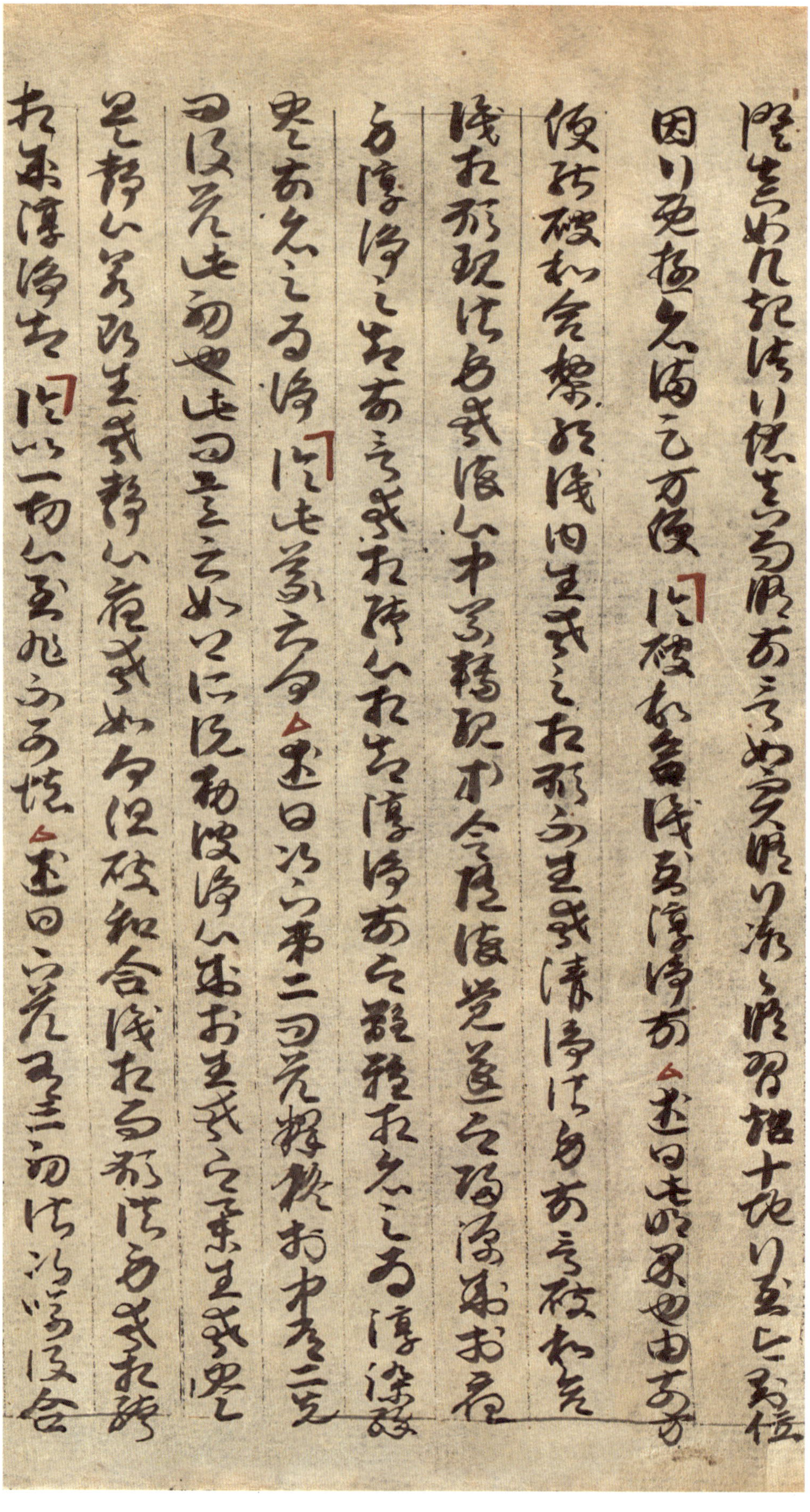

四〇三

證真如，凡[二]起諸行，依真而脩，故言如實脩行。漸漸脩習，超[三]十地行，至金剛位。

四〇四 因行既極，名滿足方便。論：「破和合識」至[三]「淳浄故」。述曰：此明[四]果
也。由前方
四〇五 便，能破和合黎耶識，内生烕之相，顯不生烕清浄法身，故言破和合
四〇六 識相。顯現法身，烕染心中，業轉現等，令隨染覺，遂即歸源，成於應
四〇七 身淳浄之智，故言烕相續心相。智淳浄故，即離雜[五]相，名之爲淳。染縁
四〇八 盡故，名之爲浄。論：此義云何。述曰：次下第二，問荅釋疑。於中有二，先
四〇九 問，後答，此初也。此問意云：如上所説，動彼浄心，成於[六]生烕，即乖生烕
盡
四一〇 是静[七]心。若斷生烕，静[八]心應烕，如何但破和合識相而顯法身，烕相續
四一一 相，成淳浄智。論：「以一切心[九]」至「非不可壞」。述曰：下荅有三，初
法，次喻，後合，

校注

【一】「凡」，原卷作「几」，據伯二一四一背改。「几」亦可作「凡」之減筆字。下不再注。【二】「超」，伯二一四一背同，《大正藏》漏録。【三】「至」，伯二一四一背作「智」。【四】「明」下，《大正藏》有「本」。【五】「雜」，伯二一四一背同，《大正藏》漏録。【六】「於」，伯二一四一背同，《大正藏》作「前」。【七】「静」，伯二一四一背與《大正藏》作「浄」。【八】「静」，伯二一四一背同，《大正藏》作「浄」。【九】「心」，伯二一四一背缺。

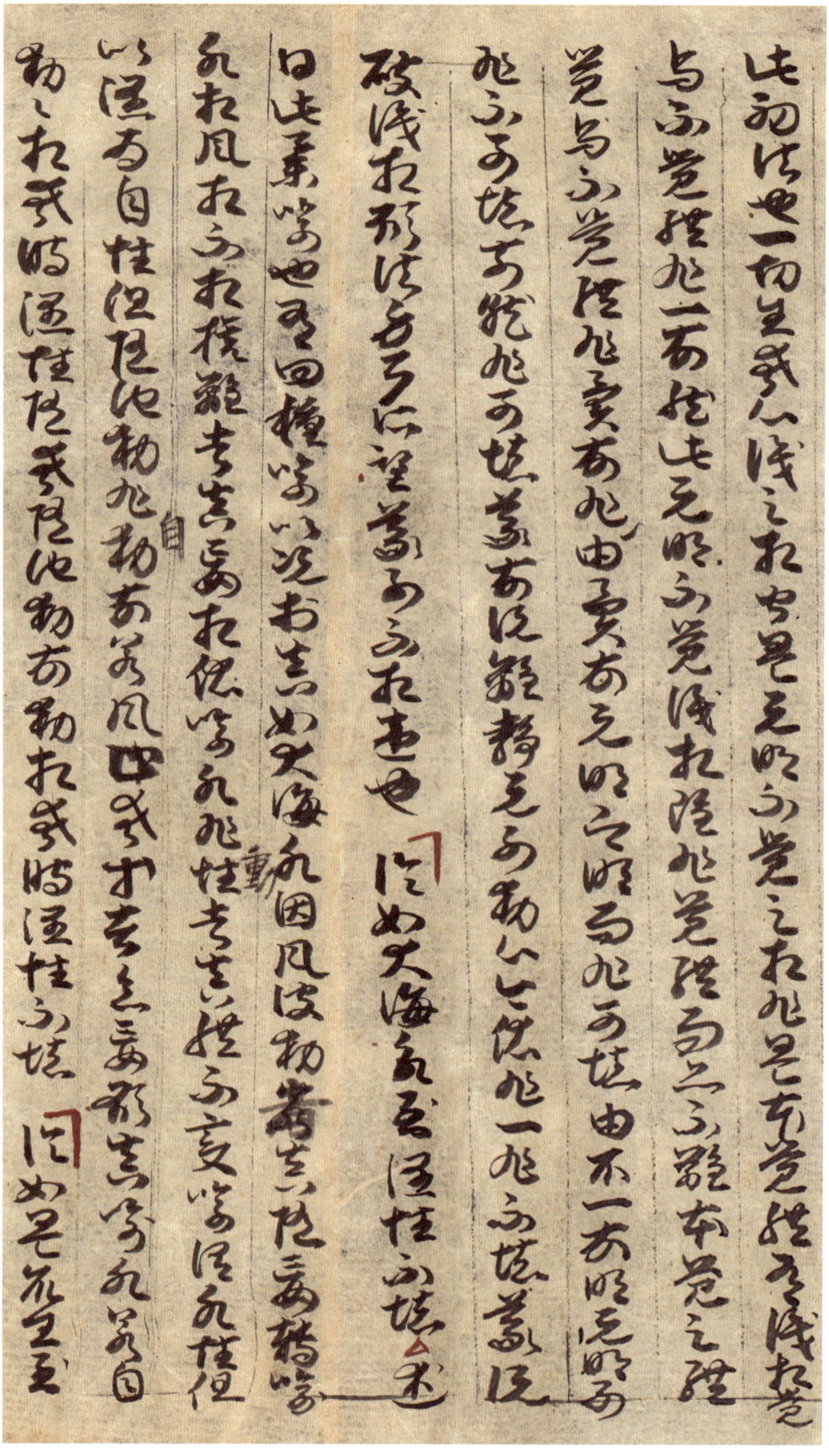

四三

此初法也。一切生威心識之相，皆是无明不覺之相，非是本覺體。有識相覺

四一三 与不覺，體非一故。然此无明不覺識相，雖[一]非覺體，而亦不離夲覺之體。

四一四 覺与不覺，體非異故。由非[二]異故，无明即明，而非可壞。由不一故，明无明

別

四一五 非不可壞。前就非〔異非〕[三]可壞義，故說離靜[四]无別動心。今依非一非不壞

義，說

四一六 破[五]識相顯法身耳。所望義別，不相違也。論：「如大海水」至「濕性不

壞」[六]，述

四一七 曰：此釈喻也。有四種喻，以況於真如。大海水因風波動者，真隨妄轉喻。

四一八 水相、風相不相捨離者，真妄相依喻。水非動性者，真體不變喻。謂水性[七]但

四一九 以濕爲自性，但隨他動非自[八]動故。若風止滅等者，息妄顯真喻。水若自

四二〇 動，動相滅時濕性隨滅，隨他動故，動相滅時濕性不壞。論：「如是衆生」至

校注

【一】「雖」，《大乘起信論廣釋》卷三同，伯二一四一背與《大正藏》作「離」。【二】「由非」，原卷作「非由」，右有倒乙符。【三】「異非」，原卷缺，據伯二一四一背補。【四】「静」，伯二一四一背同，《大正藏》作「淨」。【五】「破」下，伯二一四一背有「和合」。【六】「壞」下，伯二一四一背與《大正藏》有「故」。【七】「性」，伯二一四一背缺。【八】「自」，伯二一四一背作「性」。

四二 「智性不壞〔故〕〔二〕」。述曰：此法合也。於中次第，合前四喻。衆生自性清淨心等者，

四三 合前第一，水隨風動，水不自浪，因風起浪；風不自波，依水現波，故動即水，无

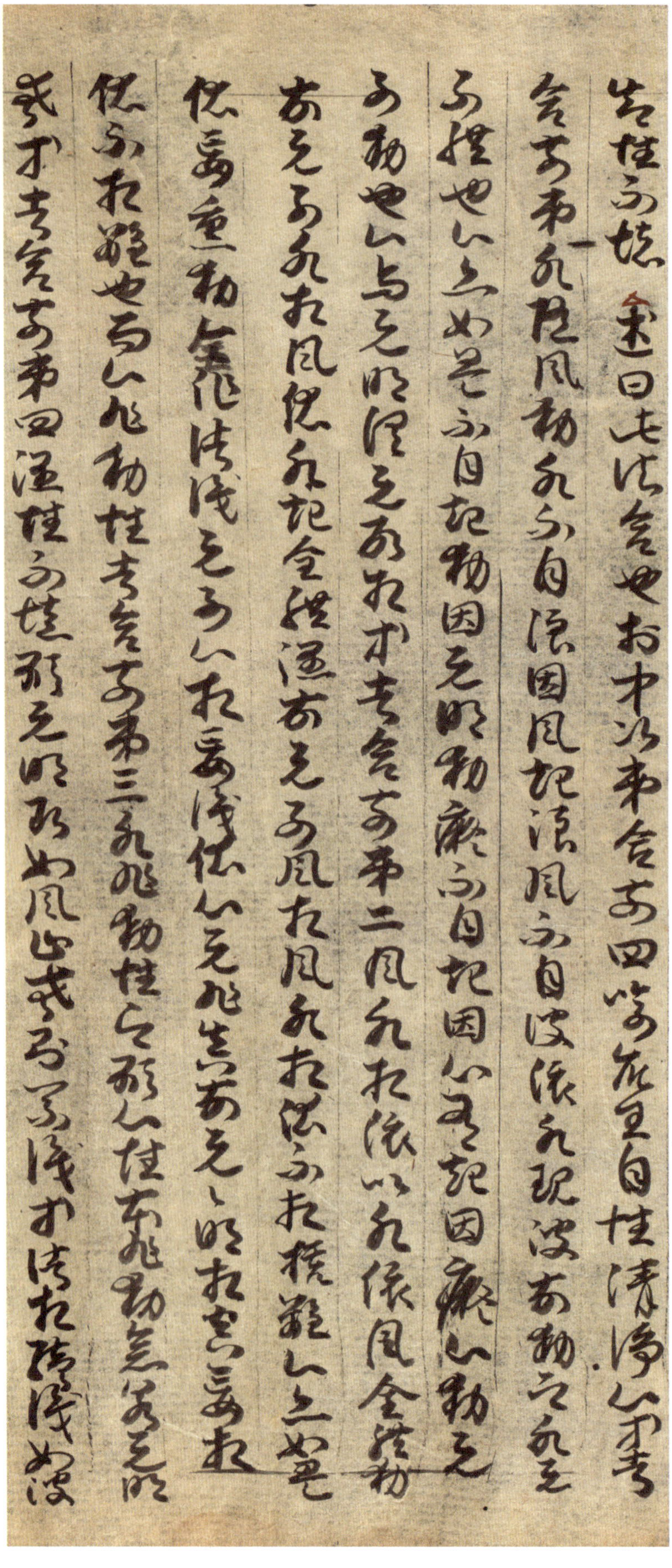

四三 別體也。心亦如是，不自起動，因无明動；癡不自起，因心有起，因癡心動，

无

四四 別動也。心与无明俱无形相等者，合前第二，風水相依，以水依風，全體動

四五 故，无別水相；風依水起，全體濕故，无[二]別風相。風水相依，不相捨離。心

亦如是，

四六 依妄熏[三]動，全作諸識，无別心相。妄識依心，无非真故，无无明相。真[四]妄

相

四七 依不相離也。而心非動性者，合前第三，水非動性，即顯心性夲非動念。若无

明

四八 減等者，合前第四，濕性不壞，顯无明斷。如風止滅，則業識等諸[五]相續識如

波

校注

【一】「故」，原卷缺，據《大乘起信論》補。【二】「无」下，伯二一四一背衍「明」。【三】「熏」，伯二一四一背無，《大正藏》作「癡」。

【四】「真」，原卷作「害」，據伯二一四一背改。【五】「諸」，伯二一四一背與《大正藏》作「法」。

相或是復有覺照察者性之所依有如實性之境論不出入不失壞妙境
義 述曰此明第二因熏習鏡義於中有三初標後釋此標也以現前淨法為之
體起此意為一切法之相之眾生六根所緣妙境界有真性法云法佛如
來身如虛空無相為淨緣照者所六根境界影現徹妙色生於妙
音香之氣佛戒香之佛妙法味又覺三昧觸令其淨妙法論一切法無
量云得於益故 述曰此第釋也言得無邊功德和者攝取等云廣為
無量者無數雖有邪業報除之三際隨眾生根自然相應
邪業勝邪無切起樣種乙而現得於善去邪業勝善於果不究
此一切法為真如用不待作意思議而起是故名為不思議業此真
如用鏡立化身之眾生心有來無二但為眾生無明不覺隨緣現染

四二九 相咸。隨染本覺，照察智性，无所壞故，如濕性不壞。論：「不思議業」至「勝妙境

四三〇 界」。述曰：次顯第二，不思議業相。於中有二，初摽，後釋，此[一]摽也。以依智浄法身之

四三一 體，起此應身功德之相，与衆生六根作勝妙境界。故《寶性論》云：「諸仏如

四三二 來身，如虚空无相。爲諸勝智者，作六根境[二]界，示[三]現微妙色，出於妙

四三三 音聲。令嗅仏戒香，与仏妙法味。使覺三味觸，令知深妙法。」論：「所謂无

四三四 量」至「得利益故」。述曰：此弁釋也。所謂无量功德相者，横顯業德廣多

四三五 无量。常无斷絶者，竪顯業根緣窮三際。隨衆生根，自然相應者，

四三六 顯業勝能，无功應機。種種而現，得利益者，顯業勝益，利潤不虚。

四三七 此功德相是真如用，不待作意，思議而起，是故名爲不思議業。此真

四三八 如用，雖在仏身，与衆生心本來无二，但爲衆生无明不覺，隨流[四]現染，

校注

【一】「此」下，伯二一四一背有「初」。【二】「境」，伯二一四一背作「竟」。【三】「示」，原卷作「尔」，據《寶性論》、伯二一四一背改。

【四】「流」，伯二一四一背同，《大正藏》作「緣」。

用能示現美妙境心徹永返源真因相應能於彼心隨根影現非得心故名不思議業　注 復次覺體至猶如淨鏡　述曰自下第二性淨本覺於中有二初總標後別釋此初也言明本覺隱動之相故說隱染之明本覺不動之相故說性淨也二本覺現其體顯名本覺不動自動之自不動也以覺體有四大淨義故與空等如淨鏡本覺四義以次當說空四義者空无一切相能一切物離垢能淨空受一切物　鏡四義者空无所物能現諸物離垢鑑淨像生離塵像現像為相用由此空之鏡以況於真　注 云何為四至非覺照義故　述曰此下第釋之四義即分為四此初也如實空鏡者標其名也言如實者其有也真體不空故言如實治妄空者顯妄同名以本覺體元妄淨空元妄故云如實空之以无妄故言體明淨如淨鏡遠離一辯釋其義

四三九 用則不現。若彼妄心，猒求返流，真用漸顯，則於彼心稱根顯現，非
四四〇 謂心外不思議業。論：「復次覺體」至「猶如净鏡」。述曰：自下第二，性净
四四一 夲覺。於中有二，初揔摽，後別釋，此初也。前明夲覺隨動之門，故説隨
四四二 染；今明夲覺不動之門，故説性净。此二夲覺既无別體，是顯夲覺
四四三 不動而動、動而不動也。以覺躰有四大净義，故与空等，猶如净鏡。夲
四四四 覺四義，下文當説。空四義者，空无一切相，能含一切物，離垢顯净空，
四四五 示現一切物。鏡四義者[一]，空无外物躰，有躰含衆像，出離諸塵垢，現像爲
四四六 物用。由此空、鏡，以况於真。論：「云何爲四[二]」至「覺照義故」。述曰：
次下別釋。
四四七 別釋四義，即分[三]爲四。此初也。如實空鏡者，摽其名也。言如實者，即真躰
四四八 也。真德不虛，故言如實。所言空者，對妄得名，以夲覺躰[四]无妄、法空无
四四九 妄，故云如實空。以无妄故，其躰明净，喻如净鏡。遠離已下，弁釋其義。

校注
【一】「者」下，伯二一四一背衍「本」。【二】「四」，伯二一四一背無。【三】「分」下，伯二一四一背有「別」。【四】「躰」下，伯二一四一背有「本」。

衒心妄境本不和合故云遠離心境界相心境本無何為不現覺
中於如鏡飛毛不現鏡中故云無法可現無可現本心境妄法空於本
覺非所覺照覺空心境非能覺照所照既無能照無本亦云非覺照義
也此所無名爲計所執實無可現本非覺照心塵境界於中現不出不入以
現之不和遠
經二者因熏習鏡者 △述曰此第二義也因熏習鏡者
標之名也能生覺界名之為因此能內熏故名熏習能現諸法故經
之鏡經不離和文有三義經如實不空者出因體也以有無漏性功德相
真實體故云如實不空由不空故才能作彼始覺正因故不空二者業
因義也以一切心釋意鏡義謂一切法離無心外無所能性於如鏡中能
現影也言不出不入心待熏習現諸法故此不待熏而能自出所以變諸
法不出心故言不入者謂心隨熏變現諸法而染淨法不能得入而所

四五〇 倒心、妄境，本不相應，故云遠離心境界相。以此心境，本无所有，不現覺
四五一 中，猶如龜毛不現鏡中，故言无法可現。无可現故，心境、妄法，望於本
四五二 覺，非所覺[一]照，覺望心境非能覺照。所照[二]既无，能照无故，故言非覺照義
四五三 也。此顯无有遍計所執實質可現，故非覺照。下言境界於中現者，依他似
四五四 現，亦不相違。論：「二者因熏」至「熏衆生故」。述曰：此第二義也。因
熏[三]鏡者，
四五五 標其名也。能生覺果，名之爲因，此能内熏，故名熏習；能現諸法，故謂
四五六 之鏡。次下弁相。文有三節。謂如實不空者，出因躰也。以有无漏性功德相
四五七 真實躰故，故云如實不空。由不空故，方能作彼始覺正因。故不空者，成
四五八 因義也。以一切下釋其鏡義，謂一切法離此心外无别躰性，猶如鏡中能
四五九 現影也。言不出者，明心待熏，變現諸法，非不待熏而能自出，所變諸
四六〇 法不出心故。言不[四]入者，謂心隨熏變現諸法，而染淨法不從外入，而所

校注

【一】「覺」，伯二一四一背和《大正藏》缺。【二】「照」，伯二一四一背缺。【三】「熏」，《大正藏》漏録。【四】「不」，伯二一四一背缺。

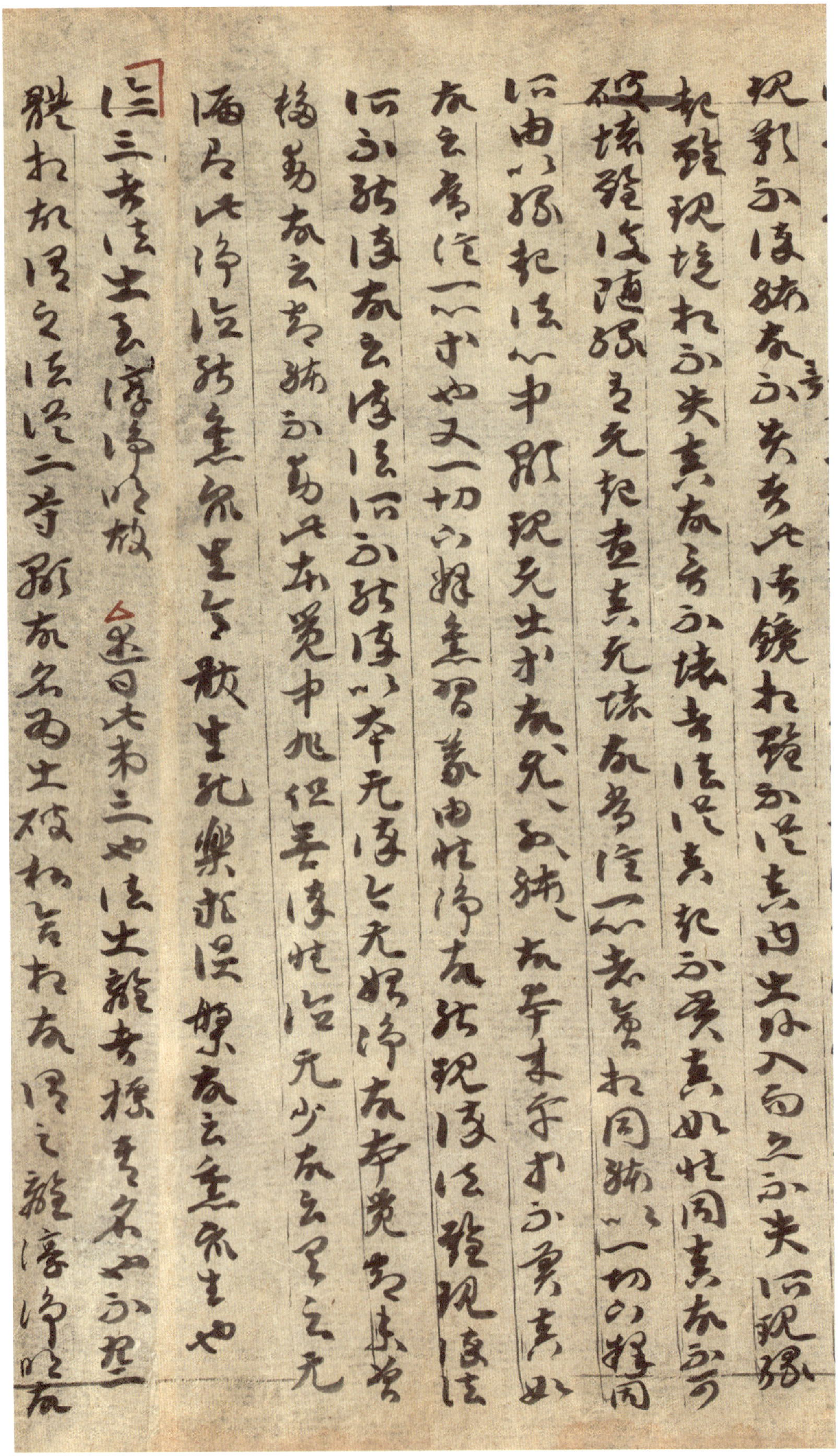

四六一

現影不染躰故。言不失者，此諸鏡相雖不從真内出外入[一]，而亦不[二]失所現緣

四六二 起，雖現境相不失真故。言不壞者，法從真起，不異真如，性同真故，不可

四六三 破壞。雖復隨緣，有[三]无起盡，真无壞故。常住一心者，會相同躰。以一切

下，釋同

四六四 所由。以緣起法，心中顯現无出等，故无別躰。无別躰故，夲來平等，不異真

如，

四六五 故云常住一心等也。又一切下，釋熏習義，由性淨故，能現染法。雖現染法，

四六六 所不能染，故云染法所不[四]能染。以夲无染，今无始淨故。夲覺智未曾

四六七 移動，故云智躰不動。此夲覺中非但無染，性德无少，故云具足[五]无

四六八 漏。即此淨德，能熏衆生，令猒生死，樂求涅槃，故云熏衆生也。

四六九 論：「三者法出」至「湻淨明故」。述曰：此第三也。法出離者，摽其名也。

四七〇 體相，故謂之法；從二㝵顯，故名爲出；破和合相，故謂之離；湻淨明故，

不空

校注

【一】「入」，伯二一四一背缺。【二】「不」，伯二一四一背缺。【三】「有」，亦似「即」，伯二一四一背、《大乘起信論廣釋》卷三均作「有」。

【四】「不」，伯二一四一背缺。【五】「足」，原卷作「之」，據伯二一四一背、《大乘起信論廣釋》卷三改。

喻之為鏡已上弁相竟法出者釋前法字出法離也竟前因熏不
空之法出煩惱者釋出字所離體也即斷二障清淨
法身從此出故離和合相者釋離字離二障等故更无生識和
合淳淨明者釋前鏡字離離和合故名淳出二障故名淨一向純淨
故名明純淨明故名鏡
論四者緣熏隨念示現故
述曰此第四也
緣熏習鏡者標章名也用大能熏故作之緣令發善心故名熏習起
善法數故喻之鏡從此相大出體之時為鏡者能起大用普現万
化為緣熏發衆生之心令生厭樂起法如是名緣熏習此法從是
佛智體分離佛智故名為鏡故佛地云大圓鏡智能起衆生諸善法
影六弁相中文有二義從法出離者出緣熏體並盡已六所緣熏
相從法出生體法身離和合相淳淨明故起大悲普照衆聞

四七一 喻之爲鏡。已下弁相。謂不空法者，釋前法字，出法躰也。謂前因熏不
四七二 空之法。出煩惱㝵智[一]者，釋其出字，顯離纏也。永斷二障[二]，清淨
四七三 法身從此出故。離和合相者，釋其離字。出二㝵故，更无生戚，識、相
四七四 和合。淳淨明者，釋其鏡字。離雜相故名淳，出㝵染故名淨，以純淨
四七五 故名明，純淨明故名鏡。論：「四者緣熏」至「念示現故」。述曰：此第四
也。
四七六 緣熏習鏡者，摽其名也。用大外熏故謂之緣，令發善心故名熏習，起
四七七 善法影故喻之鏡。謂此相大出纏之時而爲鏡智，能起大用，示現万
四七八 化。爲緣熏發衆生之心[三]，令生猒樂，起諸加行，名緣熏習。此諸行德是
四七九 仏智影，不離仏智，故名爲鏡。故《仏地》云：大圓鏡智，能起衆生諸善法[四]
四八〇 影。下弁相，中文有二節。謂依法出離者，出緣熏躰。遍照已下，顯緣熏
四八一 相。謂依於前出纏法身離和合相，淳淨明故，起大智惠[五]光明義用，

校注

【一】「智」下，伯二一四一背與《大正藏》有「㝵」。【二】「障」，原卷作「彰」，據《大乘起信論廣釋》卷三改。伯二一四一背作「鄣」。

【三】「心」，伯二一四一背缺。【四】「法」，伯二一四一背缺。【五】「惠」，伯二一四一背同，《大正藏》作「慧」。

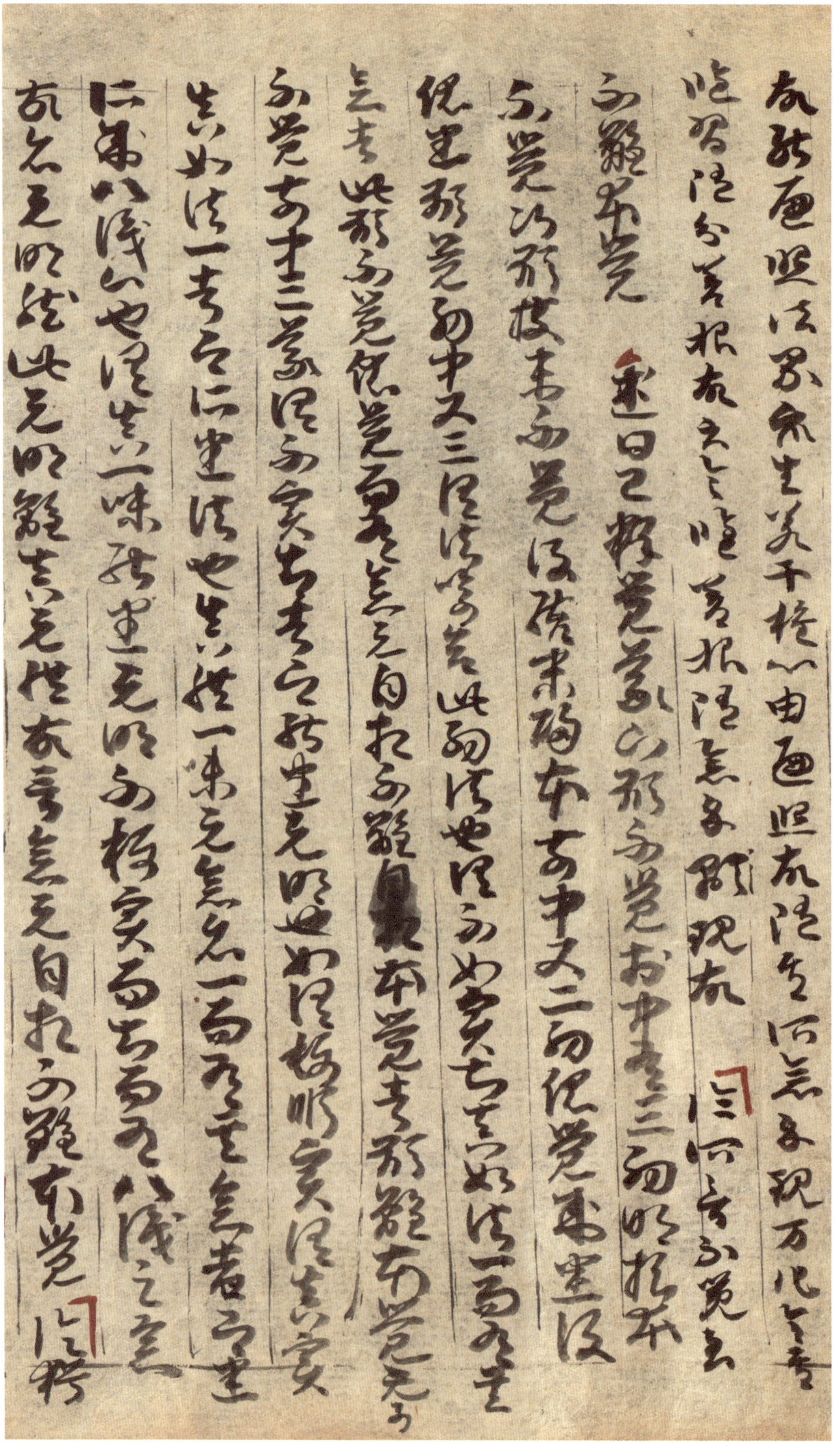

四八二

故能遍照法界衆生若干種[二]心。由遍照故，隨其所念，示現万化，令其

四八三　脩習。隨分善根，故云令脩善根，隨念示現故。論：「所言不覺」至

四八四　「不離夲覺」。述曰：已釋覺義，下顯不覺。於中有三：初明根夲

四八五　不覺，次顯枝末不覺，後結末歸夲。前中又二：初依覺成迷，後

四八六　依迷顯覺。初中又三，謂法、喻、合，此初法也。謂不如實知真如法一而有其

四八七　念者，此顯不覺依覺而有。念无自相不離夲覺者，顯離夲覺无別

四八八　不覺[二]。前中三義。謂不〔如〕[三]實知者，即能迷无明也，如謂稱順實謂[四]真

實。

四八九　真如法一者，即所迷法也，真體一味无念名一。而有其念者，即迷

四九〇　所成八識心也。謂真一味能迷[五]，无明不稱實而知，而有[六]八識之念，

四九一　故名无明。然此无明離真无體，故言念无自相不離夲覺。論：「猶

校注

【一】「種」，伯二一四一背同，《大正藏》作「衆」。【二】「覺」，伯二一四一背同，《大正藏》作「明」。【三】「如」，原卷缺，據伯二一四一背、《大乘起信論》補。【四】「謂」，伯二一四一背作「爲」。【五】「迷」下，伯二一四一背有「所」。【六】「有」，伯二一四一背同，《大正藏》作「知」。

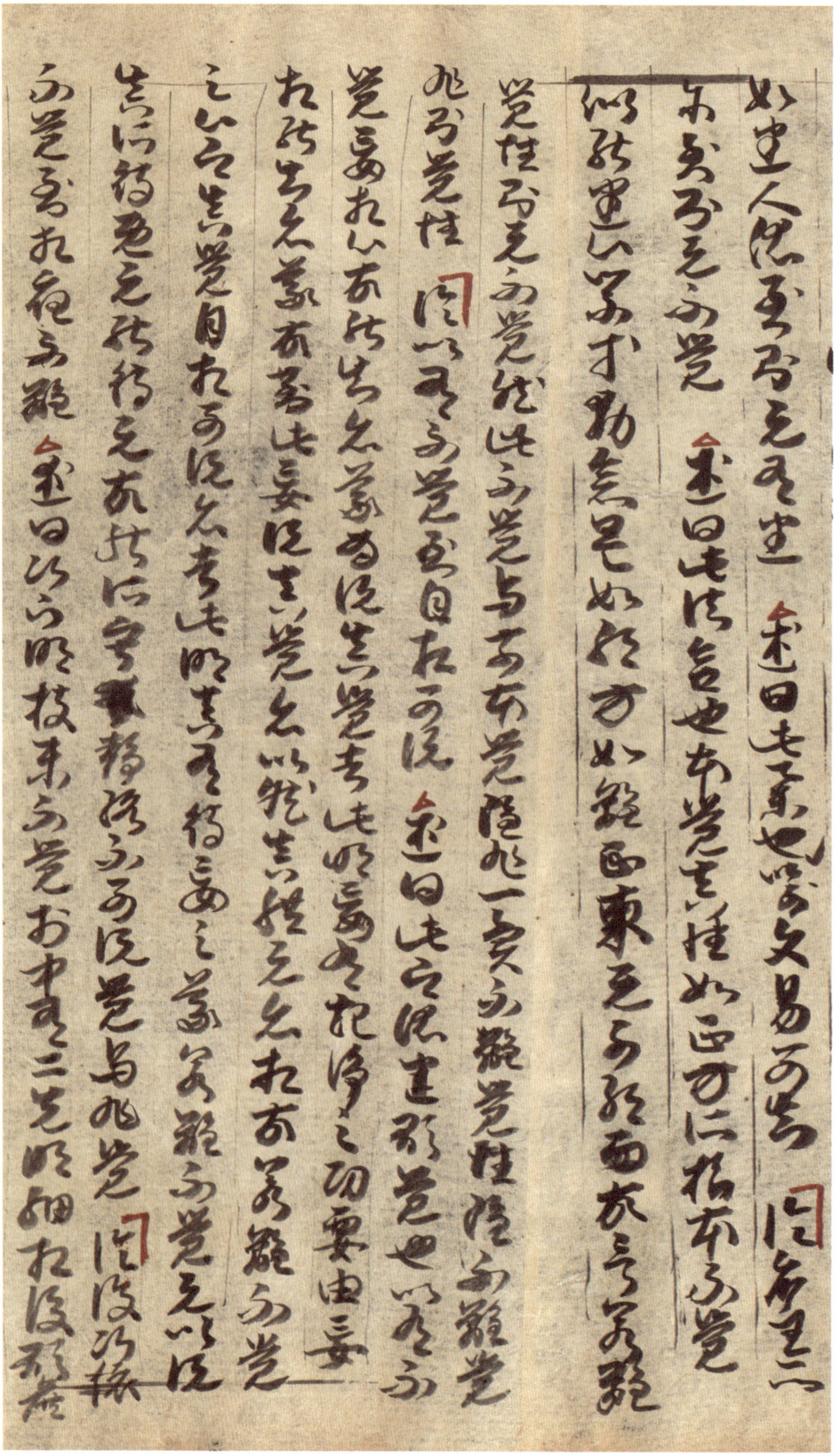

四九二

如迷人依[一]」至「則无有迷」。述曰：此舉喻也[二]。文易可知。論：「衆生亦

四九三 尒」至「則无不覺」。述曰：此法合也。夲覺真性，如正方所；根夲不覺，
四九四 似能迷[三]心業等動念，是如邪方；如離正東，无別邪西。故言若離
四九五 覺性，即无不覺。然此不覺与前夲覺，雖非一異，不離覺性。雖不離覺，
四九六 非即覺性。論：「以有不覺」至「自相可説」。述曰：此即依迷顯覺也。以有
不
四九七 覺妄相[四]心故，能知名義，爲説真覺者。此明妄有起淨之功。要由妄
四九八 相能知名義，故對此妄説真覺名。以就真體无名相故，若離不覺
四九九 之心，即〔無〕[五]真覺自相可説[六]者。此明真有待妄之義。若離不覺，无以説
五〇〇 真；所待既无，能[七]待无。故能所寂静，終不可説覺与非覺。論：「復次依
五〇一 不覺」至「相應不離」。述曰：次下明枝末不覺。於中有二：先明細相，後顯
麁

校注

【一】「依」，伯二一四一背無。【二】「喻也」，原卷作「也喻」，右有倒乙符。【三】「迷」下，伯二一四一背與《大正藏》有「人」。【四】「相」，伯二一四一背、《大乘起信論廣釋》卷三作「想」。【五】「無」，原卷缺，據伯二一四一背、《大乘起信論》補。【六】「説」下，原卷有「名」，據伯二一四一背、《大乘起信論》删。【七】「能」下，伯二一四一背有「熏」。

五〇二

相。初中亦二：捴標，別釋，此初也。三細爲相，无明[二]爲體。本末、體相不

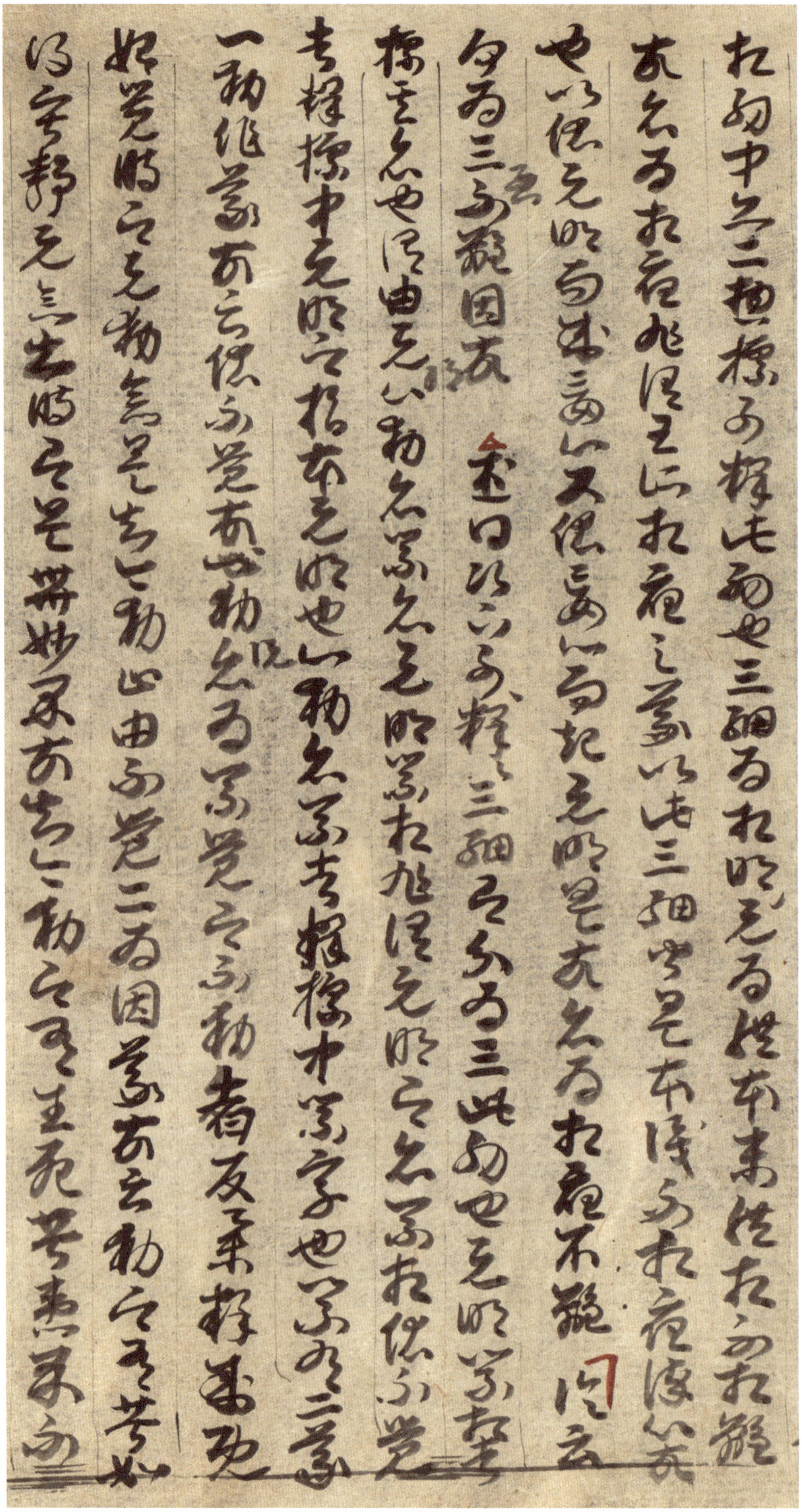

相離，

五〇三 故名爲相應，非謂王所相應之義。以此三細皆是本識不相應，染心故

五〇四 也。以依无明而成妄心，又依妄心而起无明，是故名爲相應不離。論：「云

五〇五 何爲三」至「不離因故」。述曰：次下别釋。别釋三細，即分爲三，此初也。

无明業相者，

五〇六 摽其名也。謂由无明心動名業，名无明業相，非謂无明即名業相。依不覺

五〇七 者，釋摽中无明即根本无明也。心動名業者，釋摽中業字也。業有二義。

五〇八 一動作義，故云依不覺故心動，説名爲業。覺即不動者，反乱釋成。既

五〇九 始覺時即[二]无動念。是知今動止[三]由不覺。二爲因義，故云動即[四]有苦。如

五一〇 得寂静无念之時，即[五]是涅槃妙果，故知今動即[六]有生死苦患。果不

校注

【一】「无明」，原卷作「明无」，右有倒乙符。【二】「即」，伯二一四一背、《大乘起信論廣釋》卷三與《大正藏》作「則」。【三】「止」，伯二一四一背、《大乘起信論廣釋》卷三與《大正藏》作「只」。【四】「即」，《大乘起信論廣釋》卷三同，伯二一四一背與《大正藏》作「則」。【五】「即」下，《大正藏》有「業即」二字。【六】「即」，伯二一四一背、《大乘起信論廣釋》卷三與《大正藏》作「則」。

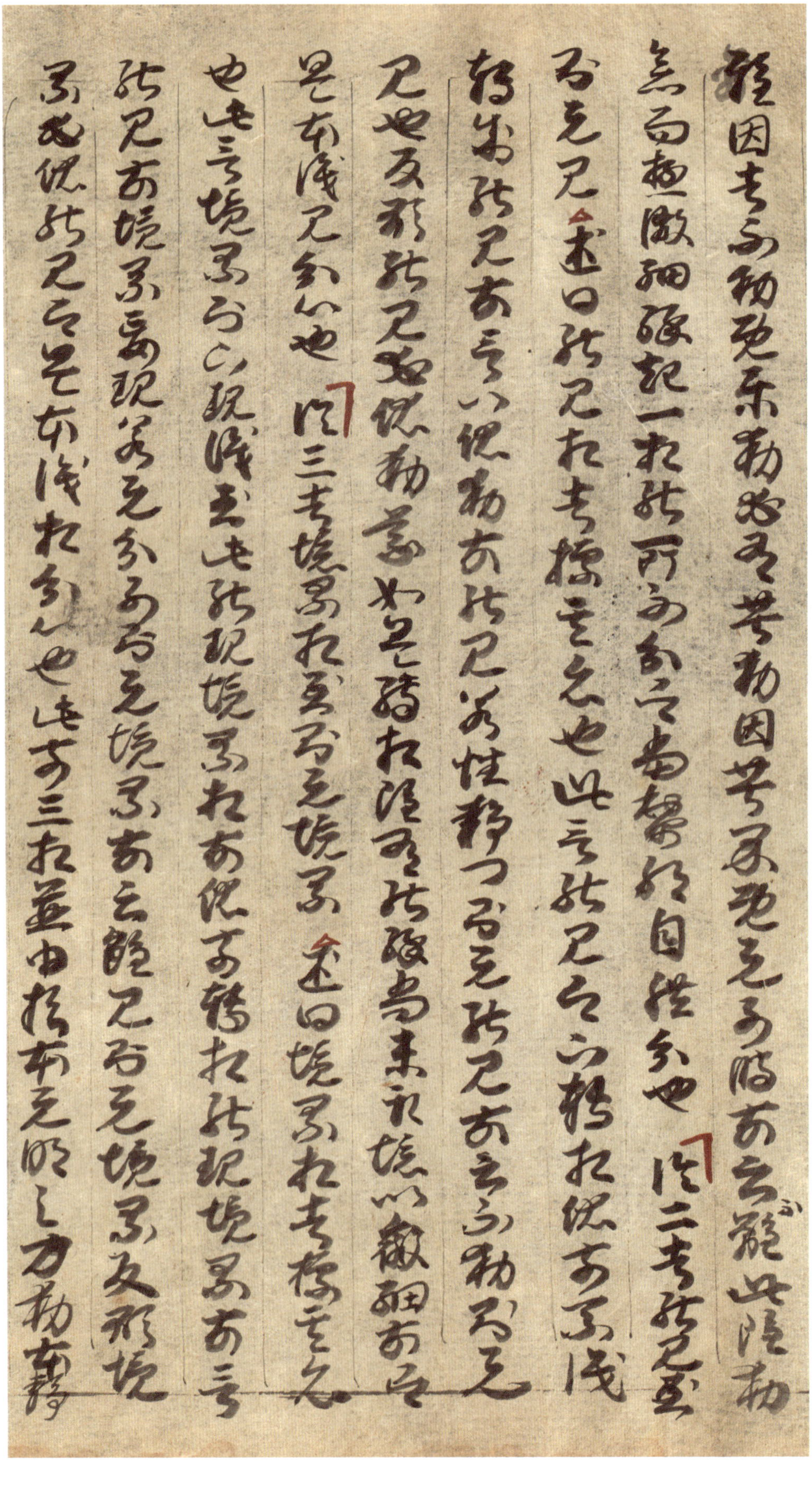

五二

離因者，不動既樂，動必有苦，動因苦果。既无别時，故云不離。此雖動

五一二 念，而極微細。緣起一相，能所不分。即當黎耶自體分也。論：「二者能見」
至
五一三 「則无見」。述曰：能見相者，標其名也。此言能見，即下轉相，依前業識
五一四 轉成能見，故言以依動故能見。若性静[一]門則无能見。故云不動則无
五一五 見也，反顯能見必依動義。如是轉相，雖有能緣，尚[二]未取境。以微細故，即
五一六 是夲識見分心也。論：「三者境界相」至「則无境界」。述曰：境界相者，標
其名
五一七 也。此言境界，即[三]下現識，至此能現境界相故。依前轉相能現境界，故言
〔依〕[四]
五一八 能見故境界妄現。若无分別，則无境界，故云離見則无境界，反顯境
五一九 界必依能見，即[五]是夲識相分心也。此前三相，並由根夲无明之力動。夲静

校注

【一】「静」，伯二一四一背與《大正藏》作「淨」。【二】「尚」，伯二一四一背作「當」。【三】「即」，原卷作「則」，據伯二一四一背改。

【四】「依」，原卷缺，據伯二一四一背、《大乘起信論》補。【五】「即」，伯二一四一背缺。

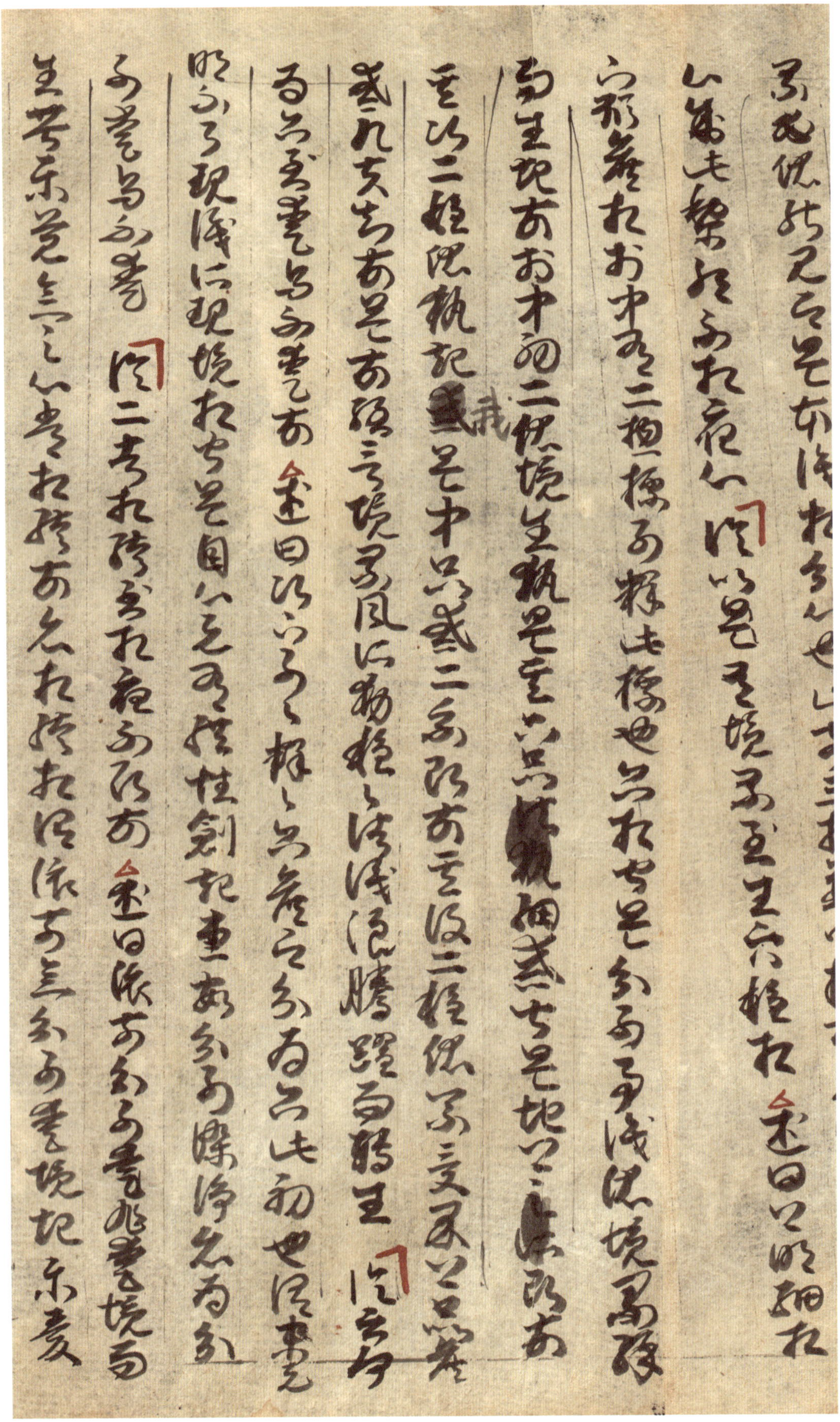

五三〇 心成此黎耶[二]不相應心。論：「以[三]有境界」至「生六種相」。述曰：上明細

相，
五二 下顯麁相。於中有二，揔標，别釋，此標也。六相皆是分别事識、依境界緣
五三 而生起故。於中初、二，依境生執，是其下品。細惑皆是，地上斷故。
五三 其次二種，依執起我，是中品惑，二乘斷故。其後二種，依業受果。上品麁
五四 惑，凡夫知故。是故經言境界，風所動種種諸識，浪騰躍而轉生。論：云何
五五 爲六」至「愛与不愛故」。述曰：次下别釋。别釋六麁，即分爲六，此初
也。謂未无
五六 明不了現識，所現境相，皆是自心，无有體性。創起恵[三]數，分别染净，名爲
分
五七 别，愛[四]与不愛。論：「二者相續」至「相應不斷故」。述曰：依前分别，愛
非愛境，而
五八 生苦樂。覺念之心常相續故，名相續相。謂依前念，分别愛境，起樂愛

校注
【一】「耶」，伯二一四一背作「賴」。【二】「以」下，原卷有「是」，據伯二一四一背、《大乘起信論》删。【三】「恵」，伯二一四一背同，《大正藏》作「惡」。【四】「爱」，伯二一四一背同，《大正藏》作「染」。

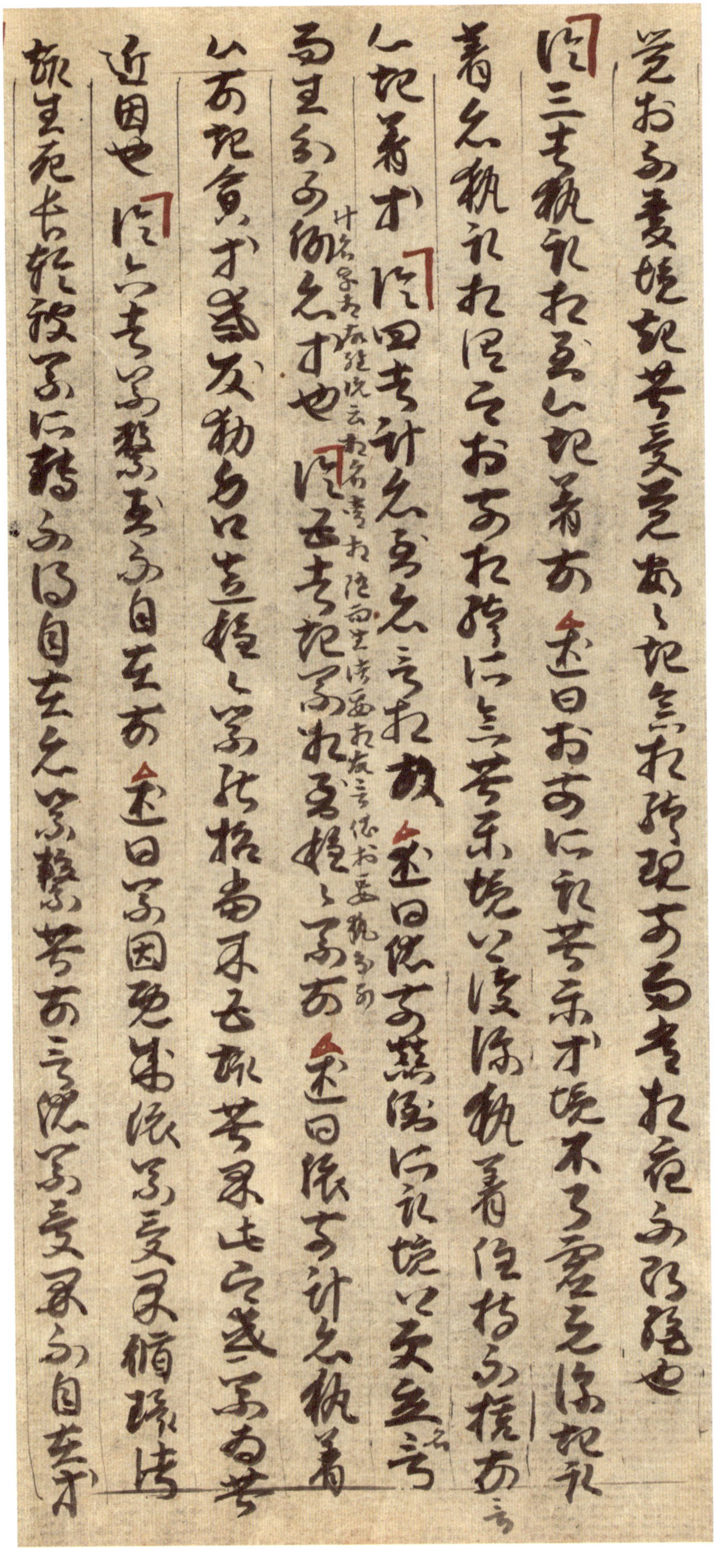

五二九 覺；於不愛境，起苦受[一]覺。數數起念，相續現前，而常相應不斷絕也[二]。

五三〇 論：「三者執取相」至「心起著故」。述曰：於前所取苦樂等境，不了虛无，深起取

五三一 著，名執取相。謂即於前相續所念苦樂境上，復深執著，住持不捨，故言
五三二 心起著等。論：「四者計名」至「名言相故」。述曰：依前顛倒所取[三]境上，
更立名言，
五三三 而生分别計名字相。故經説云：相名常相隨，而生諸妄相。故言依於妄執，分
别假名[四]等也。論：「五者起[五]業相」至「種種業故」。述曰：依前計名執著
五三四 心，故起貪等惑，發動身口，造種種業，能招當來五趣苦果。此即惑業，爲苦
五三五 近因也。論：「六者業繫」至「不自在故」。述曰：業因既成，依業受果，循
環諸
五三六 趣，生死長輪。被業所轉[六]，不得自在，名業繫苦。故言依業受果，不自在
等。

校注

【一】「受」，伯二一四一背，《大乘起信論廣釋》卷三同，《大正藏》作「愛」。【二】「也」，伯二一四一背缺。【三】「取」，《大乘起信論廣釋》卷三同，伯二一四一背作「故」。【四】「名」下，伯二一四一背、《大乘起信論廣釋》卷三有「言」。【五】「起」下，伯二一四一背衍「義」。【六】「轉」，伯二一四一背同，《大正藏》作「縛」。

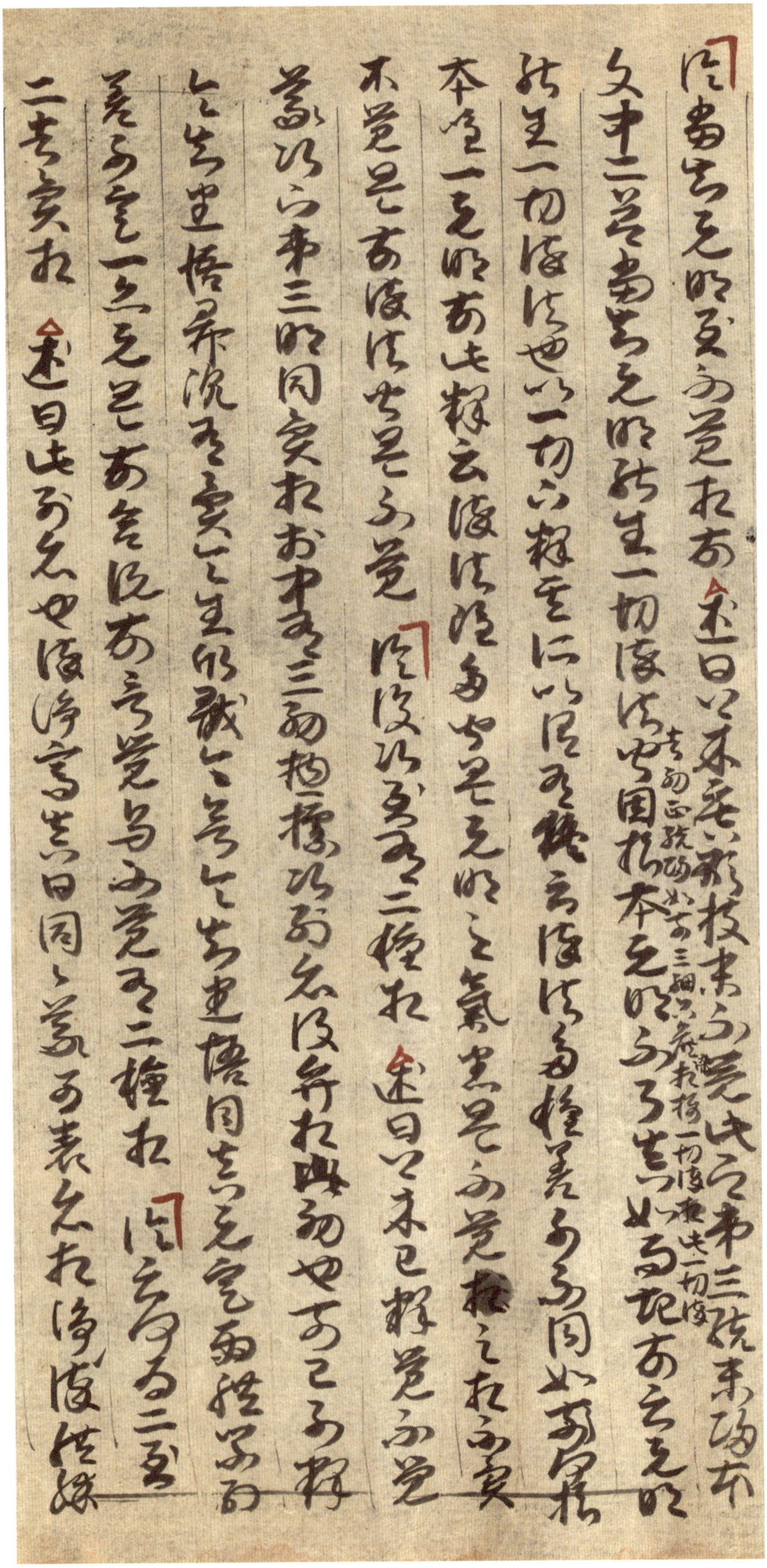

五三七 論：「當知无明」至「不[二]覺相故」。述曰：上來廣顯枝末不覺，此即第三，

結末歸本。

五三八 文中二[三]節。當知无明能生一切染法者，初正結歸；如前三細六麁染相攝一切

染，此一切染皆因根夲无明、不了真如而起，故云无明
五三九 能生一切染法也。以[三]一切下，釋其所以。謂有疑云：染法多種，差別不同，
如何根
五四〇 夲唯一无明？故此釋云：染法雖多，皆是无明之氣，悉是不覺之相，不異
五四一 不覺，是故染法皆是不覺。論：「復次」至「有二種相」。述曰：上來已釋
覺、不覺[四]
五四二 義，次下第三，明同異相。於中有三，初摠摽，次列名，後弁相，此初也。前
已別釋，
五四三 令知迷悟，昇、沉有異，令生欣、猒。今欲令知迷悟，同真无定兩體。業幻
五四四 差別，定一亦无，是故合説。故言覺与不覺，有二種相。論：「云何爲二」至
五四五 「二者異相」。述曰：此[五]列名也。染淨齊真曰同，同[六]義可表名相；染淨體
殊

校注

【一】「不」，伯二一四一背無。【二】「二」下，伯二一四一背衍「二」。【三】「以」下，伯二一四一背衍「顯」。【四】「不覺」下，伯二一四一背又衍「不覺」。【五】「此」下，伯二一四一背衍「相」。【六】「同」，伯二一四一背缺。

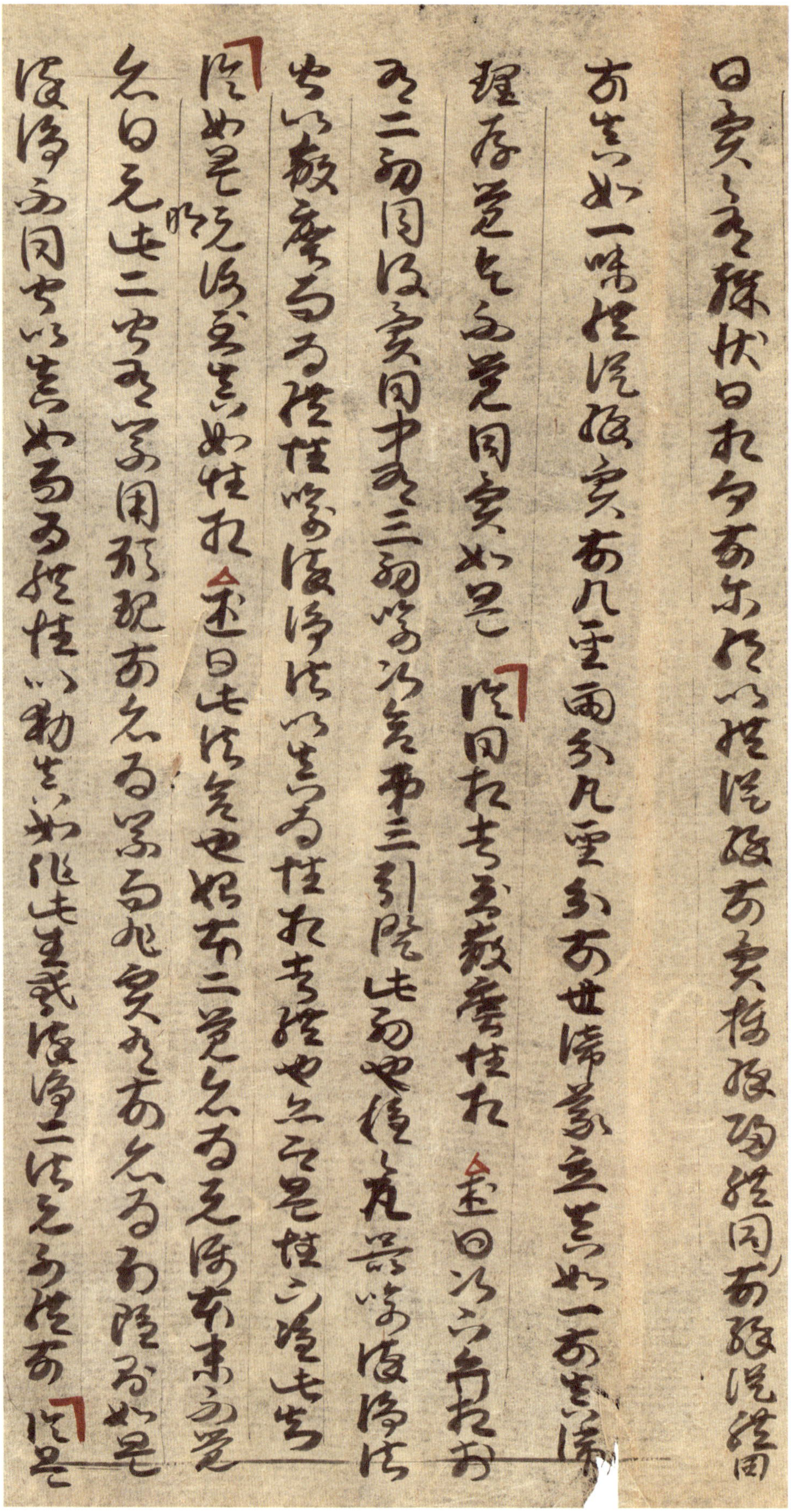

五四六

曰異，異有殊狀曰相。何故尔耶？以體從緣，故異；攝緣歸體，故同[二]；緣從體同，

五四七　故真如一味；體從緣異，故凡聖兩分；凡聖分故，世諦義立；真如一故，真諦
五四八　理存。覺与不覺，同異如是。論：「同相者」至「微塵性相[二]」。述曰：次下
弁相。於〔中〕[三]
五四九　有二：初同，後異。同中有三，初喻，次合，第三引證，此初也。種種瓦器，
喻染浄法。
五五〇　皆以微塵而爲體性，喻染浄法以真爲性。相[四]者體也，亦即是性。下准此知。
五五一　論：「如是无漏」至「真如性相」。述曰：此法合也[五]。始夲二覺，名爲无
漏[六]，夲末不覺
五五二　名曰无明。此二皆有業用顯現，故名爲業。而非實有，故名爲幻。雖則如是，
五五三　染浄不同，皆以真如而爲體性。以動真如作此生滅，染浄二法无别體故。論：
「是

校注

【一】「故同」，原卷作「同故」，右有倒乙符。【二】「相」，伯二一四一背作「故」。【三】「中」，原卷缺，據伯二一四一背、《大乘起信論廣釋》卷三補。【四】「相」，《大乘起信論廣釋》卷三同，伯二一四一背、《大正藏》作「性」。【五】「也」，伯二一四一背缺。【六】「漏」，原卷作「攝」，據伯二一四一背、《大乘起信論廣釋》卷三改。

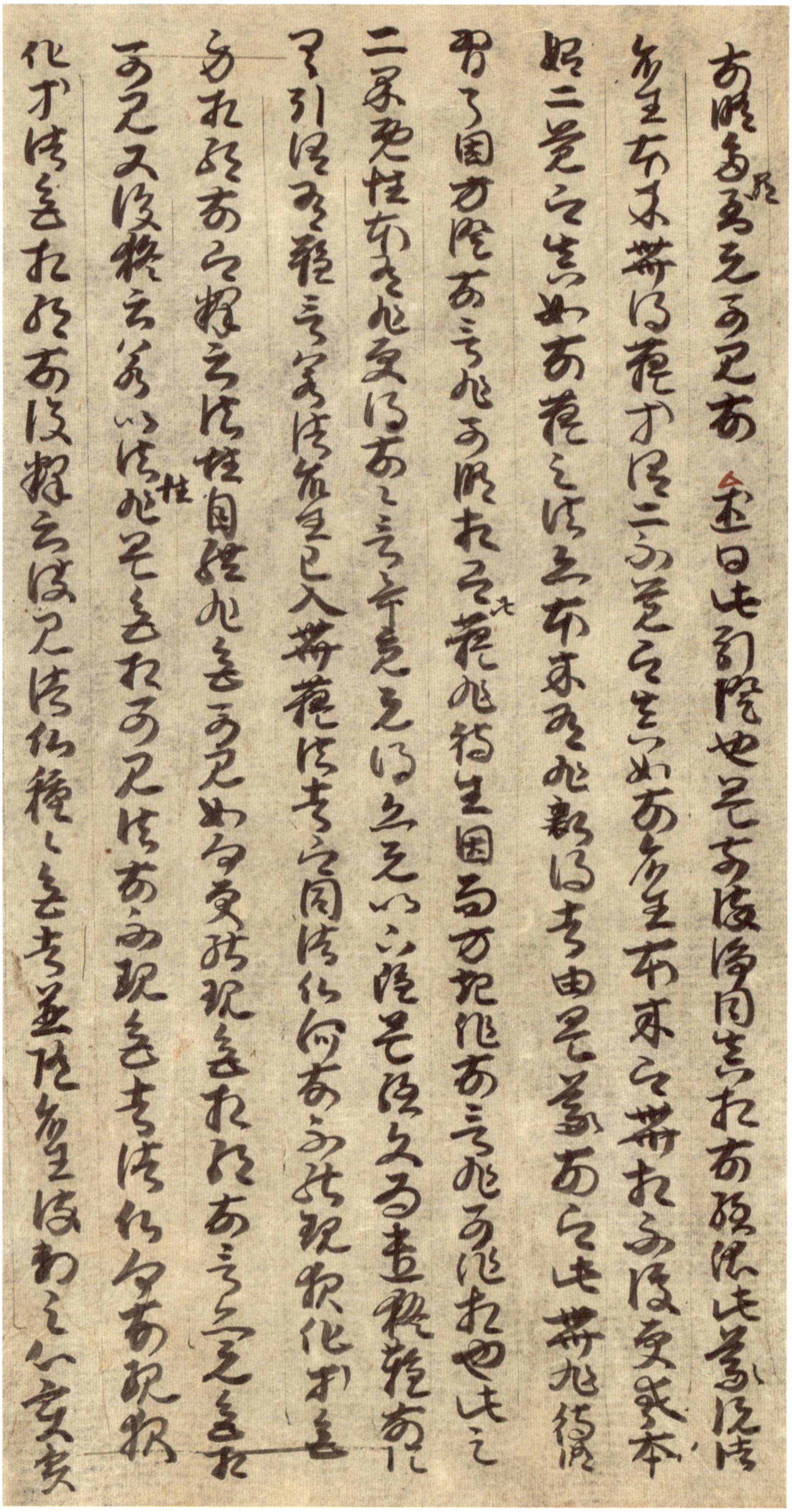

五四　故脩多羅」至「无可見故」。述曰：此引證也[二]。是前染淨同真相，故經依此義，說諸

五五五 衆生夲來涅槃得菩提等。謂二不覺即真如故，衆生夲來即涅槃相，不復更㓕，
夲、
五五六 始二覺即真如故。菩提之法亦夲來有，非新得者，由是義故，即此涅槃，非待
脩
五五七 習了因方證，故言非可脩相。即此菩提非待生因而方起作故，言非可作相
也[二]。此之
五五八 二果，既性夲有，非更得故，故言畢竟无得。亦无以[三]下，雖是經文，爲遣疑
難，故論
五五九 具引。謂有難言：若諸衆生已入涅槃菩提法者，即同諸仏，何故不能現報化等
色
五六〇 身相耶？故即釋云：法性自體，非色可見，如何更能現色相耶，故言亦无色相
五六一 可見。又復疑云：若以法性非是色相可見法，故不現色者，諸仏何故現報
五六二 化等諸色相耶？故復釋云：彼見諸仏種種色者，並隨衆生染幻之心變異

校注

【一】「也」下，伯二一四一背衍「爲」。【二】「也」，伯二一四一背缺。【三】「以」，伯二一四一背作「已」。

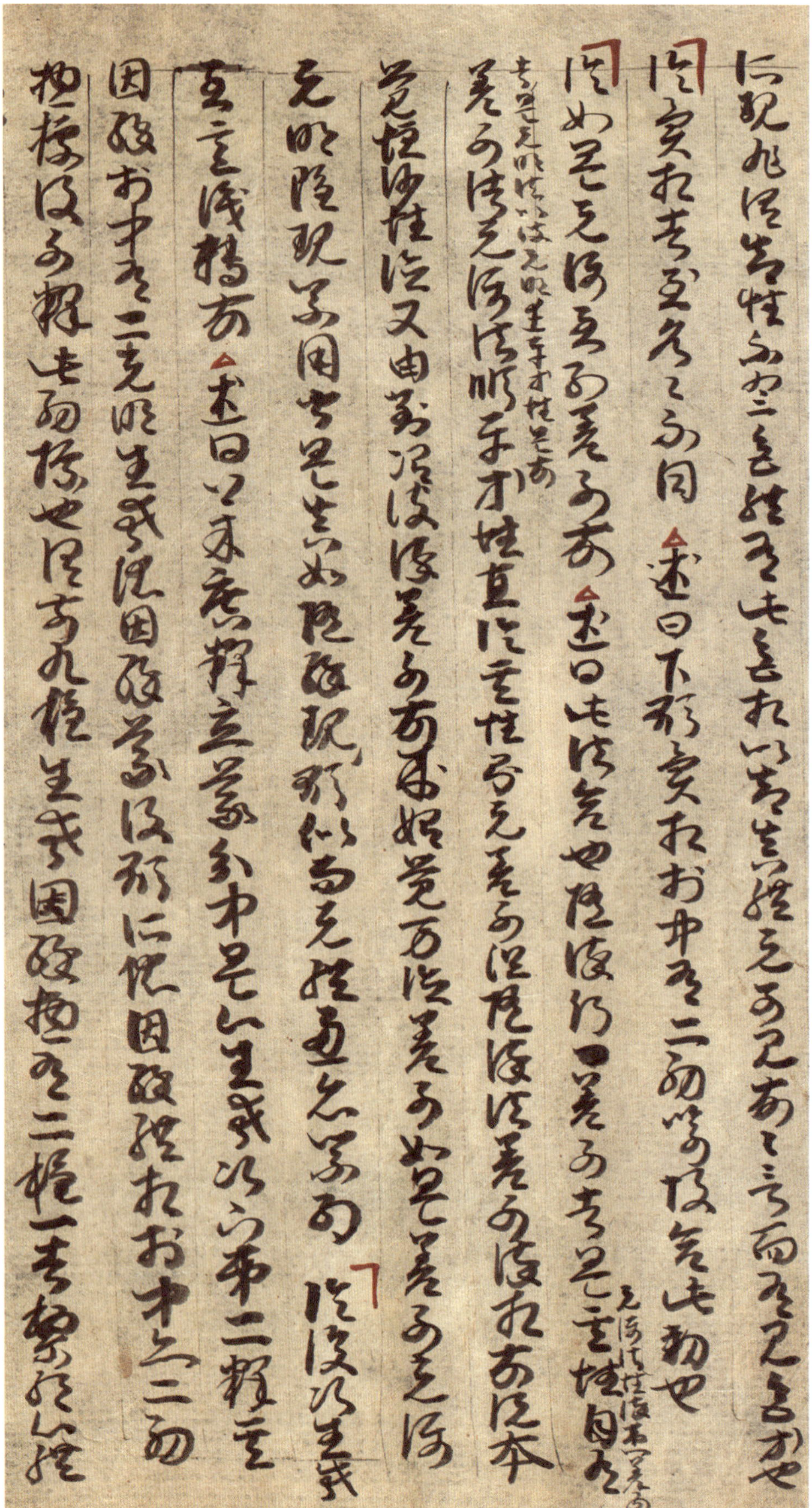

五六三 所現，非謂智性不空色體有此色相；以智真體无可見故，故言而有見色等也。

五六四 論：「異相者」至「各各不同」。述曰：下顯異相。於中有二，初喻，後合，此初也。
五六五 論：「如是无漏」至「幻差別故」。述曰：此法合也。隨染幻[一]差別者，是无
漏法性；染第一[二]差別者，是[三]无明法。以彼无明達平等性，是故其性自有
五六六 差別。諸无漏法順平等性，直論其性則无差別。但隨染法差別染相，故説夲
五六七 覺恒沙性德。又由對治彼染差別，故成始覺万德差別。如是差別[四]无漏，
五六八 无明雖現業用，皆是真如隨緣顯現[五]。似而无體[六]，通名業幻。論：「復次生
戚」
五六九 至「意識轉故」。述曰：上來廣釋立義分中是心生戚，次下第二，釋其
五七〇 因緣。於中有二：先明生戚，依因[七]緣義；後顯所依，因緣體相。於中亦二，
初
五七一 捴摽，後別釋，此初摽也。謂前九種生戚因緣捴有二種。一者棃耶心體，

校注

【一】「幻」，伯二一四一背缺。【二】「第一」，伯二一四一背作「幻」。【三】「是」下，伯二一四一背又衍「是」。【四】「差別」，伯二一四一背作「染淨」。【五】「顯現」，原卷作「現顯」，右有倒乙符。【六】「體」，伯二一四一背同，《大正藏》漏録。【七】「因」，伯二一四一背作「田」。

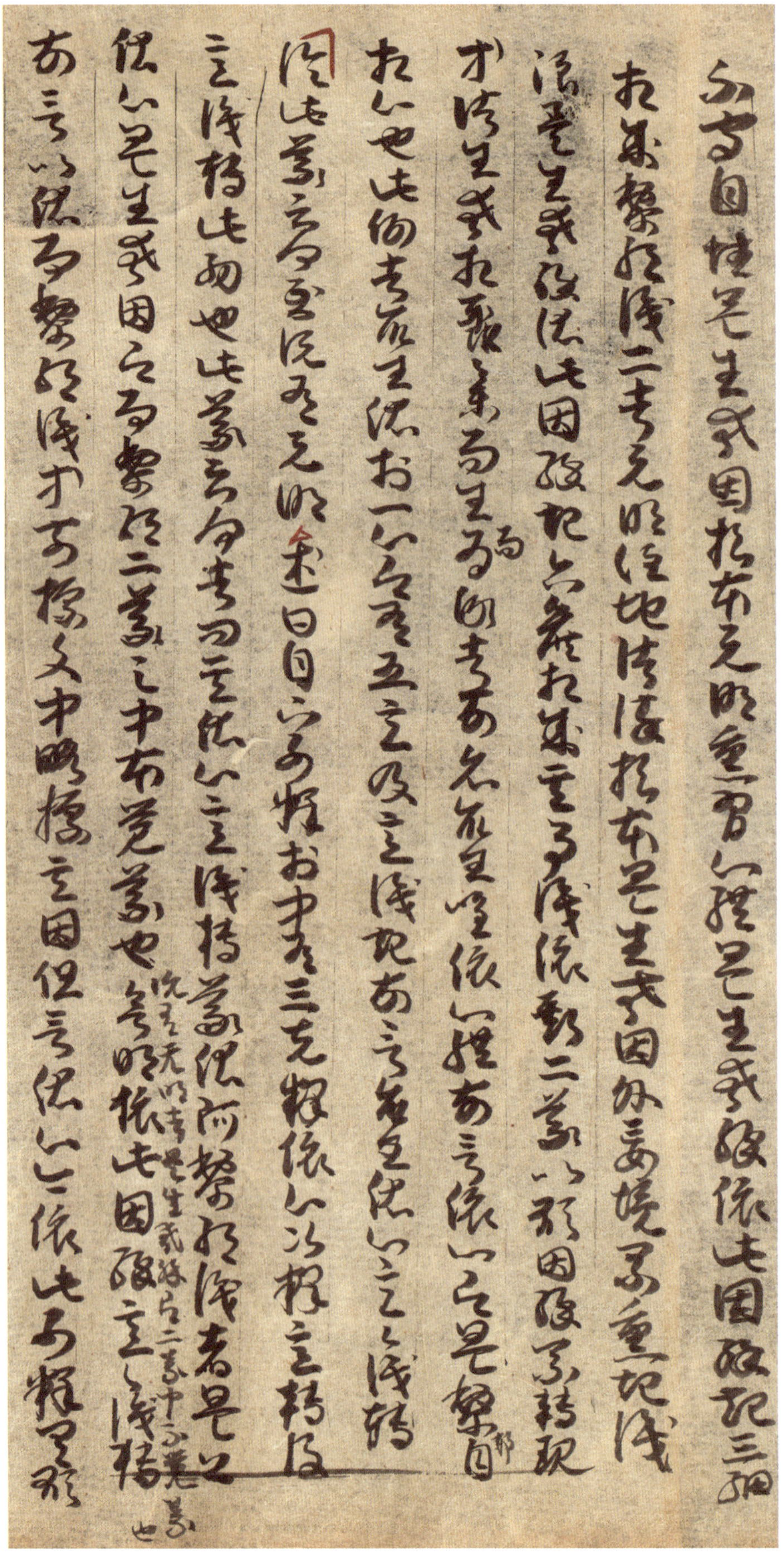

五七二 不守自性，是生戚因；根本无明，熏習心體，是生戚緣。依此因緣，起三細

五七三 相，成黎耶識。二者无明住地諸染根本，是生戚因。外妄境界熏起識

五七四 浪，是生咸緣。依此因緣，起六麁相，成其事識。依斯二義，以顯因緣業轉現
五七五 等諸生咸相。聚集而生而爲假者，故名衆生。唯依心體，故言依心。即是黎耶
自
五七六 相心也。此假者，衆生依於一心，即有五意及意識起，故言衆生依心、意、意
識轉。
五七七 論：「此義云何」至「説有无明」。述曰：自下别釋。於中有三，先釋依心，
次釋意轉，後
五七八 意識轉，此初也。此義云何者，問其依心、意識轉義。依阿黎耶識者，是[一]上
五七九 依心，是生咸因[二]，即阿黎耶二義之中本覺義也。説有无明者，是生咸緣，即
二義中不覺義也。欲明依此因緣、意、意識轉，
五八〇 故言以依阿[三]黎耶識等。前摽文中，略摽其因，但言依心；今依此别釋，具顯

校注

【一】「是」下，伯二一四一背衍「次」。【二】「因」下，伯二一四一背衍「故」。【三】「阿」，伯二一四一背缺。

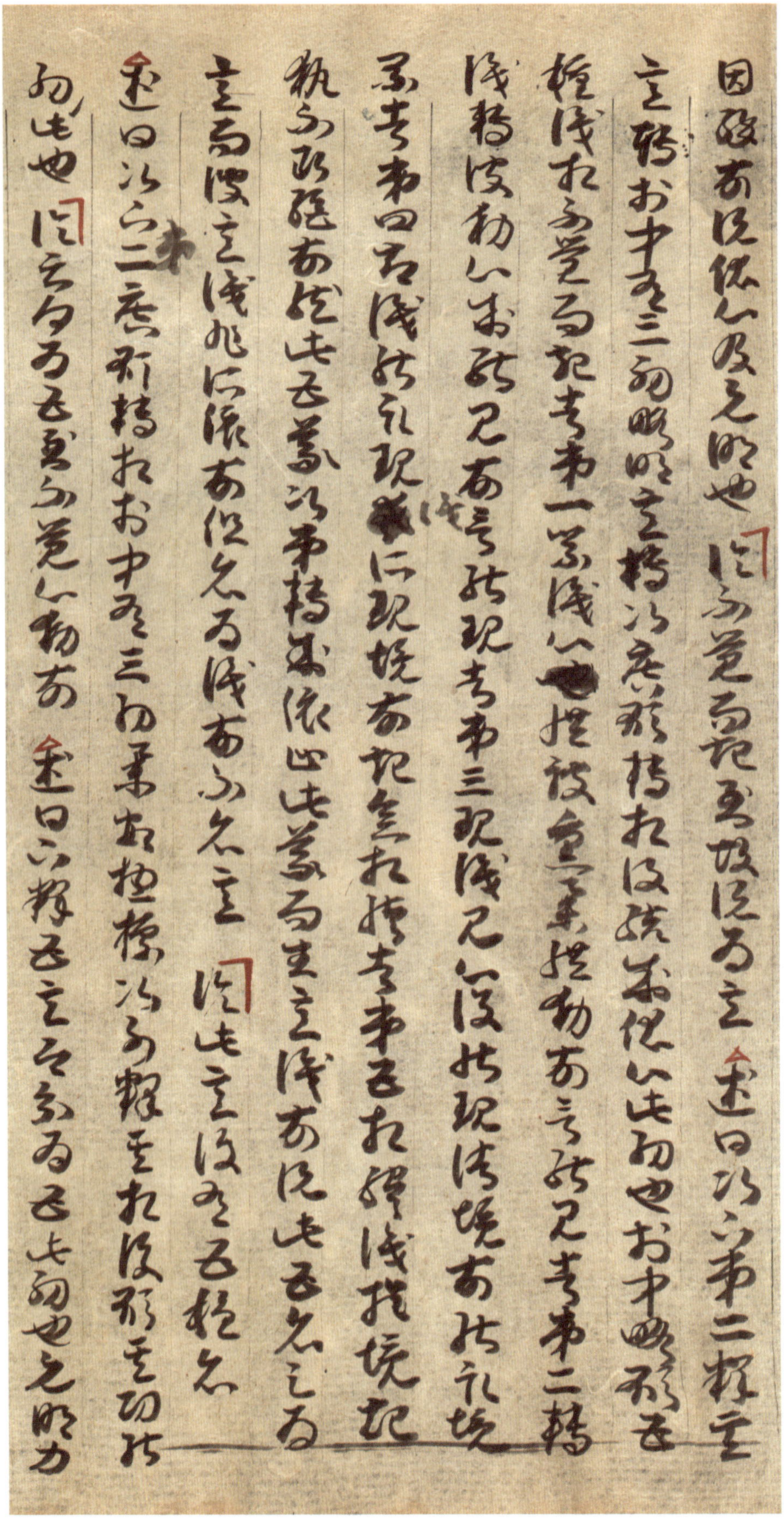

五八一
因緣，故說依心及无明也。論：「不覺而起」至「故[一]說爲意」。述曰：次下[二]第二，釋其[三]

五八二 意轉。於中有三，初略明意[四]轉，次廣顯轉相，後結成依心，此初也。於中略
顯五
五八三 種識相。不覺而起者，第一業識，心體被熏乿體動故。言能見者，第二轉
五八四 識，轉彼[五]動心成能見故。言能現者，第三現識，見心復能現諸境故。能取境
五八五 界者，第四智識，能取[六]現識所現境故。起念相續者，第五相續識，於境起
五八六 執不斷絶故。然此[七]五義次第轉成，依止此義而生意識，故説此五名之爲
五八七 意。而彼意識非所依故，但名爲識，故不名意。論：此意復有五種名。
五八八 述曰：次下第二，廣顯轉相。於中有三，初乿數摠摽，次别釋其相，後顯其功
能，
五八九 此初[八]也。論：「云何爲五[九]」至「不覺心動故」。述曰：下釋五意，即分爲
五，此初也。无明力

校注

【一】「故」，伯二一四一背無。【二】「下」，伯二一四一背缺。【三】「其」，伯二一四一背作「有」。【四】「意」下，伯二一四一背衍「識」。
【五】「彼」，伯二一四一背同，《大正藏》作「被」。【六】「取」，伯二一四一背作「所」。【七】「此」，伯二一四一背缺。【八】「此初」，原卷作「初此」，右有倒乙符。【九】「五」下，伯二一四一背衍「舉」。

者業以依強也明心不自起以必有所依不覺心動者正明起相轉無不覺根起動義是不覺義故　論二者名為見能見相故　述曰依前動心者業以依強也能見相者釋轉識義依前不覺之動轉識能見之相前名轉識是二法在於依識境相轉者在於依識故　論三者名為現識者在前故

~~依前動心者業以依強也能見相者釋轉識義依前不覺之動轉識能見之相前名轉識是二法在於依識境相轉者在於依識故　論三者名為現識者在前故~~

述曰文有三謂法喻合所謂能現一切境者法也依前轉識能見之相起此現識現識能現一切境界以心體與色明合無二智力故現於種種之色境界故云能現一切境也猶如明鏡現色像者是業喻也如鏡因質現種種像心因色明不守無量現種種境已下法合現識亦爾

五九〇 者，私所依緣也。明心不自起，起必有[一]緣。不覺心動者，正明起相，釋其業
義，謂
五九一 起動義是業義故。論：「二者名爲」至「能見相故」。述曰：[二]依於動心者，
私所
五九二 依緣[三]也。能見相者，釋轉識義。依前業識之動，轉成能見之相，故名轉識。
轉識
五九三 有二，此在夲識。依境轉者，在事識故。論：「三者名[四]」至「常在前故」。
五九四 述曰：此文有三，謂法、喻、合。所謂能現一切境者，此私法也。依前轉識
五九五 能見之相，起此現識能現之功。現一切境，謂此心體与无明合，熏習力故，
五九六 現於種種无邊境界，故云能[五]現一切境也。猶如[六]明鏡現色像者，是私喻也。
五九七 如鏡因質現種種像，心因无明不平等熏現種種境[七]。已下法合。「隨其五塵對

校注

【一】「有」下，伯二一四一背衍「因」。【二】「曰」下，伯二一四一背有「次」。【三】「緣」，伯二一四一背作「勝」。【四】「名」下，伯二一四一背有「爲」。【五】「故云能」，伯二一四一背同，《大正藏》作「能云故」。【六】「如」，伯二一四一背缺。【七】「境」，伯二一四一背作「竟」。

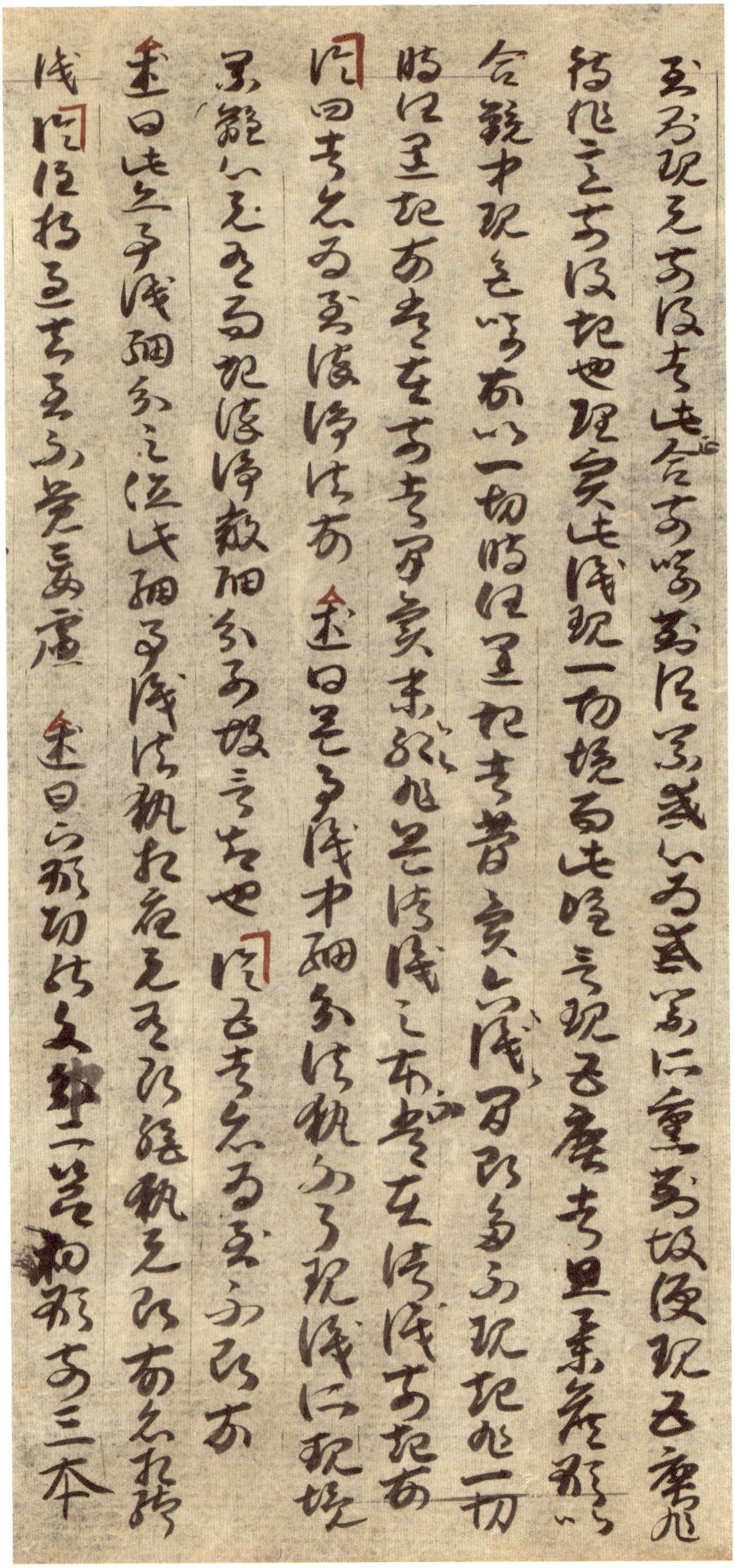

五九八 至，即〔二〕現无前後」者，此正合前喻。對謂業惑，心爲惑業所熏對，故便現五

塵，非

五九九 待作意前後起也。理實此識現一切境，而此唯言現五塵者，且汎麁顯以

六〇〇 合鏡中現色喻。故以一切時任運起者，簡異六識。六識間斷，多不現起，非一切時任運起故。常在前者，問[二]異末那。末那非是諸識之本，不常在諸識前起故。

六〇二 論：「四者名爲」至「染浄法故」。述曰：是事識中細分法執，不了現識所現境界。離心无有，而起染浄微細分別，故言智也。論：五者名爲至不斷故。

六〇四 述曰：此亦事識細分之位。此細事識，法執相應，无有斷絶。執无斷故，名相續識。論：「住持過去」至「不覺妄慮」。述曰：下顯功能。文中二節。初顯前三本

校注

【一】「即」，原卷作「則」，據《大乘起信論》改。【二】「問」，伯二一四一背作「曾」，《大正藏》作「簡」。

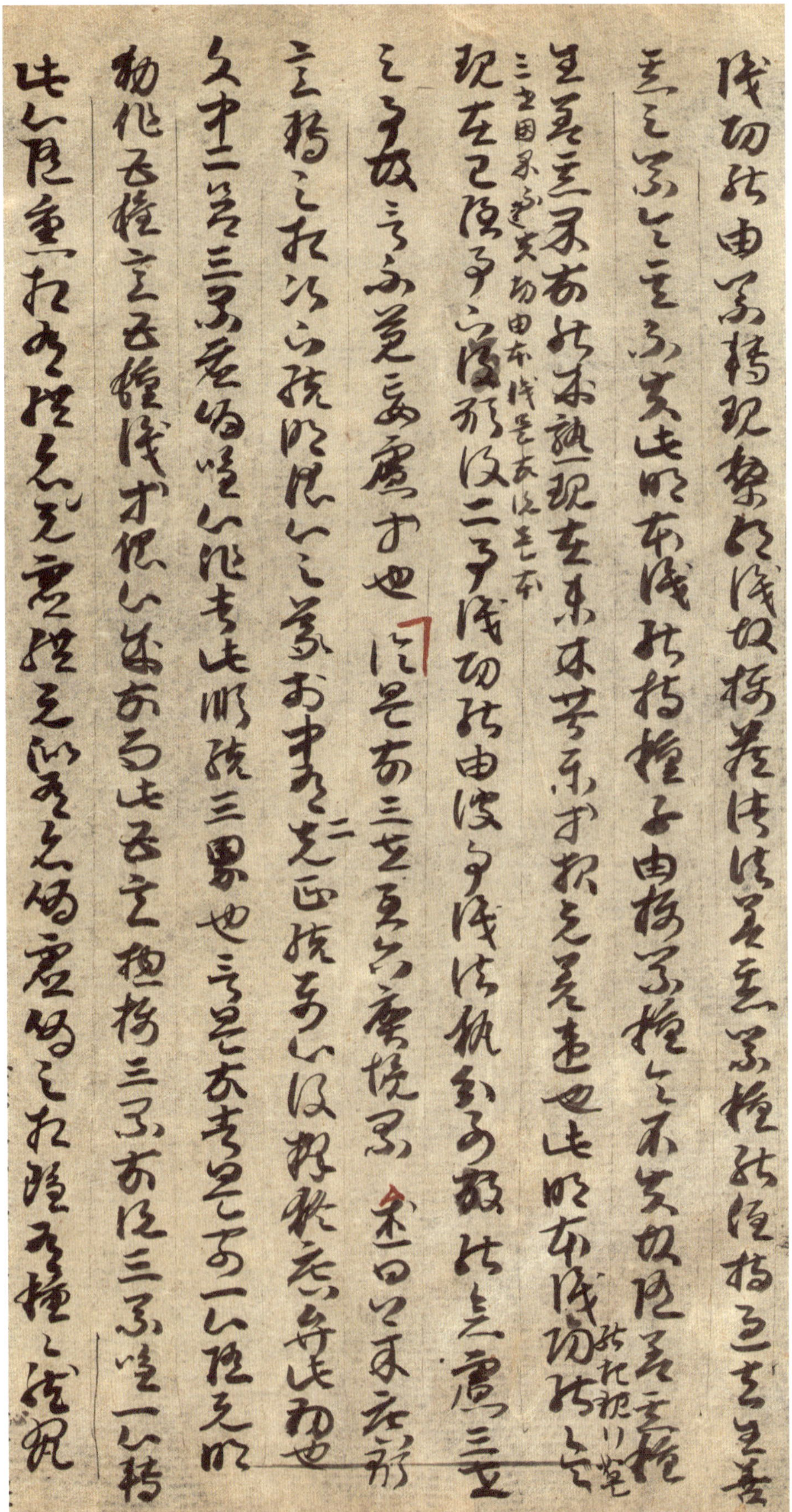

六〇六

識功能，由業轉現黎耶識故，攝藏諸法善惡[一]業種〔故〕[二]，能住持過去

〔多〕[三]生善

六〇七 惡之業，令其不失。此明本識能持種子，由攝業種令不失故，隨善惡種

六〇八 生善惡果故，能成熟現在未來苦樂等報无差違也。此明本識能起現行。如是三

世因果不失功由本識。是故說是本〔識〕[四]功能。能令

六〇九 現在已經事下，復顯[五]後二事識功能。由彼事識法執分別，故能念慮三世

六一〇 之事，故言不覺妄慮等也。論：「是故三界[六]」至「六塵境界」。述曰：上來

廣顯

六一一 意轉之相，次下結明依心[七]之義。於中有二，先正結屬心，後釋疑廣弁，此初

也。

六一二 文中二節。三界虛僞唯心作者，此順結三界也。言是故者，是前一心隨无明

六一三 動作五種意，五種識等依心成故，而此五意揔攝三界，故說三界唯一心轉。[八]

六一四 此心隨熏，相有體无名[九]虛，體无似有名僞，虛僞之相雖有種種，然究

校注

【一】「惡」，伯二一四一背作「意」。【二】「故」，原卷缺，據伯二一四一背、《大乘起信論廣釋》卷三補。【三】「多」，原卷缺，據伯二一四一背、《大乘起信論廣釋》卷三補。【四】「識」，原卷缺，據伯二一四一背補。【五】「復顯」，伯二一四一背無。【六】「界」，原卷作「世」，據《大乘起信論》改。【七】「心」下，伯二一四一背衍「意」。【八】此處欄下有一「問」字。【九】「无名」，原卷作「名无」，右有倒乙符。

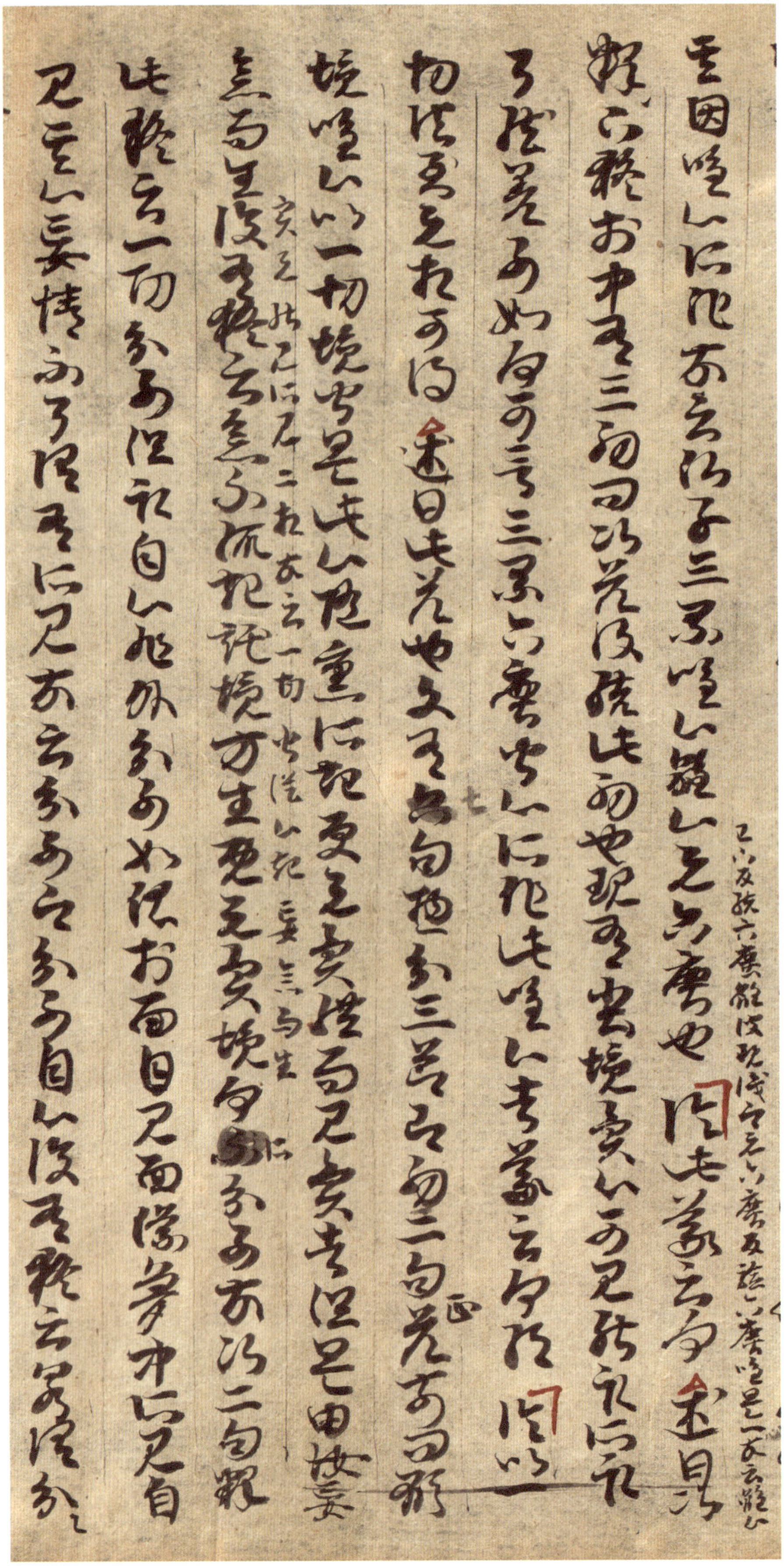

六二五

其因唯心所作，故云仏子三界唯心。離心已下，反結六塵離彼現識即无六塵，反驗六塵唯是一心[一]，故云離心无六塵也。論：此義云何。述曰：次

六一六　下釋[二]疑。於中有三，初問，次荅，後結，此初也。現有尘境，異心可見。能
取所取，
六一七　了然差別。如何可言三界六塵皆心所作？此唯心者義云何耶？論：「以一
六一八　切法」至「无相可得」。述曰：此荅也。文有七[三]句，揔分三節。即初三句正
荅前[四]問，顯
六一九　境唯心，以一切境皆是此心，隨熏所起，更无異體。而見異者，但是由汝妄
六二〇　念而生，實无能見所見二相，故云一切皆從心起，妄念而生。復有疑云：念不
孤起，託境方生，既无異境，何所分別？故次二句釋
六二一　此疑云：一切分別但取自心，非外分別，如依於面，自見面像。夢中所見，自
六二二　見其心。妄情不了，謂有所見，故云分別，即分別自心。復有疑云：若謂分
別，分

校注

【一】「是一心」下，伯二一四一背又衍「是一心」。【二】「下釋」，原卷作「釋下」，右有倒乙符。【三】「七」，伯二一四一背作「六」。
【四】「前」下，伯二一四一背衍「四」。

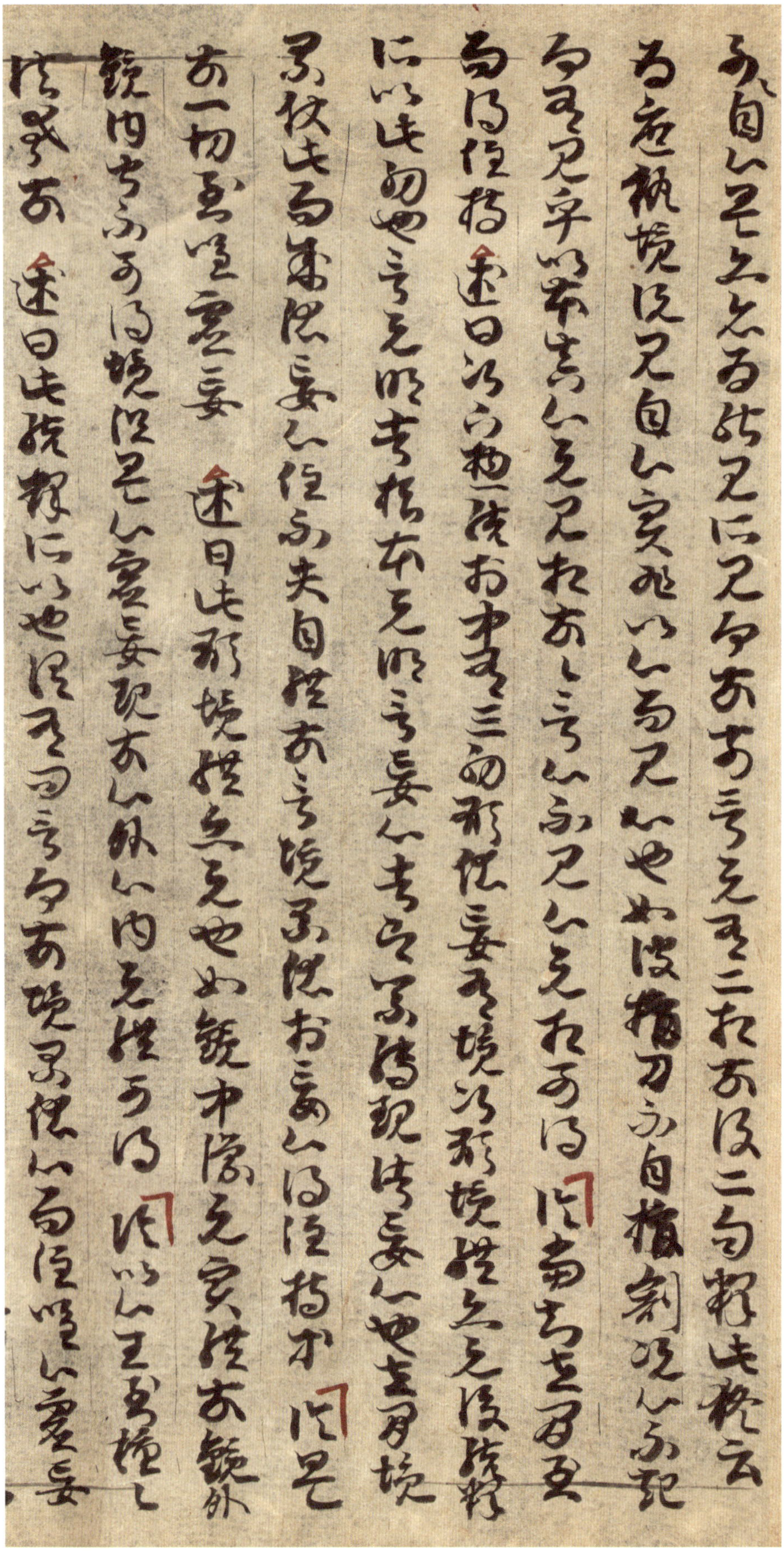

六三 別自心，是亦名爲能見所見，何故前言无有二相？故後二句釋此疑云：

六四 爲遮執境，説見自心，實非以心而見心也。如彼指刀，不自指割，況心不起，

六二五 何有見乎。以本真心无見相故，故言心不見心，无相可得。論：「當知世間」

至

六二六 「而得住持」。述曰：次下摠結。於中有三，初顯依妄有境，次顯境體亦无，

後結釋

六二七 所以，此初也。言无明者，根本无明。言妄心者，即業轉現諸妄心也。世間境

六二八 界，仗此而成。依妄心住，不失自體。故言境界依於妄心得住持等。論：「是

六二九 故一切」至「唯〔心〕[一]虛妄」。述曰：此顯境體亦无也。如鏡中像无實體，

故鏡外

六三〇 鏡内皆不可得。境但是心虛妄現，故心外心内无體可得。論：「以心生」至

「種種

六三一 法咸故」。述曰：此結釋所以也。謂有問言：何故境界依心[二]而住，唯心虛妄

校注

【一】「心」，原卷缺，據伯二一四一背、《大乘起信論》補。【二】「心」下，伯二一四一背衍「爲」。

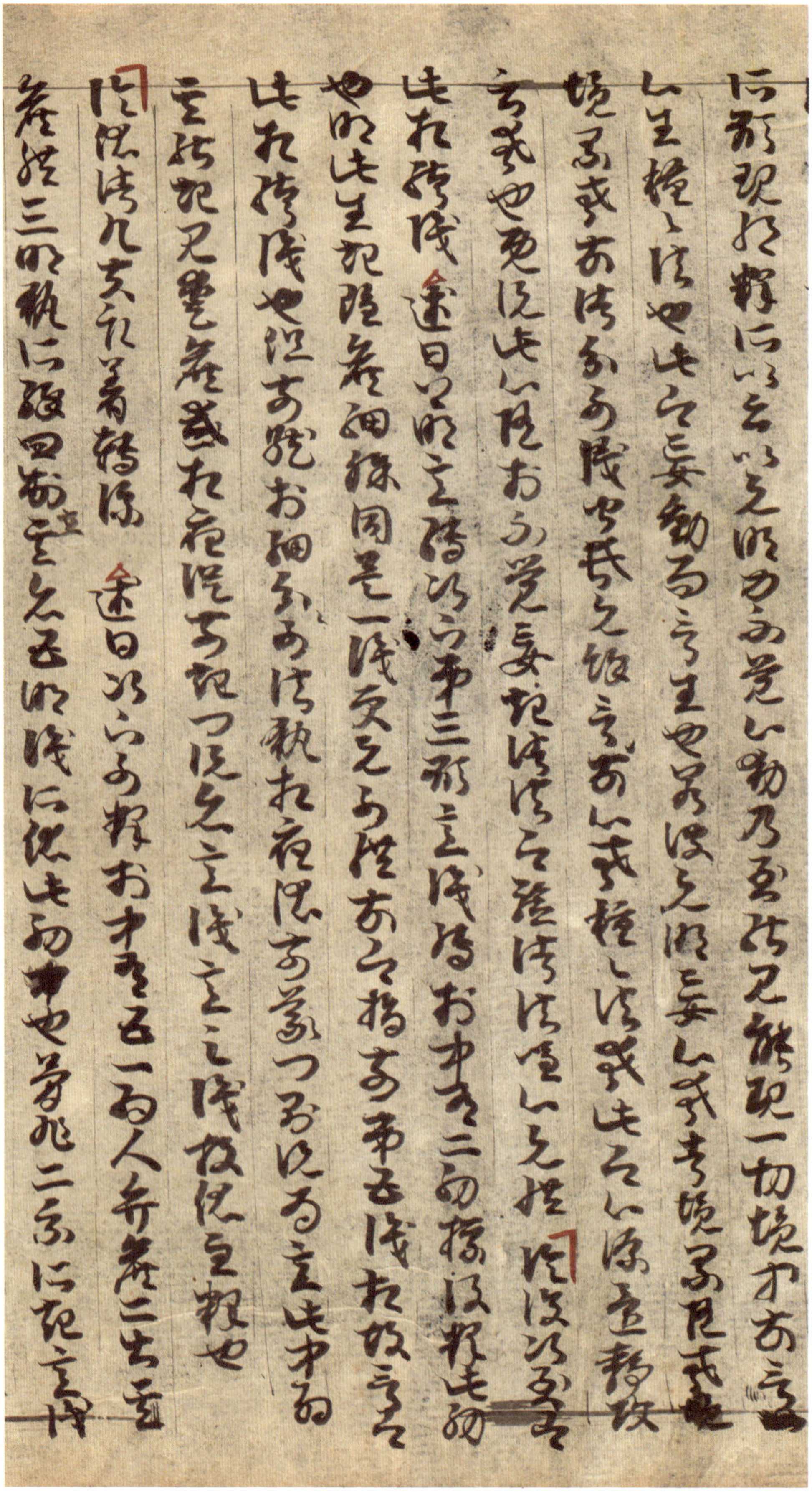

六三二 所顯現耶？釋所以云：以无明力不覺心動，乃至能見[二]一切境等，故言

六三三 心生種種法生也[三]。此即妄動而言生也。若彼无明妄心滅者，境界隨滅。

六三四 境界滅，故諸分別識皆滅无餘，故言[三]心滅種種法滅。此即心源還靜，故
六三五 云滅也。既説此心雖於不覺妄現[四]諸法，即驗諸法[五]唯心无體。論：「復次」
至「即
六三六 此相續識」。述曰：上明意轉，次下第三，顯意識轉。於中有二，初標，後釋，
此初
六三七 也。明此生起雖麁細殊，同是一識，更无別體故。即指前第五識相，故言即
六三八 此相續識也。但前就於細分別法執相應，依前義門則説爲意。此中約
六三九 其能起見愛麁惑相應，從前起門，説名意識。意之識[六]，故依主釋也。
六四〇 論：依諸[七]凡夫取著轉深。述曰：次下別釋。於中有五：一約人弁麁，二出其
六四一 麁體，三明執所緣，四制立其名，五明識所[八]依，此初也。簡非二乘所起意
識。

校注

【一】「見」，伯二一四一背與《大正藏》作「現」。【二】「也」，伯二一四一背無。【三】「故言」，原卷作「言故」，右有倒乙符。【四】「現」，伯二一四一背同，《大正藏》漏録。【五】「法」，伯二一四一背缺。【六】「意之識」，《大正藏》作「意之意識」。【七】「諸」，伯二一四一背作「法」。【八】「所」下，伯二一四一背衍「此」。

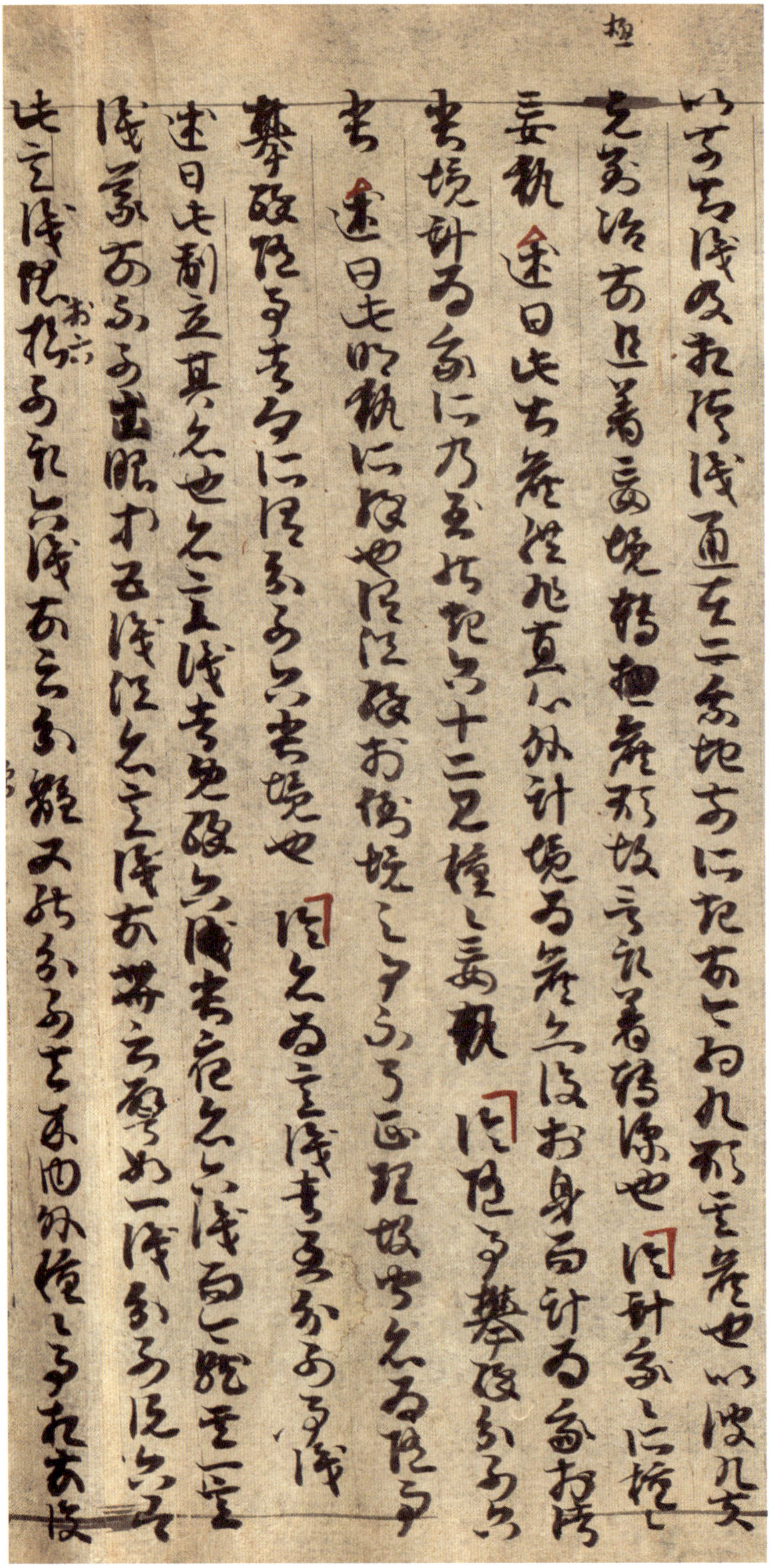

六四二 以前智識及相續識，通在二乘地前所起，故今約凡，顯其麁也。以彼凡夫

六四三 无對治[一]，故追著妄境，轉極[二]麁顯，故言取著轉深也。論：計我、我所種種

六四四 妄執。述曰：此出麁體，非直心外計境爲麁，亦復於身而計爲我，於諸
六四五 尘境計爲我所，乃至能起六十二見[三]、種種妄執。論：隨事攀緣，分别六
六四六 尘。述曰：此明執所緣也。謂但緣於倒境之事，不了正理，故皆名爲隨事
六四七 攀緣。[四]隨事者何，所謂[五]分别六尘[六]境也。論：「名爲意識[七]」至「分别
事識」。
六四八 述曰：此制立其名也。名意識者，既緣六尘，應名六識。而今就其一意
六四九 識義故，不别出眼等五識，但名意識。故《涅槃》云：譬如一識，分别説六。
即
六五〇 此意識，依於六根，别取六塵[八]，故云分離。又能分别去來、内外種種事相，
故復

校注

【一】「治」，伯二一四一背作「始」。【二】「極」，原卷先作「揔」，塗去，在頂部書「極」以改正。【三】「見」，伯二一四一背缺。【四】「緣」下，伯二一四一背衍「者」。【五】「謂」，伯二一四一背缺。【六】「尘」，伯二一四一背作「生」。【七】「識」下，原卷有「者」，據《大乘起信論》删。【八】「塵」，原卷作「識」，據伯二一四一背、《大乘起信論廣釋》卷三改。

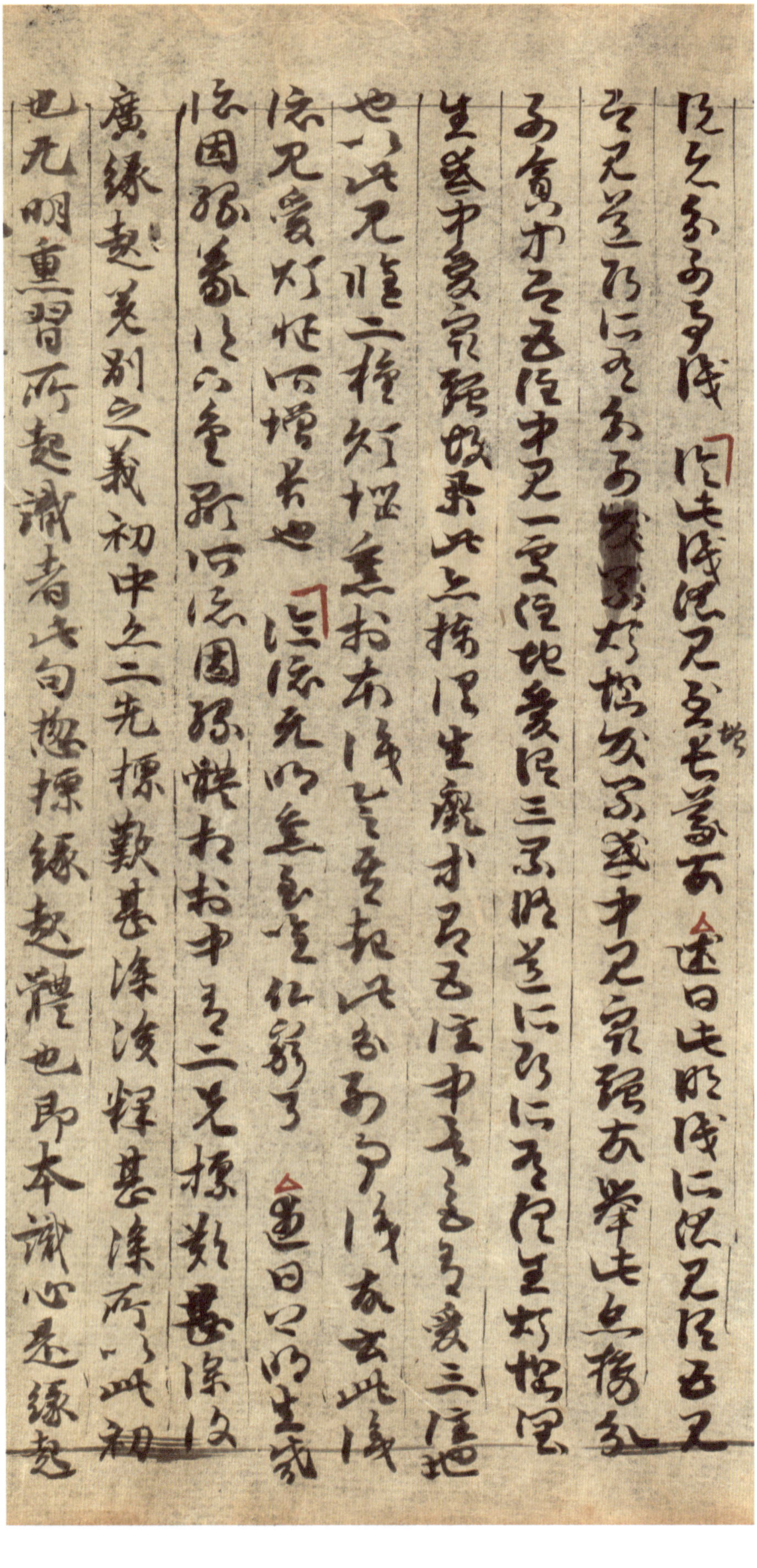

〔六五一〕

說名分別事識。論〔二〕：「此識依見」至「增長義故」。述曰：此明識所依見。謂五見

六五二 即見道，斷所有分別[二]煩惱，發業惑中，見冣强，故舉此，名攝分
六五三 別貪等。即五住中見一處住地。愛，謂三界脩道所斷所有俱生（潤生）[三]煩
惱。潤[四]
六五四 生惑中，愛冣强，故舉此，亦攝俱生癡等。即五[五]住中欲色有[六]愛三住地
六五五 也。以此見脩，二種煩惱熏於本識，令其起此分別[七]事識，故云此識
六五六 依見、愛煩惱所增長也。論：「依无明熏」至「唯仏窮了」。述曰：上明生烕
六五七 依因緣義，次下重顯所依因緣體相。於中有二：先摽歎甚深，復
六五八 廣緣起差別之義。初中亦二，先摽歎甚深，後釋甚深所以，此初
六五九 也[八]。无明熏習所起識者，此句揔摽緣起體也。即本識心是緣起

校注

【一】「論」下，伯二一四一背有「云」。【二】「分別」下，伯二一四一背有「發業」。【三】「潤生」，原卷無，據伯二一四一背、《大乘起信論廣釋》卷三補。【四】「潤」，原卷作「俱」，據伯二一四一背、《大乘起信論廣釋》卷三改。【五】「五」，伯二一四一背作「已」。【六】「有」，原卷作「即」，據伯二一四一背、《大乘起信論廣釋》卷三改。【七】「別」，伯二一四一背缺。【八】「此初也」，伯二一四一背作「初也此依」。

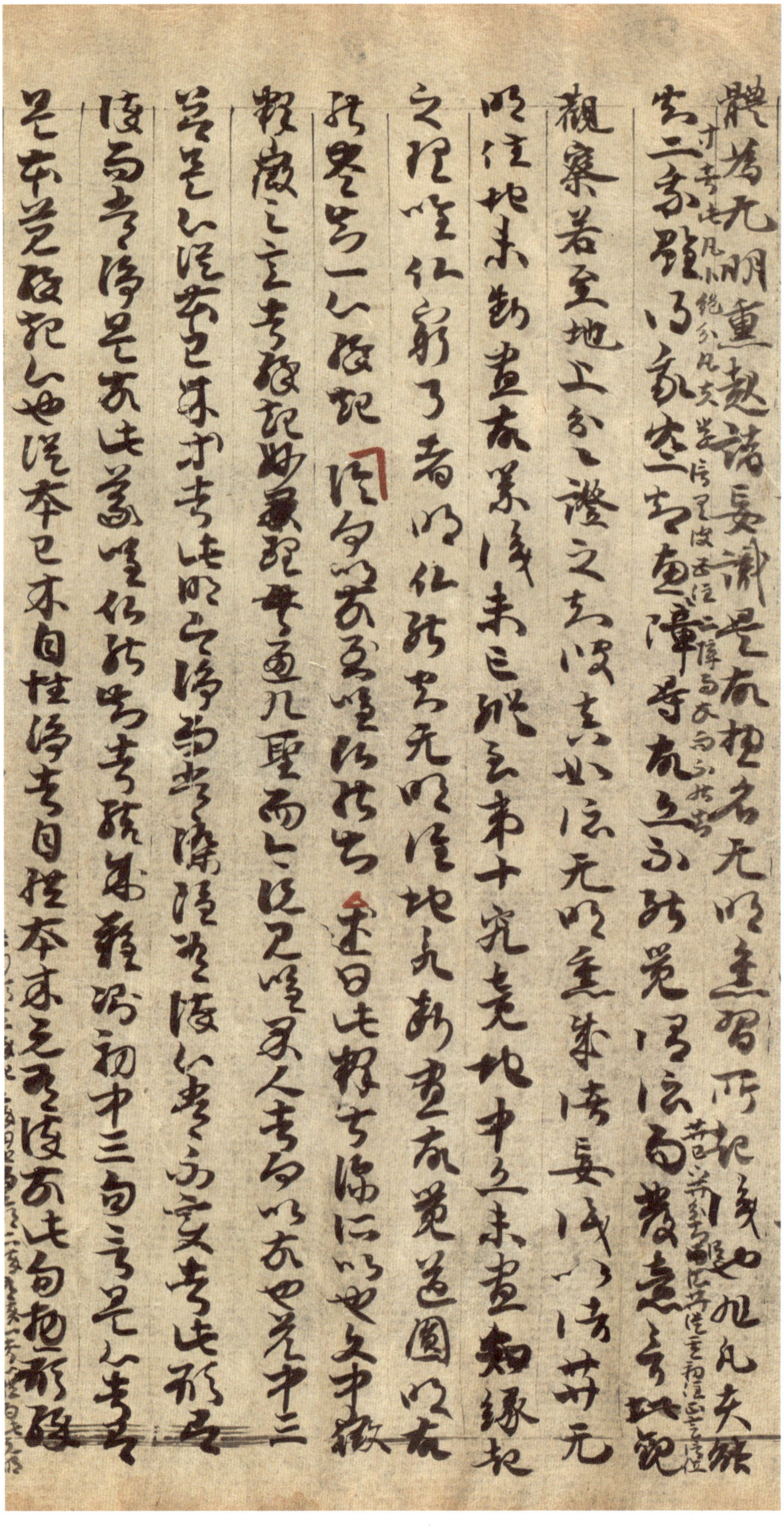

六六〇 體，爲无明熏起諸妄識。是故摠名无明熏習所起識也。非凡夫能

六六一 知等者，此凡小絶分，凡夫學信，具彼五住二障导故而不能知。二乘雖得我

空，智惠[一]障㝵故，亦不能覺。謂依菩薩已下，菩薩分知，謂依菩薩從其初住
正定信位而發意。言比觀、
六六二 觀察，若至地上，分分證之[二]，知彼真如依无明熏，成諸妄識。以諸菩薩，无
六六三 明住地未斷盡故，業識未已，縱至第十究竟地中，亦未盡知緣起
六六四 之理。唯仏窮了者，明仏能知。无明住地永斷盡，故覺[三]道圓明，故
六六五 能盡知一心緣起。論：「何以故」至「唯仏[四]能知」。述曰：此釋甚[五]深所以
也。文中徵
六六六 釋，徵之意者，緣起妙理，貫通凡聖。而今說見唯果人者，何以[六]故也？荅中
三
六六七 節。是心從夲已來等者，此明即净而常染。雖有染心常不變者，此顯即
六六八 染而常净。是故此義唯仏能知者，結成難測。初中三句。言是心者，即
六六九 是夲覺緣起心也。從夲已來自性净者，自體夲來无有染故。此句揔顯緣

校注

【一】「智惠」，《大正藏》作「智慧」，伯二一四一背作「惠智」。【二】「之」，伯二一四一背與《大正藏》無。【三】「覺」，伯二一四一背缺。

【四】「仏」，伯二一四一背缺。【五】「甚」，原卷作「皆」，據伯二一四一背改。【六】「以」，伯二一四一背作「已」。

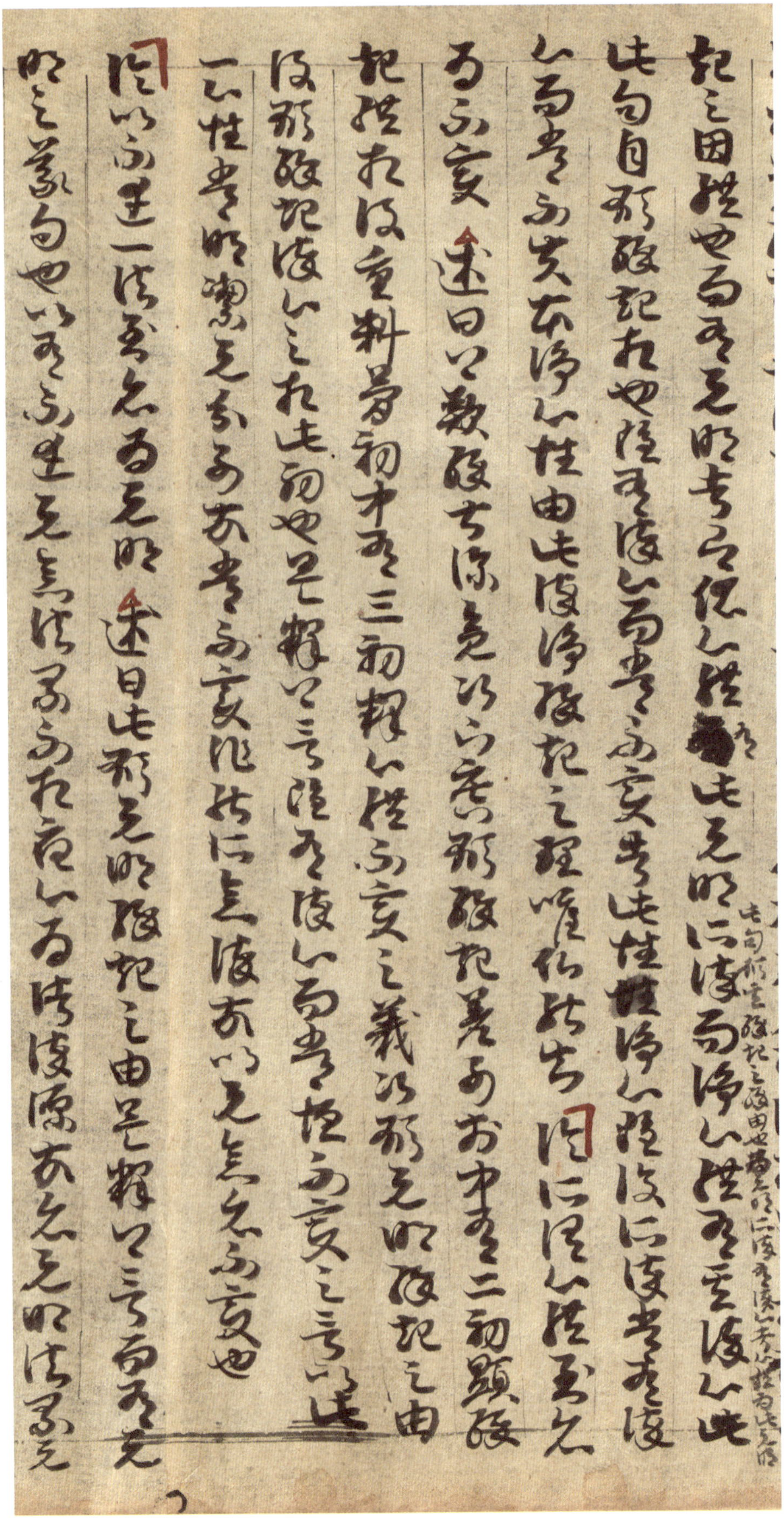

六七〇 起之因體也。而有无明者，即[二]依心體有此无明。此句顯其緣起之緣由也。爲无明所染，有染心者，心體爲此无明所染，而淨心體有其染心。此

六七一 句[二]自[三]顯緣起相也。雖有染心而常不變者，此性淨心雖復所染，常有染
六七二 心而常不失夲淨心性。由此染淨緣起之理，唯仏能知。論：「所謂心體」至
「名[四]
六七三 爲不變」。述曰：上歎緣〔起〕[五]甚[六]深竟，次下廣顯緣起差別。於中有二：
初顯緣
六七四 起體相，後重料簡。初中有三，初釋心體不變之義，次顯无明緣起之由，
六七五 後顯緣起染心之相，此初也。是釋上言，雖有染心而常恒不[七]變之言。以此
六七六 一心性常明潔无分別，故常不變。非能所念染，故以无念名不變也。
六七七 論：「以不達一法」至「名爲无明」。述曰：此顯无明緣起之由。是釋上言
「而有无
六七八 明之義」句也。以有不達无念，法界不相應。心爲諸染源，故名无明。法界无

校注

【一】「即」，伯二一四一背缺。【二】「句」上，原卷衍「此」，據伯二一四一背删。【三】「自」，伯二一四一背作「即」。【四】「名」，伯二一四一背無。【五】「起」，原卷缺，據伯二一四一背補。【六】「甚」，原卷作「皆」，據伯二一四一背改。【七】「不」，伯二一四一背缺。

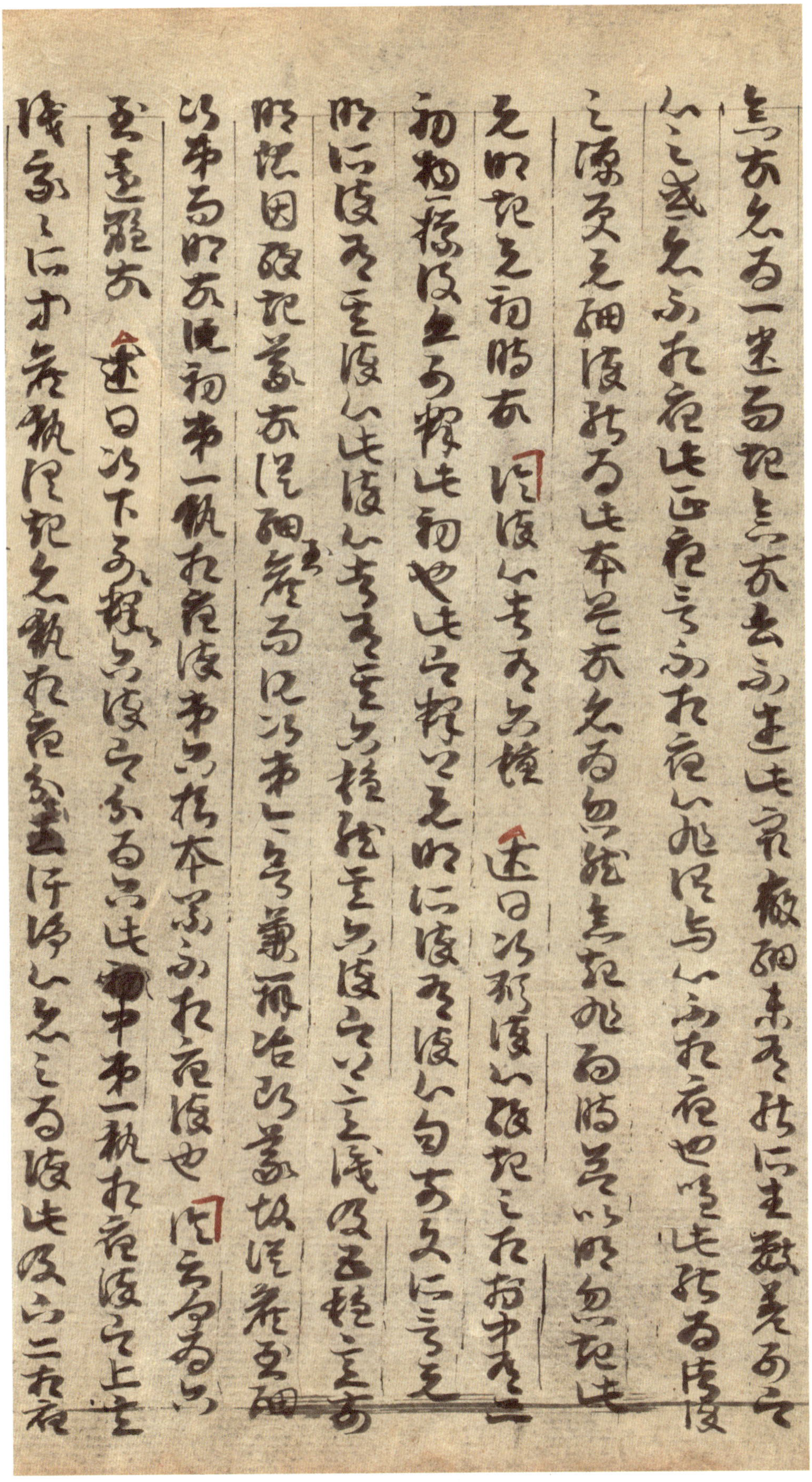

六七九 念，故名爲一迷而起念，故云不達。此寂微細，未有[一]能所生[二]，數差別即

六八〇 心之惑，名不相應。此正應言不相應心，非謂与心不相應也。唯此能爲諸染

之源，更无細染能爲此本，是故名爲忽然念起。非約時節以明忽起，此无明起无初時故。論：染心者有六種。述曰：次顯染心緣起之相。於中有二，初揔標，後別釋，此初也。此即釋上「无明所染有染心」句。前文所言无明所染，有其染心，此[三]染心者有其六種。然其六染，即上意識及五種意。前明依因緣起義，故從細至麁而説次第；今欲兼辨治斷義，故從麁至細次第而明。故説[四]初第一執相應染，第六根本業[五]不相應染也。論：「云何爲六」至「遠離故」。述曰：次下別釋。別釋六染，即分爲六。此中第一，執相應染。即上意識我、我所等麁執俱起，名執相應分〔心〕[六]。汙淨心名之爲染。此及下二[七]相應

校注

【一】「有」，伯二一四一背缺。【二】「生」，伯二一四一背同，《大正藏》作「主」。【三】「此」，伯二一四一背缺。【四】「説」，伯二一四一背與《大正藏》無。【五】「業」，伯二一四一背作「義」。【六】「心」，原卷缺，據伯二一四一背補。《大正藏》作「塵」。【七】「此及下二」，伯二一四一背缺。

六八九 之義，如下所明。若二乘人至无學位，見脩煩惱究竟離故，能離此染。菩薩入

住，

六九〇 信相成就，无有退失，名信相應。此位菩薩得人空門，見愛煩惱不得現行，故

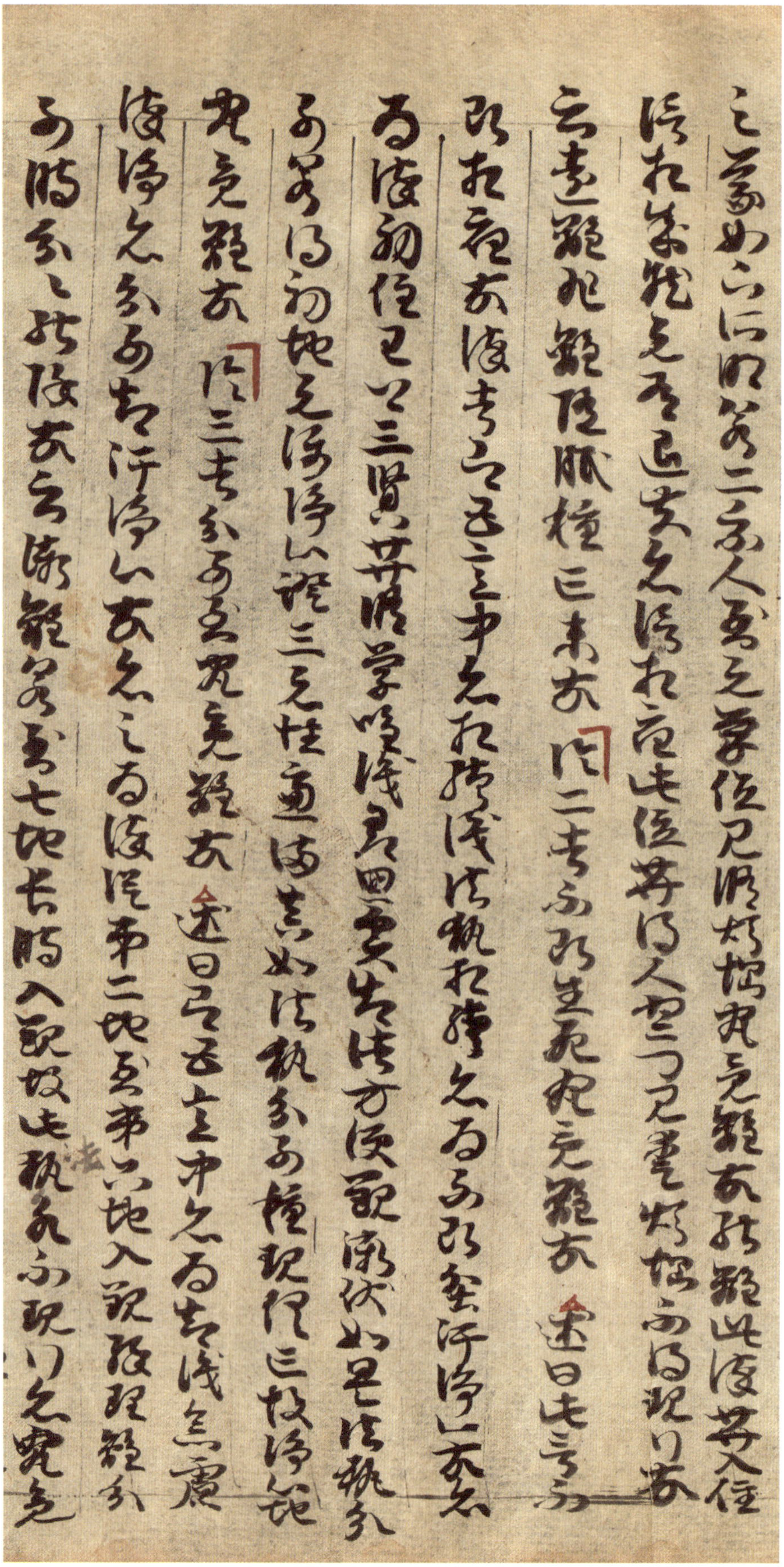

六九一 云遠離。非離隨眠，種未亡[一]故。論：二者不斷生死[二]究竟離故。述曰：此言
不
六九二 斷相應[三]染者，即五意中名相續識。法執相續，名爲不斷。尘汙淨心，故名
六九三 爲染。初住已上，三賢菩薩脩學唯識，尋思實智諸方便觀，漸伏如是，法執分
六九四 別。若得初地无漏淨心，證三无性，遍滿真如，法執分別，種現俱亡故，淨心
地
六九五 究竟離故。論：「三者分別」至「究竟離故」。述曰：即五意中名爲智識。念
處
六九六 染淨，名分別智。汙淨心故，名之爲染。從第二地，至第六地，入觀緣理，離
分
六九七 別時，分分能染[四]，故云漸離，若至七地長時入觀故。此法執永不現行，名究
竟

校注

【一】「未亡」，原卷作「亡未」，據伯二一四一背、《大乘起信論廣釋》卷四乙正。【二】「生死」，伯二一四一背與《大正藏》作「生至」。

【三】「應」下，原卷有「故」，據伯二一四一背刪。【四】「染」，伯二一四一背同，《大正藏》作「除不」。

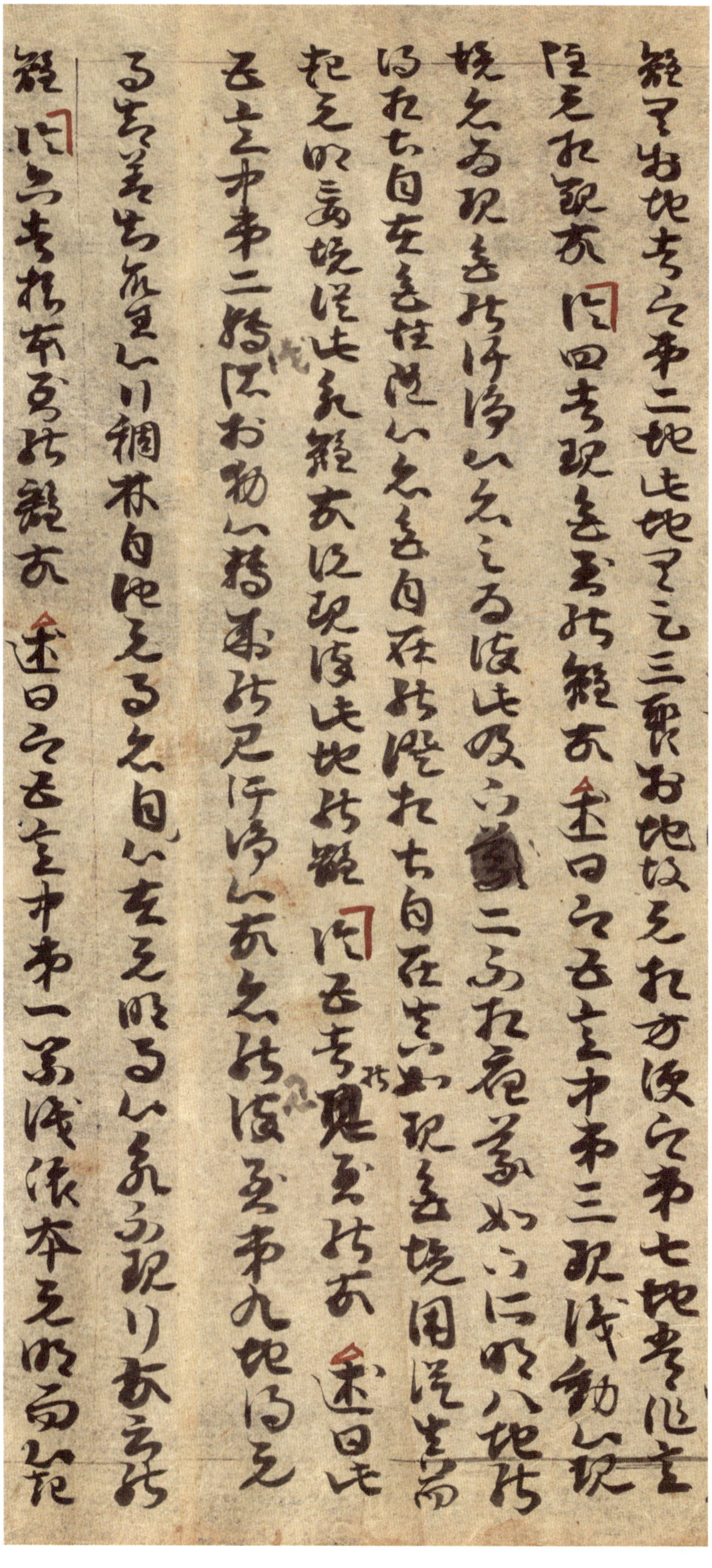

六九八 離。具戒地者，即第二地。此地具足三聚於地[一]故。无相方便即第七地，常作意

六九九 住无相觀故。論：「四者現色」至「能離故」。述曰：即五意中第三現識動

心，現

七〇〇 境名爲現色，能汙淨心，名之爲染。此及下二不相應義[二]，如下所明。八地能

七〇一 得相土[三]自在，色性隨心名色自在。能證相土[四]自在，真如現色境，用從真而

七〇二 起。无明妄境，從此永離。故説[五]現染此地能離。論：「五者能見」至「能

故」。述曰：此

七〇三 五意中第二轉識，依於動心，轉成能見汙淨心，故名能見染。至第九地，得无

七〇四 㝵智，善知衆生心行，稠林自在[六]无㝵，名心自[七]在。无明㝵心，永不現行，

故云能

七〇五 離。論：「六者根夲」至「能離故」。述曰：即五意中第一業識，依夲无明而

心起

校注

【一】「地」，伯二一四一背與《大正藏》無。【二】「義」下，伯二一四一背有「八地」二字（旁小字所寫）。【三】「土」，伯二一四一背同，《大正藏》作「應」。【四】「土」，伯二一四一背、《大乘起信論廣釋》卷四同，《大正藏》作「應」。【五】「説」，伯二一四一背缺。【六】「在」，原卷作「他」，據伯二一四一背、《大乘起信論廣釋》卷四改。【七】「心自」，原卷作「自心」，右有倒乙符。

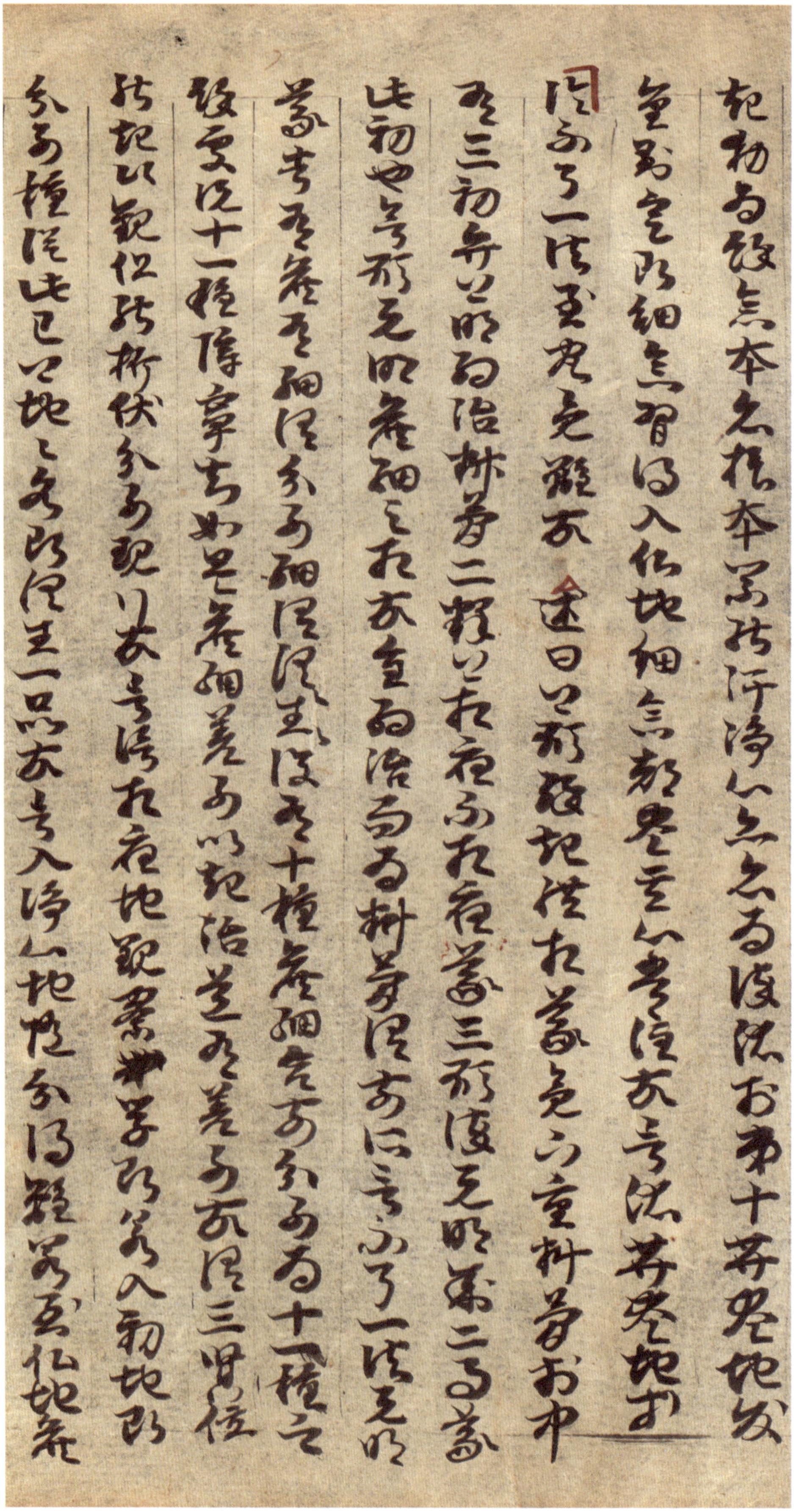

七〇六 動〔二〕，爲餘念本，名根本業。能汙淨心，亦名爲染。依於第十菩薩盡地，發

七〇七 金剛定，斷細念習，得入仏地。細念都盡，其心常住，故言依菩薩盡地等。

七〇八 論：「不了一法」至「究竟離故」。述曰：上顯緣起體相義竟，下重料簡。於中

七〇九 有三，初弁上〔無〕[二]明約治料簡，二釋上相應不[三]相應義，三顯染无明成二导義，

七一〇 此初也。欲顯无明麁細之相，故重約治而爲料簡。謂前所言不了一法无明

七一一 義者，有麁有細。謂分別細，謂俱生，俱生復有十種麁細，合前分[四]別爲十一種，即

七一二 餘處說十一種障。寧知如是麁細差別，以起治道有差別故。謂三賢位

七一三 能起以[五]觀[六]但能折伏，分別現行。故言信相應地，觀察學斷。若入初地，斷

七一四 分別種，從此已上地地各斷，俱生一品。故言入淨心地，隨分得離。若至仏地，麁

校注

【一】「動」上，原卷衍「起」，據伯二一四一背、《大乘起信論廣釋》卷四刪。【二】「無」，原卷缺，據伯二一四一背、《大乘起信論廣釋》卷四補。【三】「不」，伯二一四一背缺。【四】「分」，伯二一四一背止於此處。【五】「以」，《大正藏》作「比」。【六】《大乘起信論廣釋》卷四：「若三賢位得無相觀。」

細現種一切無明名現是難 論言相應義至緣相同故 述曰此釋相
應不相應義由是於中分之為二此即初釋相應義也謂前三法名相
應者謂多識為相應心王心所三所義故心三法染淨差別者
此即釋所心依心王三法心所王與不同故名為異謂依染淨差別境故也
此心及三法異也心及三法名之一體故緣相應知相同者是所義依
於染淨差別境以心王所法為會唯所法染心所同王所染心王也
法所法淨心所同王所淨心因所故名為相應緣相同者是緣所義至
緣染淨境染淨心所與王同緣故云名相應 論不相應義至緣相故
述曰此染三法名不相應者謂是本識微細動心與染不覺未分異故
若前六識動心相應與不覺異心為王不覺為所今此動心相轉細故

七一五 細現種一切无餘，名究竟離。論：「言相應義」至「緣相同故」。述曰：次釋
相
七一六 應、不相應義。由是於中，分之爲二，此即初釋相應義也。謂前三染名相
七一七 應者，謂事識而有相應心王、心所三等義故。心念法異，依染淨差別者，
七一八 此顯體等心，謂心王念法，心所王數不同，故名爲異。謂依染淨差別境，故有
七一九 此心及念法異也。心及念法，各有一體，故成相應。知相同者，是知等義。依
七二〇 前染淨差別境上，心王知染，則貪嗔等諸染心所，同王知染；心王知淨，即有
七二一 信等諸淨心所，同王知淨。以同知故，名爲相應。緣相同者，是緣等義。心王
七二二 緣彼染淨境時，染淨心所与王同緣故，同緣故亦名相應。論：「不相應義」至
「緣相故」。〔一〕
七二三 述曰：謂後三染名。不相應者，謂是本識，微細動心，与彼不覺，未別異故。
七二四 若至事識，動心相麁，与不覺異。動心爲王，不覺爲所，即此動心，相猶細
故。

校注

【一】原卷此處有雜寫字。

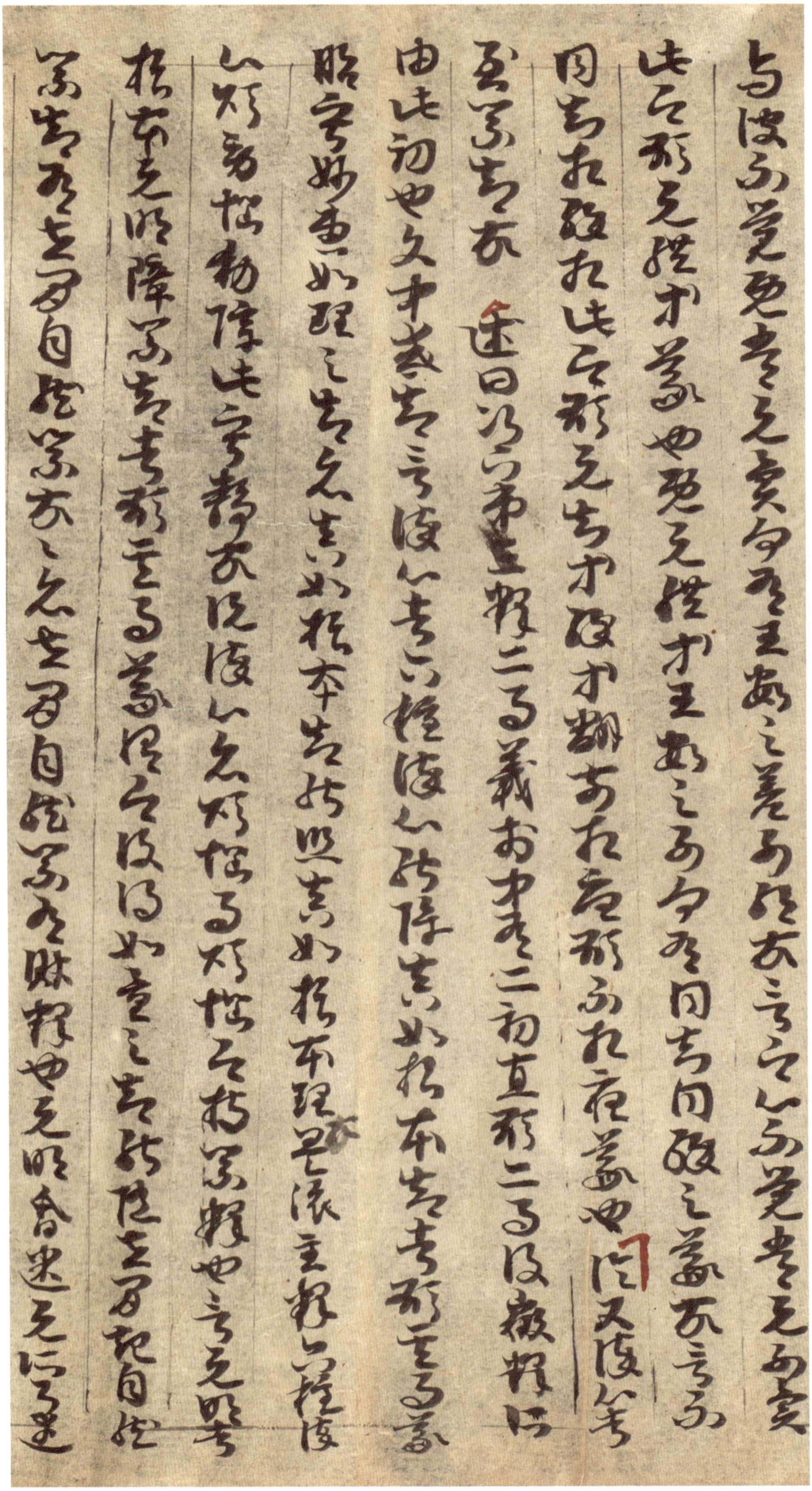

七五 与彼不覺，既常无異，何有王數之差别耶？故言即心不覺，常无别異，

七六 此即顯无體等義也。既无體等王數之别，何有同知同緣之義？故言不

七二七 同知相緣相，此即顯无知等緣等。翻前相應，顯不相應義也。論：「又染心
者」
七二八 至「業智故」。述曰：次下第三，釋二㝵義。於中有二，初直顯二㝵，後徵釋
所
七二九 由，此初也。文中惑、智[一]。言染心者，六種染心能障。真如根本智者，顯其
㝵義。
七三〇 昭[二]寂妙恵，如理之智，名真如根本智。能照真如根本理故，是依主釋。六種
染
七三一 心，煩勞惱動，障此寂静，故説染心名煩惱㝵。煩惱即[三]持業釋也。言无明
者，
七三二 根本无明。障業智者，顯其㝵義。謂即後得如量之智，能隨世間起自然
七三三 業智，有世間自然業故，故名世間自然業。有財釋也，无明昏迷，无所了達。

校注

【一】「文中惑智」，《大乘起信論廣釋》卷四作「文中有二，初惑，後智」。【二】「昭」，《大乘起信論廣釋》卷四作「照」。【三】「即」下，《大正藏》有「㝵」字。

七三四

違此智用，名爲智㝵。智之㝵故，依主釋也。論：「此義云何」至「種種知

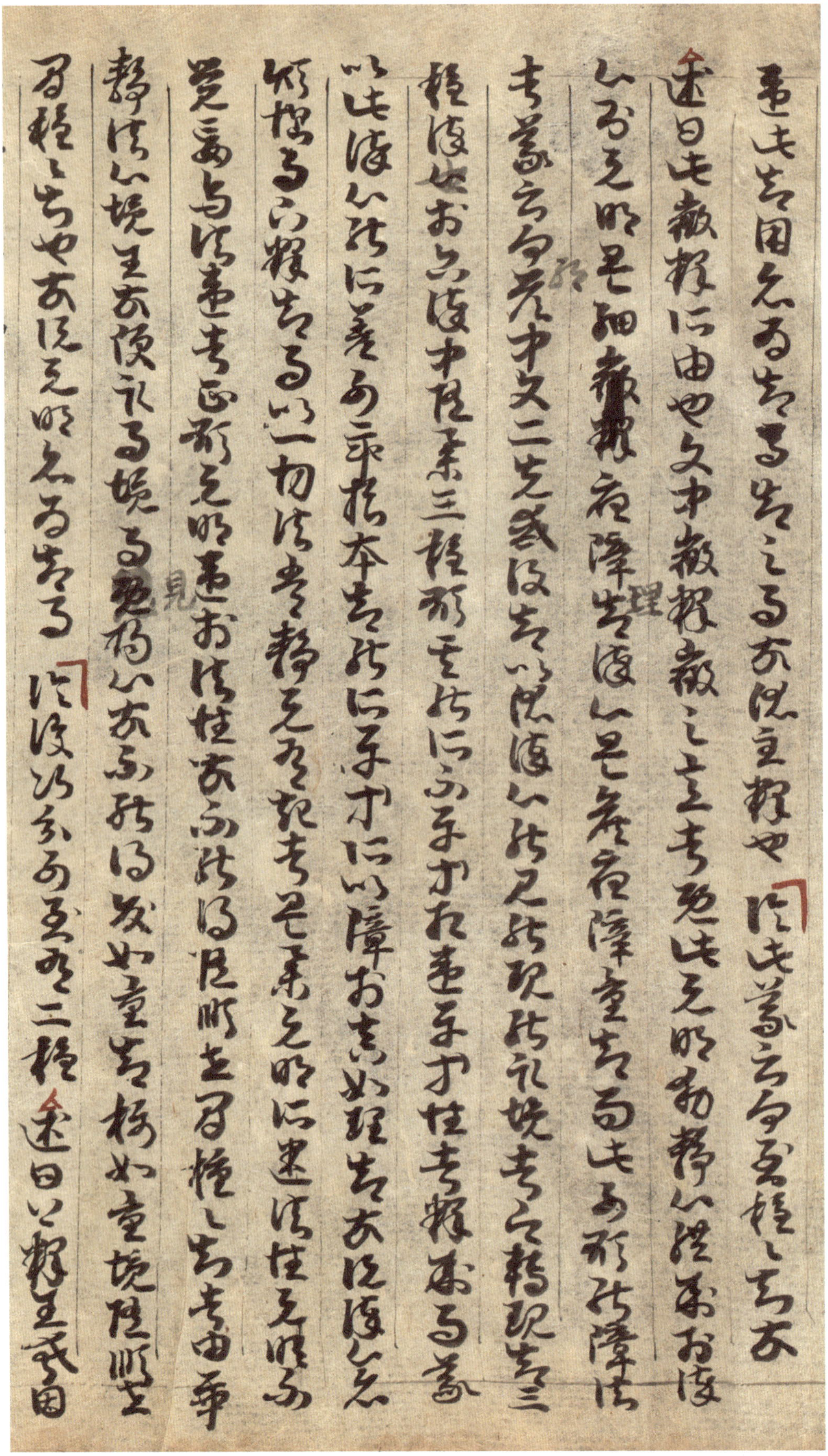

故」。

七三五 述曰：此徵釋所由也。文中徵釋，徵之意者，既此无明動静[一]心體成於染

七三六 心，則无明是細，應障理智；染心是麁，應障量智。而此別顯能障法

七三七 者，義云何耶？荅中文二：先惑，後智。以依染心，能見能現，能取境者，即

轉現智三

七三八 種染也，於六染中隨𠃵三種，顯其能所不平等相。違平等性者，釋成㝵義。

七三九 以此染心，能所差別；乖根本智，能所平等。所以障於真如理智，故說染心名

七四〇 煩惱㝵。下釋智㝵。以一切法常静无有起者，是𠃵无明所迷法性。无明不

七四一 覺，妄与法違者，正顯无明違於法性故。不能得隨順世間種種知者，由乖

七四二 静法[二]，心境生故，便取㝵境、㝵見拘心故。不能得發如量智，稱如量境，隨

順世

七四三 間種種知也。故說无明名爲智㝵。論：「復次分別」至「有二種」。述曰：上

釋生滅因

校注

【一】「静」，《大正藏》作「净」。【二】「法」，《大乘起信論廣釋》卷四作「諸」。

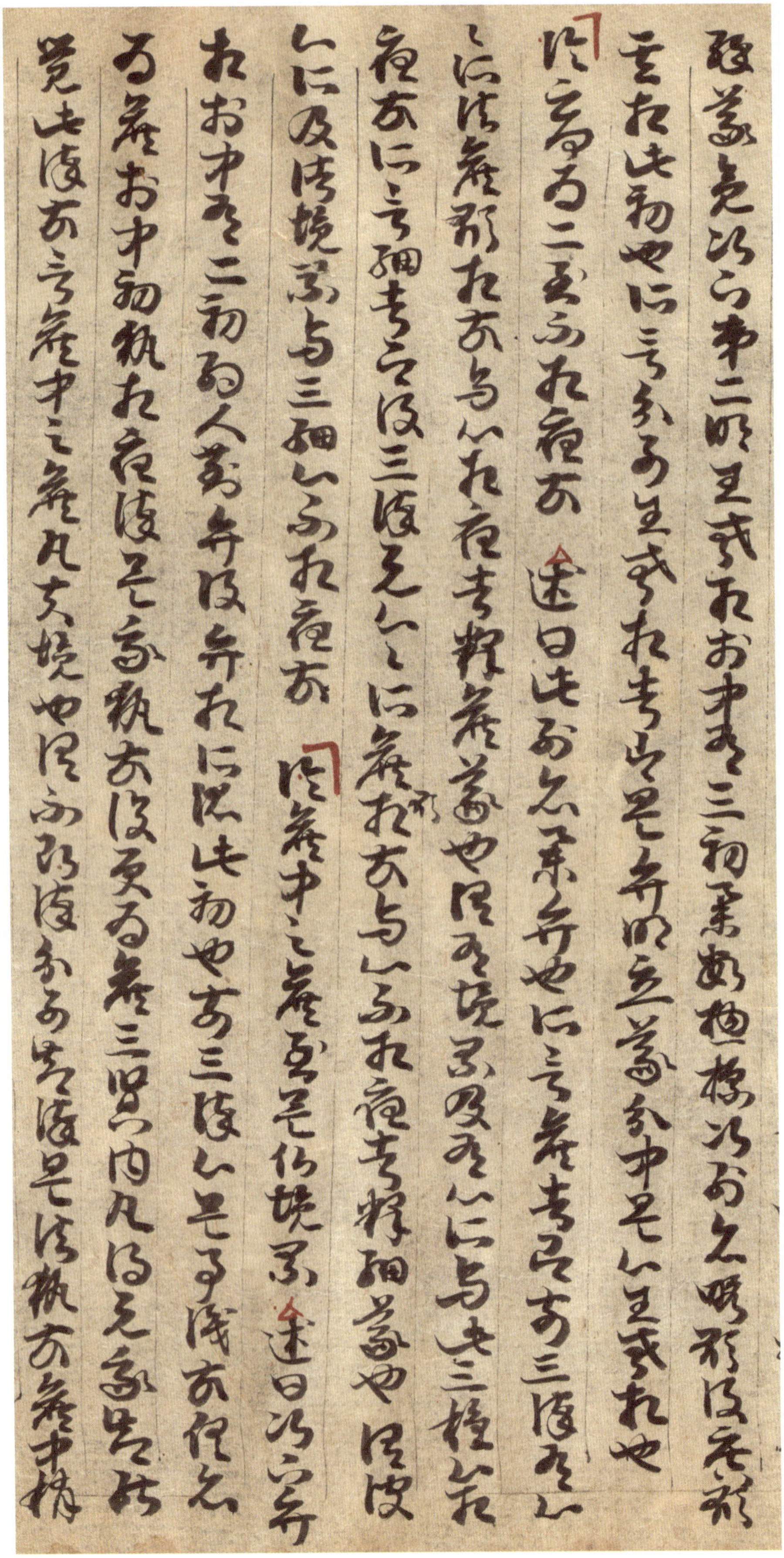

七四 緣義竟，次下第二，明生滅相。於中有三：初釈數揔摽，次列名略顯，後廣顯

七五 其相，此初也。所言分別生滅相者，即是弁明立義分中是心生滅相也。

七四六　論：「云何爲二」至「不相應故」。述曰：此列名料弁也。所言麁者，即前三染有心、

七四七　心所法[一]，麁顯相故。与心相應者，釋麁義也。謂有境界，及有心所，与此三種心相

七四八　應故。所言細者，即後三染无心、心所，麁顯相故。与心不相應者，釋細義也。謂彼

七四九　心所，及諸境界，与三細心不相應故。論：「麁中之麁」至「是仏境界」。述曰：次下弁

七五〇　相。於中有二，初約人對弁，後弁相所依，此初也。前三染心是事識，故俱名

七五一　爲麁。於中初執相應染是我執，故復更爲麁。三賢内，凡得无我智，能

七五二　覺此染，故言麁中之麁，凡夫境也。謂不斷染，分別智染，是法執故，麁[二]中稍

校注

【一】「法」，據七四八行、《大乘起信論廣釋》卷四，應爲衍文。【二】「麁」，《大正藏》作「染」。

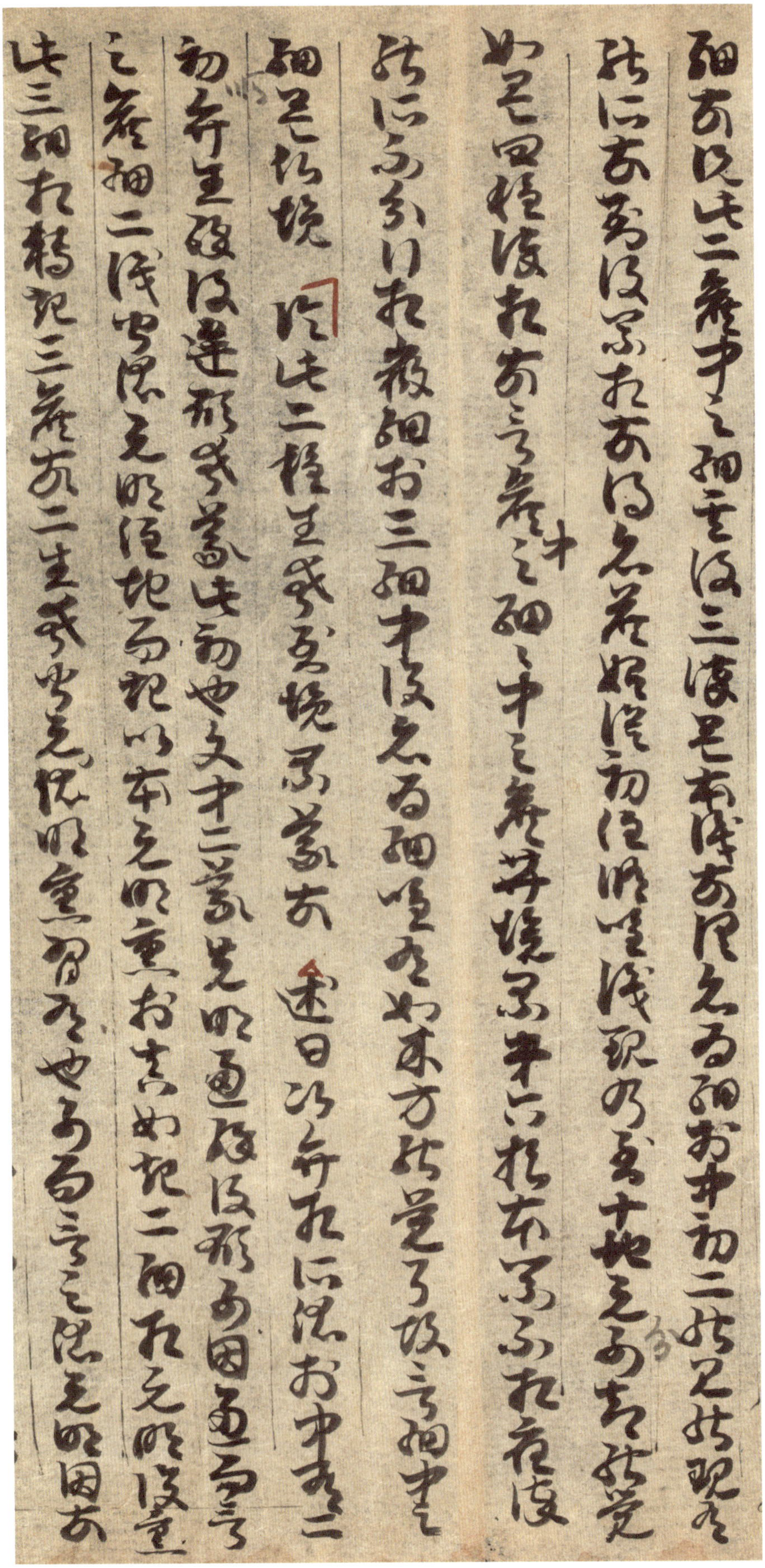

七五三 細，故説此二麁中之細。其後三染是本識，故俱名爲細。於中初、二，能見能

現，有

七五四　能所故，對後業相，故復[一]名麁[二]。始從初住脩唯識觀[三]，乃至十地无分別
智，能覺
七五五　如是四種染相，故言麁中之細，細中之麁，菩薩境界。第六根夲業不相應染，
七五六　能所不分，行相微細。於三細中，復名爲細。唯有如來，方能覺了，故言細中
之[四]
七五七　細是仏境〔界〕[五]。論：「此二種生滅」至「境界義故」。述曰：次弁相所
依。於中有二，
七五八　初順弁生緣，後逆顯滅義，此初也。文中二義：先明通緣，後顯别因。通而言
七五九　之，麁、細二識皆依无明住地而起。以夲无明熏於真如，起二細相。无明復熏
七六〇　此三細相，轉起三麁，故二生滅皆依无[六]明熏習有也。别而言之，依无明因，
故

校注

【一】「復」，原卷作「得」，據七五六行文例、《大乘起信論廣釋》卷四改。【二】「麁」，原卷字訛，據《大乘起信論廣釋》卷四録。《大正藏》作「麁」。【三】「觀」，原卷作「顯」，據《大乘起信論廣釋》卷四、《大正藏》改。【四】「之」，《大乘起信論廣釋》卷四同，《大正藏》作「復」。

【五】「界」，原卷缺，據《大乘起信論廣釋》卷四補。【六】「依无」，原卷作「无依」，右有倒乙符。

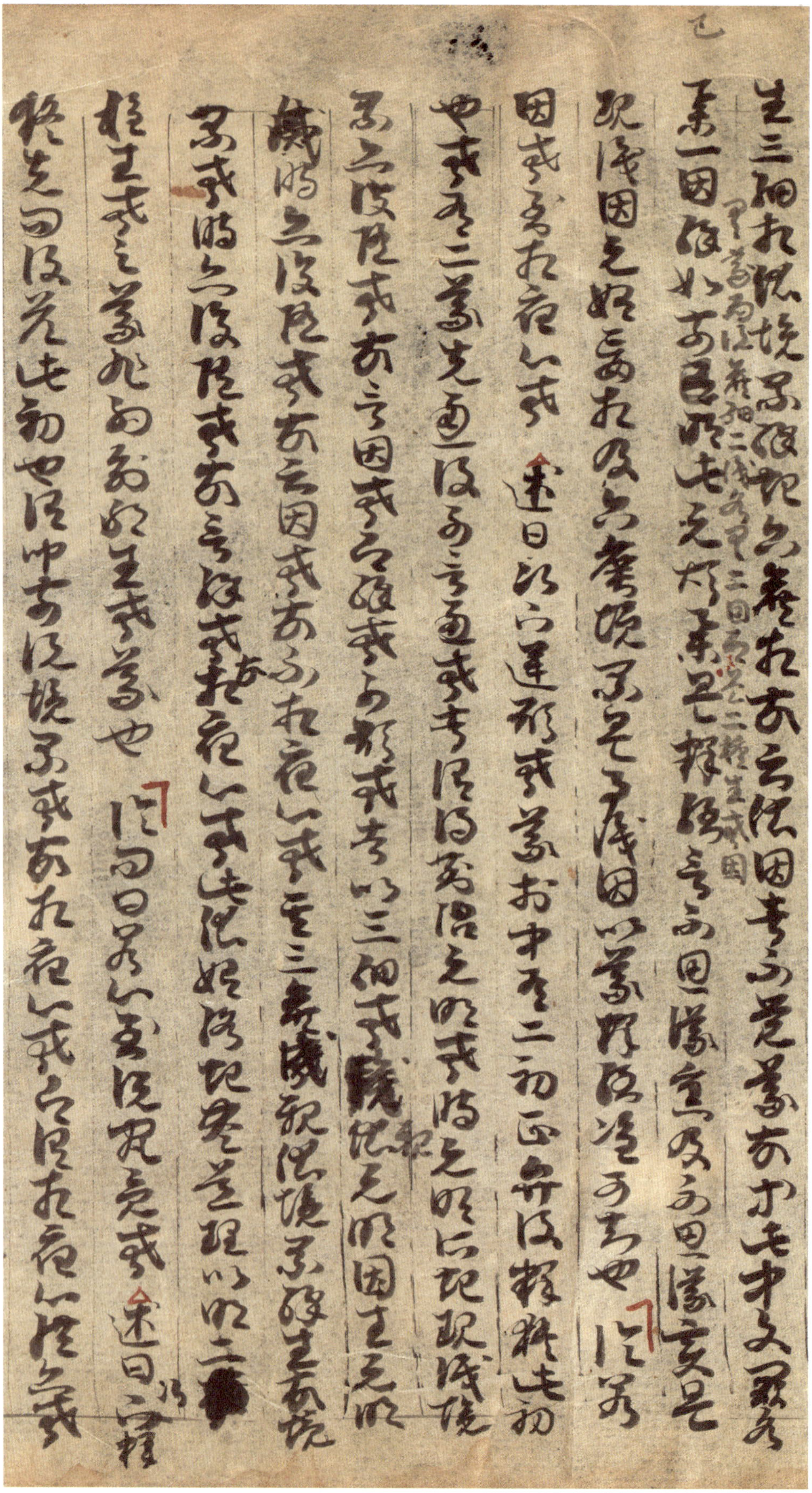

七六一 生三細相。依境界緣，起六麁相，故云依因者不覺義故等。此中文闕，各

七六二 豕一因，具義而說。麁、細二識，各具二因，即是二種生㓕因緣。如前已明，

此无煩乱。是釋經言不思議熏及不思議變是
七六三 現識因，无始妄相[一]及六塵境界是事識因。以義釋經，准可知也。論：「若
七六四 因烕」至「相應心烕」。述曰：次下迸顯烕義。於中有二，初正弁，後釋疑，
此初
七六五 也。烕有二義：先通，後別。言通烕者，謂得對治无明烕時。无明所起，現識
境
七六六 界亦復隨烕，故言因烕即緣烕。別顯烕者，以三細烕識親依无明因生[二]，无明
七六七 烕時亦復隨烕，故云因烕故不相應心烕。其三麁識親依境界緣生，故境
七六八 界烕時亦復隨烕。故言緣烕故相應心烕。此依始終起盡道理，以明二
七六九 種生烕之義，非約刹那生烕義也。論：「問曰若心」至「説究竟烕」。述曰：
次下釋
七七〇 疑。先問，後荅，此初也。謂聞前説境界烕故相應心烕，即謂相應心體亦烕，

校注

【一】「相」下，據《大乘起信論廣釋》卷四「取種種塵及無始妄相熏是分別事識因」，當有「熏」字。【二】此句，原卷塗改不確，《大乘起信論廣釋》卷四作「以三細識親依無明因生」。

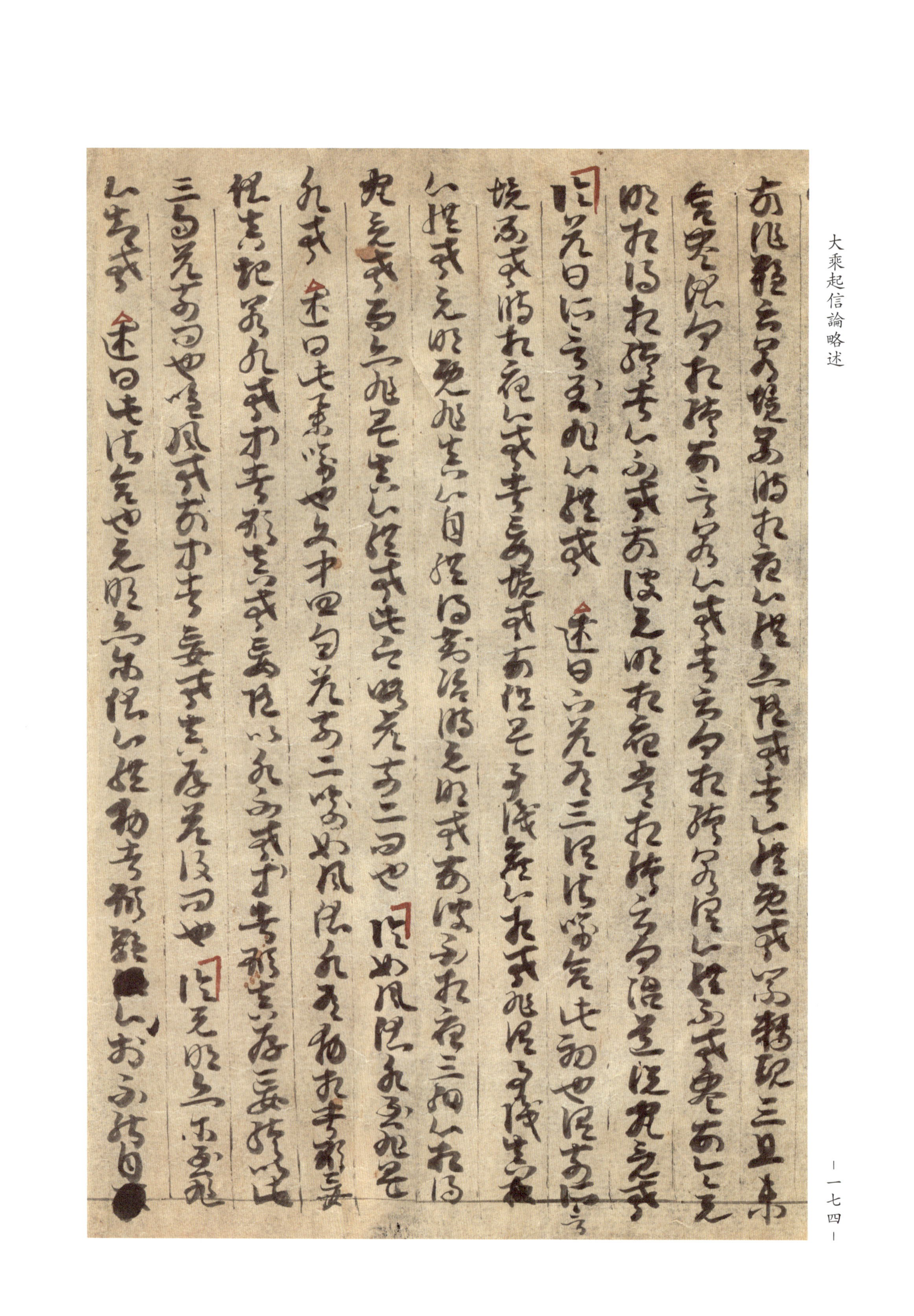

[illegible]

七七一 故作難云：若境滅[一]時，相應心體亦隨烕者，心體既烕，業轉現三且未
七七二 合盡，依何相續，故言「若心烕者，云何相續？」若謂心體不烕盡故，令无
七七三 明相得相續者，心不烕故，彼无明相應常相續，云何治道説究竟烕？
七七四 論：「荅曰所言」至「非心體烕」。述曰：下荅有三，謂法、喻、合，此初
也。謂前所言
七七五 境界烕時，相應心烕者，妄境烕故。但是事識麁心相烕，非謂事識真
七七六 心體烕。无明既非真心，自體得對治時无明烕故，彼不相應三細心相得
七七七 究竟烕，而亦非是真心體烕。此即略荅前二問也。論：「如風依水」至「非是
七七八 水烕」。述曰：此私喻也。文中四句，荅前二喻。如風依水有動相者，顯妄
七七九 依真起。若水烕等者，顯真烕妄隨。以水不烕等者，顯真存妄續。以此
七八〇 三句，荅前問也。唯風烕故等者，妄烕真存，荅後問也。論：「无明亦尒」至
「非
七八一 心智烕」。述曰：此法合也。无明亦尒，依心體動者，顯離於心[二]，不能自

校注

【一】「滅」，原卷作「界」，據《大乘起信論廣釋》卷四改。【二】「於心」，原卷作「心於」，右有倒乙符。

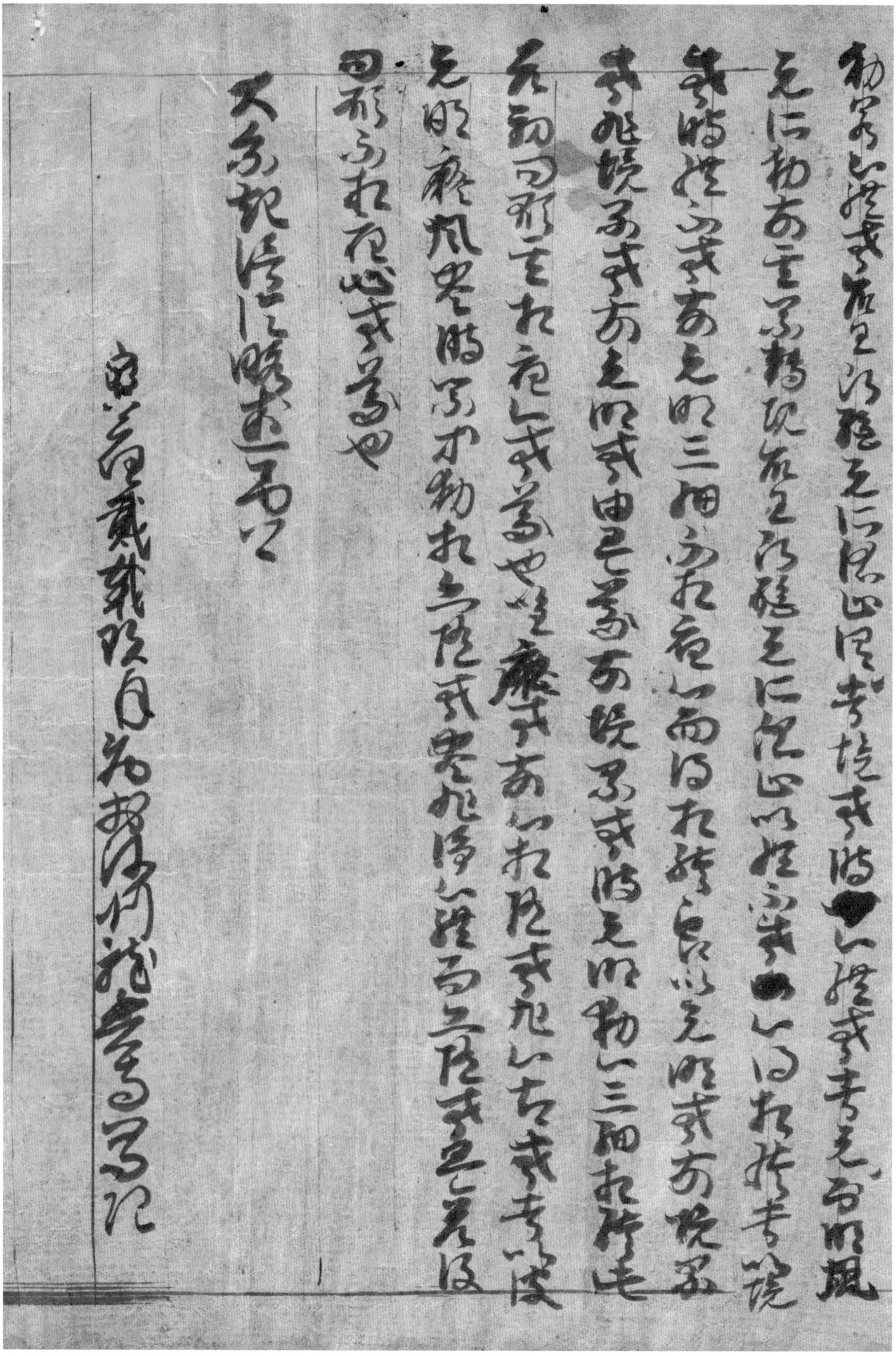

七八二 動；若心體滅，衆生斷絕。无所依止者，謂[一]境滅時心體滅者，則无[二]明風

七八三 无所動，故其業轉現。衆生斷絕，无所依止。以體不滅心得相續者，以境

七八四 滅時體不滅故，无明三細不相應心而得相續。良以无明滅故境界

七八五 滅，非境界滅故无明滅。由是義故，境界滅時，无明動心，三細相續。此

七八六 答初問，顯其相應心滅義也。唯癡滅故心相隨滅，非心智滅者。以彼

七八七 无明癡風盡時，業等動相亦隨滅盡，非淨心體而亦隨滅。是答後

七八八 問，顯不相應心滅義也。

七八九 大乘起信論略述弓上

七九一 寶應貳載玖月初於沙州龍興寺寫記[三]

校注

【一】「者謂」，原卷作「謂者」，右有倒乙符。【二】「則无」，原卷作「无則」，右有倒乙符。【三】「記」，《大正藏》作「訖」。

敦煌草書寫本識粹

馬德 呂義 主編

大乘起信論略述（卷下）

姚志薇 編著

社會科學文獻出版社
SOCIAL SCIENCES ACADEMIC PRESS (CHINA)

大乘起信論略述卷下釋校

大乘起信論略述卷下

建康沙門曇曠撰

論復次有四種至起不斷絕　述曰此義門內大分為二初其第一生
滅法中前來已明染淨生滅顯前此識能攝法義次下弁其染淨
相資廣顯能生一切法義於中為四一略標舉熏習之數二列染淨
熏習之名三廣染淨熏習生義四明二熏盡不盡義此初也染法
不斷故名〻漏六趣凡夫淨法不斷故名無漏三乘聖者
論云何為四至所謂六塵　述曰此列染淨熏習名以所言淨
法名真如者生滅門內本覺真如以體本來自性淨故內熏返染
成始淨故能熏無機成淨緣故一切染因名無明者根本無明為
細染因故末無明為六麤染因故所言業識為妄心者體非真

大乘起信論略述卷下　建康沙門曇曠撰

論：「復[一]次有四種」至「起不斷絶」。述曰：生威[二]門内大[三]分有二。於其
第一生
滅法中，前来已明，染净生滅，顯前此識，能攝法義。次下弁其染净
相資，廣顯能生一切法義。於中有四：一略摽舉熏習之數，二列染净
熏習之名，三廣染净熏習之義，四明二熏盡不盡義。此初也。染法
不斷，故有有漏六趣凡夫；净法不斷，故有無漏三乘聖者。

論：「云何爲四」至「所謂六塵」。述曰：此列染净熏習名也。所言净
法名真如者，生滅門内本覺真如，以體本來自性净故。内熏返染
成[四]始净故，外熏應機成净緣故。一切染因名無明者，根本無明爲
作[五]細染因，枝末無明爲六麁[六]染因故。所言業識爲妄心者，體非真

校注

【一】「復」，原卷用異寫「澓」，此形西周青銅器銘文中已使用，見《殷周金文集成》，唐楷書《李輔光墓誌》亦作此形，然歷代字書不收。

【二】「威」，《大正藏》作「滅」。【三】「大」，原卷字形似「天」，文義不通，據斯〇一二五録文，《大正藏》亦録作「大」。【四】「成」，原卷殘，據《大乘起信論廣釋》卷四補。【五】「成」，原卷殘，據《大乘起信論廣釋》卷四補。【六】「麁」，《大正藏》作「塵」。

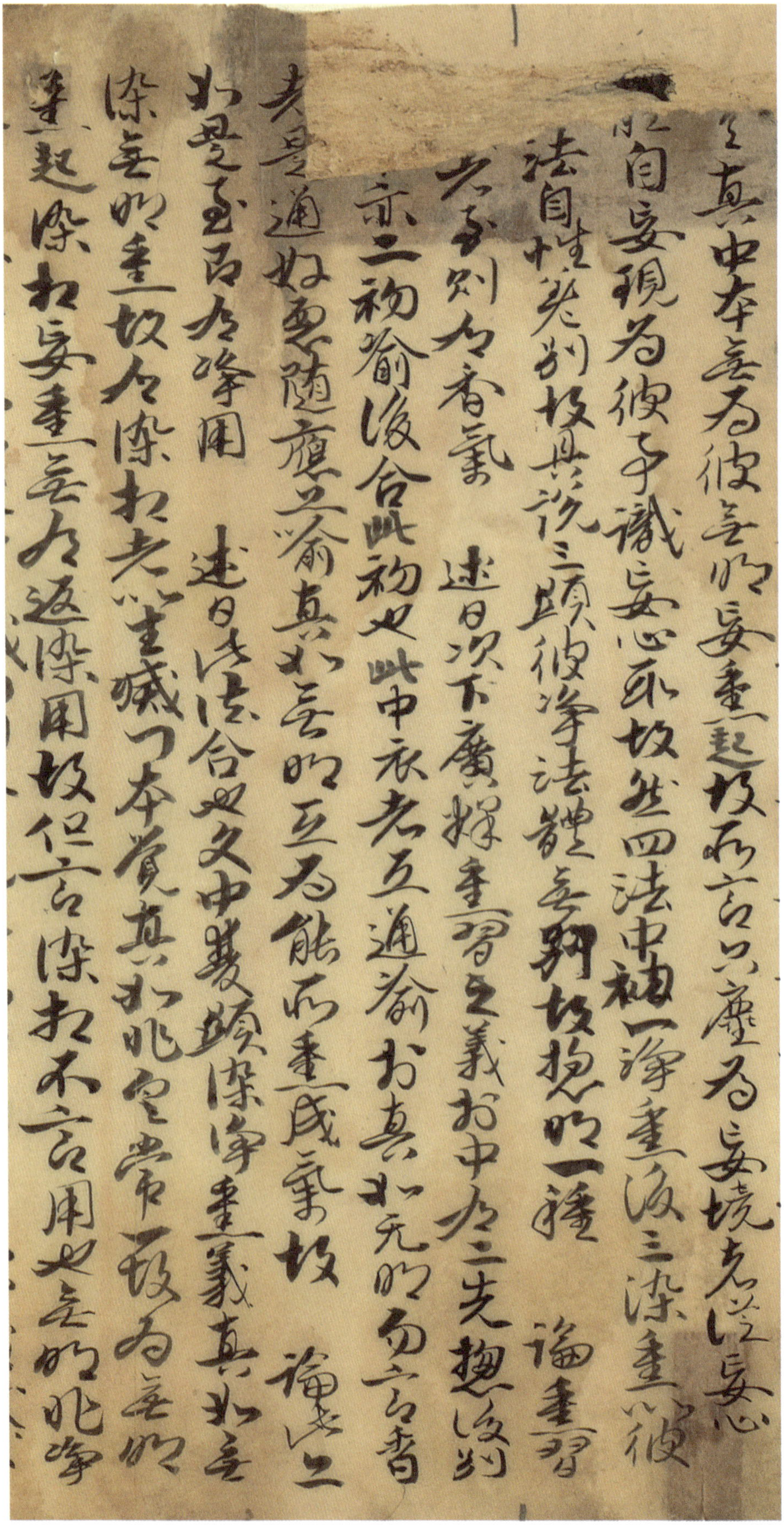
真中本無爲彼無明妄熏起故所言六塵爲妄境者從妄心
所自妄現爲彼事識妄心所取故然四法中初一淨熏後三染熏彼
法自性差别故具說三類彼淨法體無别故總明一種　論熏習
者如世間衣服實無於香氣　述曰次下廣釋熏習之義於中有二先總後别
亦二初喻後合此初文此中衣者通喻於真如無明句言香
者是通好惡隨應互喻真如無明互爲能所熏成氣故　論此二
如是真如有淨用　述曰法合文中義攝染淨熏義真如無
染無明熏故有染相無明者本覺真如性常無有爲無明
熏起染相無妄熏無返熏用故但言染相不言用如無明性淨

二

實[二]，真中本無，爲彼無明妄熏起故。所言六塵爲妄境者，從妄心

一二 起體[二]自妄，現爲彼事識妄心取故。然四法中，初一浄熏，後[三]三染熏。以[四]彼

一三 染[五]法自性差別故，具説三；顯彼浄法體無別故，揔明一種。論：「熏習

一四 義[六]者」至「則有香氣」。述曰：次下廣釋熏習之義。於中有二：先揔，後別。

一五 揔中[七]亦二：初喻，後合，此初也。此中衣者，互通喻於真如無明；而言香

一六 者，是通好惡随應，亦喻真如無明互爲能所熏成氣故。論：「此亦

一七 如是」至「即有浄用」。述曰：此法合也。文中雙[八]顯染浄熏義，真如無

一八 染無明熏故。有染相者，以生滅門，夲覺真如，非定常一故，爲無明

一九 熏起染相，妄熏無有返染用故，但言染相不言用也。無明非浄，

校注

【一】「實」，原卷殘，據《大乘起信論廣釋》卷四補。【二】「起體」，原卷殘，據《大乘起信論廣釋》卷四補。【三】「後」，原卷俗寫，用「氵」旁，此形見於南朝梁《瘞鶴銘》摩崖石刻，爲歷代字書所不載。【四】「以」，《大正藏》漏録。【五】「染」，原卷殘，據《大乘起信論廣釋》卷四補。【六】「義」，原卷殘，據《大乘起信論廣釋》卷四補。【七】「揔中」，原卷殘，據《大乘起信論廣釋》卷四補。【八】「雙」，《大正藏》作「復」。

真如熏故有淨用起生滅因本覺真如內動不覺令成厭求
返流順真故言淨用良以一識含此二義更互相熏遍生染淨故
說無明熏真如等　論云何熏習起染法不斷　述曰次下文
明熏習之相於中有二先染後淨染中亦二先問後答此初也
論所謂以依乃至身心等苦　述曰下答有二先略後廣此
略也此中略明三熏習義所謂以依真如法故有無明者
即舉所覆熏無明體也無明妄法不能自立故說依真有無
明也以有無明染法因故即熏習真如者擬本無明所覆熏義
也以熏習故有妄心者即流無明熏動真如有業識也此別顯
辯無明熏義以有妄心乃至現妄境界者即顯妄心習熏無
明增熏不了念起轉識故言不覺念起　現識故言現妄境界
此別顯明妄心熏義以有妄境界染法緣故即熏習妄心等者即顯

真如熏故。有浄用者，生滅門内，本覺真如，内動[一]不覺，令成猒求，返流順真，故言浄用。良以一識，含此二義，更互相熏遍生染浄，故説無明，熏真如等。論云：何熏習起染法不断？述曰：次下別明熏習之相。於中有二：先染，後浄。染中亦二，先問，後荅，此初也。

論：「所謂以依」至「身心苐苦」。述曰：下荅有二，先略，後廣，此略也。此中略明三熏習義，所謂以依真如法故。有無明者，即舉覆熏無明體也。無明妄法不能自立故，説依真有無明也。以有無明染法因故，即熏習真如者，根本無明覆熏義也。以熏習故有妄心者，即依無明熏動，真如有業識也。此則略辯無明熏義。以有妄心[二]乃至現妄境界者，即顯妄心習熏無明，增其不了，令起轉識，故言不覺念起，及〔起〕[三]現識，故言現妄境界。此則略明妄心熏義。以有妄境界染法緣故，即熏習妄心苐者，即顯

校注

【一】「動」，《大正藏》作「熏」。【二】「心」，原卷作「以」，據《大乘起信論廣釋》卷四改。《大正藏》亦録作「心」。【三】「起」，原卷缺，據《大乘起信論廣釋》卷四補。《大正藏》未補。

境界資熏現識，令重念著，造種種業。等者，動本識海　彼六麁子識波浪，令其念者，因六麁中智相、相續相，此二皆是法執念故，令重著者，因執取相、計名字相，此二皆著我。著故造種種業者，依我造業，起業相也。受於一身心等苦者，約業受果，因業繫苦相也。此因昧明境界熏義。　論此妄境界還增長取熏習　述曰：次下廣釋，廣前三義，因分為三。此因無明境界熏習，廣前以九妄境界因熏習妄心等也。謂因現識所現境界，名似似無之法實我相故，還能資熏現識妄心。　子識中法我念取故，說境熏義。九之種用似法境熏習力故。　彼智相及相續相，因子識中法執之念故，亦增長念熏習也。由似我境熏習力故，　執取相、計名字相，因子識中我境界資熏現識，令其念著造種種業等者，動本識海，〔起〕[一]彼六麁事識波浪。令其念者，即六麁中智相相續相。此二皆是法執念故。令其著者，即執取相計名字相。此二皆著我我等故。造種種業者，依惑造業起業相也。受於一身心等苦者，依[二]業受果，即業繫苦相也。此即略明境界熏義。論：「此妄境界」至「增長取熏習」。述曰：次下廣釋，廣前三義，即分爲三。此即先明境界熏習，廣前以有妄境界即熏習妄心等也。謂即現識所現境界，有似實法實我相故，還能資熏現識妄心，[三]事識中法我念取故，說境熏義有二種。由似法境熏習力故，[四]彼智相及相續相，即事識中法執之念，故云增長念熏習也。由似我境熏習力故，[五]執取相計名字相，即事識中我

校注

【一】「起」，原卷缺，據《大乘起信論廣釋》卷四補。《大正藏》未補。【二】「依」，原卷作「信」，據《大乘起信論》「業繫苦相，以依業受果不自在故」、《大正藏》録文改。【三】此處，《大乘起信論廣釋》卷四有「起」字。【四】此處，《大乘起信論廣釋》卷四有「起」字。

【五】此處，《大乘起信論廣釋》卷四有「起」字。

見愛染煩惱所依故故云增長熏習也　論妄心熏習乃至業繫苦故　述曰此因廣前以有妄心因熏習無明又妄心有二業識事識故妄々心熏義有二種業識妄心還能熏習根本無明深迷無相能轉相現相々續成熏趣生諸苦體相彼三乘人雖出三界離熏事識分段麁苦由此根本根識在故猶受變易黎耶行苦故云能受阿羅漢等生滅苦故事識妄心熏習見愛枝末無明發動身口起造諸業成起業々由業能招當來苦果受於凡夫業繫苦相分段麁苦故云能受凡夫苦等　論無明熏習乃至識義故　述曰此因廣前以有無明熏真義以成此無明有二種果異故無明熏義有二種根本無明而能覆熏起真如令成動念業轉現識本識妄心故云根本熏習以能成就業識義等枝末無明又更覆熏已起真如成熏事識故云所起見愛

見愛染煩惱取故，故云增長取熏習也。論：「妄心熏習」至「業繫苦故」。述曰：此即廣前以有妄心即熏習無明也。妄心有二：業識、事識。故妄、[一]心熏義有二種。業識妄心還能熏習根夲無明，深迷無相，能轉相現相相續，成其趣生諸苦體相。彼三乘人，雖出三界，離其事識，分段麁苦。由此根夲，報識在故。猶愛變易，黎耶行苦。故言能受阿羅漢等，生滅苦故。事識妄心，熏習見愛，枝末無明。發動身口，起造諸業，成起業相。由業能招當來苦果，受於凡夫，業繫苦相，分段麁苦，故言能受凡夫苦等。論：「無明熏習」至「事識義故」。述曰：此即廣前以有[二]無明熏真義也。以成此無明有二種異故。無明熏義有二種。根夲無明，而能覆熏，未起真如；今成動念，業轉現識，夲識妄心；故云根夲熏習，以能成就業、識、義等。枝末無明，又更覆熏，已起真如，成其事識，故云所起見愛，

校注

【一】「妄」下有重文符，據《大乘起信論廣釋》卷四刪去。【二】「有」，《大正藏》作「名」。

五六

熏習能成，分別事識義也。論：云何熏習起淨法不斷？述曰：

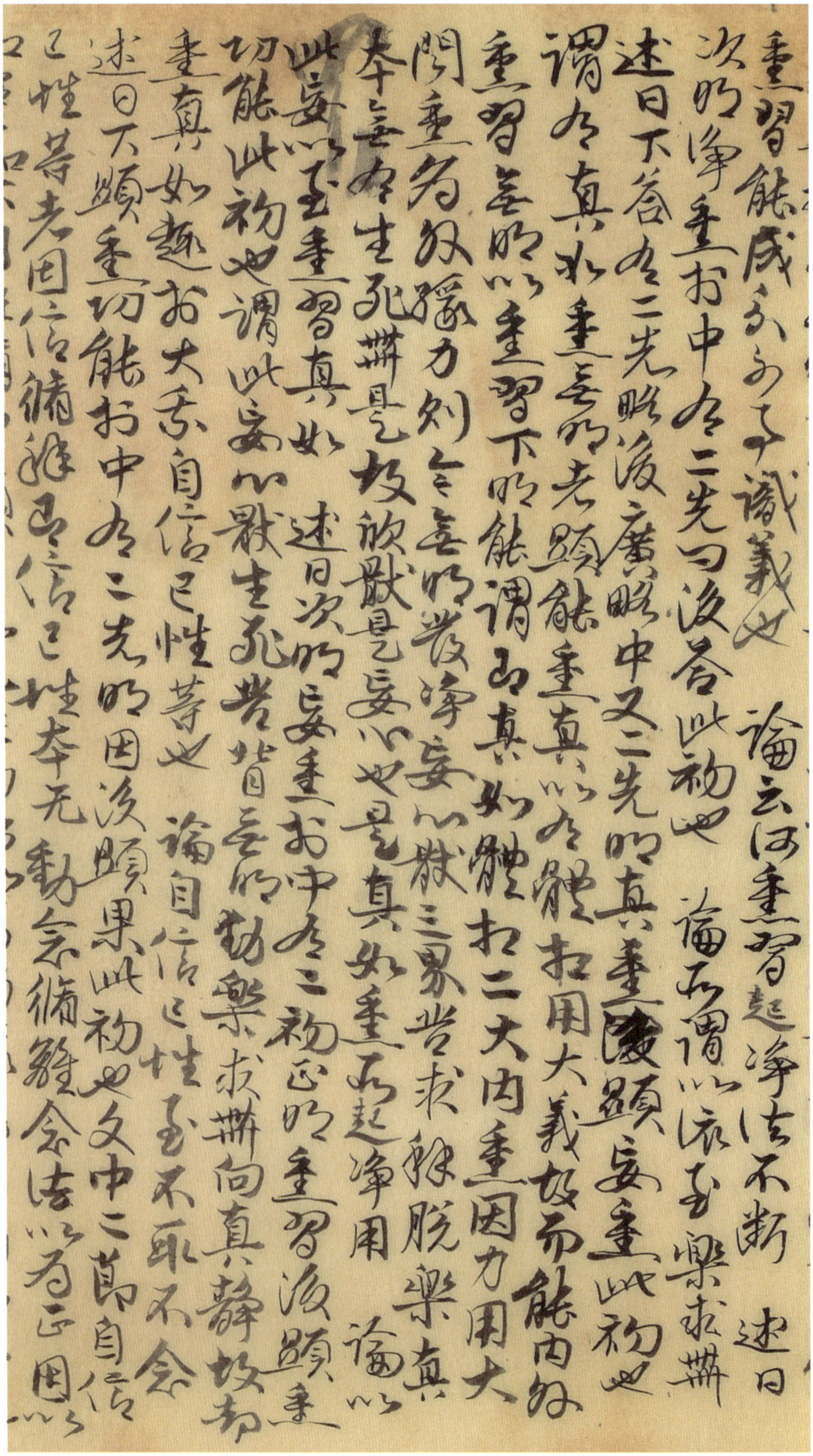

五七 次明净熏。於中有二，先問，後答，此初也。論：「所謂以依」至「樂求涅槃」。

五八 述曰：下答有二，先略，後廣。略中又二，先明真熏，後顯妄熏，此初也。

五九 謂有真如熏無明者，顯能熏真，以有體相，用大義故，而能内外

六〇 熏習無明。「以熏習」下明能，謂即真如體相二，大内熏因力，用大

六一 聞熏爲外緣力，則令無明發净妄心，猒三界苦，求解脱樂。真

六二 夲無有生死涅槃，是故欣猒是妄心也，是真如熏所起净用。論：「以

六三 此妄心[一]」至「熏習真如」。述曰：次明妄熏。於中有二，初正明熏習，後顯熏[二]

六四 功能，此初也。謂此妄心猒生死苦，背無明動；樂求涅槃，向真静故，劫

六五 熏真如，趣於大乘；自信、己性等也。論：「自信己性」至「不取不念」。

六六 述曰：下顯熏功能。於中有二，先明因，後顯果，此初也。文中二節，自信、

六七 己性等者，因信脩解，即信己性夲无動念，脩離念法以爲正因；「以

校注

【一】「心」，原卷作「以」，據《大乘起信論》改。【二】「熏」，《大正藏》漏録。

六八

如實知」下，因解脩行[一]，〔起〕[二]順真如，无住妙行[三]，以爲助緣。凡所脩

行，不見

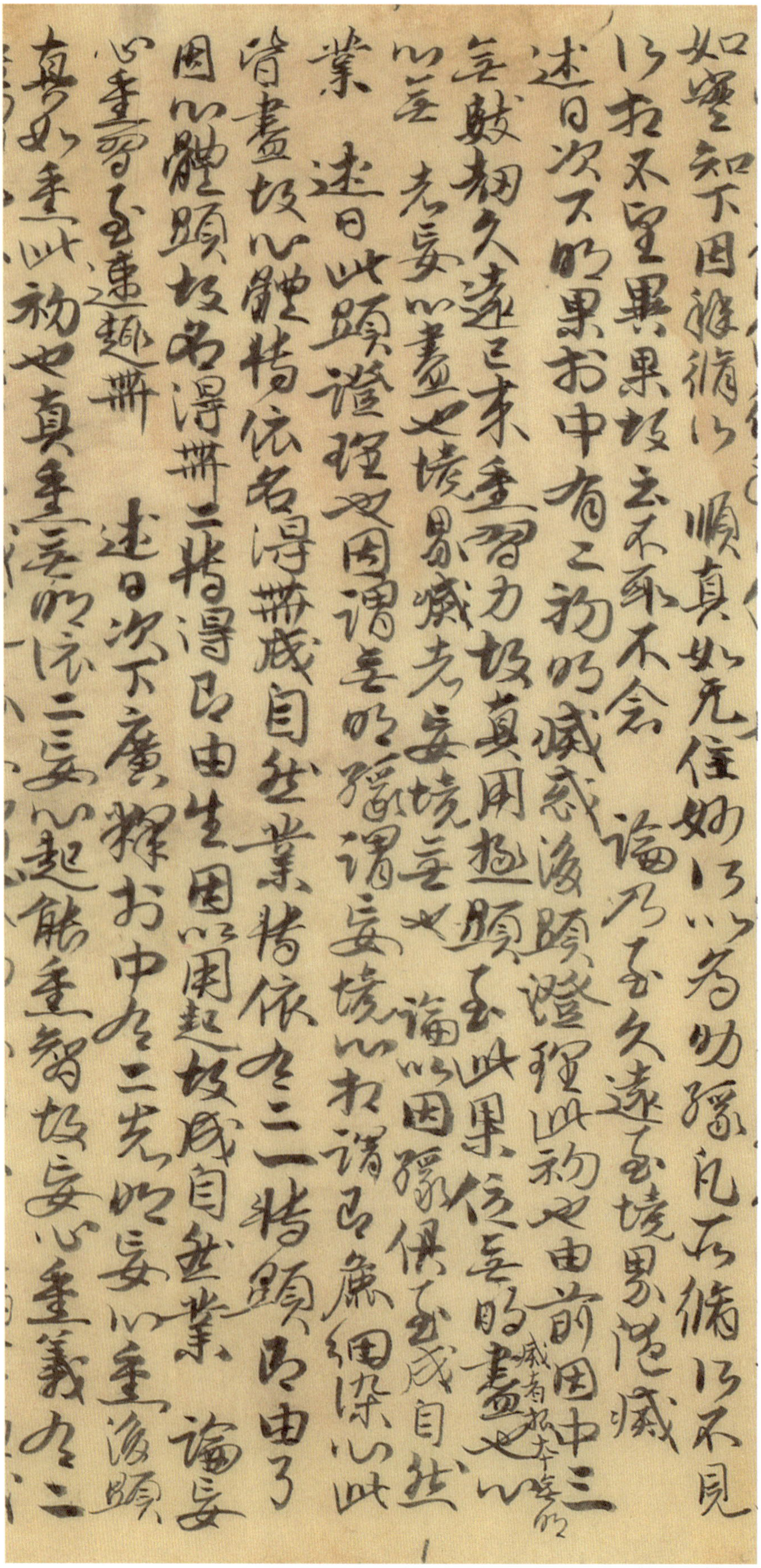

六九 行相，不望異果，故云不取、不念。論：「乃至久遠」至「境界隨滅」。
七〇 述曰：次下明果。於中有二，初明滅惑，後顯證[四]理，此初也。由前因中，三
七一 無數劫，久遠已來熏習力故，真用極顯，至此果位。無明滅者，根本無明盡
也。心[五]
七二 心無[六]者，妄心盡也。境界滅者，妄境無也。論：「以因緣俱」至「成自然
七三 業」。述曰：此顯證理也。因謂無明，緣謂妄境，心相謂即麁細染心。此
七四 皆盡故，心體轉依名淂[七]涅槃，成自然業。轉依有二：一轉顯，即由了
七五 因心體顯故，名淂涅槃；二轉淂，即由生[八]因以用起故，成自然業。論：「妄
七六 心熏習」至「速趣涅槃」。述曰：次下廣釋。於中有二，先[九]明妄心熏，後顯
七七 真如熏，此初也。真熏無明，依二妄心，起能熏智故。妄心熏義有二

校注

【一】「行」，《大正藏》作「所」。【二】「起」，原卷缺，據《大乘起信論廣釋》卷四「起順真如所修勝行」補。【三】「行」，《大正藏》作「所」。【四】「證」，亦似「澄」，《大正藏》作「證」。【五】「心」，《大正藏》漏録。【六】「心心無」，《大正藏》作「心心無起」，《大乘起信論廣釋》卷四作「心無相」。【七】「淂」，《正字通·水部》：「今俗以淂爲得。」此字在本寫卷中有行楷及草書兩種字體，據此統一釋爲「淂」。【八】「生」，《大正藏》作「了」。【九】「先」，斯〇一二五作「光」。

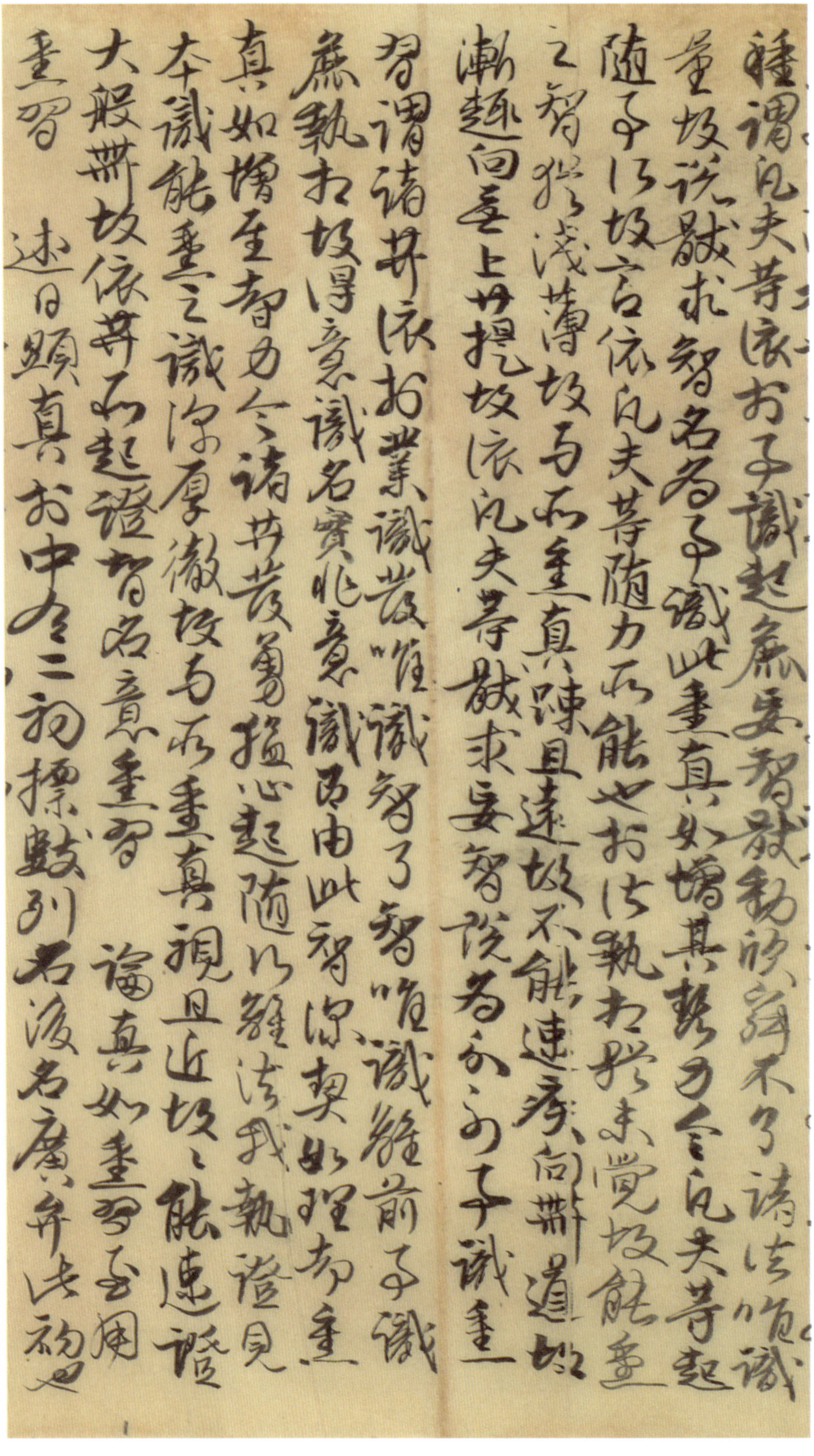

七八

種，謂凡夫等，依於事識，起麁妄智，猒動欣寂，不了諸法，唯識

七九 量[一]故，説猒求智，名爲事識。此熏真如，增其勢力，令凡夫等起
八〇 隨事行，故言依凡夫等隨力所能也。於法執相，體未覺故；能熏
八一 之智，猶淺薄故；与所熏真，踈且遠故；不能速疾，向涅槃道故；
八二 漸趣向無上菩提故。依凡夫等，猒求妄智，説爲分別，事識熏
八三 習。謂諸菩薩依於業識，發唯識智，了智唯識，離前事識
八四 麁執相故，淂意識名，實非意識。即由此智，深契如理，劫熏
八五 真如，增其智力。今諸菩薩，發勇猛心，起隨〔順〕[二]行，離法我執，證見
八六 夲識，能熏之識，深厚徹故；与所熏真，親[三]且近故；故能速證
八七 大般涅槃。故依菩薩所起，證智[四]名意熏習。論：「真如熏習」至「用
八八 熏習」。述曰：顯真。於中有二，初摽數列名，後名廣弁，此初也。

校注

【一】「量」，斯〇一二五同，《大正藏》作「熏」。【二】「順」，原卷缺，斯〇一二五殘，據《大乘起信論廣釋》卷四「諸菩薩發勇猛心起隨順行離二取相斷法我執」補。【三】「親」，原卷作「視」，斯〇一二五殘，據《大乘起信論廣釋》卷四改。《大正藏》作「觀」。【四】「智」，斯〇一二五作「者」。

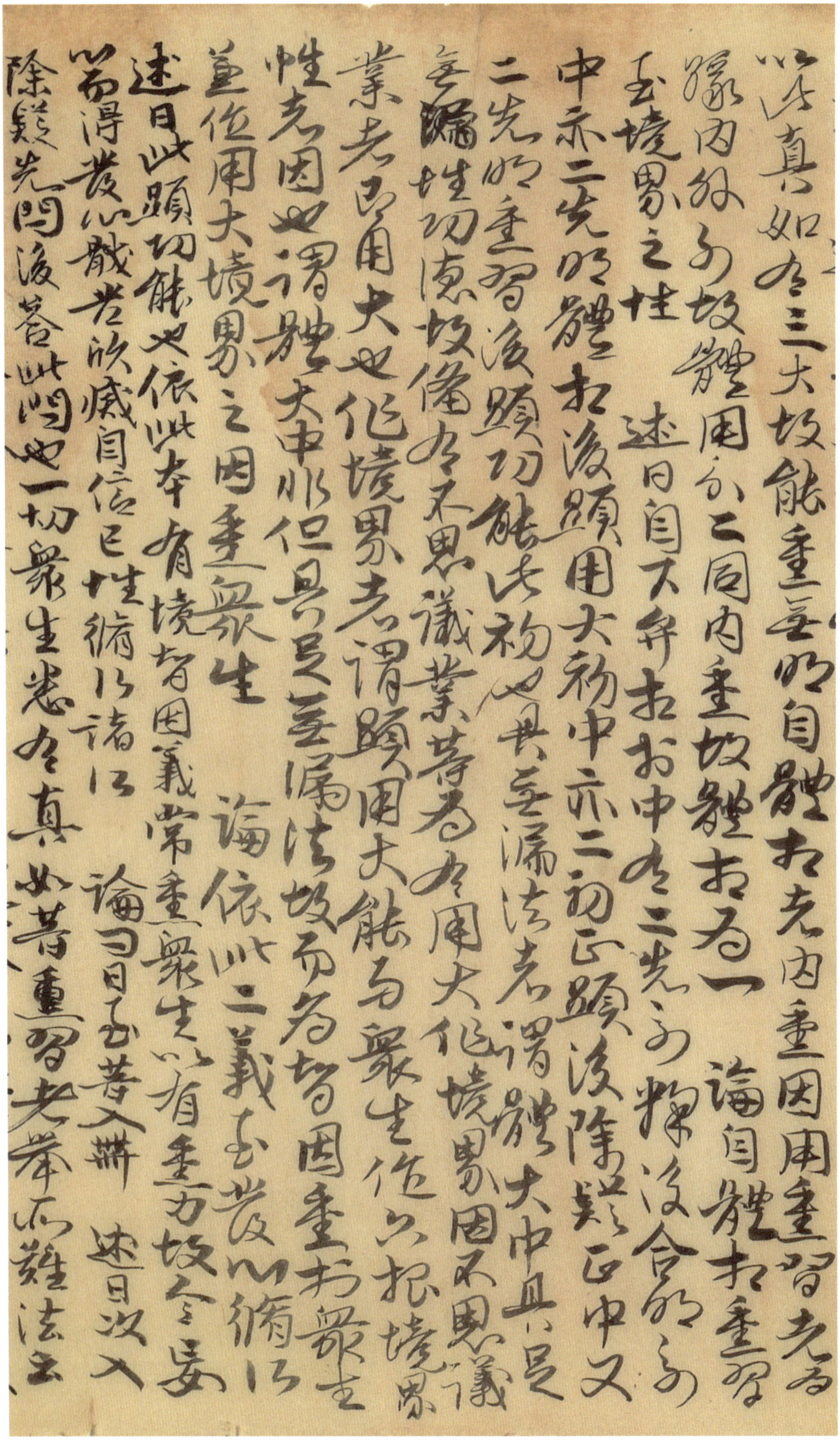

八九

以此真如有三大故，能熏無明。自體相者，內熏因；用熏習者，爲〔外熏〕〔二〕

緣；内外別故，體用分二；同内熏故，體相爲一。論：「自體相熏習」至「境界之性」。述曰：自下弁相。於中有二，先別釋，後合明。別中亦二，先明體相，後顯用大。初中亦二，初正顯，後除疑。正中又二，先明熏習，後顯功能。此初也。具無漏法者[二]，謂體大中具足無漏性功德故。俻有不思議業等，爲有用大作境界因。不思議業者，即用大也；作境界者，謂顯用大能与衆生作六根境界。性者，因也，謂體大中非但具足無漏法故，而爲智因熏於衆生，兼作用大境界之因熏衆生[三]。論：「依此二義」至「發心俻行」。述曰：此顯功能也。依此本有境智因義，常熏衆生，以有熏力故，令妄心而淂發心，猒苦欣滅；自信己性，俻行諸行。論：「問曰」至「等入涅槃」。述曰：次入除疑，先問後荅，此問[四]也。一切衆生，悉有真如等熏習者，舉所難法。云

校注

【一】「外熏」，原卷無，據斯〇一二五補。【二】「者」，斯〇一二五同，《大正藏》作「名」。【三】「生」下，斯〇一二五有「也」。【四】「問」，斯〇一二五作「門」。

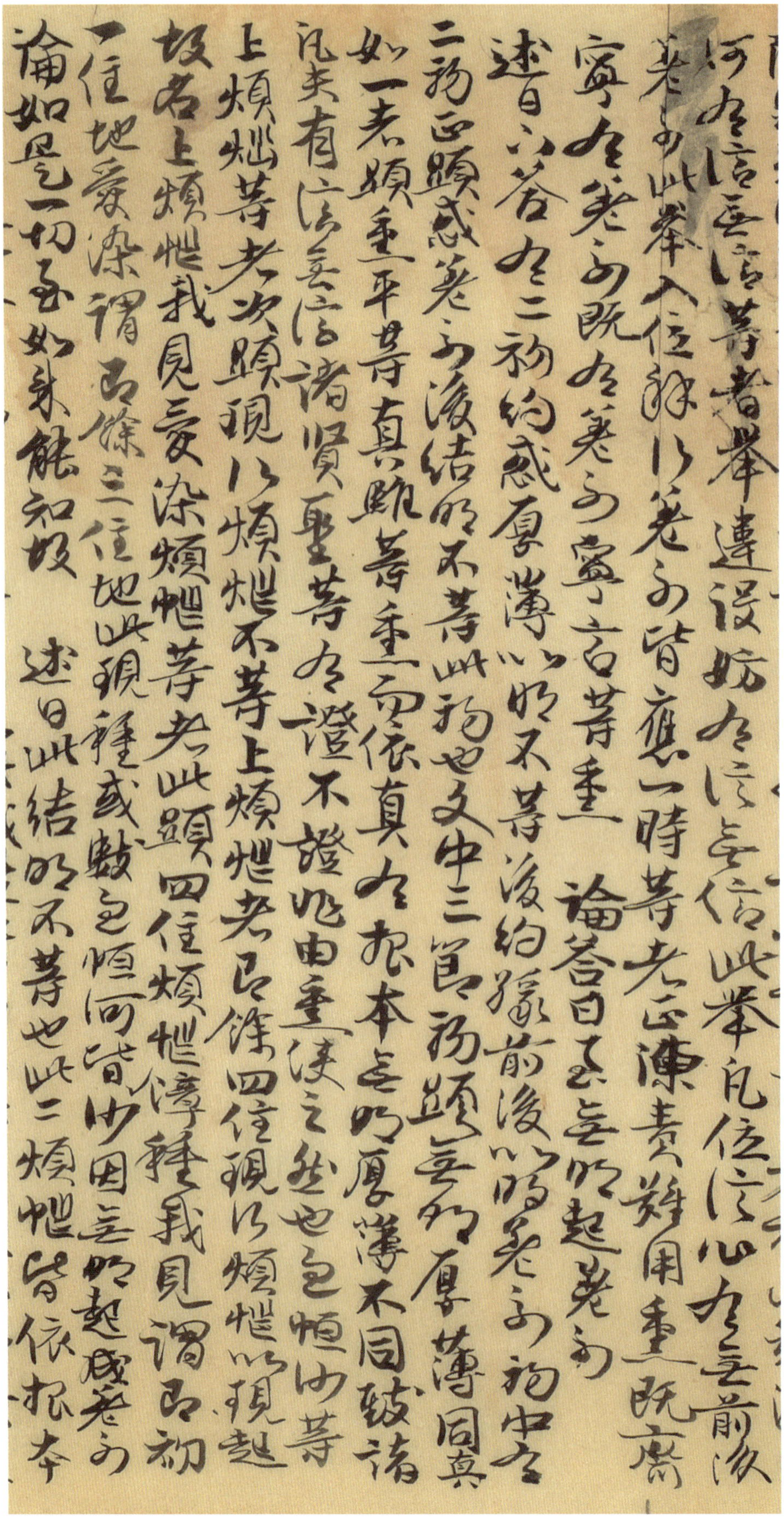

〔一〇一〕何有信、無信等者，舉違設妨。有信無信，此舉凡位信心有無，前後

〔一〇二〕差別；此舉入位，解行差別。皆應一時等者，正陳責難：用熏既齊，

寧有差別？既有差別，寧言等熏？論：「荅曰」至「無明起差別」。述曰：下荅有二：初約惑厚薄，以明不等；後約緣前後，以明差別。初中有二，初正顯惑差別，後結明不等，此初也。文中三節：初顯無明厚薄，同真如一者，顯熏平等。真雖等熏，而依真有根本無明，厚薄不同。致諸凡夫有信、無信，諸賢聖等有證、不證，非由熏使之然也。過恒沙[一]上煩惱等者，次顯現行煩惱不等。上煩惱者即餘四住現行煩惱，以現起故名上煩惱。我見愛染、煩惱等者，此顯四住煩惱障[二]種。我見謂即初一住地，愛染謂即餘三住地。此現種或[三]數過恒河沙，皆[四]因無明起成差別。

論：「如是一切」至「如來能知故」。述曰：此結明不等也。此二煩惱，皆依根本

校注

【一】「沙」下，原卷有「等」，據《大乘起信論廣釋》卷四、《釋摩訶衍論》卷五等刪。【二】「障」，原卷似「鏱」，《大正藏》作「障」，斯〇一二五此處殘。【三】「或」，《大正藏》作「惑」，斯〇一二五此處殘。【四】「沙皆」，原卷作「皆沙」，右有倒乙符。

二二 無明所起。以本無明，有多差別，如此惑性，差別無量。自非仏智，餘豈

二三 能知？以此煩惱性差別故，故令信等前後差別。論：「又諸仏法」至「乃淂

二四 成辨[二]」。述曰：次下約緣，明其差別。於中有三，謂法、喻、合，此初也。

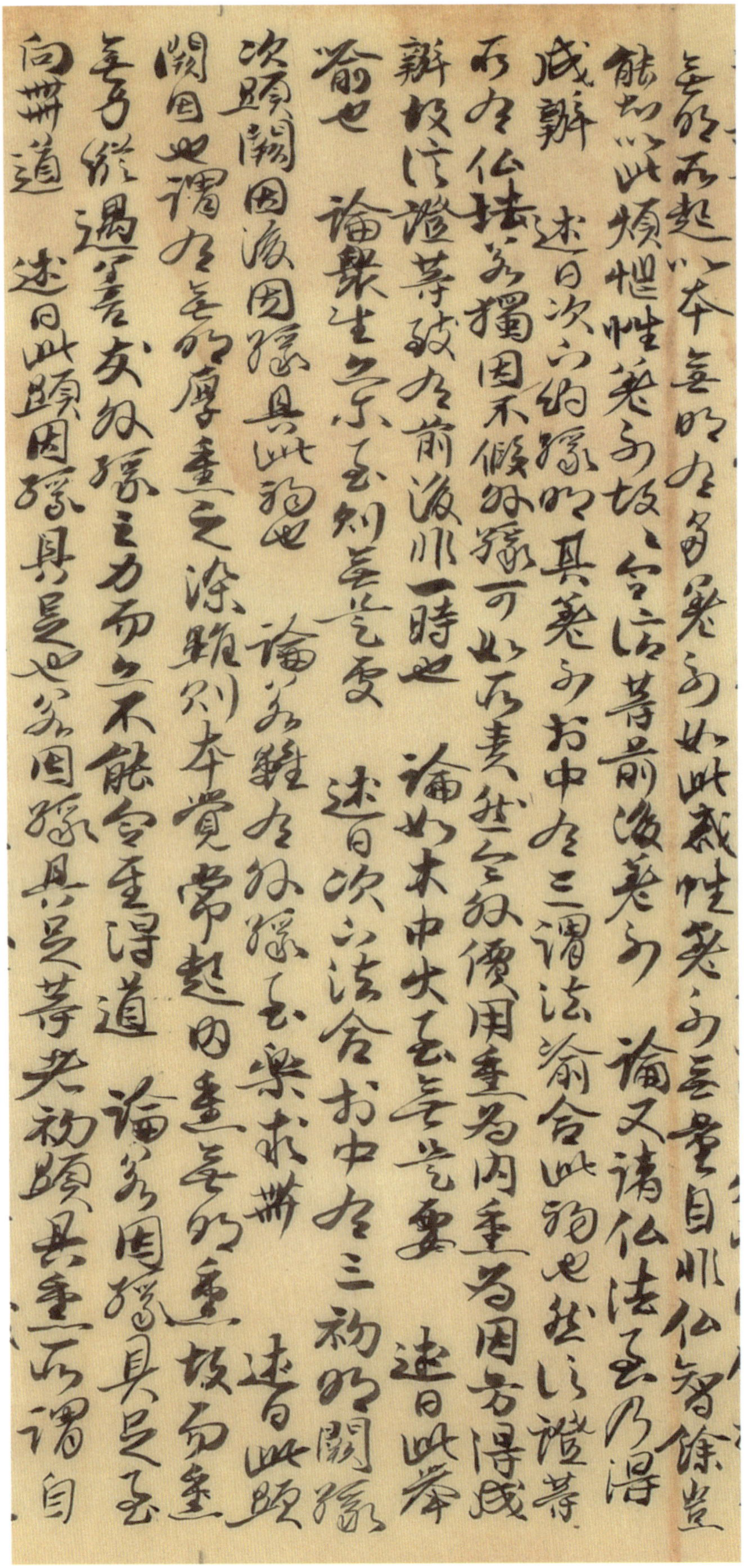

然信證等

一二五 所有仫法[二]，若獨因不假外緣，可如所責，然今外價用熏爲〔緣〕[三]，內熏爲因，方淂成

一二六 辨[四]故。信證等致有前後，非一時也。論：「如木中火」至「無是處[五]」。述曰：此舉

一二七 喻也。論：「衆生亦尒」至「則無是處」。述曰：次下法合。於中有三，初明闕緣，

一二八 次顯闕因，後因緣具，此初也。論：「若雖有外緣」至「樂求涅槃」。述曰：此顯

一二九 闕因也。謂有無明厚熏之染，雖則本覺常起，內熏無明熏故，而熏

一三〇 無力；縱遇善友外緣之力，而亦不能令其淂道。論：「若因緣具足」至

一三一 「向涅槃道」。述曰：此顯因緣具足也。若因緣具足等者，初顯具熏。所謂自

校注

【一】「辨」，原卷作「辦」，據《大乘起信論廣釋》卷四改。【二】「法」字塗改不清。【三】「緣」，原卷缺，據斯〇一二五補。【四】「辨」，原卷作「辦」，據斯〇一二五、《大乘起信論廣釋》卷四改。【五】「處」，原卷作「要」，據斯〇一二五、《大乘起信論》改。

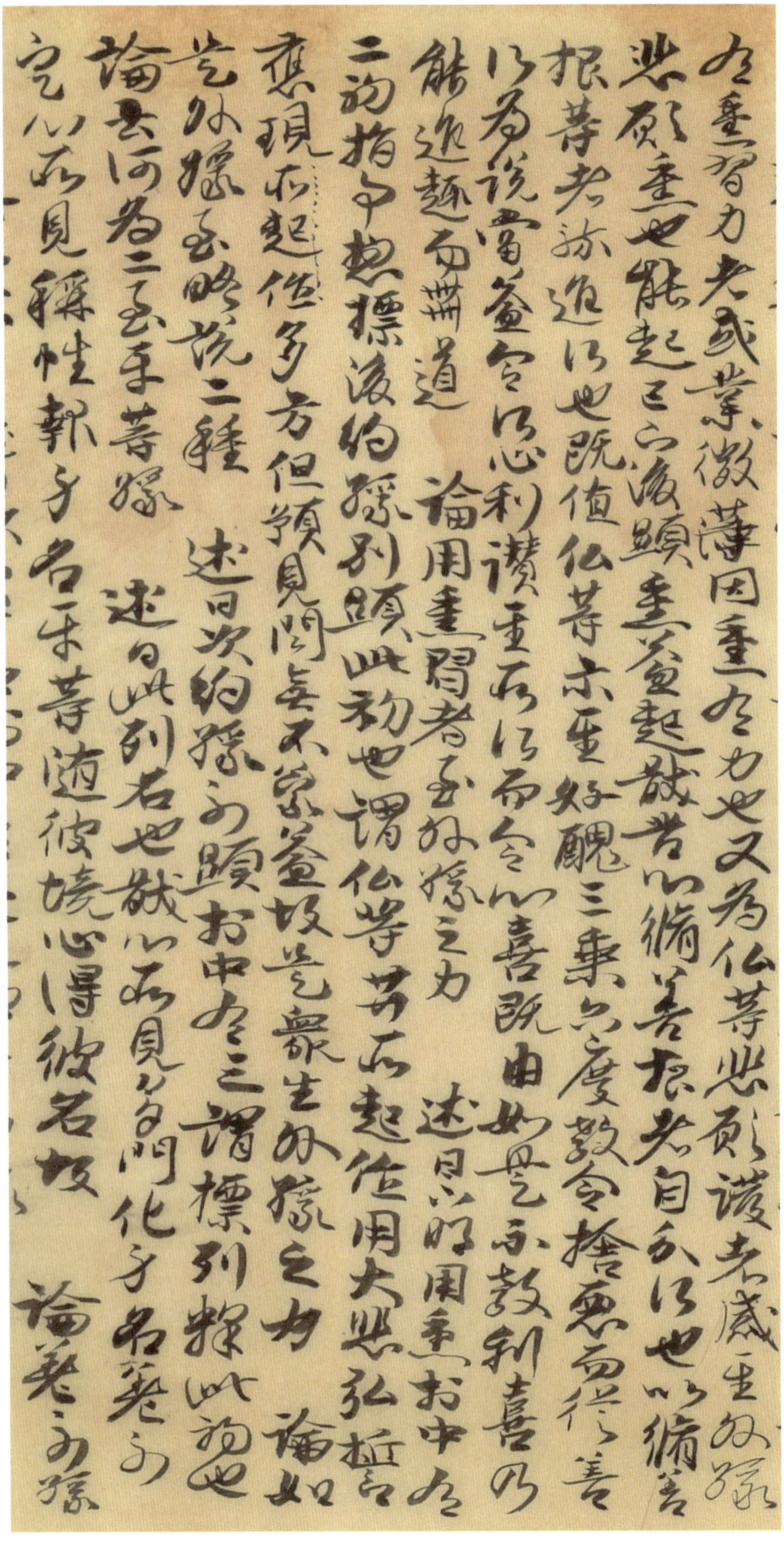

三二 有熏習力者，惑業微薄，因熏有力也。又爲仏等悲願護者，感其外緣，

三三 悲願熏也。能起已下，後顯熏益起猒苦心。脩善根者，自分行也。以脩善

二四 根等者，勝進行也。既值仏等示其好醜[一]三乘六度教，令捨惡而從善

二五 行，爲説當益。令行心利，讚其所行而令心喜。既由如是示教利喜，乃

二六 能進趣向[二]涅槃道。論：「用熏習者」至「外緣之力」。述曰：下明用熏。於

中有

二七 二，初指事揔摽，後約緣別顯，此初也。謂仏等菩薩，所起作用，大悲弘誓，

二八 應現多方，但預見聞，無不蒙益故，是衆生外緣之力。論：「如

二九 是外緣」至「略説二種」。述曰：次約緣別顯。於中有三，謂摽、列、釋，此

初也。

三〇 論：「云何爲二」至「平等緣」。述曰：此列名也。猒[三]心所見，多門化身，

名差別；

三一 定心所見，稱性報身，名平等；隨彼境心淂彼名故。論：「差別緣

校注

【一】「醜」，《大乘起信論廣釋》卷四作「聽」。【二】「向」，原卷作「而」，據斯〇一二五改。【三】「猒」，斯〇一二五作「發」，《大乘起信論廣釋》卷四作「散」，《大正藏》作「厭」。

一三 者」〔至〕〔一〕「若見若念」。述曰：次下弁相。於中有二，先明差別緣，後

釋〔二〕平等

二三 緣；前中又二，先揔，後別；標〔三〕揔中又二，初明感用因，後正明用相，此初

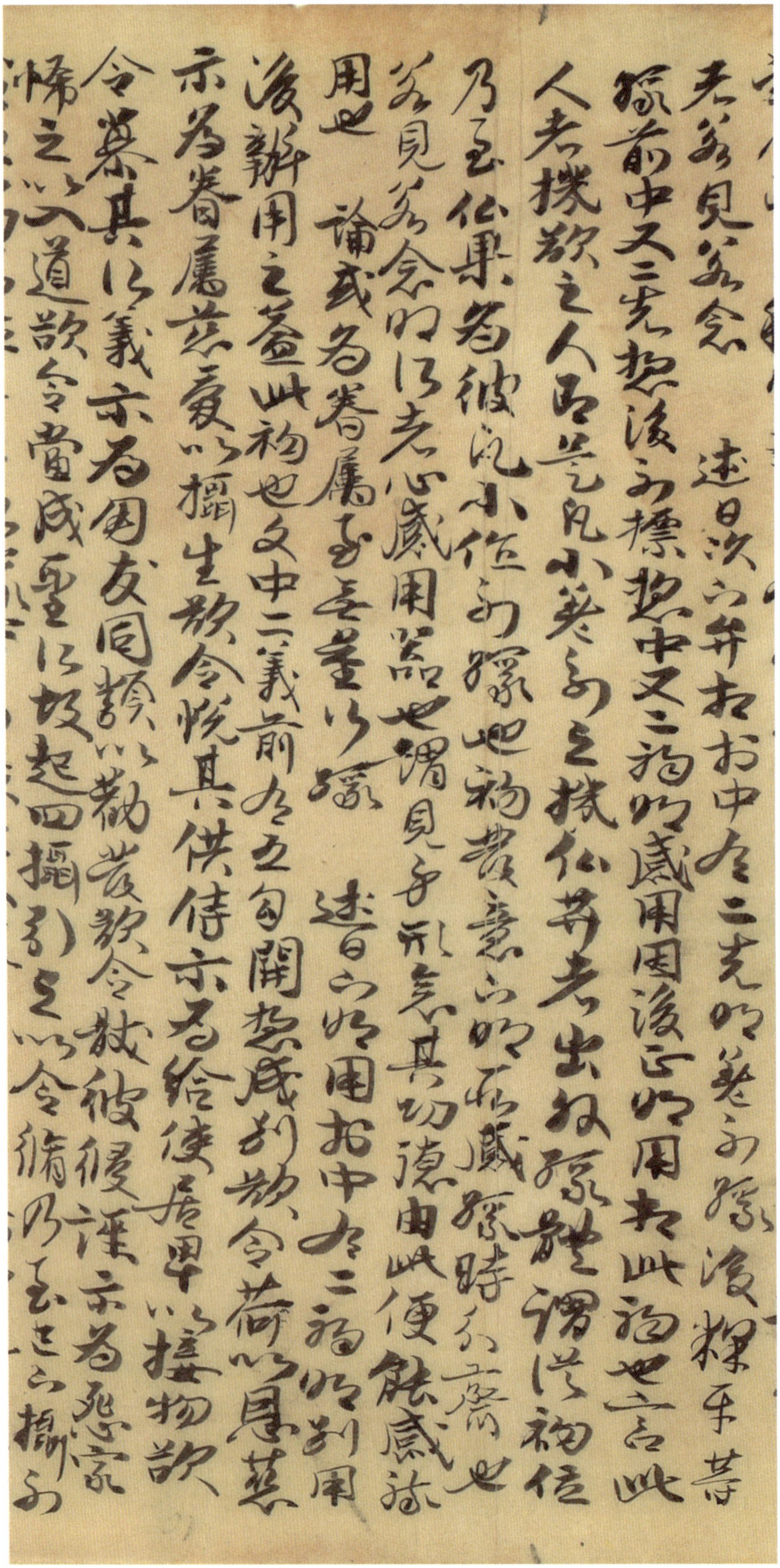

也。言此
一三四 人者，機欲之人，即是凡小差別之機。仏菩薩者，出外緣體，謂從初位
一三五 乃至仏果，爲彼凡小作別緣也。初發意下，明所感緣時分齊也。
一三六 若見若念，明行者心，感用器也。謂見身形，念其功德，由此便能感勝
一三七 用也。論：「或爲眷屬」至「無量行緣」。述曰：下明用〔相〕[四]。於中有
二，初明別用，
一三八 後辨[五]用之益，此初也。文中二義：前有五勾[六]開摠成別，欲令荷以恩慈，
一三九 示爲眷屬慈愛以[七]攝生；欲令悦其供侍，示爲給使居卑以接物；欲
一四〇 令慕其行義，示爲朋友同類以勸發；欲令猒彼侵誣，示爲怨家
一四一 悕之以入道；欲令當成聖[八]行，故起四攝引之以令脩。乃至已[九]下攝別

校注

【一】「至」，原卷缺，據斯〇一二五、《大乘起信論廣釋》卷四補。【二】「釋」，《大正藏》作「顯」。【三】「摽」，斯〇一二五無，《大正藏》作「標」。【四】「相」，原卷缺，據斯〇一二五、《大乘起信論廣釋》卷四補。【五】「辨」，原卷作「辦」，據斯〇一二五、《大乘起信論廣釋》卷四改。【六】「勾」，「句」之俗字。【七】「以」，斯〇一二五同，《大正藏》作「故」。【八】「聖」，斯〇一二五作「量」，《大正藏》作「愛」。【九】「已」，《大正藏》漏録。

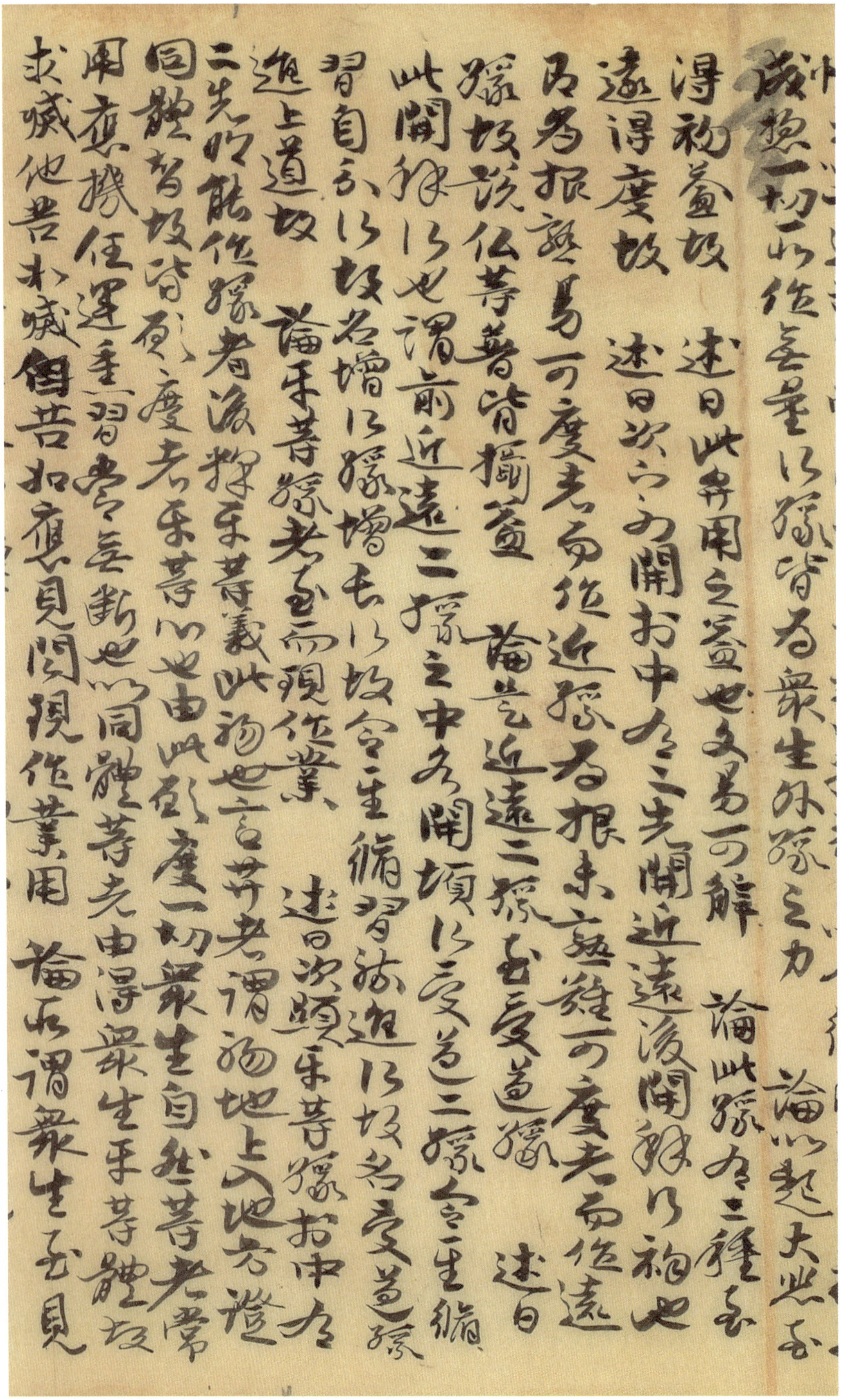

〔四二〕

成揔，一切所作無量行緣，皆爲衆生外緣之力。論：「以起大悲」至

一四三 「淂初益故」。述曰：此弁用之益也，文易可解。論：「此緣有二種」至
一四四 「遠淂度故」。述曰：次下別開。於中有二，先開近遠，後開解行，〔此〕[一]
初也。
一四五 即爲根熟易可度者，而[二]作近緣；爲根未熟難可度者，而作遠
一四六 緣，故説仏等普皆攝益。論：「是近遠二緣」至「受道緣」。述曰：
一四七 此開解行也。謂前近遠二緣之中，各開增[三]行，受道二緣。令其脩
一四八 習自分行[四]故，名增行緣，增長行故；令其脩習勝進行故，名受道緣，
一四九 進上道故。論：「平等緣者」至「而現作業」。述曰：次顯平等緣。於中有
一五〇 二，先明能作緣者，後釋平等義，此初也。言菩薩者，謂初地上，入地方證
一五一 同體智故。皆願度者，平等心也，由此願度一切衆生。自然等者，常
一五二 用應機，任運熏習，常無断也。以同體等者，由淂衆生平等體故。
一五三 求滅他苦，求滅自苦，如應見聞，現作業用。論：「所謂衆生」至「見

校注

【一】「此」，原卷缺，據斯〇一二五補。【二】「而」，斯〇一二五作「爲」。【三】「增」，原卷作「煩」，據斯〇一二五、《大乘起信論廣釋》卷四改。《大正藏》作「順」。【四】「行」，《大正藏》作「所」。

諸仏故　述曰此遣外疑釋平等義謂外疑云若謂能現平等
體用何故衆生見差別耶故此釋云謂平等體應平平等々攝々
者謂三賢已上諸衆生等依三時力悉見諸仏乎是平等是
是彼此分齊之相故云平等見諸仏也　論此體用熏習分
為二種　述曰上來所明體用熏習次合釋於中為二初標後
釋此標也　論云何為二[illegible]用未應故　述曰下釋為二初未相
應後已相應凡夫等者約位舉人以意意識熏習等者并
至以前凡夫二乘意意識熏習初發意菩薩以意熏習顯是
真如不熏起識於分而未契真如故依信力故而修
行也未得已下明未相應以未證得無分別智未發顯法身未同仏體
相應也故云未得無分別心與體相應故以未證得後得智故未同諸

諸仏故」。述曰：此遣外疑釋平等義。謂外疑云：若謂能現平等緣用，何故衆生見差別耶？故此釋云：謂平等緣，應平等機。平等機者，謂三賢上諸衆生等，依三昧力悉見諸仏，身量平等，無有彼此分齊之相，故云平等見諸仏也。論：「此體用熏習」至「有二種」。述曰：上來別明體用熏習，次下合釋。於中有二，初標，後釋，此標也。論：「云何爲二」至「用相應故」。述曰：下釋有二，初未相應，後已相應。凡夫等者，約位舉人；以意意識熏習等者，弁其行劣。凡夫二乘意識熏習，新[一]發意菩薩以意熏習。雖是真如所熏起識，猶有分別，未契真如，故云依信[二]力故，而脩行也。未淂已下，明未相應，以未證淂無分別智。未顯法身，未同仏體〔未与諸仏體〕[三]相應也，故云未淂無分別心。与體相應故，以未證淂，後淂智故。未同諸

校注

【一】「新」，原卷作「相」，據斯〇一二五、《大乘起信論廣釋》卷四改。【二】「信」，《大正藏》作「心」。【三】「未与諸仏體」，原卷缺，據斯〇一二五補。

一六五 仏起應化身，未与諸仏用相應也。自在業者，即報化用；言脩行者，

一六六 即後淂智。後智[一]能起報化用，故名自在業脩行[二]也。論：「二者已相應」

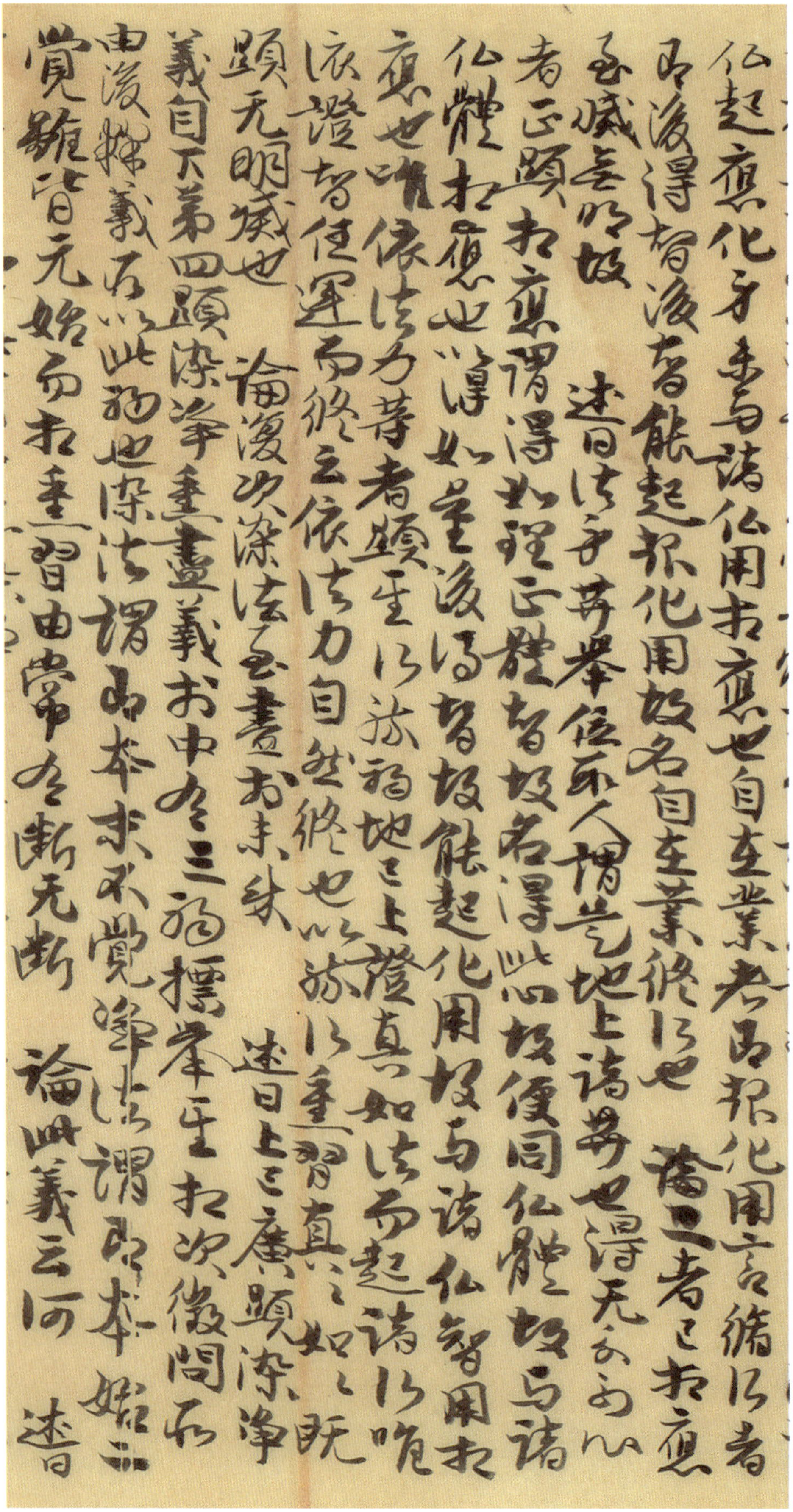

一六七 至「滅無明故」。述曰：法身菩薩舉位取人，謂是地上諸菩薩也。淂無分別心

一六八 者，正顯相應。謂淂如理正體智故，名淂〔無分別心。得〕[三]此心故，便同仏

體，故与諸

一六九 仏體相應也。以淂如量後淂智故，能起化用，故与諸仏智用相

一七〇 應也。唯依法力等者，顯其行勝。初地已上，證真如法，而起諸行。唯

一七一 依證智任運而脩，云依法力自然脩也。以[四]勝行熏習真如，真如既

一七二 顯无明滅也。論：「復次染法」至「盡於未來」。述曰：上已廣顯染浄

〔熏〕[五]

一七三 義，自下第四，顯染浄熏盡〔不盡〕[六]義。於中有三，初摽舉其相，次徵問所

一七四 由，後釋義所以，此初也。染法謂即夲末不覺，浄法謂即夲始二

一七五 覺。雖皆无始，而相熏習，由常有断、无断。論：此義云何？述曰：

校注

【一】「後智」，斯〇一二五無。【二】「行」，《大正藏》作「業」。【三】「無分別心得」，原卷缺，據斯〇一二五、《大乘起信論廣釋》卷四補。

【四】「以」下，斯〇一二五有「此」。【五】「熏」，原卷缺，據斯〇一二五、《大乘起信論廣釋》卷四補。【六】「不盡」，原卷缺，據斯〇一二五、

《大乘起信論廣釋》卷四補。

此徵曰何以也此有二意染淨之熏俱无始有何故染熏有盡淨熏无断耶染淨相因方成熏義若得仏已則无染法於何可立淨法熏習則无断耶　論以真如法至故无有断　述曰此釋義所由也以真如法常熏習故妄心即滅者釋初問也謂彼染熏違理所起无常之法故々有滅盡淨法之熏順理而生是常法故々无有断故言真如常熏習等法身顯現等者答後問也若未成仏法身未顯以體熏習有染者故若已成仏法身顯現以用熏習有染生故由此淨熏无有盡也　論復次真如自體相者　述曰生滅門内有二分中前来已釋生滅心法釋立義中是生滅因縁相竟次下明上所示之義釋立義中能示摩訶衍自體等義於中有二初合釋體相二大後別釋用大之義初中有二初摽二大之名後別釋二大之義此初也以此體相名同合說與用別故二合說其用大者約仏菩薩智所明覺故別開故言真如自體

此徵問所以也。此有二意：染净之熏俱无始有，何故染熏有盡净熏无断耶？染净相因方成熏義，若淂仏已則无染法，如何可言净法熏習則无断耶？論：「以真如法」至「故无有断」。述曰：此釋義所由也，以真如法常熏習故。妄心即滅者，釋初問[一]也。謂彼染熏違理所起，无常法故，故有滅盡；净法之熏，順理而生，是常法故，故无有断，故言真如常熏習等。法身顯現等者，答後問也。若未成仏，法身未顯，以體熏習有染相故；若已成仏，法身顯現，以用熏習有染生故。由此净熏无有盡也。論：復次真如自體相者。述曰：生滅門內，有二分中，前來已釋生滅心法，釋立義中是心生滅，因緣相竟；次下明其所示之義，釋立義中能示摩訶衍自體等義。於中有二，初合釋體相二大，後別釋用大之義。初中亦二，初揔標二大之名，後別釋二大之義，此初也。以此體相多凡位說，与用別故[二]。二合說其用，大者約仏菩薩悲智而明，是故别開，故言真如自體

校注

【一】「問」，《大正藏》作「門」。【二】「故」，斯〇一二五作「時」。

一八九

相也。論：「一切凡夫」至「畢竟常恒」。述曰：次下別釋二大之義，於

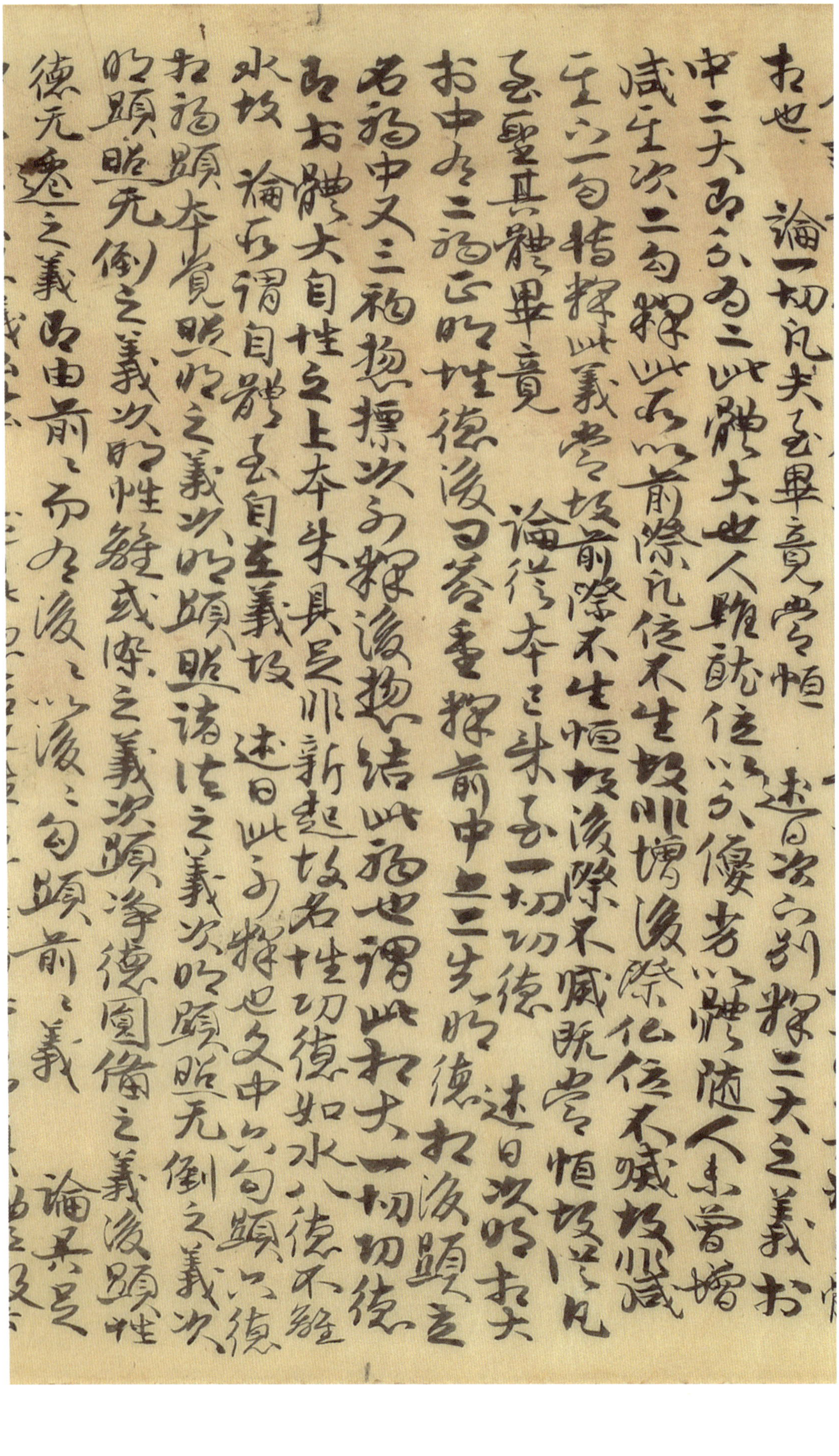
知也 論一切凡夫至畢竟常恒 述曰次下別釋二大之義於
中二大下分為二此體大也人雖殊位以分優劣以體隨人未曾增
減至次二句釋此下以前際凡位不生故非增後際佛位不減故非減
至下一句指釋此義常故前際不生恒故後際不滅既常恒故從凡
至聖其體畢竟 論從本已來至一切功德 述曰次明相大
於中有二初正明性德後因答重釋前中亦二先明德相後顯之
名初中又三初總標次分釋後總結此初也謂此初大一切功德
下文總體大自性之上本來具足非新起故名性功德如水八德不離
水故 論下謂自體至義故 述曰此下分釋也文中六句顯六德
初句顯本覺照明之義次明顯照諸法之義次明顯照無倒之義次
明顯照無倒之義次明性離惑染之義次顯淨德圓備之義後顯性
德無遷之義下由前前而有後後以後後句顯前前義 論具足

中二大即分爲二，此體大也。人雖就位以分優劣，以體随人未曾增咸[一]。其次二勾釋此所以：前際凡位不生故非增，後際仏位不減故非咸。其下一勾轉釋此義：常故前際不生，恒故後際不減；既常恒故，從凡至聖[二]，其體畢竟。論：「從夲已來」至「一切功德」。述曰：次明相大。於中有二，初正明性德，後問答重釋。前中亦二，先明德相，後顯立名。初中又三，初揔摽，次别釋，後揔結，此初也。謂此相大，一切功德即於體大自性之上夲來具足[三]，非新起，故名性功德，如水八德不離水故。論：「所謂自體」至「自在義故」。述曰：此别釋也。文中六勾顯六德相，初顯夲覺照明之義，次明顯照諸法之義，次明顯照无倒之義[四]，次明性離或染之義，次顯净德圓偹[五]之義，後顯性德无遷之義。即由前前，而有後後；以後後[六]勾，顯前前義。論：「具足[七]

校注

【一】「咸」，卷中通「減」。【二】「聖」，斯〇一二五作「仏」。【三】「足」，斯〇一二五作「是」。【四】此句下，原卷衍「次明顯照无倒之義」，據斯〇一二五删去。【五】「偹」，斯〇一二五同作「偹」，《大正藏》作「滿」。【六】「以後後」，斯〇一二五無。【七】「足」，斯〇一二五作「是」。

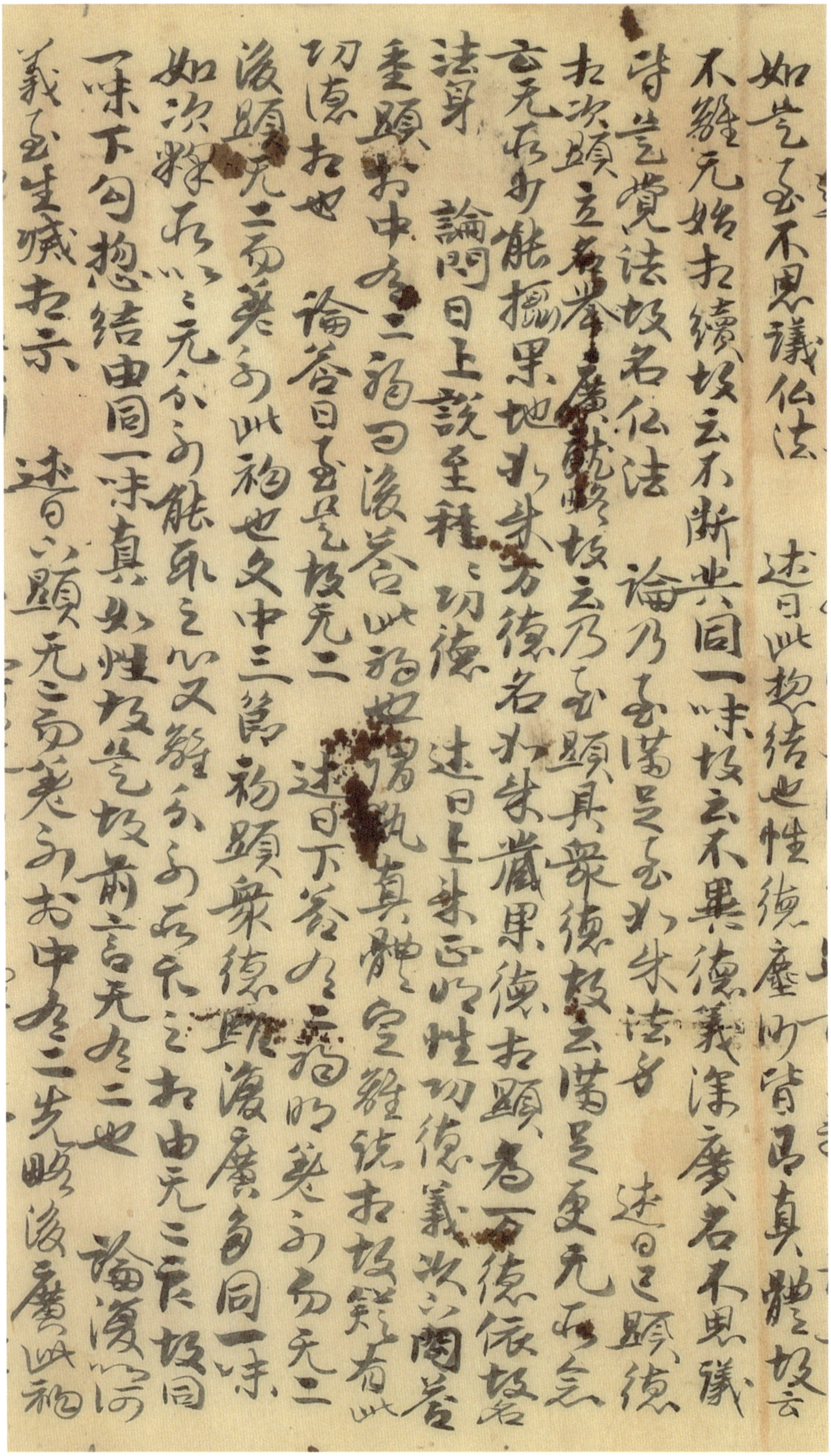

二〇一

如是」至「不思議仏法」。述曰：此揔結也。性德塵沙皆即真體，故云

二〇二 不離。无始相續，故云不斷。共同一味，故云不異。德義深廣，名不思議。
二〇三 皆是覺法，故名仏法。論：「乃至滿足」至「如來法身」。述曰：已顯德
二〇四 相，次顯立名。舉廣就略，故云乃至。顯具衆德，故云滿足。更无所念，
二〇五 云无所少。能攝果地如來万德，名如來藏；果德相顯，爲万德依，故名
二〇六 法身。論：「問曰上説」至「種種功德」。述曰：上來正明性功德義，次下問
荅
二〇七 重[一]顯。於中有二，初問，後荅，此初也。謂執真體定離諸相故，疑有此
二〇八 功德相也。論：「荅曰」至「是故无二」。述曰：下荅有二：初明差別而无
二，
二〇九 後顯无二而差別，此初也。文中三節，初顯衆德，雖[二]復廣多同一味，
二一〇 如次釋所以，以无分別能取之心，又離分別所取之相，由无二取故同
二一一 一味；下勾摠結，由同一味真如性故，是故前言无有二也。論：「復以何
二一二 義」至「生滅相示」。述曰：下顯无二而差別。於中有二，先略，後廣，此初

校注

【一】「重」，斯〇一二五作「熏」。【二】原卷「雖」有羡筆。

也文中四句上半疑詞既其不二以何說別下半釋遣以依生滅恒沙染
法遣此表示真德差別具業除本但言業識據實通對一切
染也　論此云何示　述曰次以廣釋於中有二先問後顯此問對
染所示義也　論以一切法本實無於念　述曰下答有三初舉本
迷之理次對染以顯德後結得以釋名此初也以一切法即以真如
真非妄故一切諸法實無於念也　論所有妄心即光明義故
述曰次以對染顯德於中有二先明對染所顯德有後明對染顯
具衆德初中頌前六種德義即為六此初本覺智明義也謂諸妄心
不覺起念見諸境故為說無明心性不起覺故即說智惠光明
論曰若心起見即有法界義故　述曰此即顯照諸法義也若心起於妄
見染者有所見故有所不見心性無此諸妄見故即說顯照諸法義

二三

也。文中四句，上半疑詞，既其不二以何說別，下半釋遣，以依生滅恒沙，染法返此，表示真德差別。且舉染夲，但言業識，據實通對一切染也。論：此云何示。述曰：次下廣釋。於中有二，先問，後顯，此問對染所示義也。論：「以一切法」至「實无於念」。述曰：下荅有三，初舉所迷之理，次對染以顯德，後結淂[一]以釋名，此初也。以一切法，即心真如，真非妄故，一切諸法實无念也。論：「而有妄心」至「光明義故」。述曰：次下對染顯德。於中有二，先明對染别顯德相，後明對染顯具衆德。初中顯前六種德義，即分爲六，此初夲覺智明義也。謂諸妄心不覺，起念見諸境，故摠説無明，心性不起。是故即説智恵[二]光明。論曰[三]：「若心起見」至「法界義故」。述曰：此即[四]顯照諸法義也。若心起於妄見染者，有所見故，有所不見，心性無此諸妄見故，即説顯照諸法義

校注

【一】「淂」，斯〇一二五同，《大正藏》作「後」。【二】「恵」，「惠」之異體，斯〇一二五同，《大正藏》作「慧」。【三】「曰」，斯〇一二五無。【四】「即」，斯〇一二五無。

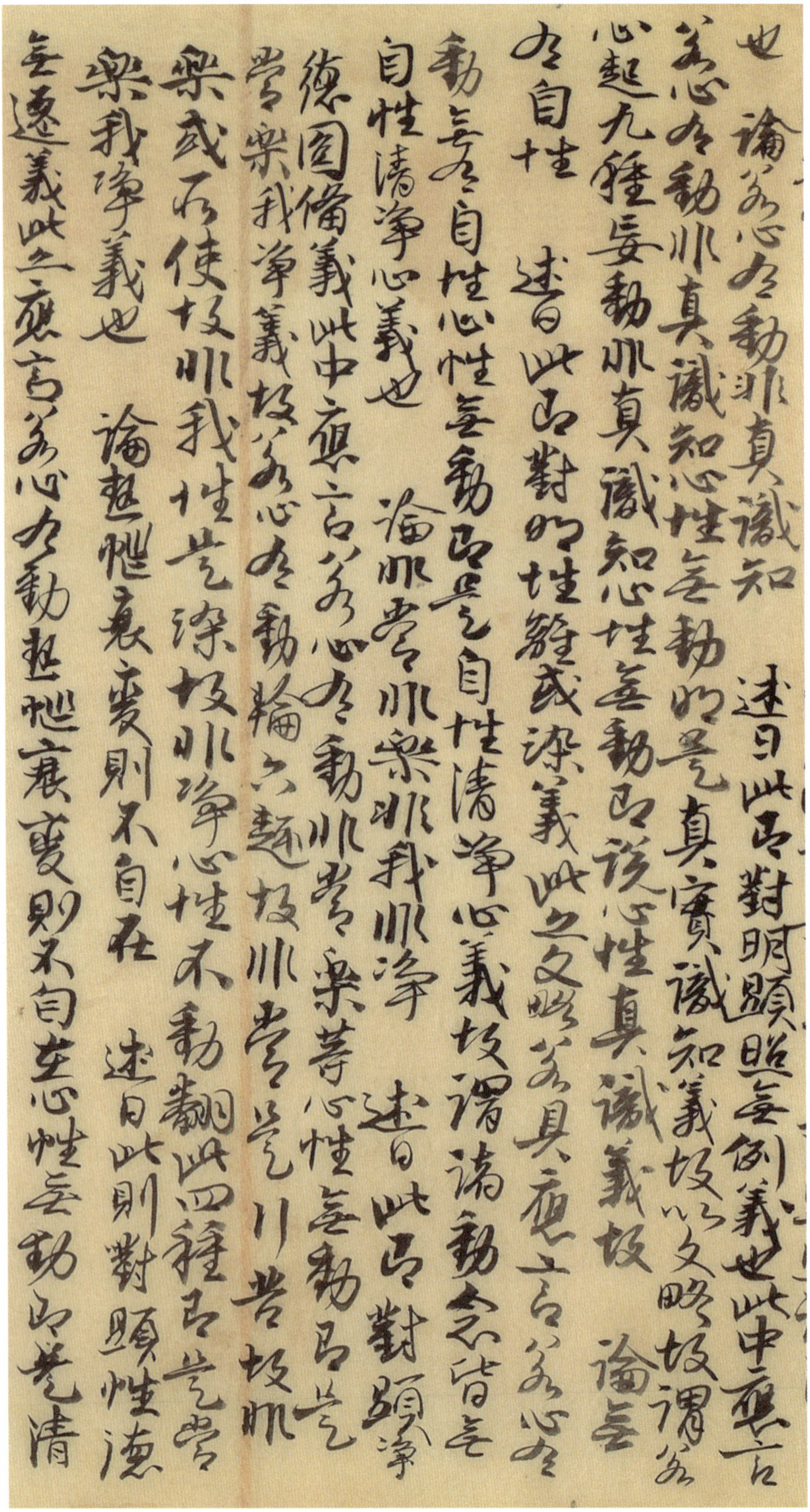
也　論若心有動非真識知　述曰此即對明顯照無倒義也此中應言
若心有動非真識知心性無動則是真實識知義故以文略故謂若
心起九種妄動非真識知心性無動即說心性真識義故　論無
有自性　述曰此即對明性離我染義此文略若具應言若心有
動無有自性心性無動即是自性清淨心義故謂諸動念皆無
自性清淨心義也　論非常非樂非我非淨　述曰此即對顯淨
德圓備義此中應言若心有動非常樂等心性無動即是
常樂我淨義故若心有動輪六趣故非常是苦故非
樂我不使故非我性是染故非淨心性不動翻此四種即是常
樂我淨義也　論熱惱衰變則不自在　述曰此即對顯性德
無邊義此文應言若心有動熱惱衰變則不自在心性無動即是清

三四　也。論：若心有動，非真識知。述曰：此即對明顯照，無倒〔一〕義也。此中應言：

二二五 若心有動，非真識知；心性無動，即[二]是真實識知義故，以文略故。[三]謂若
二二六 心起九種妄動，非真識知；心性無動，即說心性真識義故。論：無
二二七 有自性。述曰：此即對明性離或染義，此亦文略。若具應言：若心有
二二八 動，無有自性；心性無動，即是自性清淨心義故。謂諸動念皆無
二二九 自性，〔心性無動即說自性〕[四]清淨心義也。論：非常非[五]樂非我非淨。述
曰：此即對顯淨
二三〇 德圓偹義。此中應言：若心有動，非常樂等；心性無動，即是
二三一 常樂我淨義故。若心有動，輪六趣故非常，是行苦故非
二三二 樂，或所使故非我性，是染故非淨；心性不動，翻此四種，即是常
二三三 樂我淨義也。論：熱惱衰變則不自在。述曰：此則對顯性德
二三四 無還義。此亦應言：若心有動，熱惱衰變，則不自在；心性無動，即是清

校注

【一】「倒」，原卷作「例」，據斯〇一二五、《大乘起信論廣釋》卷四改。【二】「即」，原卷作「明」，據二二八行文例、斯〇一二五改。
【三】「故」下，斯〇一二五有「義准知故」。【四】「心性無動即說自性」，原卷缺，據斯〇一二五、《大乘起信論廣釋》卷四補。【五】「非」，
斯〇一二五無。

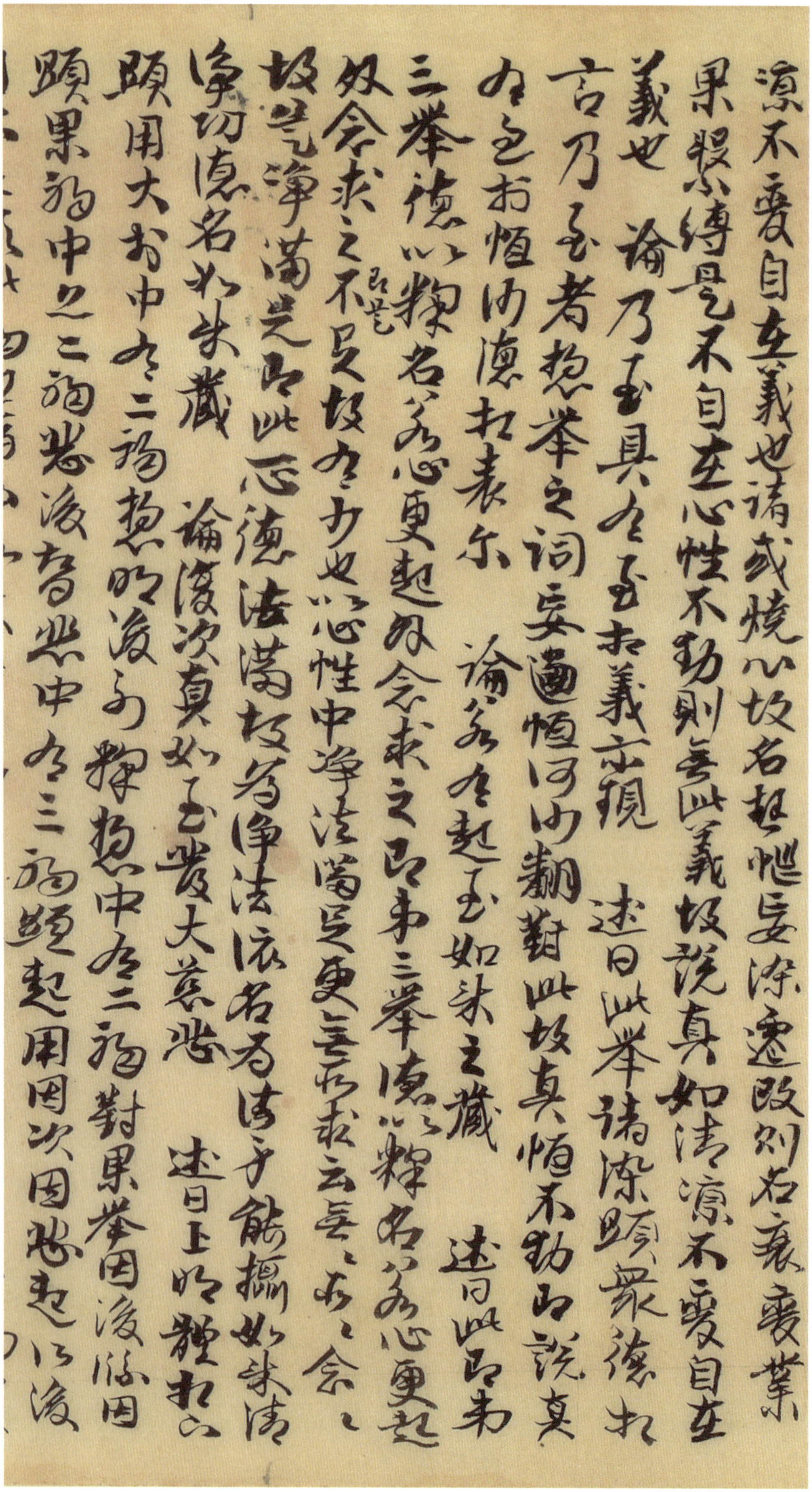

二三五 涼不變自在義也。諸或[一]燒心，故名熱惱；妄染遷改[二]，則名衰變。業

二三六 果繫縛，是不自在；心性不動，則無此義。故說真如清涼不變自在

二三七 義也。論：「乃至具有」至「相義示現」。述曰：此〔揔〕[三]舉諸染顯衆德
相。
二三八 言乃至者，揔舉之詞。妄遍恒河[四]沙翻對此故，真恒不動，即説真
二三九 有過於恒沙[五]德相表示。論：「若有起」至「如來之藏」。述曰：此即第
二四〇 三舉德以釋名。若心更起，外念求之，即第三舉德以釋名；若心更起，
二四一 外念求之，即是[六]不足，故有少也。以心性中，淨法滿足，更無所求，云無所
念。無所念
二四二 故，是淨滿足。即此一心，德法滿故，爲淨法依，名爲法身；能攝如來清
二四三 淨功德，名如來藏。論：「復次真如」至「發大慈悲」。述曰：上明體相，下
二四四 顯用大。於中有二，初揔明，後別釋。揔中有二，初對果舉因，後牒因
二四五 顯果。初中亦二，初悲，後智。悲中有三，初顯起用因，次因悲起行，後

校注

【一】「或」，斯〇一二五作「惑」。【二】「改」，斯〇一二五同，《大正藏》作「故」。【三】「揔」，原卷缺，據斯〇一二五、《大乘起信論廣釋》卷四補。【四】「河」，斯〇一二五無。【五】「沙」，斯〇一二五同，《大正藏》作「河」。【六】「三舉德以釋名若心更起外念求之即是」十六字，斯〇一二五無。

因悲立願此初也諸仏如来本因地者此明能起因大々人爲物發
以凡夫人也以因此人發用大故發大慈悲者此明所起用大々
因大悲發用大故　述曰此因
悲立以也終諸波羅蜜顯六度以攝化衆生明四攝以皆爲利
他爲終以也爲以利他爲自利覺故此擧二利具足　論立大誓
願々亦盡於未来　述曰此因悲立願也盡欲度脫等衆生
者廣大願也亦限劫數等者長時願也　論以取衆生不
取衆生相　述曰自下明智於中有二初顯自他同體之智後
釋同體智之所由此初也以取衆生如己身者顯得攝他同己故也
所以不取衆生相者不見身外有衆生也由平等智以取衆生
如己之身故類起願度諸衆生而亦不取衆生之相　論此以何

因悲立願，此初也。諸仏如來夲因地者，此明能起用大之人，即初發心凡夫人也，依[一]因此人發用大故。發大慈悲者，此明所起用大之因，〔由因〕[二]大悲發用大故。論：修諸波羅蜜攝化衆生。述曰：此因悲立行也。脩諸波羅蜜，顯六度行，攝化衆生，明四攝行，皆爲利他而脩行也。即以利他，而爲自利，是故此中二利具足。論：「立大誓願」至「盡於未來」。述曰：此因悲立願也。盡欲度脱等衆生者，廣大願也；亦〔不〕[三]限刧數等者，長時願也。論：「以取衆生」至「不取衆生相」。述曰：自下明智。於中有二，初顯自他同體之智，後釋同體智之所由，此初也。以取衆生如[四]己身者，顯淂攝他同己想也。而亦不取衆生相者，不見身外有衆生也。由平等智以取衆生如己之身故，雖起願度諸衆生，而亦不取衆生之相。論：「此以何

校注

【一】「依」，亦似「信」，斯〇一二五與《大正藏》同作「依」。【二】「由因」，原卷缺，據斯〇一二五、《大乘起信論廣釋》卷四補。

【三】「不」，原卷缺，據斯〇一二五、《大乘起信論廣釋》卷四補。【四】「如」，斯〇一二五無。

義至真如平等　述曰此顯自他同體所以此以何義者其
自然无分別所以謂如實知自他同真无有別體何見身相別
於眾生亦於自身尚不見故　論以有如是乃至見本法身
述曰自下第二明因顯果於中有二初顯用體後明用相此初也
以於如是大方便智者牒前顯果之因除滅无明見本法身者
舉因所顯之果大方便者即前所起大悲以證體正名方明道
名便智謂自他同真之智以於如是大悲智故无明滅顯法身
了果究竟顯現是故名爲見本法身
論自然而有乃至遍
一切處　述曰此顯用相於中有三初明用深廣後明用无
相此初也自然等者明用深也与真等者顯用廣也妙用難
測名不思議用亦區多名種種用任運起用名自然不覺則依
前法身之體不待作意任運起於難思業用用依真起故同

義」至「真如平等」。述曰：此顯自他同體所以。此以何義者，責其自他[一]，无別所以。謂如實知自他同真，无有別體，何見身外別有衆生，亦於自身尚不見故。論：「以有如是」至「見本法身」。述曰：自下第二，牒因顯果。於中亦二，初顯用體，後明用相，此初也。以有如是大方便智者，牒前顯果之因，除滅无明。見本法身者，舉因所顯之果；大方便者，即前所起大悲行願。體正名方，助道名便，智謂自他同真之智，以有如是大悲智故。无明除滅，法身了果，究竟顯現，是故名爲見本法身。論：「自然而有」至「遍一切處」。述曰：下顯用相。於中有二，初明用染廣，後明用无相，此初也。自然等者，明用染也；与真等者，顯用廣也。妙用難測，名不思議。用相叵[二]多，名種種用；任運起用，名自然有。是則依前法身之體，不待作意。任運起相，難思業用；用依真起，故同

校注

【一】「他」，原卷作「也」，據斯〇一二五、《大乘起信論廣釋》卷四改。【二】「叵」，斯〇一二五同，《大正藏》作「巨」。

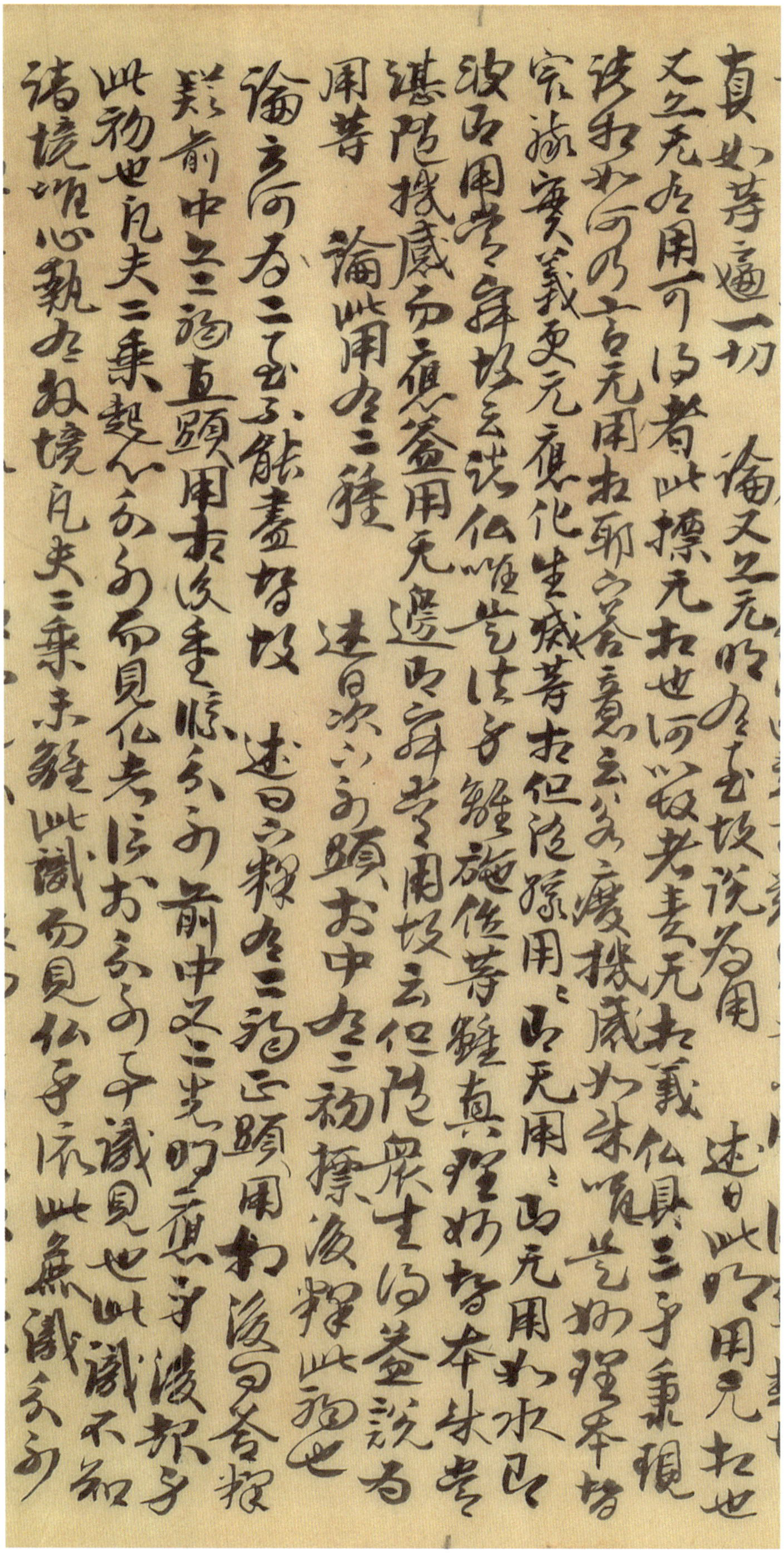

二六九

真如，等遍一切。論：「又亦无明有」至「故說爲用」。述曰：此明用无相也。

二七〇 又亦无有用可淂[一]者，此摽无相也。何以故者，責无相義，仏具三身，秉現
二七一 諸相，如何乃言无用相耶？下荅意云：若廢機感，如來唯是妙理夲智，
二七二 寂[二]勝實義，更无應化、生滅等相，但隨緣用，用即无用，用即无用[三]，如水
即
二七三 波，即用常寂。故云：諸仏唯是法身，離施作等。雖真理妙智夲來常
二七四 湛，隨機感而應，益用无邊，即寂常用。故云：但隨衆生淂益，說爲
二七五 用等。論：此用有二種。述曰：次下別顯。於中有二，初摽，後釋，此初也。
二七六 論：「云何爲二」至「不能盡知[四]故」。述曰：下釋有二，初正顯用相，後問
荅釋
二七七 疑。前中亦二，初直顯用相，後重牒分別。前中又二：先明應身，後報身，
二七八 此初也。凡夫二乘起心分別，而見仏者，依[五]於分別，事識見也。此識不知
二七九 諸境唯心，執有外境。凡夫二乘未離此識，而見仏身，依此麁識，分別

校注

【一】「淂」，斯〇一二五同，《大正藏》作「後」。【二】「寂」，斯〇一二五無。【三】「用即無用」，斯〇一二五無。【四】「知」，原卷作「智」，據斯〇一二五、《大乘起信論》改。【五】「依」，亦似「信」，斯〇一二五與《大正藏》同作「依」。

二六〇 仏身，但見應身麁色之相，不見報身微妙色相。是故凡[一]小心所見

二六一 者，名爲應身，以不知下釋見麁所以。所見仏相，皆是梨耶轉識所現。

謂由事識，猒苦忻[二]滅，願求見仏。熏習力故，即依轉識，所有現識，而現仏身浄勝境界。此人不知轉識現仏，謂仏外從兜天來。不達色即[三]舉體，是心无有分齊，執色離心，而取仏身分齊，但有丈六色相。以不能知分齊之色，即无分齊，是故名爲不盡知也。論：「二者依於」至「名爲報身」。述曰：下顯報身。於中有三，初約識舉人，明其所見，次正顯依止[四]二報之相，後顯果因，釋顯報名，此初也。十解已上，諸菩薩等依於業識，發能見智，即依此智見仏報身，故說依於業識見也。非謂業識即是能見，此識微細，未能[五]見故。論：「身有无量色」至「無量好」。述曰：下顯報相。於中有二，初正報，後依報，此初也。身无分齊，云无量

校注

【一】「凡」，斯〇一二五同《大正藏》作「風」。【二】「忻」，斯〇一二五作「欣」。【三】「即」，斯〇一二五作「相」。【四】「止」，斯〇一二五作「正」，《大正藏》漏録。【五】「能」，斯〇一二五作「别」。

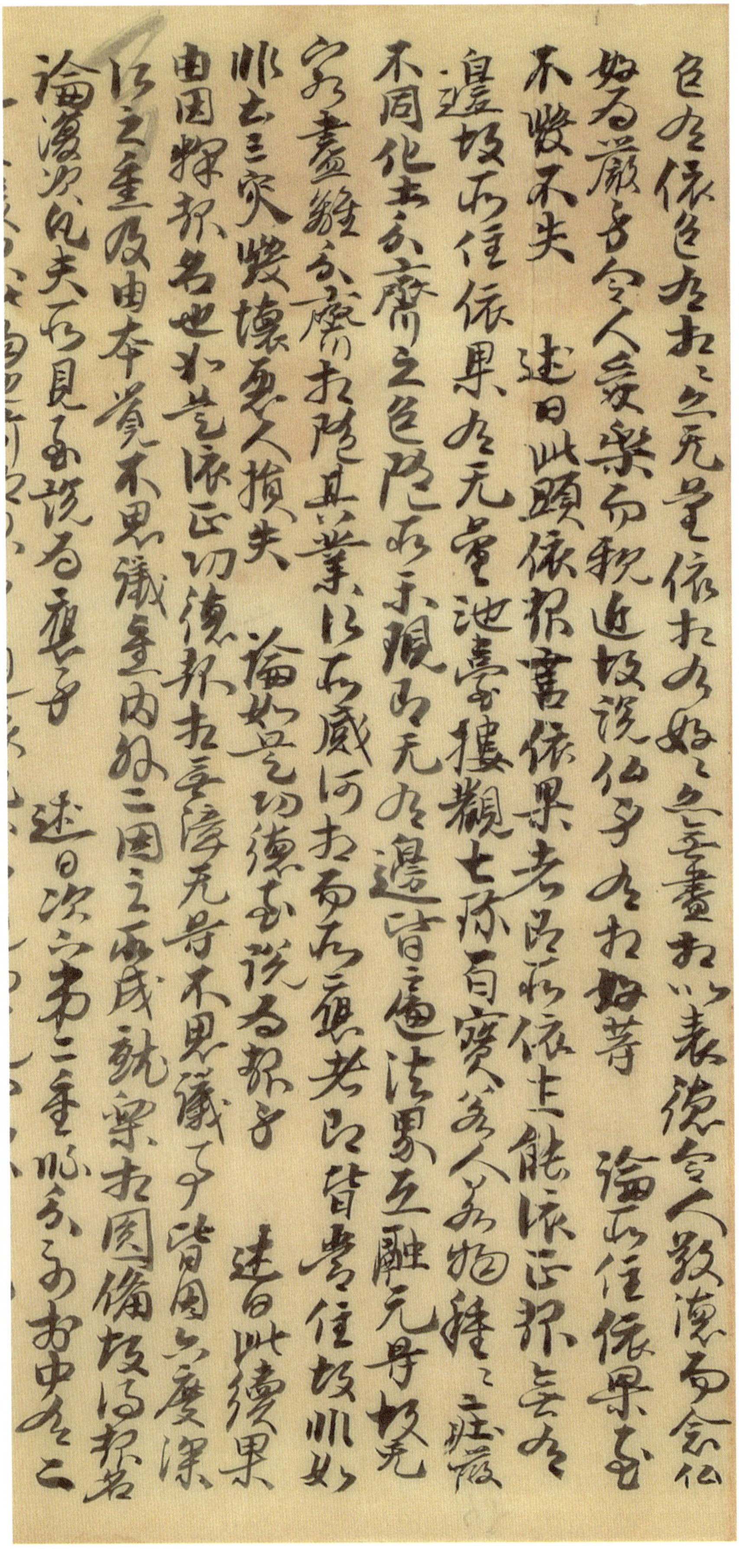

二九一 色有[一]；依色有相，相亦无量[二]；依相有好，好亦無盡；相以表德，令人敬德而念仏；

二九二 好爲嚴身，令人愛樂而親近；故説仏身有相好等。論：「所住依果」至

二九三 「不毁不失」。述曰：此顯依報。言依果者，即所依土；能依正報，無有
二九四 邊故；所住依果[三]，有无量池臺樓觀，七珎百寶，若人若物，種種莊嚴
二九五 不同。化土分齊之色，隨所示[四]現，即无有邊。皆遍法界，互融无㝵，故无
二九六 窮盡，離分齊相，隨其業行所感何相，而所應者，即皆[五]常住。故非如
二九七 化[六]土，三災毁壞，惡人損失。論：「如是功德」至「説爲報身」。述曰：
二九八 此[七]續果
由，因釋報名也。如是依正功德報相，無障无㝵。不思議事，皆因六度深
二九九 行之熏，及由夲覺不思議熏内外二因之所成就，樂相圓備，故淂報名。
三〇〇 論：「復次凡夫所見」至「説爲應身」。述曰：次下第二，重牒分別。於中有
二，

校注

【一】「无量色有」，斯〇一二五作「無量色」，《大乘起信論廣釋》卷四作「無無量色」。【二】「量」，斯〇一二五作「邊」。【三】「果」下，斯〇一二五有「亦」。【四】「示」，斯〇一二五同，《大正藏》作「樂」。【五】「皆」，斯〇一二五作「由」。【六】「化」，原卷作「非」，據斯〇一二五、《大乘起信論廣釋》卷四改。【七】「此」，斯〇一二五無。

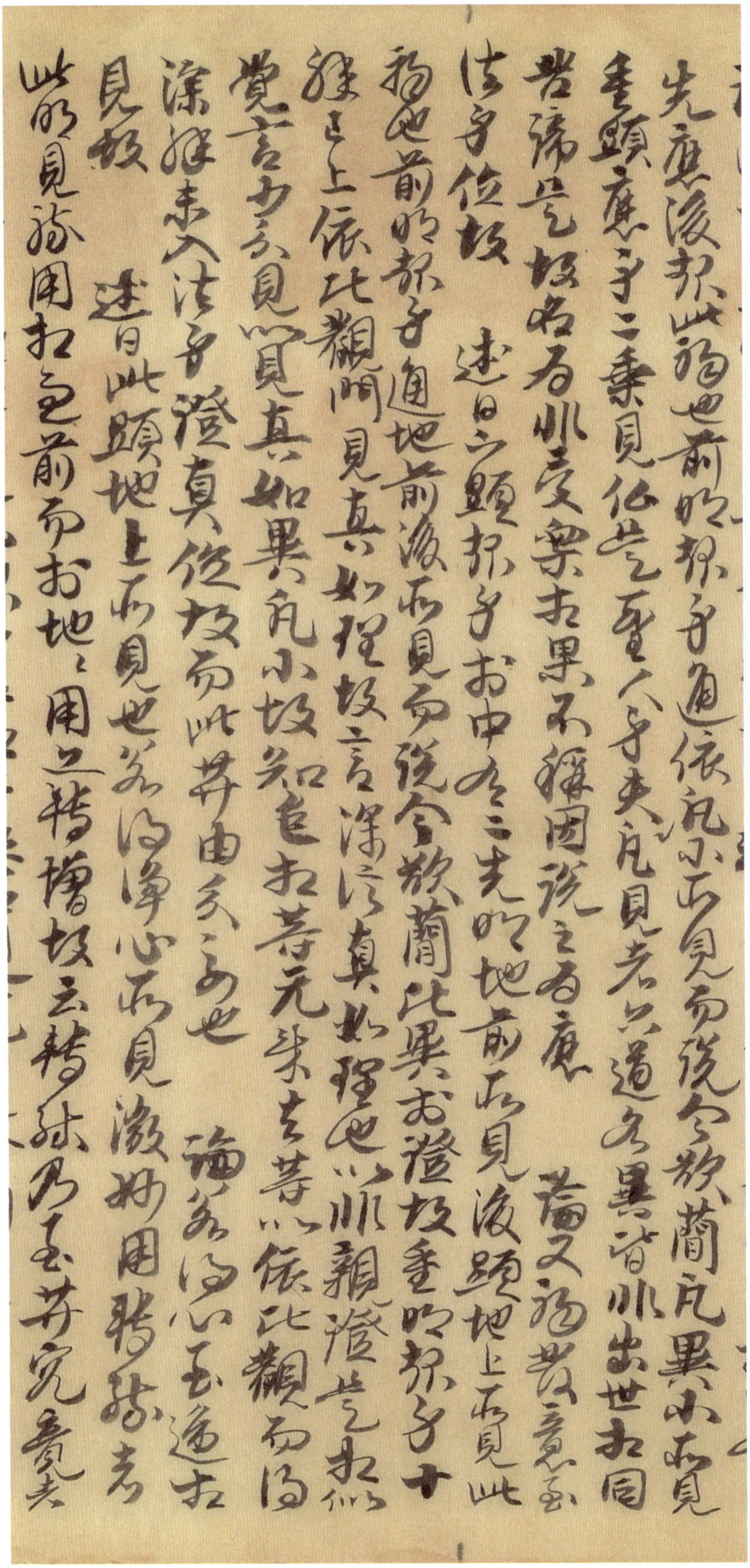

先應，後報，此初也。前明報[一]身，通依凡小所見而說。今欲簡凡異小所見，
重顯應身。二乘見仏是聖人身，凡夫見者六道各異，皆非出世，相同

三〇三 苦諦，是故名爲非受樂相。果不稱因，説之爲應。論：「又初發意」至

三〇四 「法身位故」。述曰：下顯報身。於中有二，先明地前所見，後顯地上所見，

此

三〇五 初也。前明報身，通地前後所見而説；今欲簡比，異於證故，重明報身。十

三〇六 解已上，依比觀門，見真如理，故言深信真如理也。以非親證[二]，是相似

三〇七 覺。言少分見，以見真如異凡小，故知色相等无來去等。以依比觀，而淂

三〇八 深解，未入法身，證[三]真位故，而此菩薩由分别也。論：「若淂〔浄〕[四]心」

至「遮相

三〇九 見故」。述曰：此顯地上所見也。若淂浄心所見微妙用轉勝者，

三一〇 此明見勝。用相過前，而於地地用[五]亦轉增，故云轉勝。乃至菩薩究竟者[六]，

校注

【一】「報」，斯〇一二五作「化」，《大乘起信論廣釋》卷四作「應」。【二】「證」，原卷作「澄」，據斯〇一二五、《大乘起信論廣釋》卷四改。

【三】「證」，原卷作「澄」，據斯〇一二五、《大乘起信論廣釋》卷四改。【四】「浄」，原卷無，據斯〇一二五、《大乘起信論》補。【五】「用」，

斯〇一二五同，《大乘起信論廣釋》卷四作「見」。【六】「者」，斯〇一二五作「地見之究竟知此」。

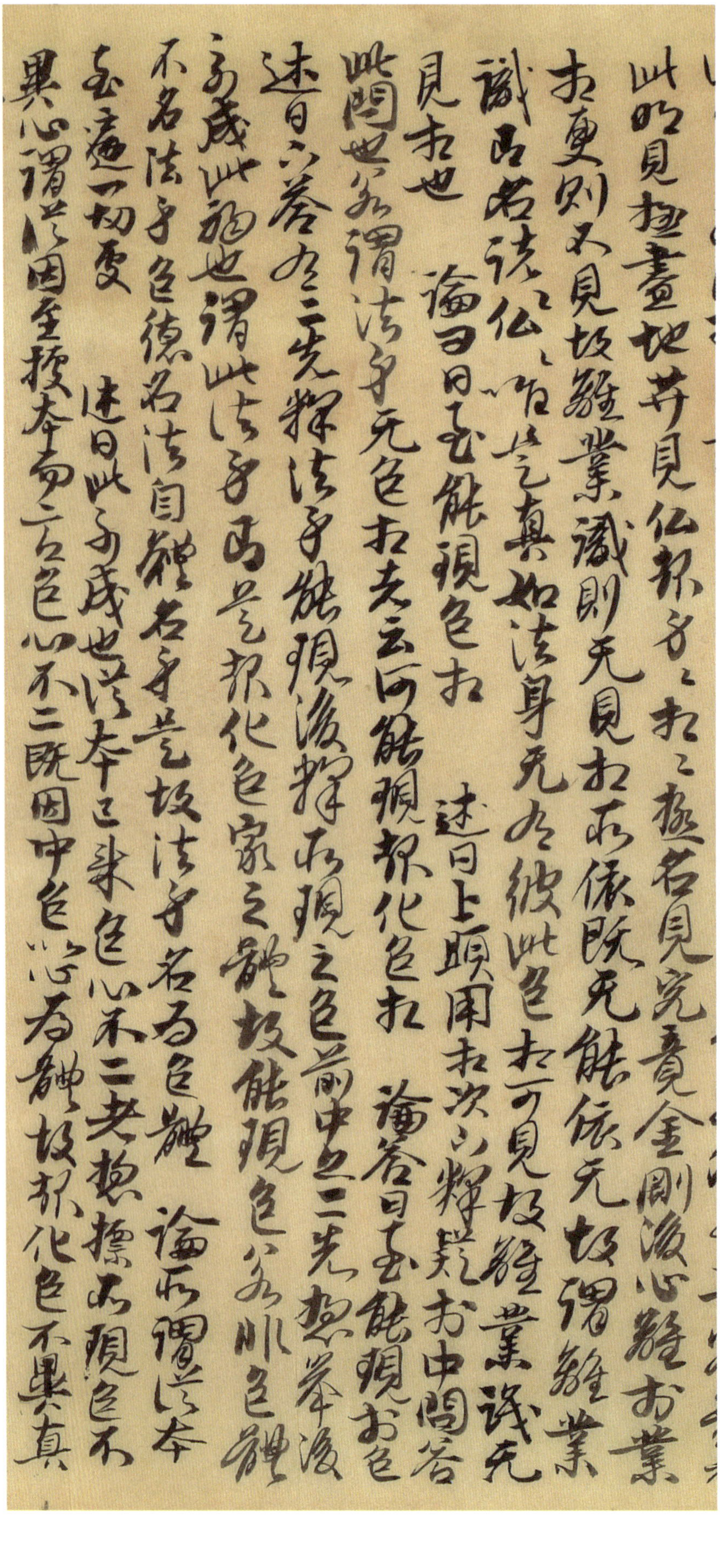

此明見極。盡地菩薩見仏報身相，身相〔之〕[一]極，名見究竟；金剛後心，離於業相，更則不見。故離業識則无見相，所依既无，能依无故，謂離業

三一三 識，即名諸仏。諸仏唯是真如法身，无有彼此色相可見，故離業識，无

三一四 見相也。論：「問曰」至「能現色相」。述曰：上顯用相，次下釋疑。於中

問、荅，

三一五 此問也。若謂法身无色相者，云何能現報化色相？論：「荅曰」至「能現於

色」。

三一六 述曰：下荅有二，先釋法身能現，後釋所現之色。前中亦二，先摠舉，後

三一七 別成，此初也。謂此法身即是報化色家之體，故能現色。若非色體，

三一八 不名法身；色德名法，自體名身，是故法身名爲色體。論：「所謂從本」

三一九 至「遍一切處」。述曰：此別成也。從本已來色心不二者，摠摽所現色不

三二〇 異心，謂從因至〔果〕[二]，據本而言色心不二。既因中色以心爲體，故報化色

不異真

校注

【一】「之」，原卷缺，據斯〇一二五、《大乘起信論廣釋》卷四補。又，「相」下，斯〇一二五無重文符。【二】「果」，原卷無，據斯〇一二五、《大乘起信論廣釋》卷四補。

三二

心。以色性即智等者，明色即心，顯前不二。以[二]彼報化色之本性，即是本

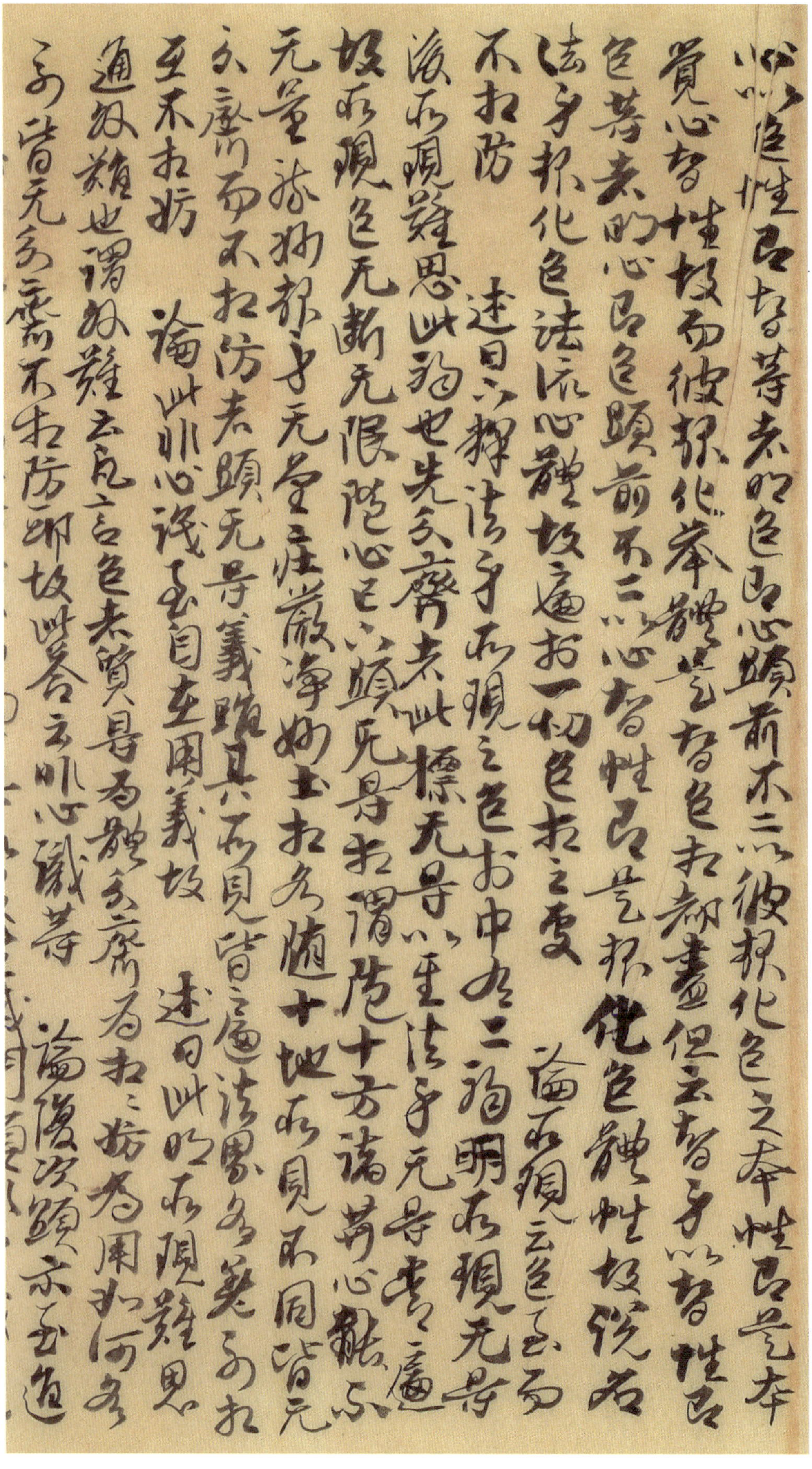
心。以色性即智等者，明色即心，顯前不二。以彼報化色之本性，即是本
覺心智性故，而彼報化等體，是智色相，都盡但云智身。以智性即
色等者，明心即色，顯前不二。以心智性即是報化色體性故，說名
法身。報化色法依心體故，遍於一切色相之處
不相妨　　論所現之色無有分齊
述曰：以釋法身所現之色，於中有二，初明所現無有
深所現難思。此為也。先分齊者，此標無有，以垂法身無有分齊
故所現色無斷無限，隨心色以顯無有相，謂隨十方諸菩薩心能示
無量菩薩報身無量莊嚴淨妙土相，各隨十地所見不同，皆無
分齊而不相妨者，顯無有義，雖其所見皆之遍法界
至不相妨。　論此非心識分別能知，以真如自在用義故。　述曰：此明所現難思
通伏難也。謂伏難云：色等質異為體，分齊者相相妨為用，如何
分皆無分齊而不相妨耶？故此答云：非心識等。　論復次顯示從

覺心智性故。而彼報化舉體是智，色相都盡，但云智身。以智性即色等者，明心即色，顯前不二。以心智性即是報化色體性故，說名法身。報化色法依心體故，遍於一切色相之處。論：「所現之[二]色」至「而不相防」。述曰：下釋法身所現之色。於中有二，初明所現无㝵，後所現難思，此初也。先分齊者，此摽无㝵，以其法身无㝵常遍故。所現色无断无限，隨心已下，顯无㝵相。謂隨十方諸菩薩心，能示[三]无量勝妙報身，无量庄嚴净妙土相，各隨十地所見不同。皆无分齊而不相防者，顯无㝵義。雖其所見，皆遍法界，各[四]差別相，互不相妨。論：「此非心識」至「自在用義故」。述曰：此明所現難思，通外難也。謂外難云：凡言色者，質㝵爲體，分齊爲相，相妨爲用，如何各別皆无分齊，不相防耶？故此荅云：非心識等。論：「復次顯示」至「色[五]

校注

【一】「以」，斯〇一二五無。【二】「之」，原卷作「云」，據斯〇一二五、《大乘起信論》改。【三】「示」，原卷似「不」，據斯〇一二五録。

【四】「各」，原卷似「多」。【五】「色」，原卷作「進」，據斯〇一二五、《大乘起信論》改。

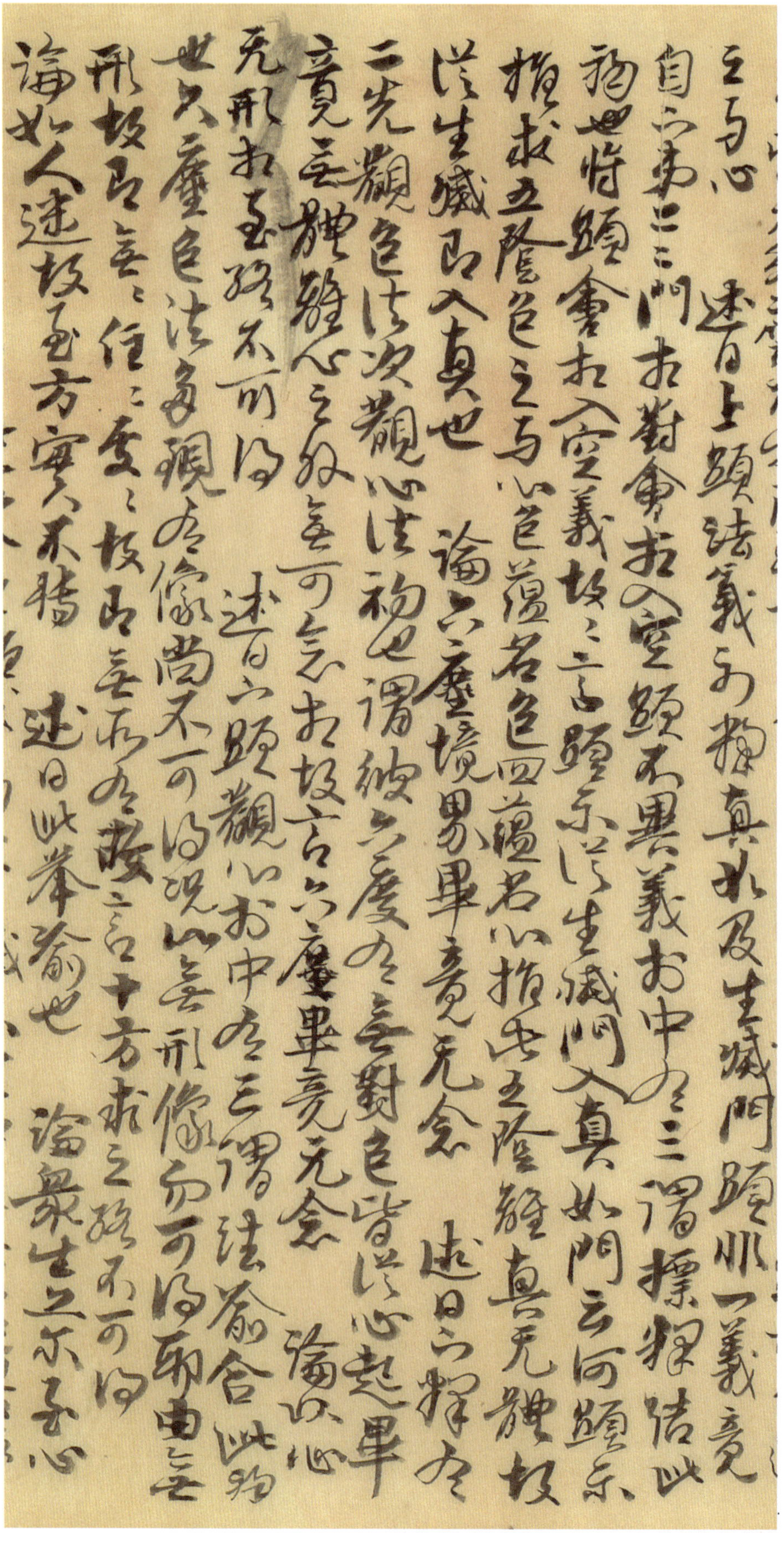

三三　之与心」。述曰：上顯法義，別釋真如，及生滅門，顯非一義竟。

三四　自下第二，二門相對，會相[二]入空，顯不異義。於中有三，謂標、釋、結，此初也。將顯會相入空義故，故言：顯示從生滅門入真如門，云何顯示推求五陰色之与心？色蘊名色，四蘊名心，推此五陰離真无體，故從生滅即入真也。論：六塵境界畢竟无念。述曰：下釋有二，先觀色法，次觀心法，〔此〕[二]初也。謂彼六度，有無對色，皆從心起，畢竟無體；離心之外，無可念相，故言六塵畢竟无念。論：「以心无形相」至「終不可淂」。述曰：下顯觀心。於中有三，謂法、喻、合，此初也。六塵色法[三]多現有像，尚不可淂，況心無形像，而可淂耶？由無形故，即無住處；無住處故，即無所有。故言：十方求之，終不可淂。論：「如人迷故」至「方實不轉」。述曰：此舉喻也。論：「衆生亦尔」至「心

校注

【一】「相」，斯〇一二五同，《大正藏》作「於」。【二】「此」，原卷缺，據斯〇一二五、《大乘起信論廣釋》卷四補。【三】「法」，斯〇一二五無。

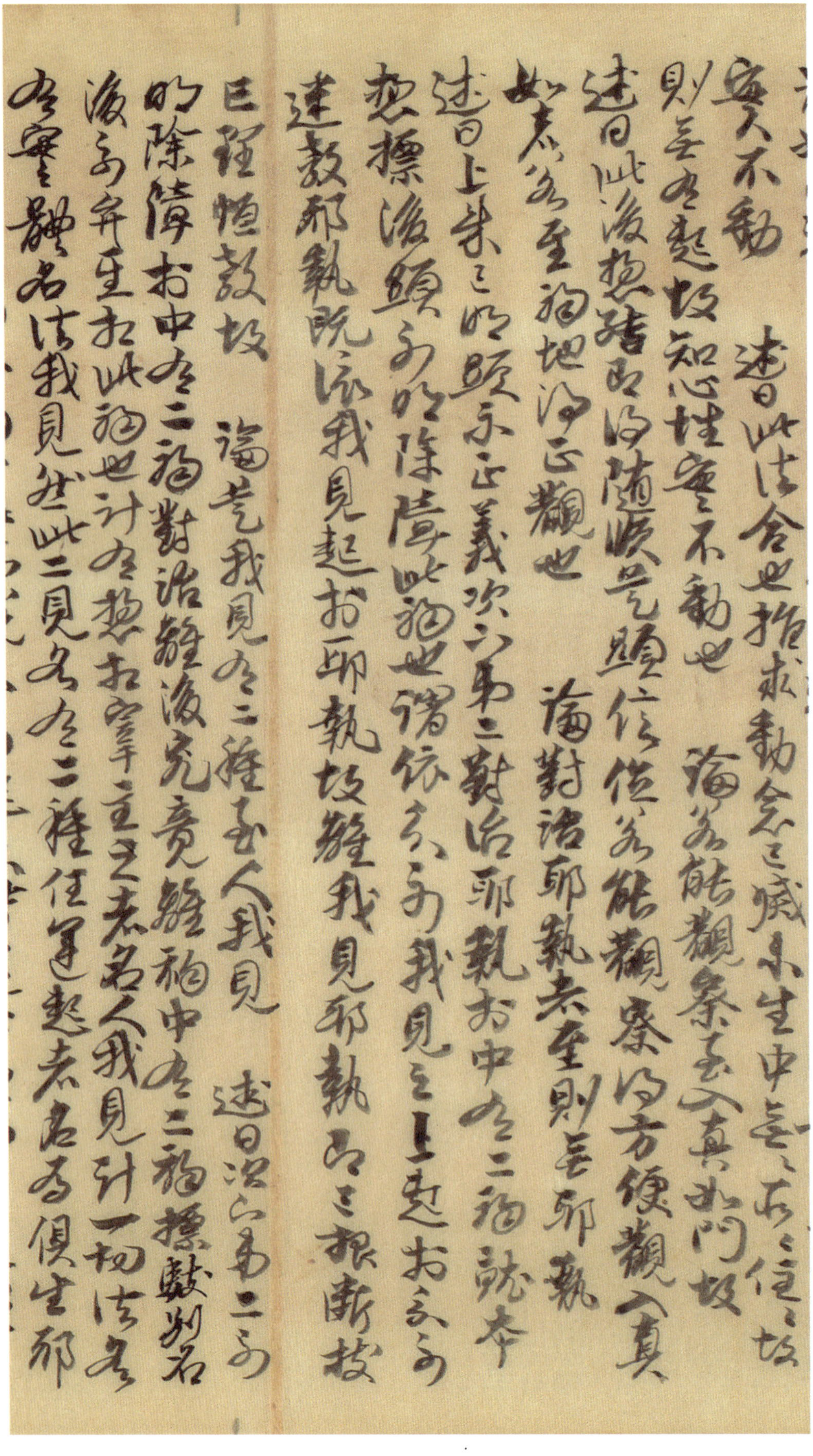

〔二四〕實不動」。述曰：此法合也。推求動念，已滅未生，中無所住；無所住故，

則無有起；故知心性，實不動也。論：「若能觀察」至「入真如門故」。

述曰：此後揔結，即淂隨順是顯信位。若能觀察，淂方便觀，入真如者，若至初地，得正觀也。論：「對治耶執者」至「則無耶執」。

述曰：上來已明顯示正義，次下第二，對治耶[一]執。於中有二，初就本揔摽，後顯[二]別明除障，此初也。謂依分別我見之上起於分別，迷教邪執，既依我見起於耶執故。離我見耶執，即亡[三]根斷枝亡，理恒教故。論：「是我見有二種」至「人我見」。述曰：次下第二，別明除障。於中有二，初對治離，後究竟離。初中有二，初摽數列[四]名，後別弁其相，此初也。計有揔相，宰主之者，名人我見；計一切法，各有實體，名法我見。然此二見，各有二種：任運起者，名爲俱生，邪

校注

【一】「耶」，《大正藏》作「邪」。【二】「顯」，斯〇一二五無。【三】「亡」，原卷似「已」，據斯〇一二五録，《大乘起信論廣釋》卷四作「無」。【四】「列」，原卷作「別」，據斯〇一二五、《大乘起信論廣釋》卷四改。

三五

思起者，名爲分別。今此所說分別起者，皆迷正教而生起故。

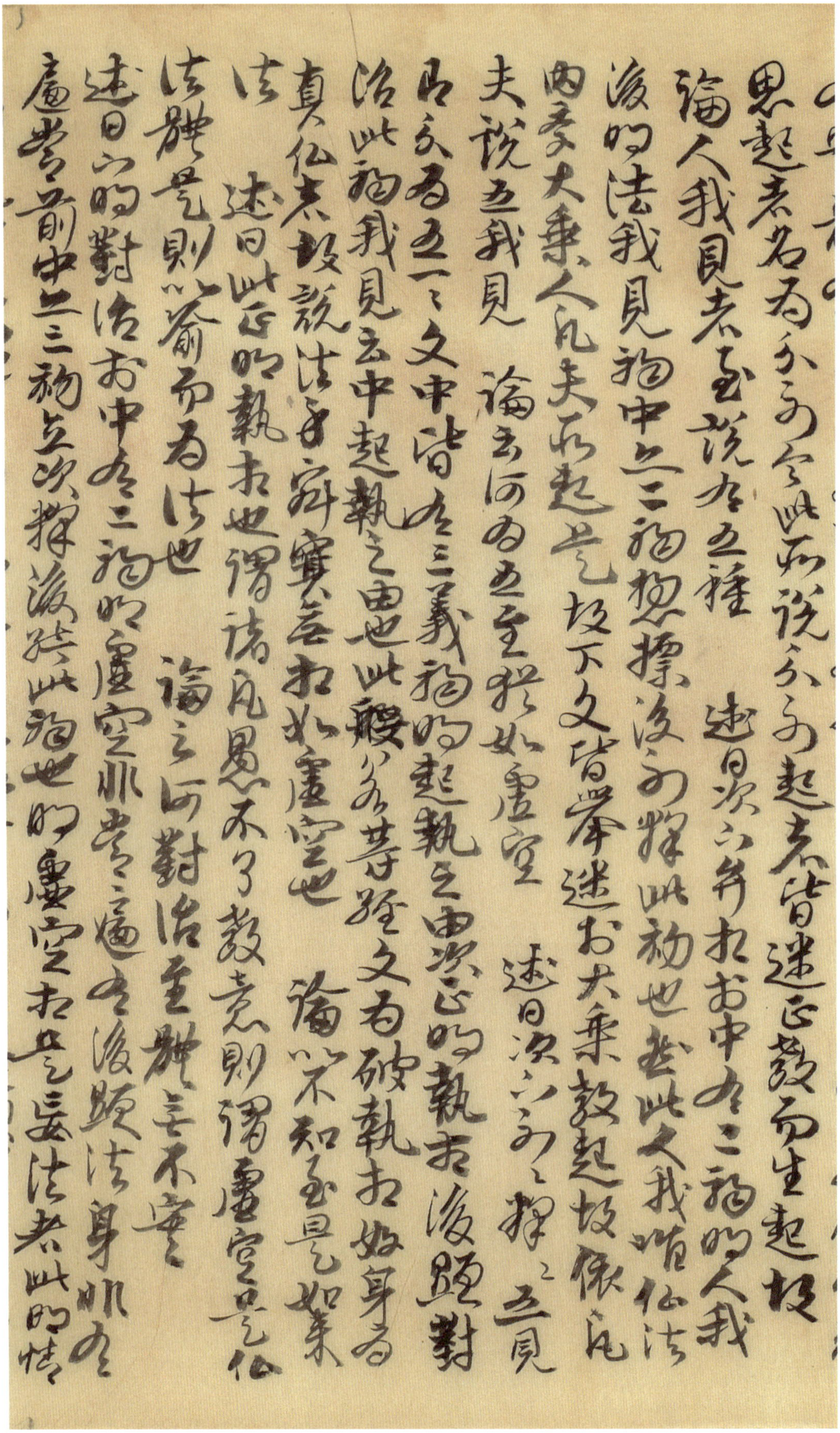

三五六 論：「人我見者」至「説有五種」。述曰：次下弁相。於中有二，初明人我，

三五七 後明法我見。初中亦二，初揔摽，後别釋，此初也。然此人我，唯仏法

三五八 内孛。大乘[一]人、凡夫所起。是故下文皆舉，迷於大乘教起故，依凡

三五九 夫説五我見。論：「云何爲五」至「猶如虚空」。述曰：次下别釋。别釋五

見，

三六〇 即分爲五，一一文中皆有三義，初明起執之由，次正明執相，後顯〔其〕[二]對

三六一 治，此初我見之[三]中起執之由也。此般若等經文，爲破執相，好身爲

三六二 真仏者，故説法身寂寞無相，如虚空也。論：「以不知」至「是如來

三六三 法」。述曰：此正明執相也。謂諸凡愚不了教意，則謂虚空是仏

三六四 法體，是則以喻而爲法也。論：「云何對治」至「體無不實」。

三六五 述曰：下明對治。於中有二，初明虚空非常遍有，後顯法身非有

三六六 遍常。前中亦三，初立，次釋，後結，此初也。明虚空相是妄法者，此明情

校注

【一】「乗」，斯〇一二五作「我」。【二】「其」，原卷無，據斯〇一二五、《大乘起信論廣釋》卷四補。【三】「之」，原卷作「云」，據三七八行、三八四行、斯〇一二五改。

三六七

有。聞說空名，隨分別有虛空相故。體無不實者，此顯理無。如彼空

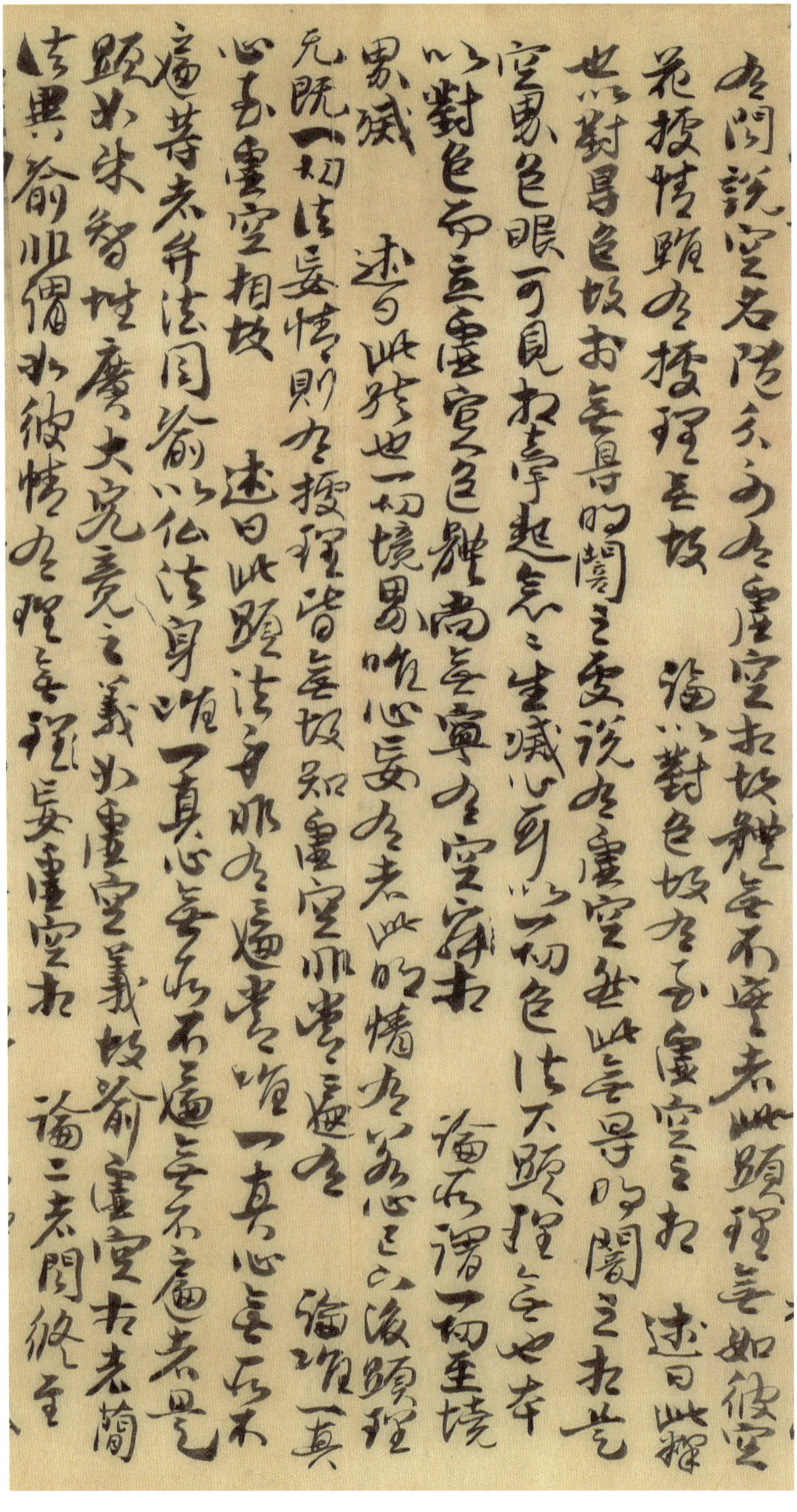

三六八 花，據情雖有，據理無故。論：「以對色故有」至「虛空之相」。述曰：此釋
三六九 也。〔以對色等者，顯情有也。〕[一]以對㝵色故，於無㝵明闇之處說有虛
空。然此無㝵、明闇之相，是
三七〇 空界色，眼可見相，牽起念念生滅心耳。以一切色法下，顯理無也。夲
三七一 以對色而立虛空，色體尚無，寧有空相。論：「所謂一切」至「境
三七二 界滅」。述曰：此結[二]也。一切境界唯心妄有者，此明情有。若心已下，後顯
理
三七三 无。既一切法，妄情則有，據理皆无，故知虛空非常遍有。論：「唯一真
三七四 心」至「虛空相故」。述曰：此顯法身非有遍常。唯一真心無所不
三七五 遍等者，弁法同喻，以仏法身，唯一真心，無所不遍。無不遍者，是
三七六 顯如來智性廣大、究竟之義，如虛空義故喻虛空。〔非如虛空〕[三]相者，簡
三七七 法異喻。非謂如彼情有理無妄虛空相。論：「二者聞[四]脩」至

校注

【一】「以對色等者顯情有也」，原卷無，據斯〇一二五行間小字補，《大乘起信論廣釋》卷四作「以對色等者初明情有」。【二】「結」，原卷似「體」。【三】「非如虛空」，原卷無，據斯〇一二五、《大乘起信論廣釋》卷四補。【四】「聞」，《大正藏》作「問」。

雖一切者　述曰第二我見之中初明起執之由也言大品等諸
以經爲破凡著生死無妄生分別欲說者故說諸法畢竟皆空
乃從本來無自性故雖一切相名之空耳　論以不知至唯是其空
述曰此明執相也以不知爲破著故即如言執真如無性功德相畢竟
斷無　論云何對治至性功德故　述曰此顯對治也真如
自體不空者正明不空對治空執具足無量性功德者此釋不
空所以義也　論三者至功德之法　述曰第三我見之中初
明起執之由也此文爲破著空衆生說如來藏具體相用
論以不解故至自相差別　述曰此正明執相也色謂相好心謂
相好心謂力等彼初心者執此爲實無聞如來藏備功德法不離
約真性德而說無差別相謂在如前自體差別色心功德
論云何對治至差別故　述曰此顯對治也唯依真如義
說故者二之不二而言體備功德法者唯依真如性德義說非謂在前色

「離一切相」。述曰：第二我見之中初明起執之由也，即《大品》等諸般[一]若經，爲破取着生死涅槃，妄生分別，而欣猒者。故説諸法畢竟皆空，即從夲來無自性故，離一切相，名之空耳。論：「以不知」至「唯是其空」。述曰：此正明執相也，以不知爲破着故。即如言執真如涅槃性功德相，畢竟断無。論：「云何對治」至「性功德故」。述曰：此顯對治也。真如法身自體不空者，正明不空，對治空執。具足無量性功德者，此釋不空所以義也。論：「三者」至「功德之法」。述曰：第三我見之中初明起執之由也。此文爲破着空衆生，説如來蔵[二]具體相用。論：「以不解故」至「自相差別」。述曰：此正明執相也。色謂相好，心謂相好，心謂力等，彼初心者執此爲實。聞如來蔵俻功德法，不解約真性德，而説無差別相，謂有如前自體差別色心功德。論：「云何對治」至「説差別故」。述曰：此顯對治也。唯依真如義説故者，二之不二。所言體俻功德法者，唯依真如性德義説，非謂有前色

校注

【一】「般」，原卷作「緣」，據斯〇一二五、《大乘起信論廣釋》卷四改。【二】「蔵」，斯〇一二五作「莊」。

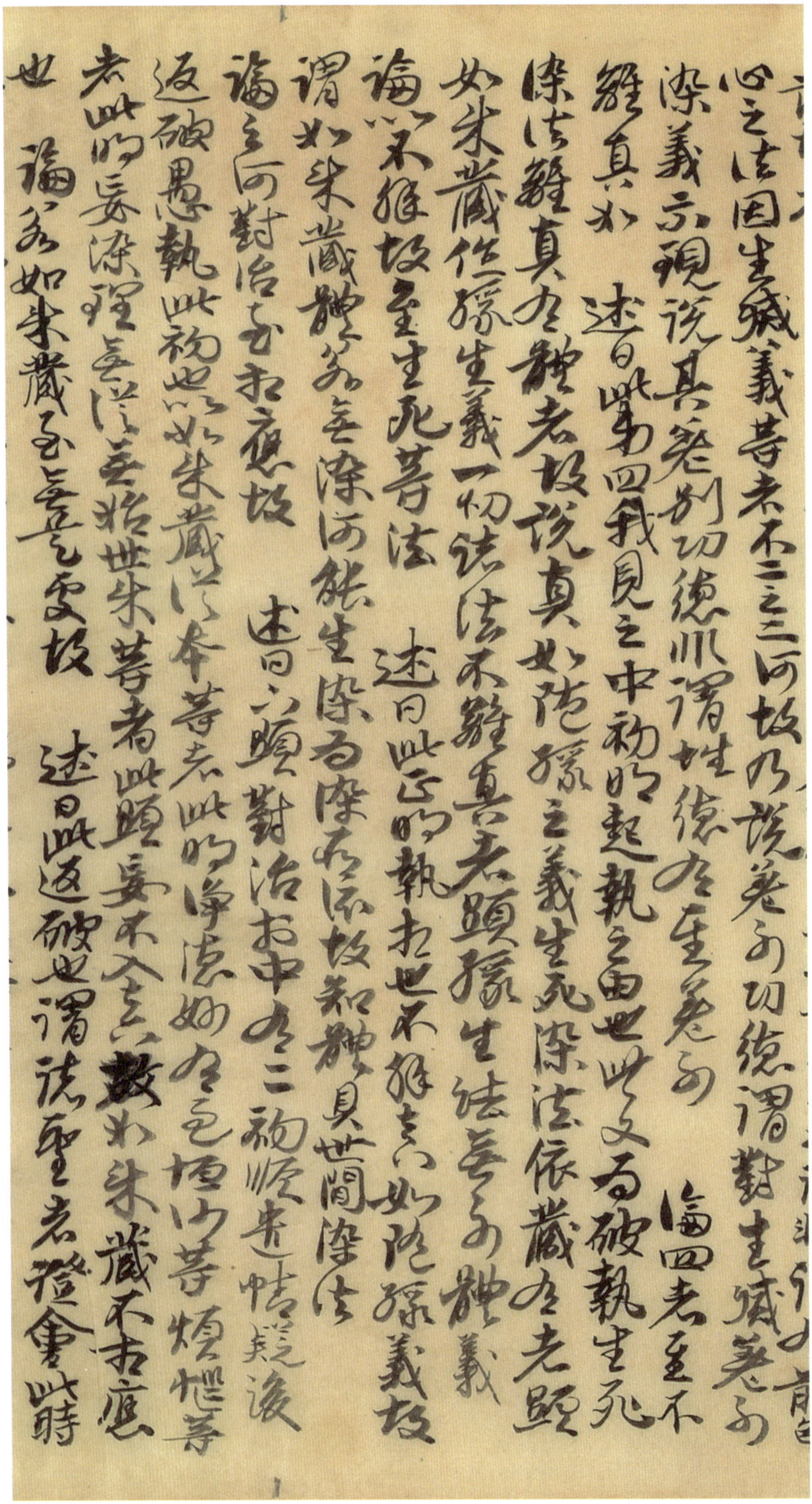

心之法。因生滅義[二]等者，不二之二，何故乃說差別功德？謂對生滅差別染義，示現說其差別功德，非謂性德有其差別。論：「四者」至「不

三九三 離真如」。述曰：此第四我見之中初明起執之由也。此文爲破執生死
三九四 染法，離真有體者，故說真如隨緣之義[一]。生死染法依藏有者，顯
三九五 如來藏，作緣生義。一切諸法不離真者，顯緣生法，無[二]別體義。
三九六 論：「以不解故」至「生死等法」。述曰：此正明執相也。不解真如隨緣義
故。
三九七 謂如來藏體若無染，何能生染？爲染所依故，知體具世間染法。
三九八 論：「云何對治」至「相應故」。述曰：下顯對治。於中有二，初順遣情疑，
後
三九九 返破愚執，此初也。以如來藏從夲等者，此明浄德妙有；過恒沙等煩惱等
四〇〇 者，此明妄染理無；從無始世來等者，此顯妄不入真。故如來藏不相應
四〇一 也。論：「若如來藏」至「無是處故」。述曰：此返破也。謂諸聖者證會此
時，

校注
【一】「義」，斯〇一二五作「染」，右有羨筆。【二】「無」，斯〇一二五作「不」。

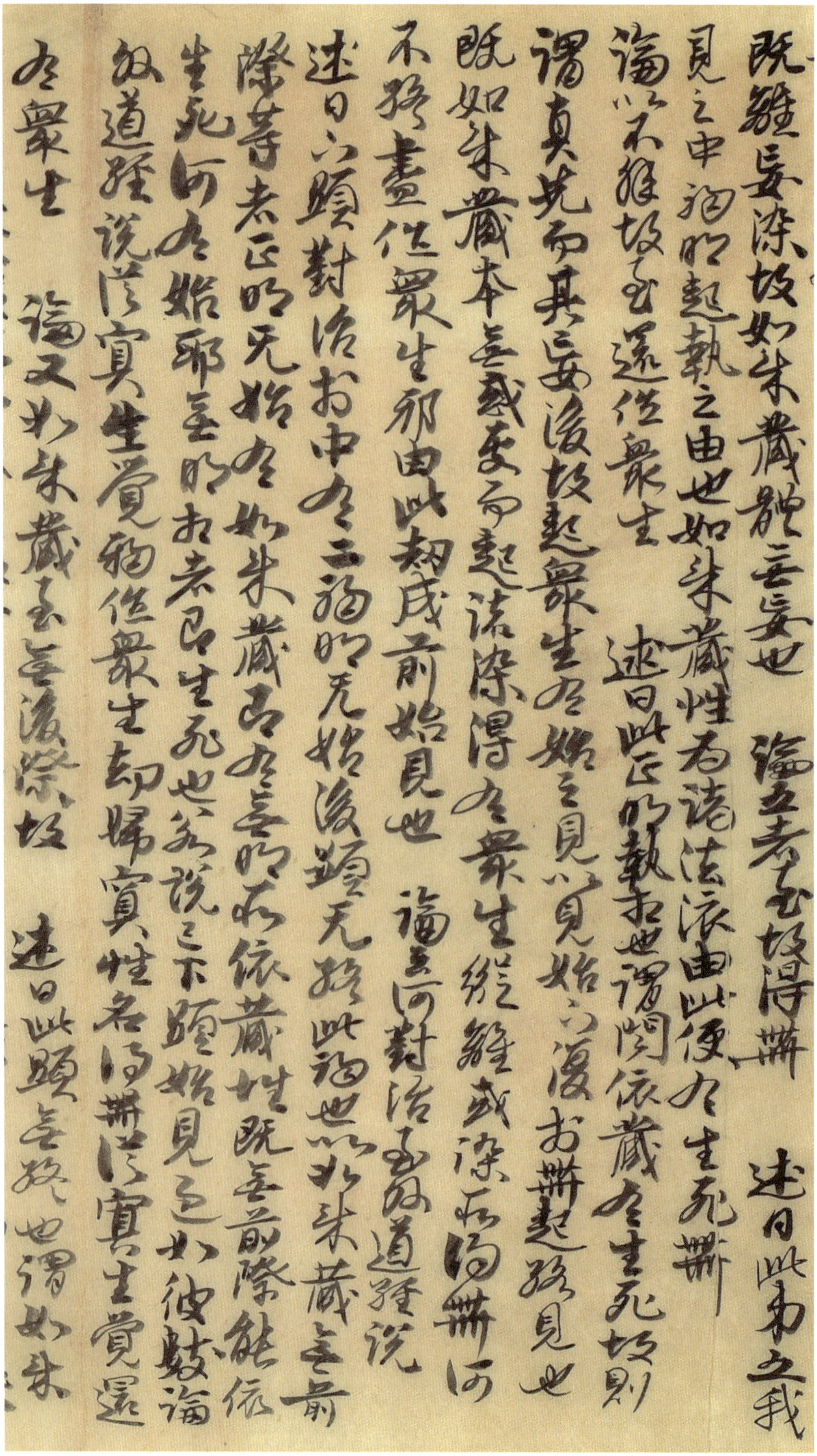

四〇二

既離妄染故，如來藏體無妄也。論：「五者」至「故得涅槃」。述曰：此第五

我

四〇三 見之中初明起執之由也。如來藏性爲諸法依，由此便有生死涅槃。

四〇四 論：「以不解故」至「還作衆生」。述曰：此正明執相也。謂聞依藏有生死

故，則

四〇五 謂真先而其妄後，故起衆生有始之見。以見始下，復於涅槃起終見也。

四〇六 既如來藏夲無惑處，而起諸染淂有衆生，縱離或[一]染，所淂涅槃，何

四〇七 不終盡，作衆生邪？由此劫成前始見也。論：「云何對治」至「外道經説」。

四〇八 述曰：下顯對治。於中有二，初明无始，後顯无終，此初也。以如來藏無前

四〇九 際等者，正明无始；有如來藏，即有无明。所依藏性既無前際，能依

四一〇 生死何有始耶？無明相者，即生死也。若説已下，顯始見過[二]，如彼數論

四一一 外道經説，從寘[三]生覺，初作衆生，却歸寘性，名淂涅槃；從寘生覺，還

四一二 有衆生。論：「又如來藏」至「無後際故」。述曰：此顯無終也。謂如來

、

校注

【一】「或」，《大正藏》作「惑」。【二】「過」，《大正藏》作「至」。【三】「寘」，與下文「寘」，均是「冥」之俗字。

藏無後際故諸如來智證之相應所得涅槃與藏相應而無後際
者真體故　論法我見未至説人無我　述曰六題法我見於中之
三此明所起執之由也雖此法未至空無我二乘根鈍且未堪聞爲引彼
人令入空無道先故但説人無我理　論以説不究竟至妄取涅槃
述曰此正明執末也由生題蘊體之空説未了故彼二乘未亡法執見
見五陰生滅之法故怖生死妄取涅槃　論云何對治至本來涅槃故
述曰此題對治也以彼五陰本無自性何不生滅至無生滅本自涅槃
何不空法妄生欣厭　論復次究竟至自去不可説　述曰次之第二
題究竟離於中有二初約法明離後會末釋伏疑前中又三初約
法總題後舉廣類求此初也前明伏道伏除邪執名爲對治今明
令明斷道永離妄執名究竟離此舉執孫題無自性所執之無故
能執不生心無所依自然離脫故言究竟離妄執等　論是一切至

四三

藏无後際故，諸如來智證之相應，所淂涅槃與藏相應，而無後際，

四一四 即真體故。論：「法我見者」至「說人無我」。述曰：下顯法我見。於中亦
四一五 三。此初明起執之由也，雖此法相亦空無我；二乘根鈍且未堪聞，爲引彼
四一六 人令入聖道，是故但說人無我理。論：「以說不究竟」至「妄取涅槃」。
四一七 述曰：此正明執相也。由其顯蘊體亦空，說未了故，彼二乘者未亡法執，見
四一八 有五陰，生滅實法，故怖生死，妄取涅槃。論：「云何對治」至「夲來涅槃
故」。
四一九 述曰：此顯對治也。以彼五陰夲無自性，何有生滅？即無生滅，夲自涅槃，
四二〇 何有實法？妄生欣猒。論：「復次究竟」至「自相可說」。述曰：次下第二，
四二一 顯究竟離。於中有二，初約法明能作，後會相釋伏疑。前中亦二，初約
四二二 法摠顯，後舉廣類求，此初也。前明伏道，伏除邪執，名爲對治；今明
四二三 断[一]道，永離妄執，名究竟離。摠舉執緣，顯無自性，所執無故，
四二四 能執不生。心無所依，自然解脫，故言究竟離妄執等。論：「是〔故〕[二]一
切」至

校注

【一】「断」上，原卷衍「今明」二字，據斯〇一二五、《大乘起信論廣釋》卷四刪。【二】「故」，原卷無，據《大乘起信論》補。

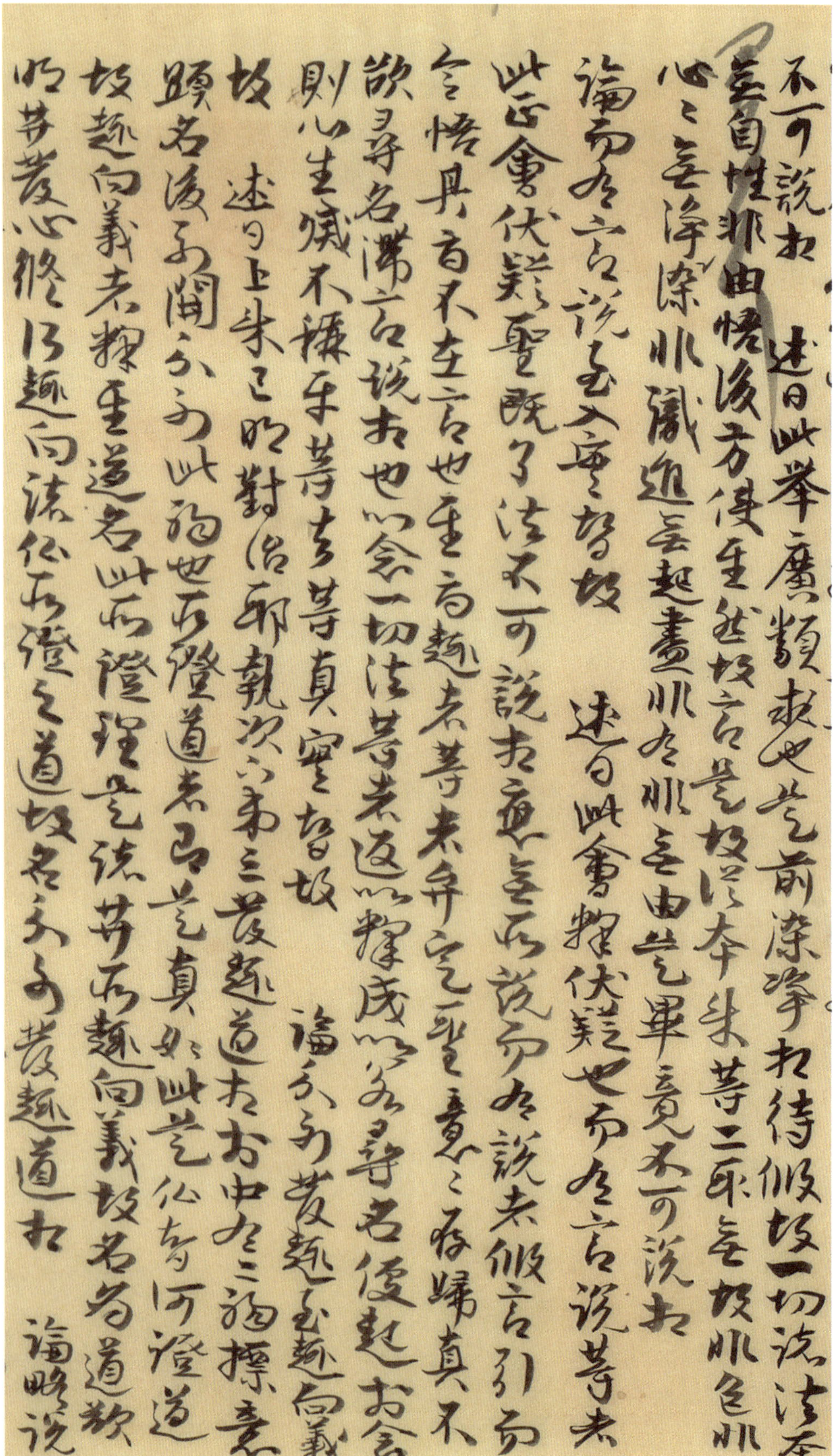

四二五

「不可說相」。述曰：此舉廣類求也，是前染淨相待假故。一切諸法本

四二六 無自性，非由悟後方使其[一]然，故言「是故從夲來」等。二取無故，非色非
四二七 心，心無染凈；非識進無起盡，非有非無，由是畢竟不可説相。
四二八 論：「而有言説」至「入實智故」。述曰：此會釋伏疑也。而有言説等者，
四二九 此正會伏疑。聖既了法，不可説相。應無所説，而有説者，假言引而
四三〇 令悟其旨，不在言也。其旨趣者等者，弁定聖意，意存歸真，不
四三一 欲尋名，滯言説相也。以念一切法等者，返以釋成，以若尋名便起於念，
四三二 則心生滅。不稱平等者，等真實智故。論：「分別發趣」至「趣向義
四三三 故」。述曰：上來已明對治邪執，次下第三，發趣道相。於中有二，初標意
四三四 顯名，後別開分別，此初也。取證道者，即是真如，此是仏智所[二]證道
四三五 故。趣向義者，釋其道名，此所證理，是諸菩薩所趣向義，故名爲道。欲
四三六 明菩薩發心修行，趣向諸仏所[三]證之道，故名分別發趣道相。論：「略説

校注

【一】「使其」，《大乘起信論廣釋》卷四作「決其」，大正藏作「便生」。【二】「所」，原卷作「何」，據《大乘起信論廣釋》卷五「亦是佛智所證道故」改。《大正藏》作「所」。【三】「所」，《大正藏》作「取」。

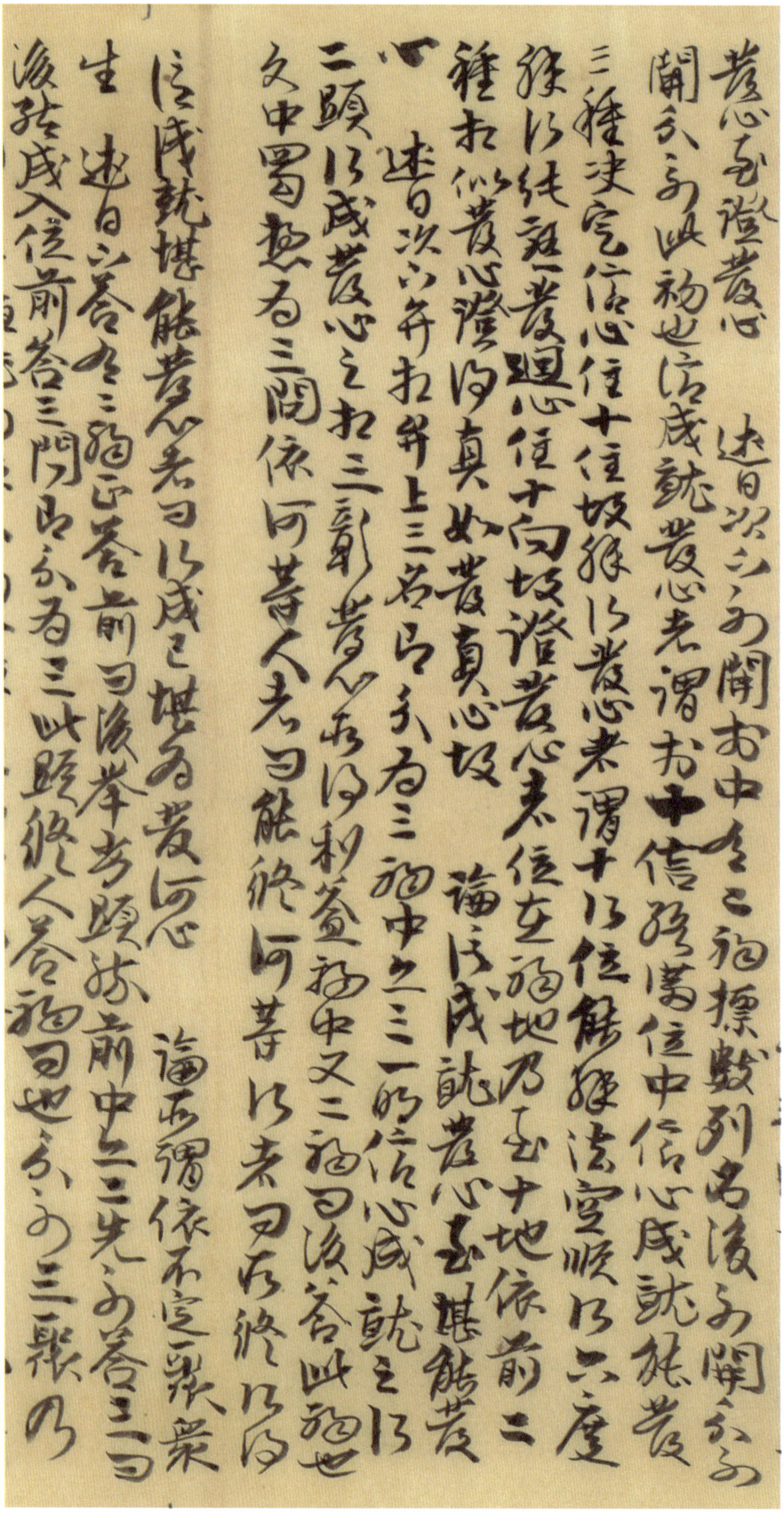

四三七 發心」至「證發心」。述曰：次下別開。於中有二，初標數列名，後別開分別，

四三八 此[一]初也。信成就發心者，謂於十信終滿位中信心成就，能發
四三九 三種決定信心，住十住故。解行發心者，謂十行位，能解法空，順行六度，
四四〇 解行純熟，發迴心住十向故。證發心者，位在初地，乃至十地，依前二
四四一 種，相似發心，證淂真如，發真心故。論：「信成就發心」至「堪能發
四四二 心」。述曰：次下弁相。弁上三名，即分爲三。初中亦三，一明信心成就之
行，
四四三 二顯行[二]成發心之相，三彰發心所[三]淂利益。初中又二，初問，後答，此初
也。
四四四 文中四勾揔爲三問：依何等人者，問能修；何等行者，問所修行；淂
四四五 信成就堪能發心者，問行成已堪爲發何心。論：所謂依不定聚衆
四四六 生。述曰：下荅有二：初正荅前問，後舉劣顯勝。前中亦二，先別荅、三問，
四四七 後結成入位。前荅三問，即分爲三，此顯修人，荅初問也。分別三聚，乃

校注

【一】「此」上，原卷衍「開分別」，據《大乘起信論廣釋》卷五、《大正藏》録文删。【二】「行」，《大正藏》作「分」。【三】「所」，《大正藏》作「取」。

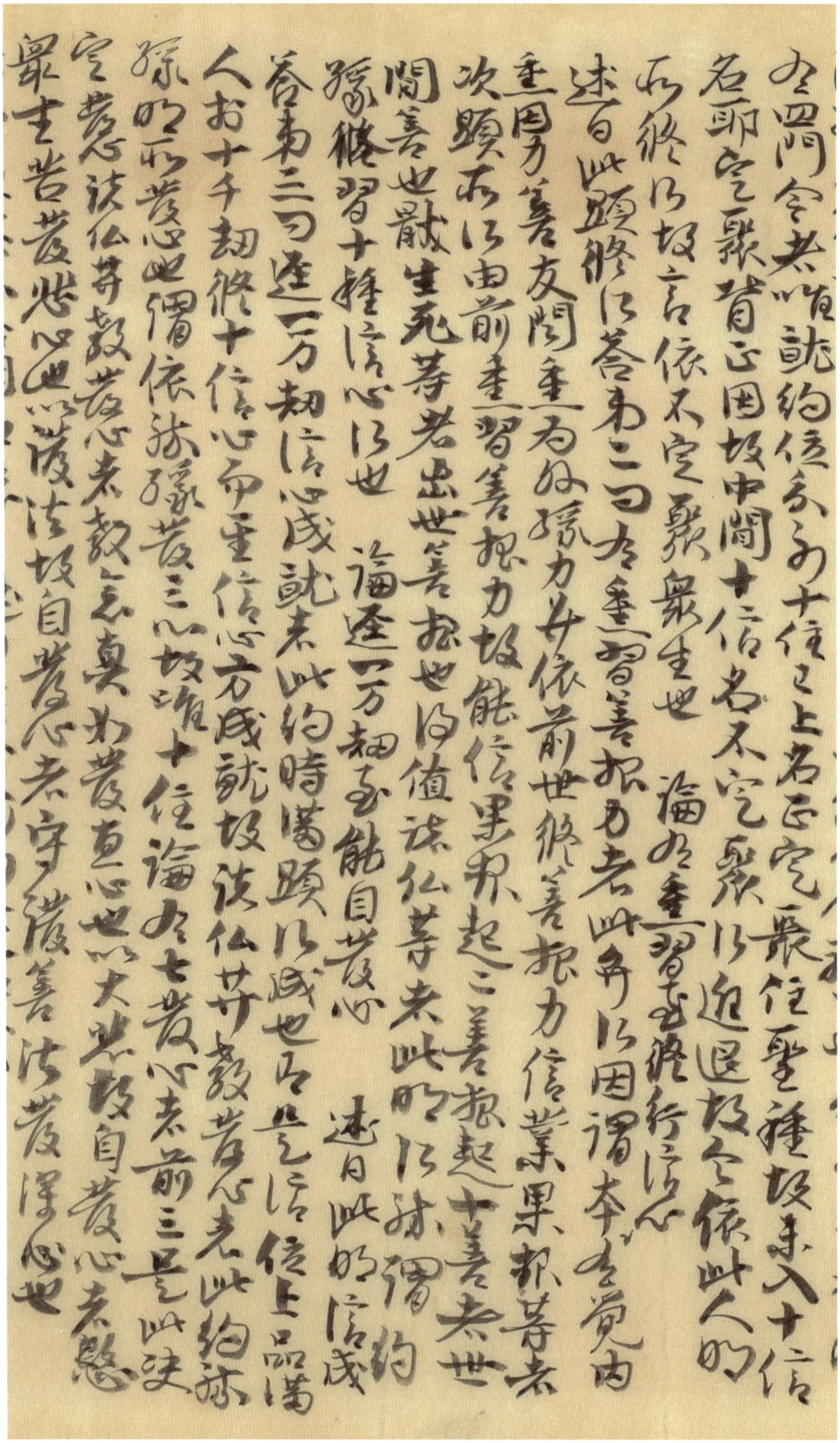

四八

有四門。今[二]者唯就約位分別：十住已上，名正定聚，住聖種故；未入十信，

四四九 名耶[二]定聚，背正因故；中間十信，名不定聚，行進退故。今依此人明
四五〇 所修行，故言依不定聚衆生也。論：「有熏習」至「修行信心」。
四五一 述曰：此顯修行，荅第二問。有熏習善根力者，此弁行因。謂有夲覺[三]，内
四五二 熏因力；善友聞熏，爲外緣力，并[四]依前世修善根力。信業果報等者，
四五三 次顯所行，由前熏習善根力故。能信果報，起二善根。起十善者，世
四五四 間善也；猒生死等者，出世善根也。淂值諸仏等者，此明行勝。謂約
四五五 緣修習十種信心行也。論：「經[五]一万刧」至「能自發心」。述曰：此明信成
四五六 荅第三問。逕一万刧信心成就者，此約時滿顯行成也。即是信位上品滿
四五七 人，於十千刧修十信心，而其信心方成就故。諸仏菩薩教發心者，此約勝
四五八 緣明所發心也，謂依勝緣發三心故。唯十住論有七發心者，前三是此決
四五九 定發心。諸仏菩薩教發心者，教念真如發恵心也。以大悲故自發心者，愍
四六〇 衆生苦發悲心也。以護法故自發心者，守護善法發深心也。

校注

【一】「今」，原卷似「令」。【二】「耶」，《大正藏》作「邪」。【三】「夲覺」，原卷作「覺夲」，右有倒乙符。【四】「并」，《大正藏》作「必」。

【五】「經」，原卷作「逕」，據《大乘起信論》改。《大正藏》亦録作「經」。

四六二 論：「如是信心」至「正因相應」。述曰：上答前問，此結[二]成入位也。是十
千刧

四六二 信成就故，淂發三心[二]。至初住位，名入正定聚。大涅槃、離生死耶，名正種

四六三 姓菩薩。取一趣之必尔名定，衆多攝爲一類名聚。當所成覺，名曰[三]如來。習

四六四 性當治，名住種中；正因相應，釋當紹[四]義；内熏仏性，名曰正因。修行契

順[五]，

四六五 故曰相應。由与淂仏，正因相應，是故淂住如來種也。論：「若有衆

四六六 生」至「若進若退」。述曰：次下第二，舉劣顯勝。於中有二，初内熏力

四六七 微，後外緣力劣，此初也。内熏力微，即是信位初心人也；善根微劣等

四六八 者，揔明障重，創修善行，名爲微少；久或[六]未制，名爲深厚。雖值

四六九 於仏等者，別顯住[七]輕，於中別顯三種劣心。然起人天種子者，倒

四七〇 種苦因。或起二乗種子者，異求小果。設求大乗根不定者，猶豫大

四七一 乗，即下、中、上三品人也。此雖遇勝緣發心，善少障深，但淂淺利。

校注

【一】「結」，《大乘起信論廣釋》卷五同，《大正藏》作「能」。【二】「三心」，原卷作「心三」，右有倒乙符。【三】「曰」，《大正藏》作「白」。【四】「紹」，《大正藏》作「治」。【五】「順」，《大正藏》作「假」。【六】「或」，《大正藏》作「惑」。【七】「住」，《大乘起信論廣釋》卷五作「位」。

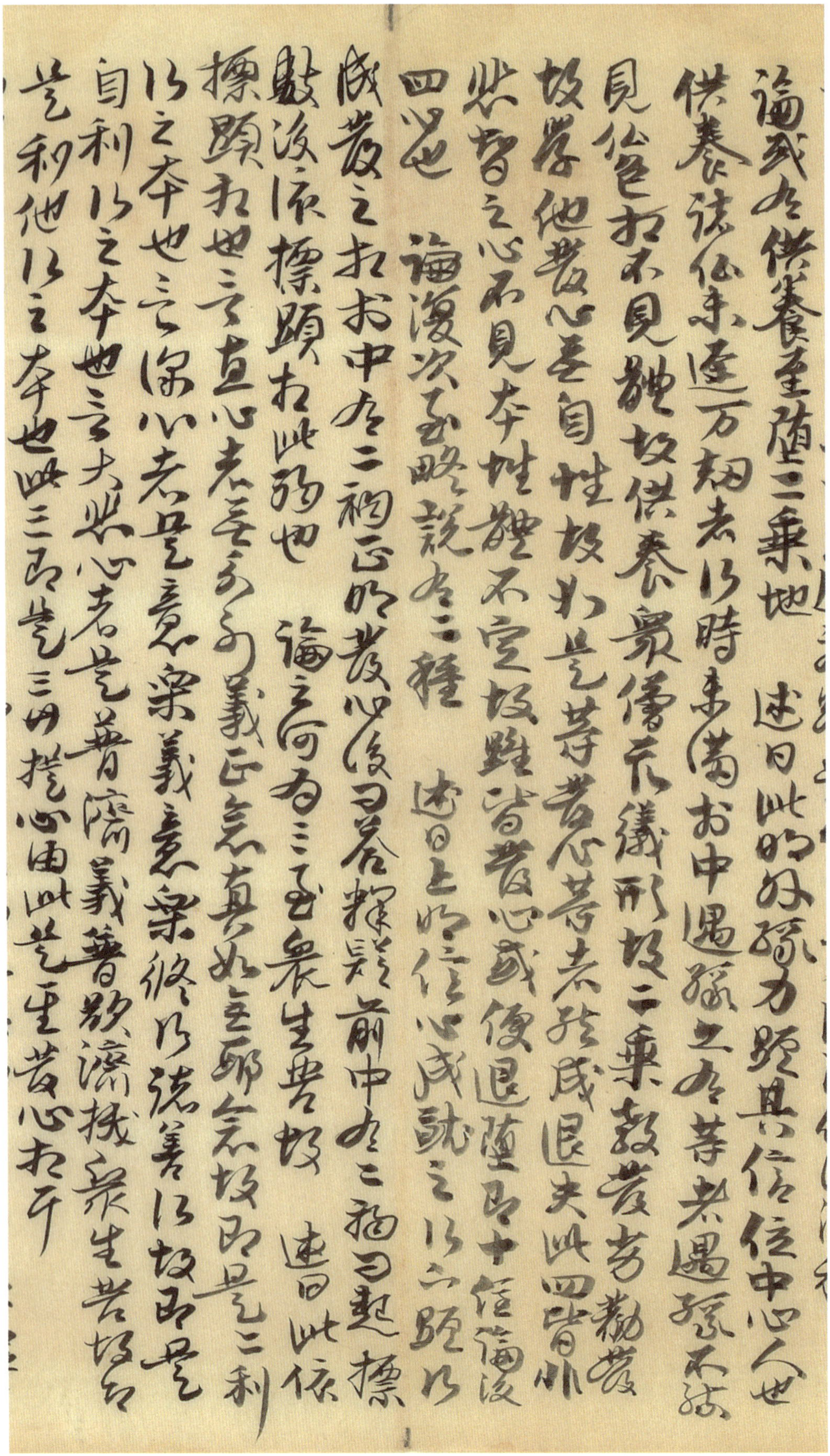

四七二

論：「或有供養」至「墮二乘地」。述曰：此明外緣力，顯其信位中心人也。

四七三 供養諸仏未逕[一]万刧者，行時未滿；於中遇緣亦有等者，遇緣不勝。
四七四 見仏色相，不見體故；供養衆僧，取儀形故；二乘教發，劣勸發
四七五 故；學他發心，無自性故。如是等發心等者，結[二]成退失[三]。此四皆非
四七六 悲智之心。不見本性，體不定故；雖皆發心，或便退墮；即十住論後
四七七 四心也。論：「復次」至「略説有二種」。述曰：上明信心成就之行，下顯行
四七八 成發之相。於中有二，初正明發心，後問荅釋疑。前中有二，初問起標
四七九 數，後依標顯相，此初也。論：「云何爲三」至「衆生苦故」。述曰：此依
四八〇 標顯相也。言直心者，無分別義，正念真如無耶[四]念故，即是二利
四八一 行之本也。言深心者，是意樂義，意樂修行諸善行故，即是
四八二 自利行之本也。言大悲心者，是普濟義，普欲濟拔衆生苦故，即
四八三 是利他行之本也。此三即是三菩提心，由此是其發心相耳。

校注

【一】「逕」，《大正藏》作「經」。【二】「結」，《大乘起信論廣釋》卷五同，《大正藏》作「能」。【三】「失」，原卷似「夫」，《大乘起信論廣釋》卷五、《大正藏》作「失」。【四】「耶」，《大正藏》作「邪」。

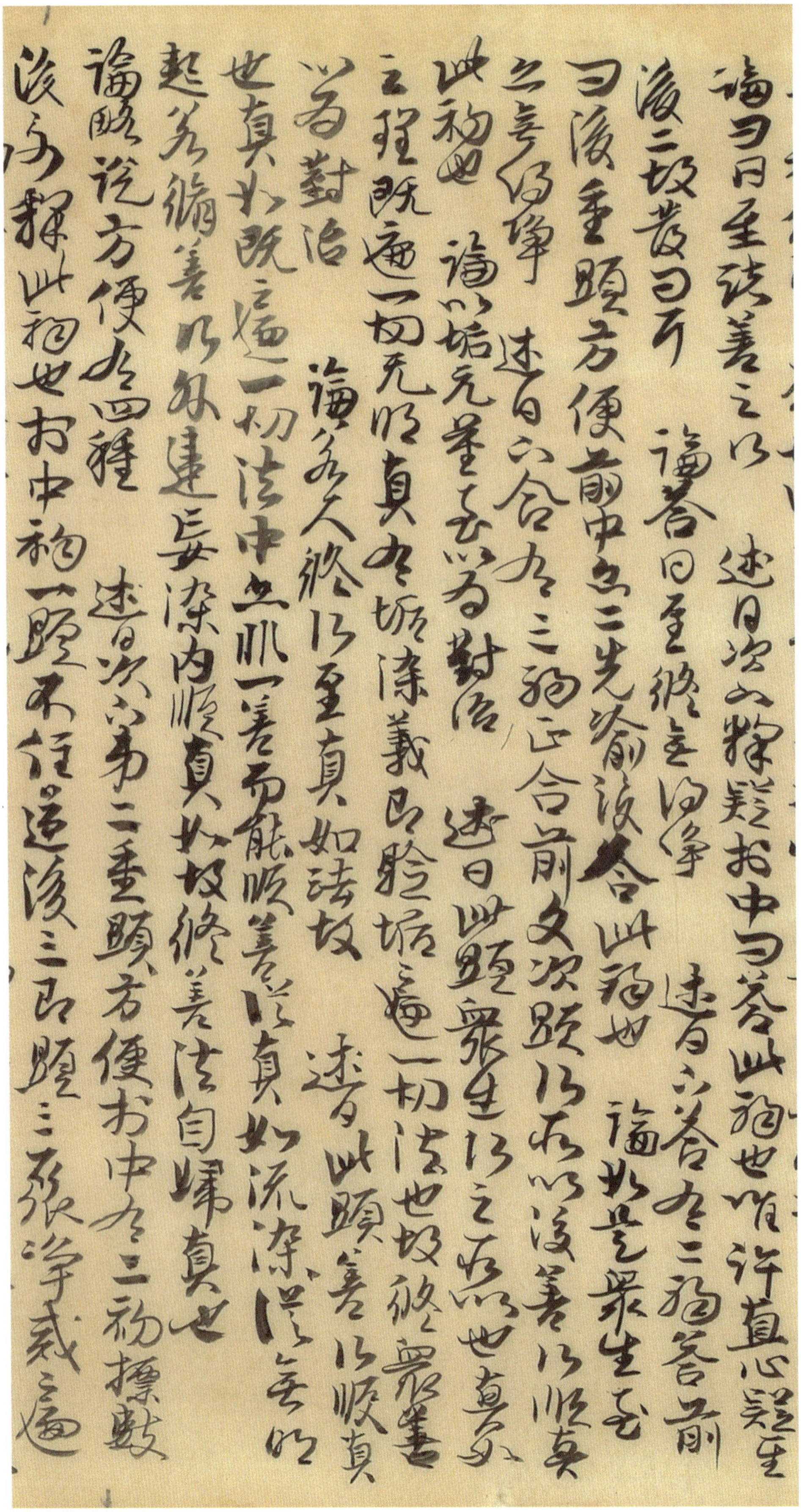

四八四

論：「問曰」至「諸善之行」。述曰：次下釋疑。於中問、答，此初也。唯許直心，疑其後二，故發問耳。論：「荅曰[一]」至「終[二]無淂浄」。述曰：下荅有二，初荅前問，後重顯方便。前中亦二，先喻，後合，此初也。論：「如是衆生」至「亦無淂浄。」述曰：下合有三，初正合前文，次顯行所以，後善行順真，此初也。論：「以垢无量」至「以爲對治」。述曰：此顯衆生行之所以也。真如之理，既遍一切，无明真有垢染義，即驗垢遍一切法也。故修衆善，以爲對治。論：「若人修行」至「真如法故」。述曰：此顯善行順真也。真如既遍一切法中，亦非一善而能順。善從真如流，染從無明起。若修善行，外違妄染，内順真如，故修善法，自歸真也。

論：略説方便有四種。述曰：次下第二，重顯方便。於中有二，初標數，後別釋，此初也。於中初一顯不住道，後三即顯三聚浄戒，遍

校注

【一】「曰」，《大正藏》作「白」。【二】「終」，原卷作「修」，據《大乘起信論》改。

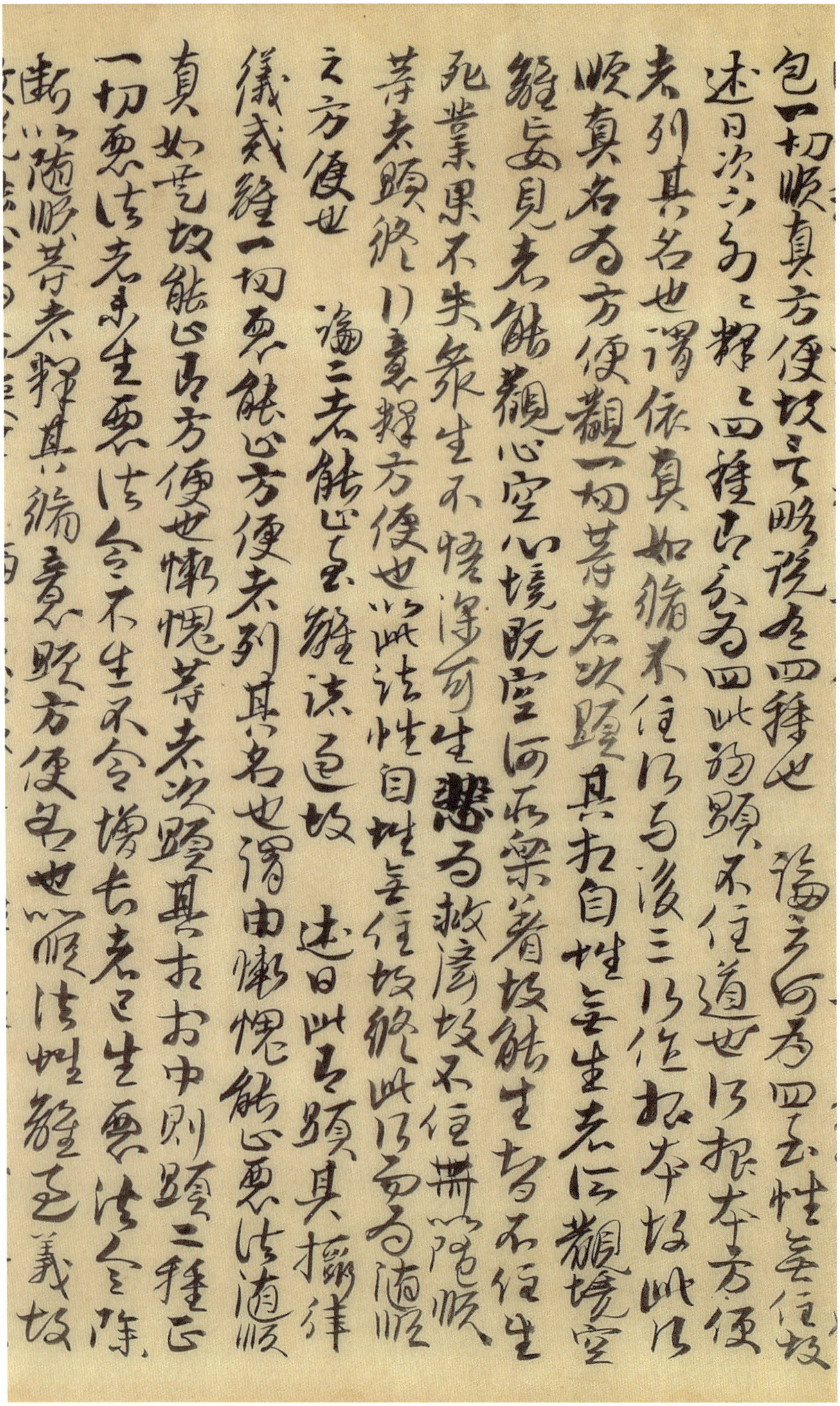
包一切順真方便故云云略說有四種也 論云何為四云云性無住故
述曰次下第二釋之四種方為四此初顯不住道也行根本方便此行
者列其名也謂依真如猶不住行為後三行依根本故此行
順真名為方便觀一切等者次顯其相自性無生者行觀境空
離妄見者能觀心空心境既空何所染著故能生智不住生
死業果不失衆生不捨深可生愍為救濟故不住無爲順
等者顯從行立名釋方便也以此法性自性無住故從此行而為隨順
之方便也 論二者能止方便 述曰此下顯其攝律
儀戒離一切惡能止方便者列其名也謂由慚愧能止惡法隨順
真如無過故能止方便也慚愧等者次顯其相於中則顯二種止
一切惡法者未生惡法令不生不令增長者已生惡法令除
斷以隨順等者釋其隨意顯方便名也以順法性離過義故

四九五

包一切，順真方便故，言略說有四種也。論：「云何爲四」至「性無住故」。

四九六 述曰：次下别釋，别釋四種，即分爲四，此初顯不住道也。行根夲方便
四九七 者，列其名也。謂依真如，脩不住行。与後三行作根夲故，此行
四九八 順真，名爲方便。觀一切䓁者，次顯其相。自性無生者，所觀境空。
四九九 離妄見者，能觀心空。心境既空，何所樂着？故能生智，不住生
五〇〇 死。業果不失，衆生不悟，深可生悲。爲救濟故，不住涅槃，以隨順
五〇一 䓁者，顯修行意，釋方便也。以此法性，自[一]性無住故，修此行而爲隨順
五〇二 之方便也。論：「二者能止」至「離諸過故」。述曰：此即顯其攝律
五〇三 儀戓[二]，離一切惡。能止方便者，列其名也。謂由慚愧能止惡法，隨順
五〇四 真如，是故能止即方便也。慚愧䓁者，次顯其相，於二中則顯二種正[三]
〔勤〕[四]。
五〇五 一切惡法者，未生惡法，令不生；不令增長者，已生惡法，令除
五〇六 斷。以隨順䓁者，釋其脩意，顯方便名也。以順法性，離過義故，

校注

【一】「自」，《大正藏》作「無」。《大乘起信論廣釋》卷五無。【二】「戓」，《大正藏》作「戒」。【三】「正」，《大正藏》作「止」。【四】「勤」，原卷無，據《大乘起信論廣釋》卷五補。

故說能止爲方便也　論三者發起至離癡障故　述曰此顯
攝善法戒修一切善發起善者初列名也謂由勤故發起善根
滋由勤故善根增長是順真如之方便也謂勤供養禮拜菩
者未生善法今生由修增長生諸善故又爲仏僧力菩者已生
善法令增長消障不退由善增故隨順菩者釋方便名發起善
根生福智故了順離癡善根增長滅業障故之順離障故起善
根以爲順真如之方便也　論四者大願至究竟寂滅故　述曰此
顯攝衆生戒大願菩者初列其名也弘誓普周故名大願之心無
畏故名平等願行順真故名方便不謂之次顯其相於中有
顯三種願初發願菩者長時願也化度菩者廣大願也皆令
菩者第一願也世之釋回以顯方便名隨順菩者長時所以法性菩者
廣大所由不念菩者第一所謂或上是第四不顛倒願
是至見於法身　述曰上顯所成發心之相次下第三彰一生發

故說能止爲方便也。論：「三者發起」至「離癡慢故」。述曰：此顯攝善法戒，脩一切善。發起等者，初列名也。謂由勤故，發起善根；復由勤故，善根增長；即是順真如之方便也。謂勤供養礼拜等者，未生善法，令發生，由信增長，生諸善故。又爲仏、僧力等者，已生善法，令增長，消障不退，由善增故。隨順等者，釋方便名，發起善根，生福智故，故順離癡。善根增長，滅業障故，故順離障，故起善根，以爲順真之方[一]便也。論：「四者大願」至「究竟寂滅故」。述曰：此顯攝衆生戒。大願等者，列其名也。弘誓普周，故名大願。願心無異，故名平等。願行順真，故名方便。所謂已下，次顯其相，於中即顯三種願相。發願等者，長時願也；化度等者，廣大願也；皆會等者，第一願也。下釋所以顯方便名。隨順等者，長時所以；法性等者，廣大所由；不念等者，第一所謂；或是第四不顛倒願。論：「菩薩發是」至「見於法身」。述曰：上顯行成發心之相，次下第三，障其發

校注

【一】「之方」，原卷作「方之」，右有倒乙符。

心行以利益。於中有四：一顯殊德，二明微過，三通攝教，四歎實行。
初中又二：初明自利功德，後顯利他功德。此初也。發菩提心者，已發如前
三種心也。由其直心正念真如，深心悲心助顯真故，真性似顯，故名
少分見法身也。　論以見法身至入於冊　述曰此顯利他德
也。隨本發心利衆生願，能現八相。攝化佛子八相成道化衆生
事。　論然是菩薩至未能決斷　述曰次明微過。於中有三：先顯
地上後異凡愚。此初也。然是菩薩以未親證真如法身故，未名法身。
以其菩薩去釋異所以。未能得無漏智故，無始已來依於二障所
起漏業未能除也。　論隨其所生至自在力故　述曰此異
凡愚也。雖由未斷諸無漏故，失念起惡，能招苦果，暫隨所生，微苦
相應，而亦非惑業所繫，以有悲智所起大願自在之力所任持
故。　論脩多羅中或說有退墮　述曰此會通攝教也。如本業
經說七住前名退，以未得其無退，名為彼十信初學之人是

心所淂利益。於中有四，一顯勝德，二明微過，三通權教，四歎實行。初中又二，初明自利功德，後顯利他功德，此初也。發是心者，即發如前三種心也。由其直心，正念真如，深心悲心助顯真故。真性似顯，故名少分，見法身也。論：「以見法身」至「入於涅槃」。述曰：此顯利他德也。隨夲發心利衆生願，能現八相權作仏身，八相成道作衆生事。論：「然是菩薩」至「未能決断」。述曰：次明微過。於中有二，先異地上，後異凡愚，此初也。然是菩薩以未親證真法身故，未名法身。以其等者，釋異所以，以未能淂無漏智故。無始及即依於二障，所起漏業未能除也。論：「随其所生」至「自在力故」。述曰：此異凡愚也。雖由未断諸過漏故，失念起惡，能招苦果，暫随所生，微苦相應，而亦非被惡業所繫。以有悲智所起大願，自在之力，所住持故。論：「脩多羅中」至「勇猛故」。述曰：此會通權教也。如《夲業經》說七住前名退分[一]者，非其實退；爲彼十信初學之人，未入

校注

【一】「退分」，《大正藏》作「退退」。

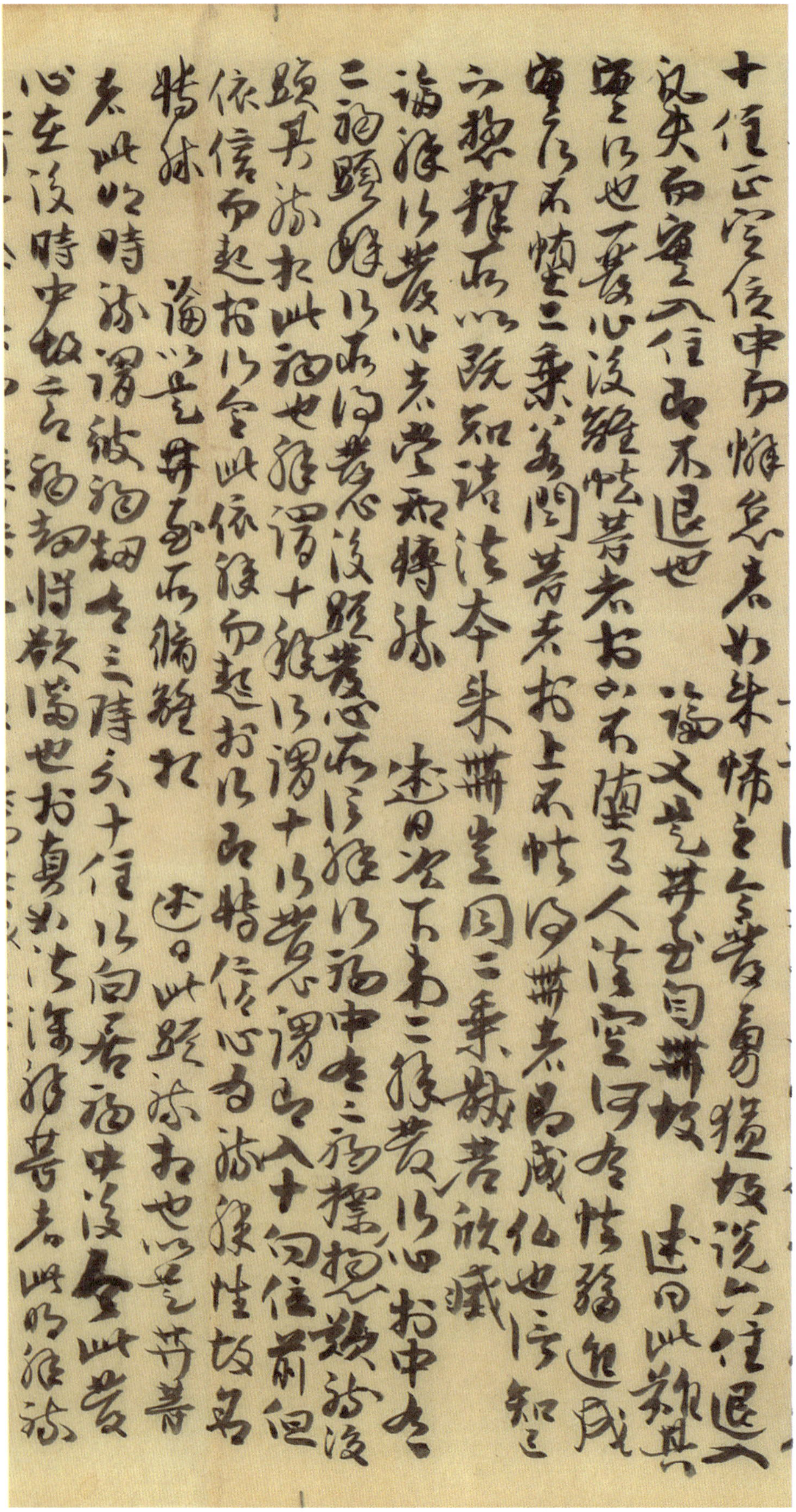

五三 十住正定位中而懈怠者，如來悕之，令發勇猛，故說六住退入

五四 凡夫，而實入住，即不退也。論：「又是菩薩」至「自涅槃故」。述曰：此難

其
五三五 實行也。一發心後離怯等者，於下不墮了人法空，何有怯弱？進成
五三六 實行，不墮二乘。若聞等者，於上不怯。淂涅槃者，即成仏也。信知已
五三七 下，揔釋所以。既知諸法，夲來涅槃，豈同二乘，猒苦欣滅？
五三八 論：解行發心者當知轉勝。述曰：次下第二，解行發[一]心。於中有
五三九 二，初顯解行[二]所淂發心，後顯發心所依[三]解行。初中有二，初揔摽[四]欲勝，
後
五四〇 顯其勝相，此初也。解謂十解，行謂十行，苦心謂即入十向住前。但
五四一 依信而起於行，令此依解而起於行，即轉信心爲勝解性，故名
五四二 轉勝。論：「以是菩薩」至「所脩離相」。述曰：此顯勝相也。以是菩薩等
五四三 者，此明時勝。謂彼初刧，有三時分，十住行向居初中後，今此發
五四四 心在後時中，故言初刧將欲滿也。於真如法深解等者，此明解勝

校注

【一】「行發」，原卷作「發行」，右有倒乙符。【二】「行」，《大正藏》作「業」。【三】「依」，原卷似「信」，據《大乘起信論廣釋》卷五録。《大正藏》作「行」。【四】「揔標」，原卷作「標揔」，右有倒乙符。

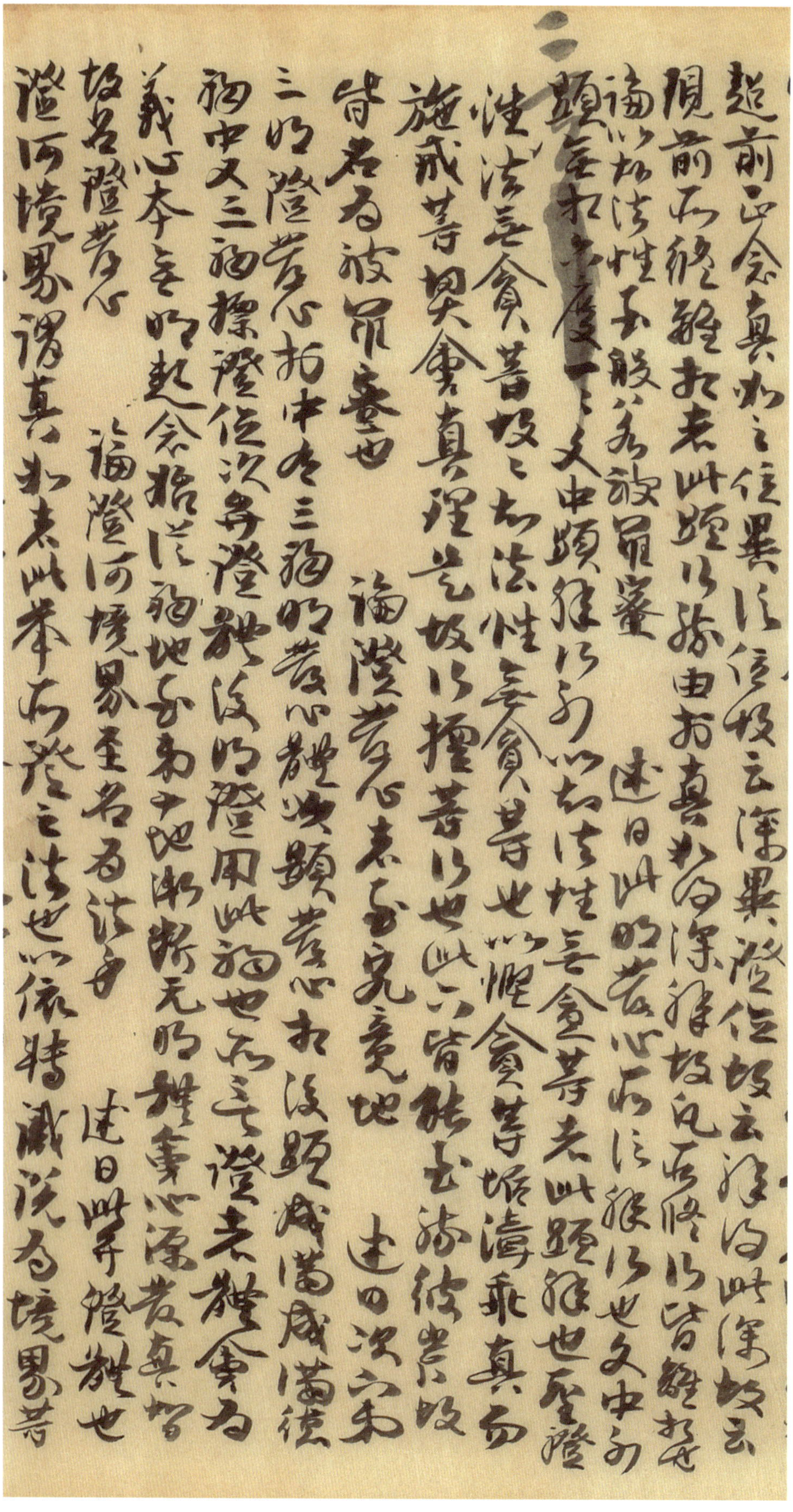

五四五 超前，正念真如之位，異信位故云深異證德，故云解淂此深，故云

五四六 現前。所修離相者，此顯行勝，由於真如淂深解故，凡所修行，皆離相也。

論：「以知法性」至「般若波羅蜜」。述曰：此明發心所依[一]解行也。文中別顯無相六度，一一文中顯解行別。以知法性無貪等者，此顯解也。聖證法性[二]無貪著故，故知法性無貪等也。以慳貪等，垢障[三]乖真，而施戒等，契會真理，是故行擅[四]等行也。此六皆能至勝彼岸，故皆名爲波羅蜜也。論：「證[五]發心者」至「究竟地」。述曰：次下第三，明證發心。於中有三，初明發心體，次顯發心相，後顯成滿[六]德。初中又三，初標證位，次弁證體，後明證用，此初也。所言證者，體會爲義。心本無明起念，始從初地至第十地，漸断无明體，會心源發真智，故名證發心。論：「證何境界」至「名爲法身」。述曰：此弁證體也。證何境界謂真如者，此舉所證之法也；以依轉識説[七]爲境界等

校注

【一】「依」，原卷似「信」，據《大乘起信論廣釋》卷五録。《大正藏》作「信」。【二】「法性」，原卷作「性法」，右有倒乙符。【三】「障」，原卷似「漳」，草書中「阝」與「氵」形近，此字下不再注。【四】「擅」，《大正藏》作「檀」。【五】「證」，原卷似「澄」，據《大乘起信論》録。草書中「言」旁與「氵」旁每同形。此字下不再注。【六】「成滿」下，原卷衍「成滿」，據《大乘起信論廣釋》卷五、《大正藏》刪。

【七】「説」，《大正藏》無。

五五七

者，此釋外疑難也。既說體會名證，真如於中，則無能所差別；而乃

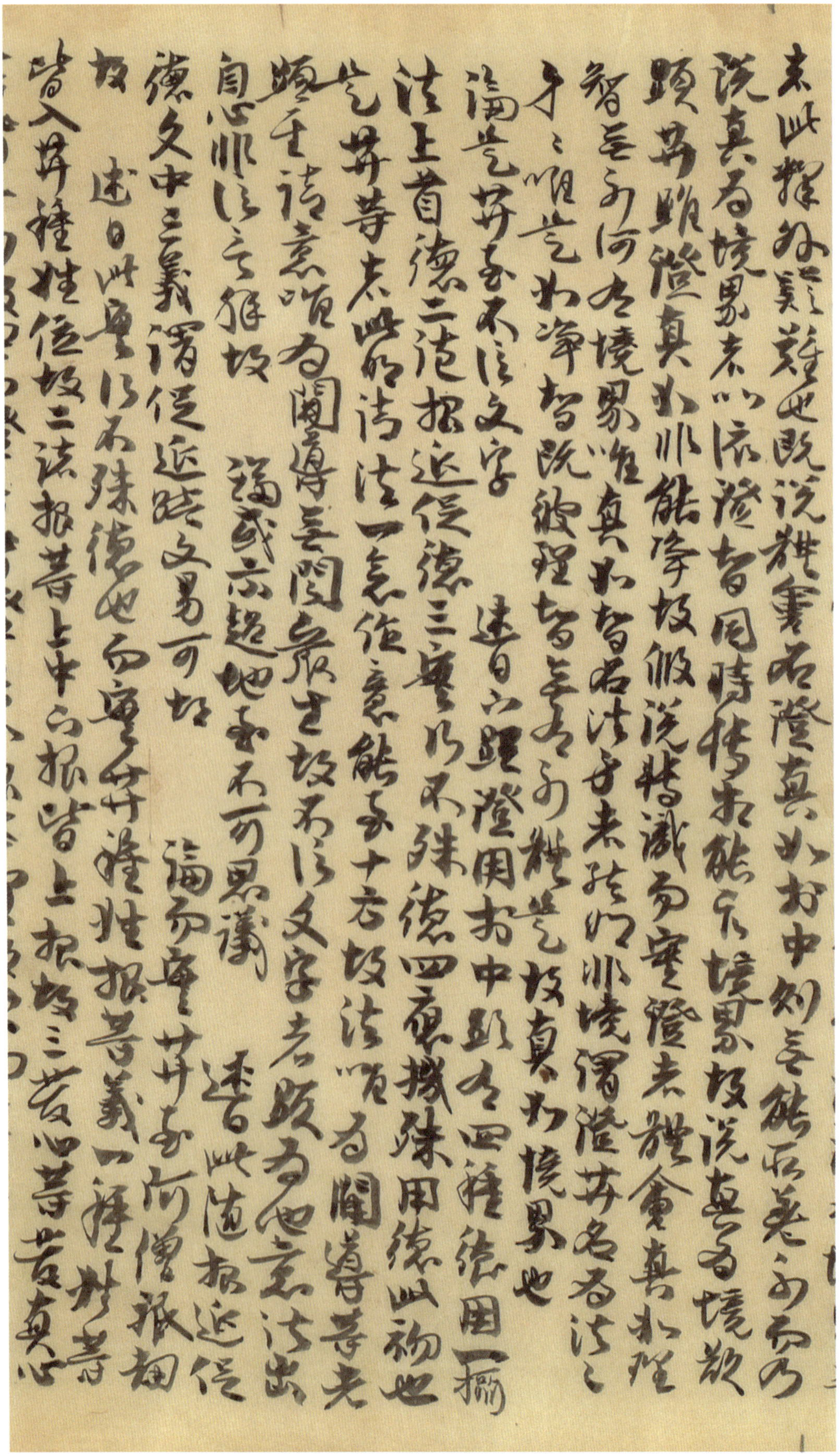

五五八 說真爲境界者，以依證智，同時轉相，能取境界故。說真爲境，欲
五五九 顯菩薩，雖證真如，非能浄故，假說轉識；而實證者，體會真如，理
五六〇 智無別，何有境界？唯真如智名法身者，結明非境，謂證菩薩，名爲法身。
五六一 法身唯是如浄智，既彼理智無有別體，是故真如境界也。
五六二 論：「是菩薩」至「不依文字」。述曰：下顯證用。於中顯有四種德用，一攝
五六三 法上首德，二隨根延促德，三實行不殊德，四應機殊用德，此初也。
五六四 是菩薩等者，此明請法，一念作意，能至十方故。法唯爲開導等者，
五六五 顯其請意，唯爲開導無聞衆生故。不依文字者，顯爲他意，法出
五六六 自心，非依言解故。論：「或示超地」至「不可思議」。述曰：此隨根延促
五六七 德。文中三義，謂促、延、結，文易[一]可知[二]。論：「而實菩薩」至「阿僧祇
劫
五六八 故」。述曰：此實行不殊德也。而實菩薩種姓根等義：一種姓等，
五六九 皆入菩薩種姓位故；二諸根等，上、中、下根皆上根故；三發心等，發真心

校注

【一】「易」，《大正藏》作「異」。【二】「知」，原卷作「智」，據《大正藏》改。

五七〇 等皆無別故；四所證等，皆證真如，根本理故。以一切菩薩等者，後約

五七一 時釋成。從初正信至於初地，初僧祇劫；初地乃至七地滿心，二僧祇；滿

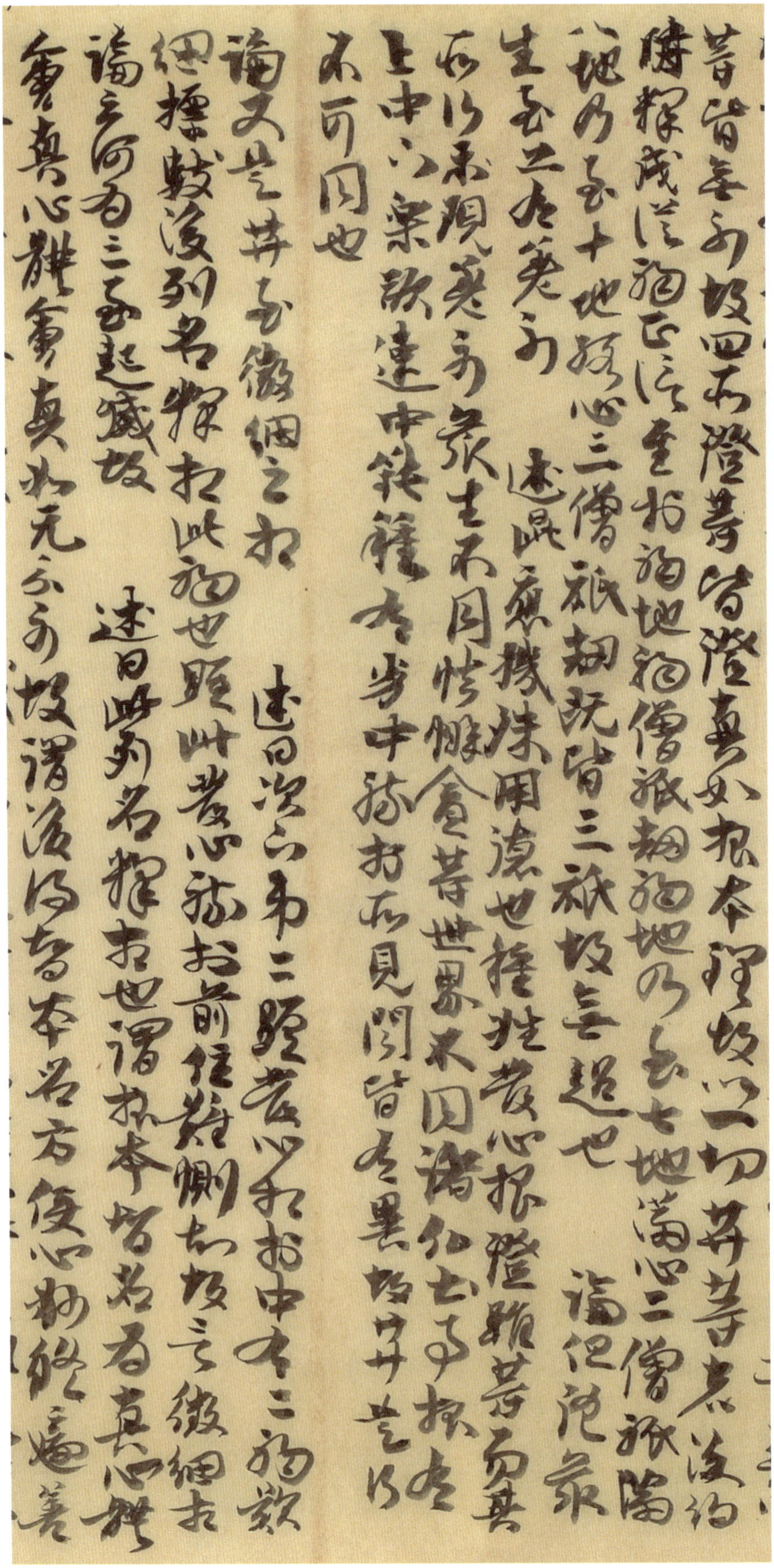

五七二 八地乃至十地終心，三僧祇。劫既皆三祇，故無超也。論：「但隨衆

五七三 生」至「亦有差別」。述曰：此應機殊用德也。種姓發心根證雖等，而其

五七四 所行示現差別；衆生不同怯懈貪等，世界不同諸仏土[一]事。根有

五七五 上中下，樂欲速中鈍；種有劣中勝，於所見聞皆有異。故菩薩是行，

五七六 不可同也。

五七七 論：「又是菩薩」至「微細之相」。述曰：次下第二，顯發心相。於中有二，

初歎[二]

五七八 細摽數，後列名釋相，此初也。顯此發心，勝於前住[三]；難惻[四]知故，言微細

相。

五七九 論：「云何爲三」至「起滅故」。述曰：此列名釋相也。謂根夲智，名爲真

心[五]。體

五八〇 會真心，體會真如，无分別故。謂後淂智，夲名方便。心妙修遍，善

校注

【一】「土」，《大正藏》作「出」。【二】「歎」，《大乘起信論廣釋》卷五同，《大正藏》作「顯」。【三】「住」，《大正藏》作「作」。【四】「惻」，《大乘起信論廣釋》卷五作「測」。【五】「心」，《大乘起信論廣釋》卷五、《大正藏》作「如」。

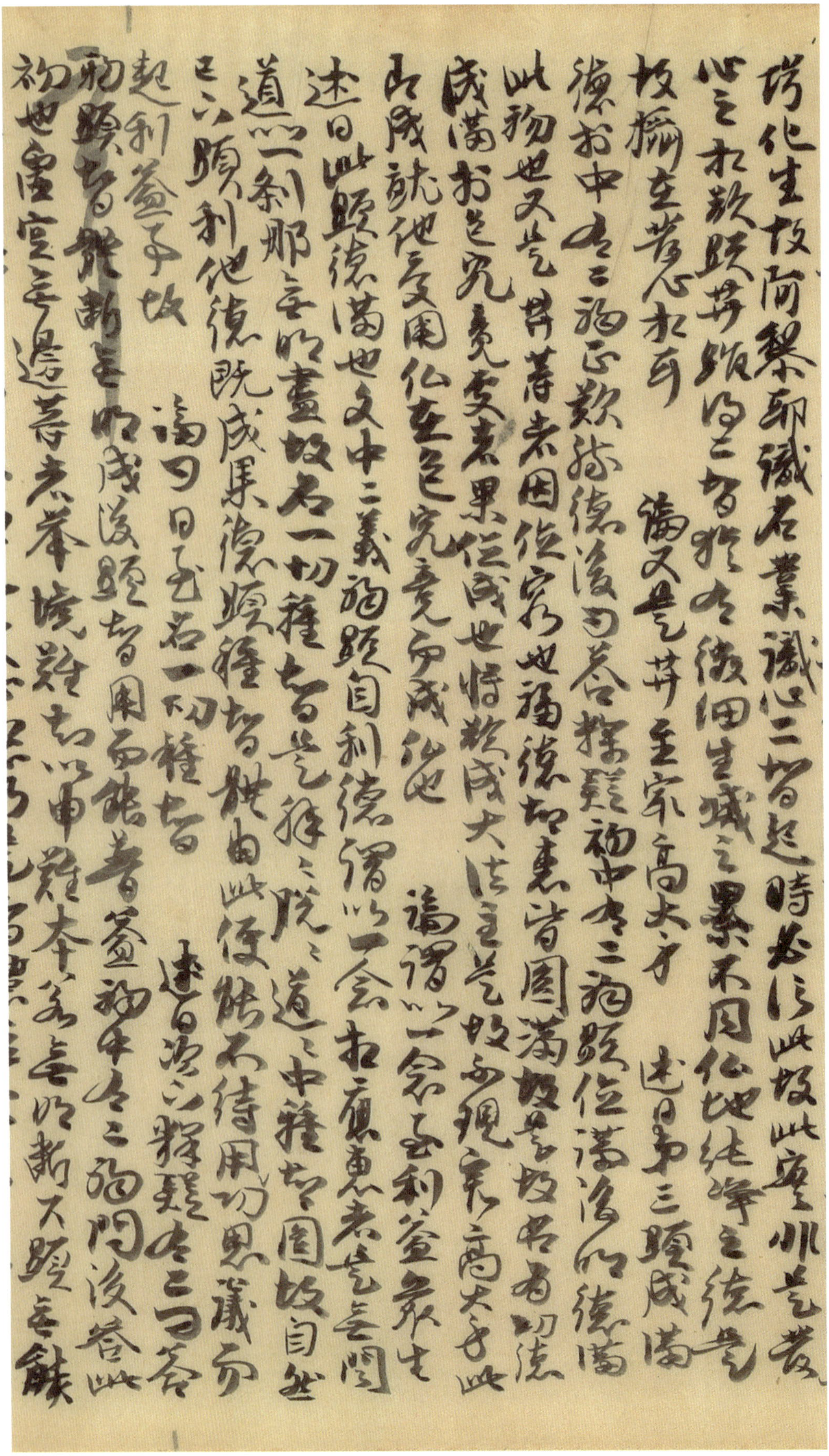

巧化生故阿梨耶識名業識心二智起時必依此故此實非是發
心之相然既并縱是之智能令後相生滅之果不同他地純淨之德是
故攝在發心相耳　述曰第三顯成滿
德於中有二初正叙證德後開答釋疑初中有二初顯位滿後明德滿
此初也又是菩薩等者因位究竟也福德智慧皆圓滿故是名為一切法
成滿於是究竟者果位成也將證成大法之是故示現受高大身此
正成就佛受用佛身是究竟身現成佛也　論謂以一念至利益衆生
述曰此顯德滿也文中二義初顯自利德謂以一念相應慧者是無明
道心一剎那無明盡故名一切種智是德義之既之道之中種智圓故自然
已下顯利他德既成果德種智起由此便能不待用功思議而
起利益衆生故　論問曰至名一切種智
初顯智能斷無明成後顯智用而能普益初中有二初問後答此
初也虛空無邊等者舉境難智以由難本無所無明斷不顯無餘

五八一
巧化生故；阿黎耶識，名業識心；二智起時，必依此故，此實非是發

五八二 心之相。欲顯菩薩雖淂二智，猶有微細生滅之累，不同仏地純浄之德，是
五八三 故攝在發心相耳。論：「又是菩薩」至「寂高大身」。述曰：第三[一]，顯成滿
五八四 德。於中有二，初正歎勝德，後問答釋疑。初中有二，初顯位滿，後明德滿，
五八五 此初也。又是菩薩等者，因位窮也，福德智惠[二]皆圓滿故，是故名爲功德
五八六 成滿。於色究竟處者，果位成也。將欲成大法主，是故不現寂高大身。此
五八七 即成就他受用，仏在色究竟而成仏也。論：「謂以一念」至「利益衆生」。
五八八 述曰：此顯德滿也。文中二義：初顯自利德，謂以一念相應恵者，是無間
五八九 道；以一刹那無明盡故，名一切種智，是解脱道。解脱道中，種智圓故。自然
五九〇 已下，顯利他德；既成果德，顯種智體。由此便能不待功用[三]，思議而
五九一 起利益事故。論：「問曰」至「名一切種智」。述曰：次下釋疑，有二問答，
五九二 初顯智體断無明成，後顯智用而能普益。初中有二，初問，後荅，此
五九三 初也。虚空無邊等者，舉境難知，以申難本。若無明断下[四]，顯無能

校注

【一】「第三」，上應有「次下」二字。【二】「惠」，《大正藏》作「慧」。【三】「功用」，原卷作「用功」，右有倒乙符。【四】「下」，《大正藏》作「者」。

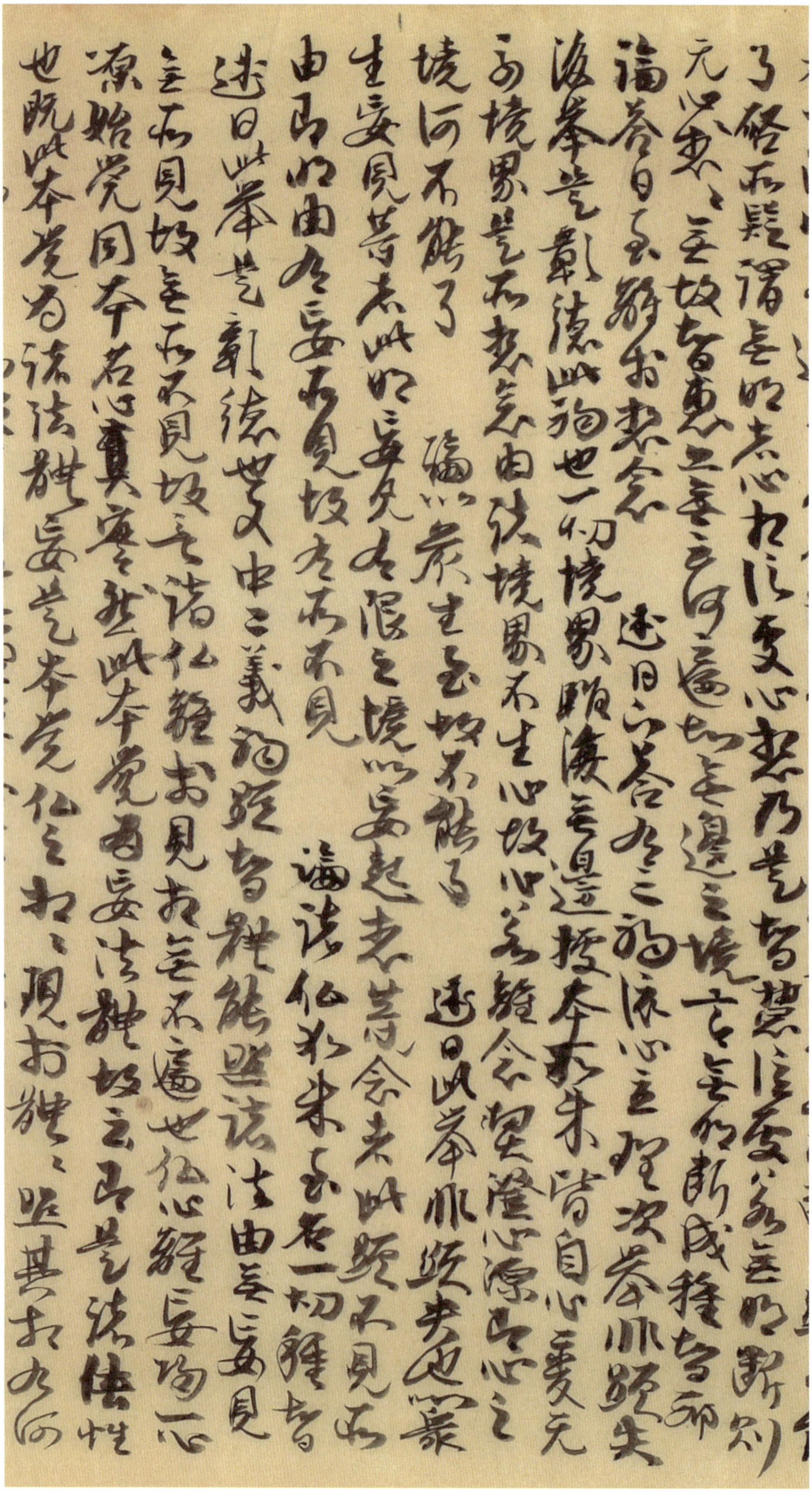

五九四

了啓所疑。謂無明者，心相依處，心想乃是智慧依處；若無明斷，則

五九五 无心想；心想無故，智恵[一]亦無，云何遍知無邊之境，言無明断，成種智
耶[二]？
五九六 論：「荅曰」至「離於想念」。述曰：下荅有三，初依心立理，次舉非顯失，
五九七 後舉是彰德，此初也。一切境界，雖復無邊，據夲取[三]來，皆自心變，无
五九八 别境界，是所想念，由諸境界不生心故。心若離念，契證心源，即心之
五九九 境，何不能了。論：「以衆生」至「故不能了」。述曰：此舉非顯失也。以衆
六〇〇 生妄見等者，此明妄見有限之境；以妄起想念等[四]者，此顯不見所
六〇一 由。即明由有妄所見，故有所不見。論：「諸仏如來」至「名一切種智」。
六〇二 述曰：此舉是彰德也。文中二義。初顯智體能照諸法：由無妄見、
六〇三 無所見故，無所不見，故言諸仏離於見相，無不遍也。仏心離妄，歸一心
六〇四 源，始覺同夲，名心真實。然此夲覺爲妄法體，故云即是諸法性
六〇五 也。既此夲覺爲諸法體，妄是夲覺仏之相，相現於體，體照其相，有何

校注

【一】「恵」，《大正藏》作「慧」。【二】「耶」，亦似「邪」。【三】「取」，亦似「所」，《大正藏》作「如」。【四】「念等」，原卷作「等念」，右有倒乙符。

緣了而不能知故云自體顯照妄法名大智用等者後顯智
用能廣利益世間體者大力用故起殊方便攝化衆生既滅
無明顯種智能起種智用由是義故斷滅無明爲名種智
論又問曰云何多不能見　述曰此顯智用能普於益中曰
答此問世所由前說大智用能著益生故爲此問
論曰答云法身不損故　述曰此答世諸佛如來菩薩初岸
法世法身平等遍一切處者平等遍在衆生心故無有作意
故說自然者能無一切用起作用故但依衆生心現者依就求一法
具機等品現相化麁細用故衆生心者如鏡等者次舉喻也如是
云云後法合世心有垢者謂有染著生死至患而無厭求見仏之
機名爲有垢法身不現者法身遍在衆生心中而不能現相
化用世凡有垢堪垢故不現以著是普煩惱等覺仏故
論已說解釋分次說脩行信心分　述曰次明第四脩行信心分於中

難了而不能[一]知？故言自體顯照妄法，有大智用等者。後顯智用，能廣利益：以同體智大力用故，起緣方便，攝化衆生。既滅無明，顯種智體，起種智用，由是義故，斷滅無明，名爲[二]種智。

論：「又問曰」至「多不能見」。述曰：下顯智用能普利益。於中問、答，此問也。即由前説，有大智用，能普益生，故爲此問。

論：「荅曰」[三]至「法身不現故」。述曰：此荅也。諸仏如來等者，初舉法也。法身平等遍一切處者，平等遍在衆生心故，無有作意故。説自然者，能無功用，起作用故。但依衆生心現者，依猒求一隨其勝劣，即現報化，麁細用故。衆生心者如鏡等者，次舉喻也。如是已下，後法合也。心有垢者，謂有染著生死、過患，而無猒求見仏之機，名爲有垢。法身不現者，法身遍在衆生心中，而不能現報化用也。非有煩惱，垢故不現，以善星等，煩惱心中亦見仏故。

論：已説解釋，分次説脩行信心分。述曰：次明第四，修行信心分。於中

校注

【一】「能」，原卷作「[illegible]」，不見於傳統字書。【二】「名爲」，原卷作「爲名」，右有倒乙符。【三】「荅曰」，原卷作「曰荅」，右有倒乙符。

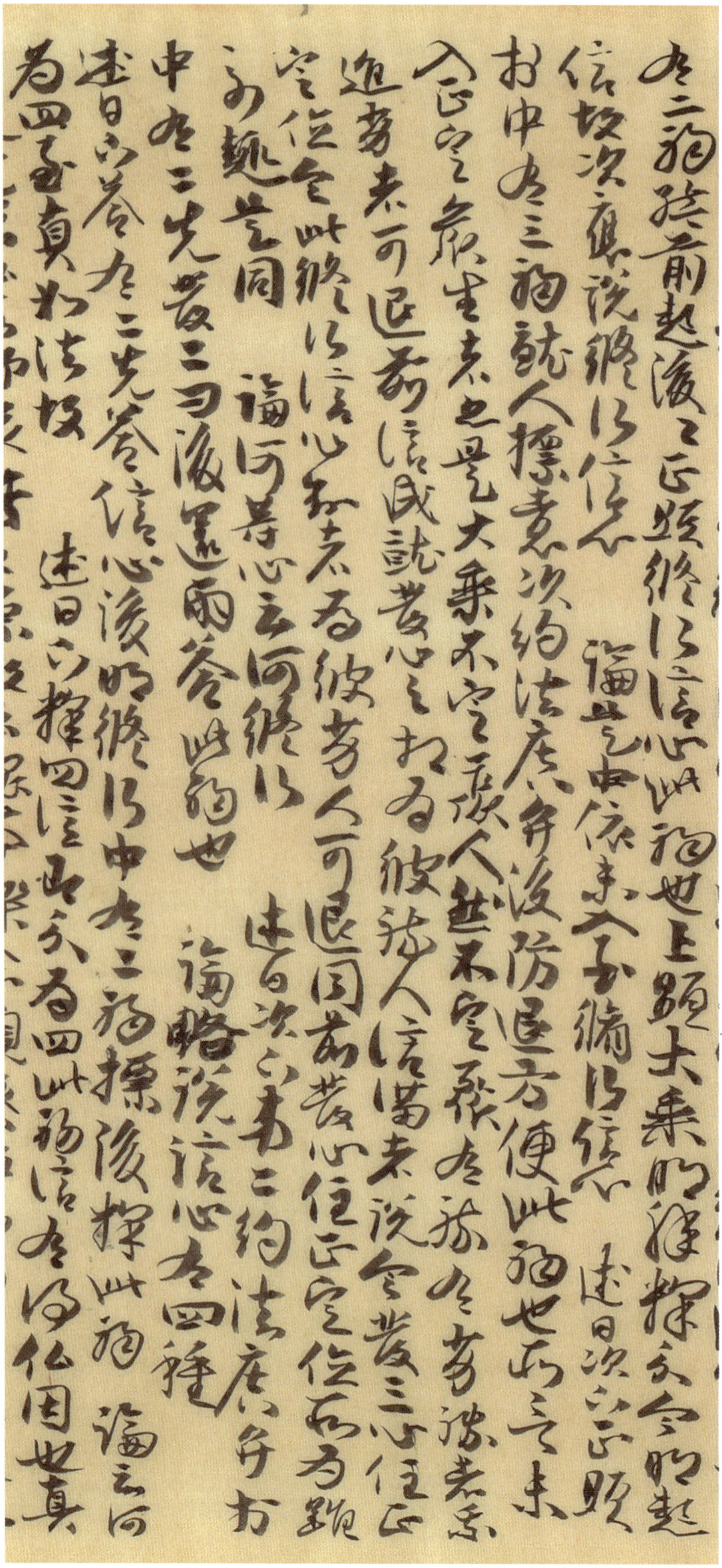

六一九

有二，初結前起後，後正[一]顯修行信心，此初也。上顯大乘，明解釋分，今明起

六二〇 信，故次應說修行信心。論：「是中依未入」至「脩行信心」。述曰：次下正
顯。
六二一 於中有三，初就人摽意，次約法廣弁，後防退方便，此初也。所言未
六二二 入正定衆生者，亦是大乘不定聚人。然不定聚有勝有劣，勝者乘
六二三 進，劣者可退。前信成就發心之相，爲彼勝人信滿者，說令[二]發三心住正
六二四 定位。今[三]此修行信心分[四]者，爲彼劣人可退，同前發心住正定位。所爲雖
六二五 別，趣是同。論：「何等〔信〕[五]心」？「云何修行」？述曰：次下第二約法
廣弁。於
六二六 中有二，先發二問，後還兩答，此初也。論：略說信心有四種。
六二七 述曰：下荅有二，先答信心，後明修行。中有二：初摽，後釋，此初。
論：「云何
六二八 爲四」至「真如法故」。述曰：下釋四信，即分爲四。此初信有淂仏因也。真

校注

【一】「正」，《大正藏》作「止」。【二】「令」，亦似「今」，《大正藏》、《大乘起信論廣釋》卷五作「令」。【三】「今」，亦似「令」，《大正藏》作「今」。【四】「分」，《大正藏》漏録。【五】「信」，原卷無，據《大乘起信論》補。

六一九

如既是諸仏所師、衆行之源，故云根本，樂念觀察，故名爲信，是後三

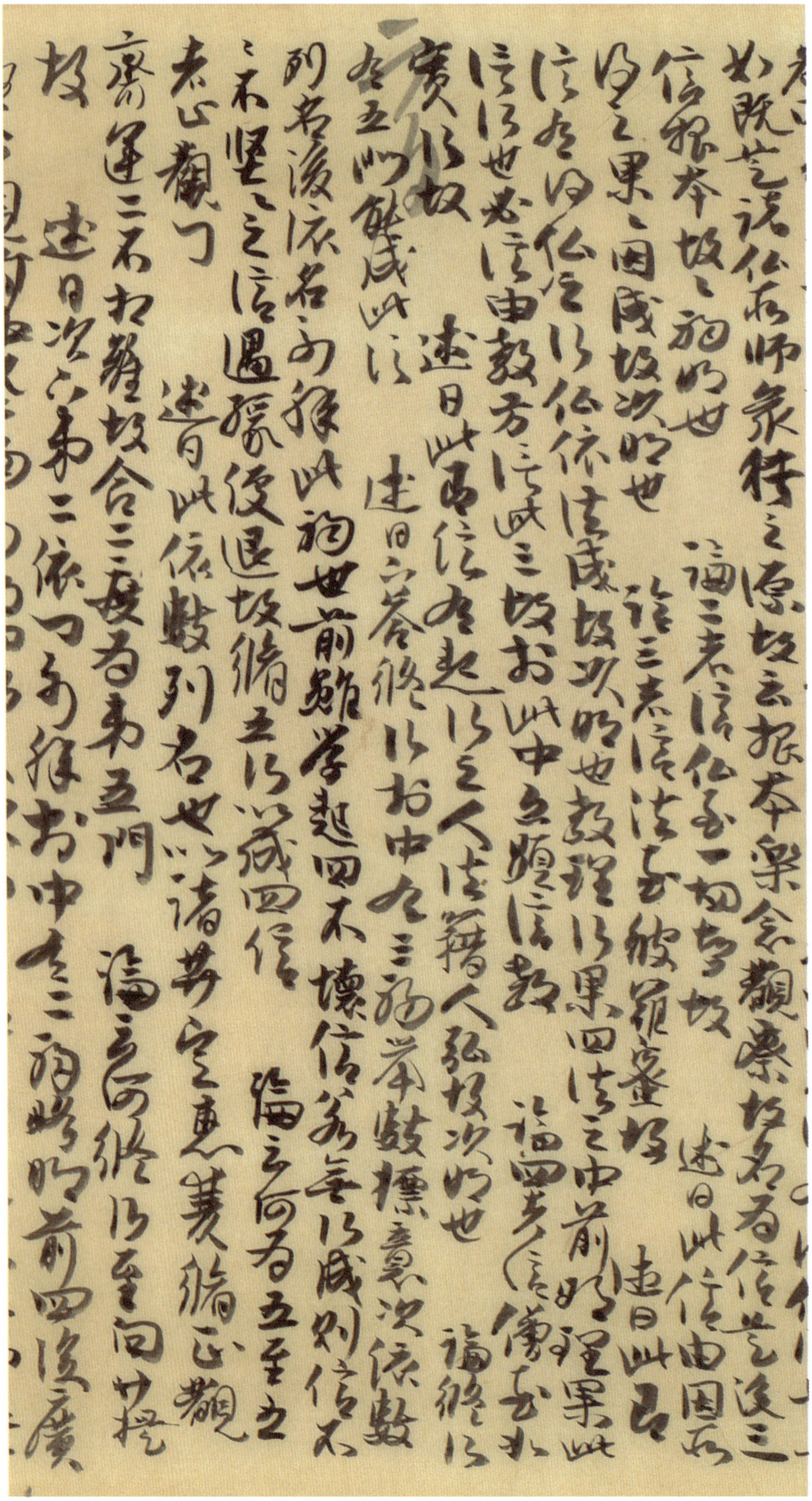

六三〇 信根本故，故初明也。論：「二者信仏」至「一切智故」。述曰：此信由因所

六三一 淂之果。果〔由〕[一]因成故，次明也。論：「三者信法」至「波羅蜜故」。述

曰：此即

六三二 信有淂仏之行，仏依法成故，次明也。教理行果四法之中，前明理果，此

六三三 信行也，必信由教方信此三故，於此中亦顯信教。論：「四者信僧」至「如

六三四 實行故」。述曰：此即信有起行之人，法籍人弘故，次明也。論：修行

六三五 有五門，能成此信。述曰：下荅修行。於中有三，初舉數摽意，次依數

六三六 列名，後依名別解，此初也。前雖學起四不德信，若無行成，則信不

六三七 堅[二]，不堅之信遇緣便退，故脩五行，以成四信。論：「云何爲五」至「五

六三八 者止觀門」。述曰：此依數列名也。以諸菩薩定恵雙[三]脩，止[四]觀

六三九 齊運，二不相離，故合二度爲第五門。論：「云何修行」至「向菩提

六四〇 故」。述曰：次下第二，依[五]門別釋。於中有二，初略明前四，後廣

校注

【一】「由」，原卷無，據《大乘起信論廣釋》卷五補。【二】「不堅」，原卷作「不不堅」，據《大乘起信論廣釋》卷五、《大正藏》刪一字。

【三】「雙」，《大正藏》作「變」。【四】「止」，原卷作「正」，據《大乘起信論廣釋》卷五改。【五】「依」，《大正藏》作「種」。

釋止觀前中又二初明四行後顯明止觀修行之中顯其四種
修行已文為四此初也文中初別言明三種施者為除慳因不處
已下總勸所修離於辭執不求正果三種施者如文可見
論云何修行至妄起過罪故　述曰此中略顯三種戒者所
謂不盜等者此依在家顯攝律儀戒應遠在家人多造惡故
若出家者等者此依出家明攝善法戒之餘法要勸進
善故當護譏嫌已下依出家顯攝眾生戒不令他見是生謗故
論云何修行至苦樂等法故　述曰此中別顯三種忍者應忍他
惱不懷報者明耐怨害忍也亦忍於利衰等者安受苦忍苦闇名
利損名衰遙謗名毀遙讚名譽對面歎名稱對面毀名譏
適意名樂此違順境名為八風能動行人安者喜
忍等信樂甚深諦察真如縱遇他惱無懷報心縱遇八風其心
不動既由諦察三忍方成是故具顯於三忍也　論云何修行

六四一 釋止觀。前中又二，初別明四行，後摠明深障。別中顯其四種
六四二 修行，即分爲四，此初也。文中初則別明三種施相，爲修正因；不應
六四三 已下摠勸所修，離於僻執，而求正果。三種施相如文可見。
六四四 論：「云何修行」至「妄起至罪故」。述曰：此中即顯三種戒相。所
六四五 謂不盗等者，此依在家顯攝律儀戒，遮在家人多造惡故。
六四六 若出家者等者，此依出家明攝善法戒，已離諸惡勸進
六四七 善故。當護已下，亦依出家顯攝衆生戒，不令他惡是悲護故。
六四八 論：「云何脩行」至「苦樂等法故」。述曰：此中則顯二種忍相。應忍他
六四九 惱，不懷報者，耐惡害忍。亦當忍於利衰等者，安受苦忍。榮潤名
六五〇 利，侵損名衰，過誣名毁，越讚名譽，委歎[一]爲稱，實責名機[二]，
六五一 逼迫名苦，適意名樂。此違順境，名爲八風；能動行人，妄生喜
六五二 怒。若住平等，諦察真如；縱遇他惱，無懷報心。雖遇八風，其心
六五三 不動；既由諦察，二忍方成。是故亦顯有三忍也。論：「云何脩行」

校注

【一】「歎」，《大正藏》作「欲」。【二】「機」，《大正藏》作「譏」。

他速離衆苦

述曰：此中略顯三種精進。於諸善事不退等者，被甲精進，於世被甲無退屈故。當念過去久遠等者，攝善精進，念昔虛苦，令勤善故。自利他速離苦者，利樂精進，救脫他苦自精進故。

論：復次若人至廣多障等。

述曰：次明二除障方便。於中有二：先障，後治。障中有四：先世多有重罪等者，此明內因之業障也。魔鬼病苦所惱亂者，感外緣障之報障也。世間事務所牽纏者，此顯所起煩惱障也。

論：是故應當至善根增長故。

述曰：此明治障法也。是故晝夜禮拜等者，此正對治諸障方便。如人負債，依附於王，則於債主無如之何。如是以人禮拜諸佛，佛之所護，能脫諸障。懺悔等者，正顯除四障之法：諸惡業障懺悔除，謗正法障勸請除，嫉妬他勝隨喜對治，樂著三有迴向對治。常不休廢得免諸障等者，此結前方便免障生善也。

論：云何

至「速離衆苦」。述曰：此中即顯三種精進：於諸善事不退等者，被甲精進，如世被甲，無退屈故；當念過去久遠等者，攝善精進，念昔虛苦，令勤善故；自利利他速離苦者，利樂精進，欲脱他苦，自精進故。論：「復次若人」至「衆多障㝵」。述曰：次下第二，除障方便。於中有二，先障，後治，此初也。先世多有重罪等者，此舉内因之業障也。魔鬼病苦所惱乱者，感外緣惱之報障也。世間事務所牽纒者，此顯所起煩惱障也。論：「是故應當」至「善根增長故」。述曰：此明治障法也。是故應當礼拜等，此即摠明除障方便，如人負債依附於王，則於債主無如之何。如是行人礼拜諸仏，諸仏所護，能脱諸障。懺悔等者，即顯别除四障之法：諸惡業障懺悔除〔滅〕[一]。謗正法障勸請除滅，嫉妬他勝隨喜對治，樂著三有迴向對治。常不休廢淂免諸障等者，此結前方便，免障生善也。論：云何

校注

【一】「滅」，原卷無，據《大乘起信論廣釋》卷五補。

脩行止觀門　述曰下明止觀於中有二初問後釋相此初也　論云
言止者至觀義故　述曰次二釋相文中有二初略明後廣顯略明中亦
二先舉別釋以明隨順後舉異遮釋隨順義此初也謂止一切境界
相未由等分別從諸外塵令心覺更唯識道理破外塵相既
心無所分別故名為止分別因緣生滅相未由從心其心沈沒令
心覺更觀察因緣生滅之相發生於智故為觀隨順奢摩
他觀義等者梵云奢摩他此翻為止毗鉢舍那此譯為觀譯
此論者為方便及正止觀故於此中初隨順奢摩他等謂於方
便而存梵言於正止觀而為華語也正止觀名之為觀義
理之時並正觀故於此文中皆就華言只言隨順止觀
義隨順觀觀義謂方便時止諸塵相亦能隨順正觀之止故
言隨順止觀義也又能分別因緣相故能順正觀之觀故言隨

六六七

脩行止觀門？述曰：下明止觀。於中有二，初問，後釋相，此初也。論：「所言止者」至「觀義故」。述曰：次下釋相。文中有二，初略明，後廣顯。略中亦二，先舉別修以明隨順，後舉雙運釋隨順義，此初也。謂止一切境界相者，由先分別作諸外塵；今以覺惠、唯識道理破外塵相境，相既止，無所分別，故名爲止。分別因緣生滅相者，先由修止其心沉没，今以覺惠、觀察、因緣、生滅之相發生妙智，故爲觀。隨順奢魔他觀義等者，梵云奢魔他，此翻爲[一]止。毗鉢舍那，此譯爲觀。譯此論者，爲方便及正止觀故，於此中加此隨順奢摩他等，謂於方便而存梵言，於正止觀而爲華語。即正止觀，名之爲觀；雙運之時，是正觀故。若此文中，皆就華言，應言隨順止觀義、隨順觀觀義。謂方便時止諸塵相，是能隨順正觀之止，故言隨順止觀義也。又能分別因緣相故，能順正觀之觀故，言隨

校注

【一】「爲」，《大正藏》無。

六七九 順觀觀義也。論：「云何隨順」至「雙現前故」。述曰：此顯雙運，釋

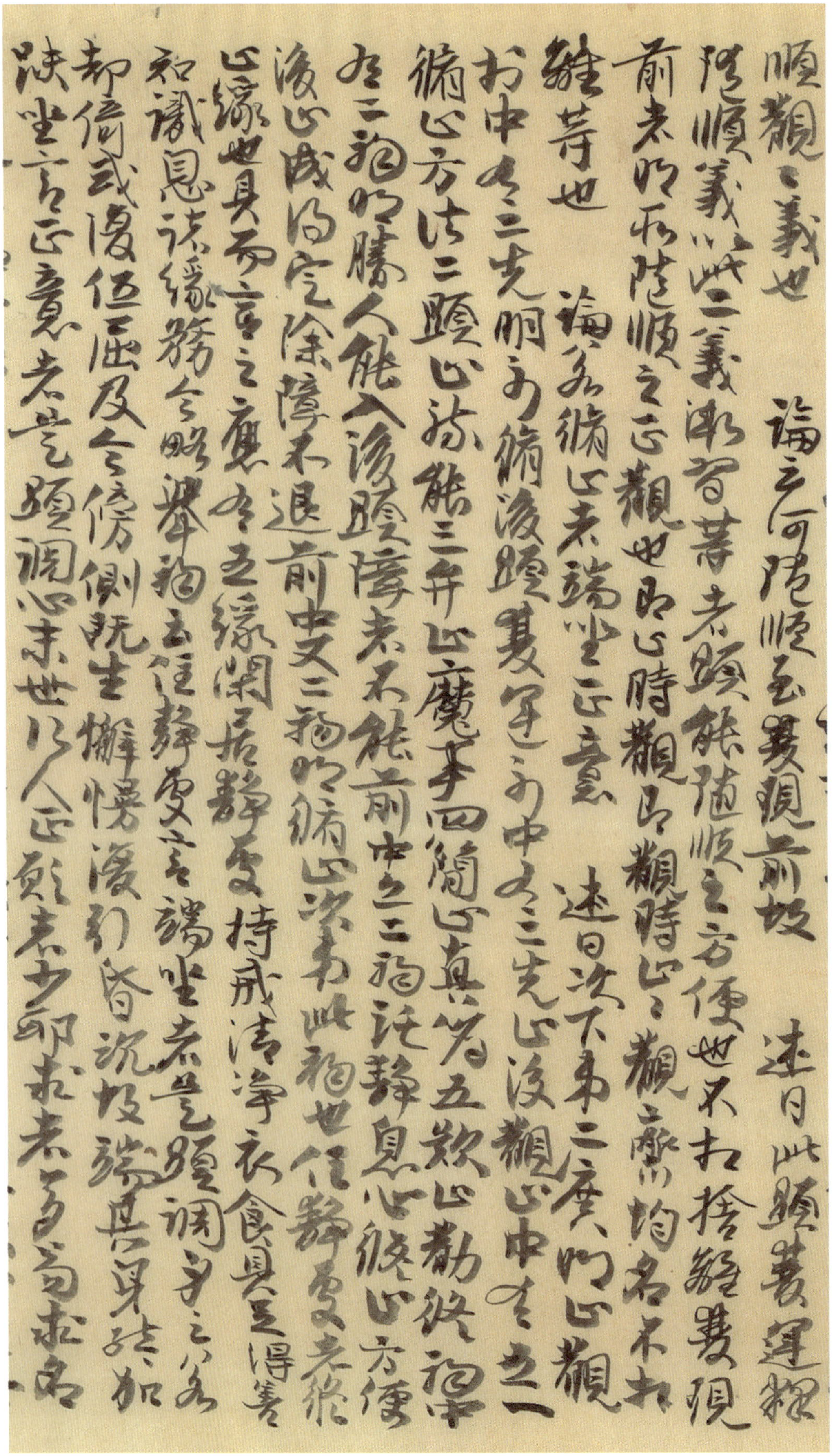

六八〇 隨順義。以此二義漸習等者，顯能隨順之方便也。不相捨離，雙現
六八一 前者，明所隨順之正觀也。即止時觀，即觀時止，止觀齊均，名不相
六八二 離等也。論：若脩止者，端坐正意。述曰：次下第二，廣明止觀。
六八三 於中有二，先明別脩，後顯雙運。別中有二，先止，後觀。止中有五，一
六八四 脩止方法，二顯止勝能，三弁止魔事，四簡止真僞，五歎止勸修。初中
六八五 有二，初明勝人能入，後顯障者不能。前中亦二：初託靜息心，修止方便，
六八六 後止成淂定，除障不退。前中又二，初明脩止〔具緣，後明修止〕[一]次第，此
初也。住靜處者，修
六八七 止緣也。具而言之，應有五緣：閑居靜處，持戒清凈，衣食具足，淂善
六八八 知識，息諸緣務。今略舉初云住靜處。言端坐者，是顯調身，身[二]若
六八九 却倚，或復佉屈；及今傍側，既生懈慢，復引昏沉；故端其身，結加
六九〇 趺坐。言正意者，是顯調心。末世行人，正願者少，耶[三]求者多，苟求名

校注

【一】「具緣後明修止」，原卷無，據《大乘起信論廣釋》卷五補。【二】「身」，原卷作「之」，據《大乘起信論廣釋》卷五、《大正藏》改。

【三】「耶」，《大正藏》作「邪」。

六九一

利，現寂静儀。心既不止，無由淂定。離此耶求，故云正意。欲令其心

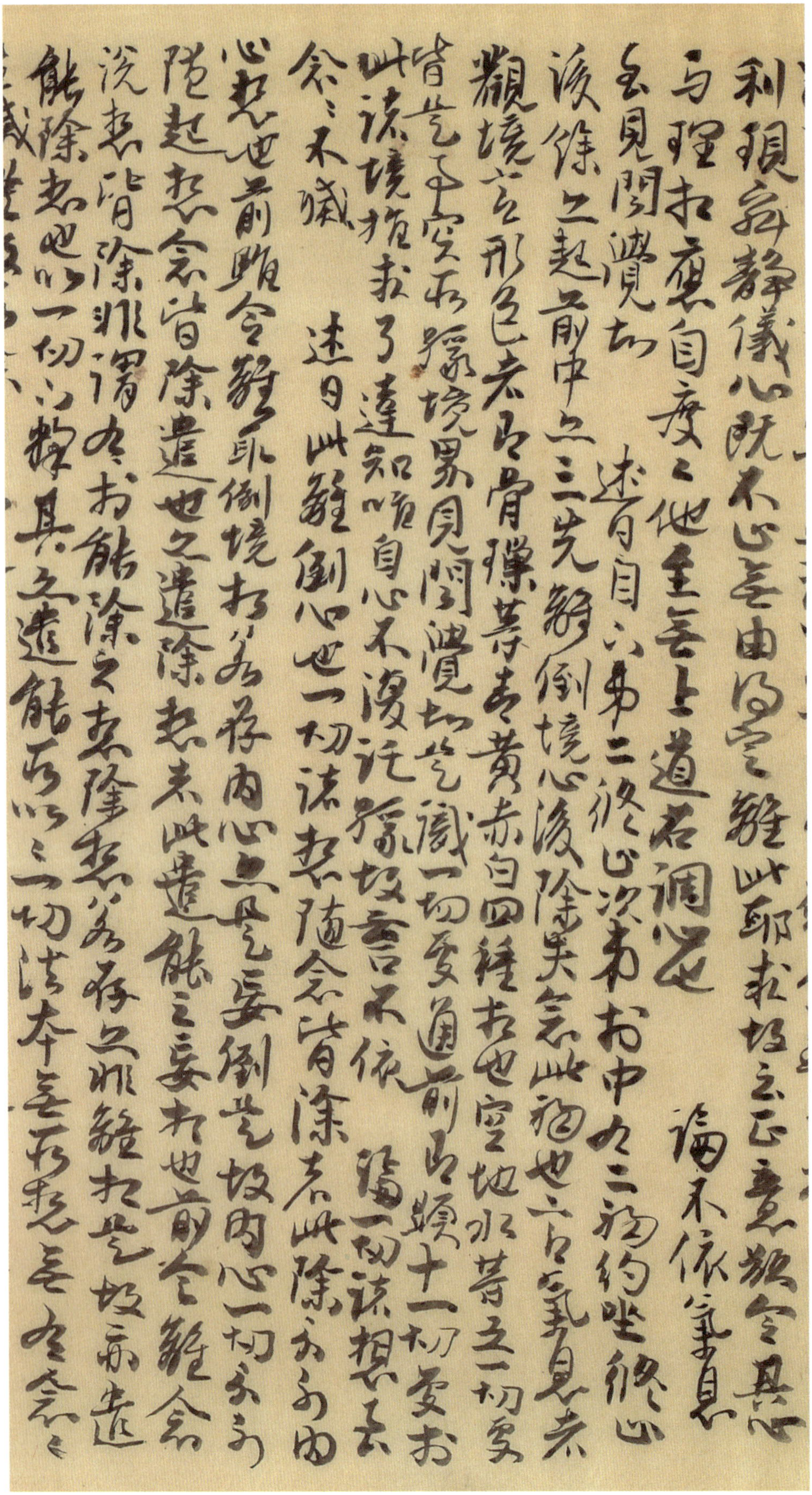

六九二 与理相應，自度度他至無上道，名調心也。論：「不依氣息」

六九三 至「見聞覺知」。述曰：自下第二，修止次第。於中有二，初約坐修止，

六九四 後餘亦起。前中亦三，先離倒境，〔次離倒〕[一]心，後除失念，此初也。言氣息者，

六九五 觀境。言形色者，即骨瑣等青黄赤白四種相也。空地水等五一切處，

六九六 皆是事空所緣境界；見聞覺知，是識一切處，通前即顯十一切處。於

六九七 此諸境，推求了達，知唯自心，不復託緣，故言不依。論：「一切諸想」至

六九八 「念念不滅」。述曰：此離倒心也。一切諸想隨念皆除[二]者，此除分別内

六九九 心想也。前雖令離，取倒境相；若存内心，亦是妄倒。是故内心一切分別，

七〇〇 隨起想念，皆除遣也，亦遣除想者，此遣能之妄相[三]也。前令離念

七〇一 說想皆除，非謂有於能除之想，除想若存，亦非離相，是故亦遣

七〇二 能除想也。以一切下，釋其亦遣能所以。以一切法夲無所想，無有念念

校注

【一】「次離倒」，原卷無，據《大乘起信論廣釋》卷五補。【二】「除」，原卷似「涂」，草書中「阝」與「氵」形近。【三】「相」，《大正藏》作「想」。

七〇三
生滅體故，所除之想既不可淂，豈更淂存能除想也。

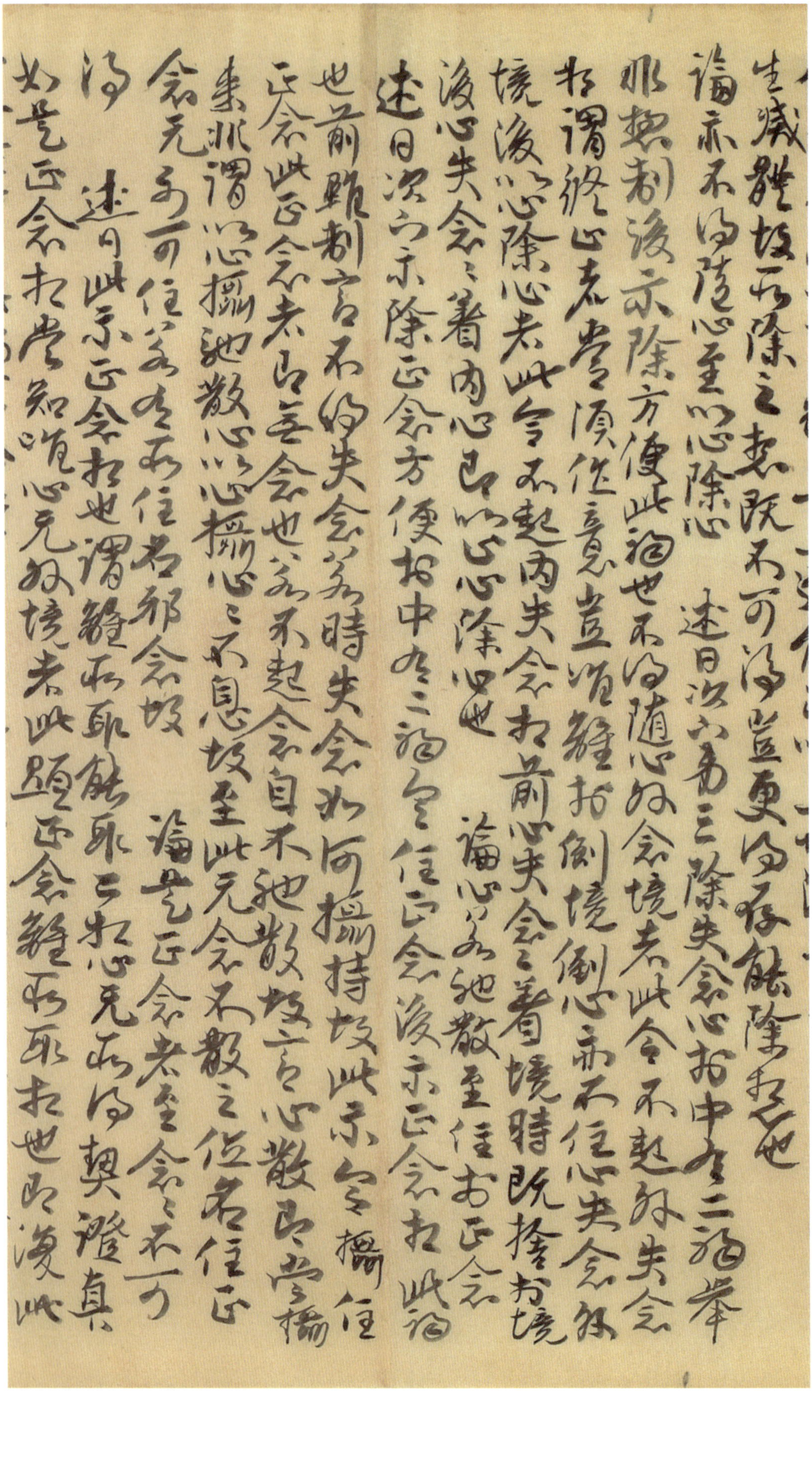

七〇四 論：「亦不淂隨心」至「以心除心」。述曰：次下第三，除失念心。於中有

二，初舉

七〇五 非揔制，後示除方便，此初也。不淂隨心外念境者，此令不起外失念

七〇六 相。謂修止者，常湏作意，豈唯離於倒境、倒心，亦不住心，失念外

七〇七 境。後以心除心者，此令不起，内失念相。前心失念，念著境時既捨於境，

七〇八 後心失念，念著内心即以止心除心也。論：「心若馳散」至「住於正念」。

七〇九 述曰：次下示除正念方便。於中有二，初令住正念，後示正念相，此初

七一〇 也。前雖制言，不淂失念，若時失念，如何攝持？故此示令攝住

七一一 正念，此正念者即無念也。若不起念，自不馳散，故言心散即當攝

七一二 來，非謂以心攝馳散心，以心攝心心不息故。至此无念不散之位，名住正

七一三 念，无别可住。若有所住，名邪念故。論：「是正念者」至「念念不可

七一四 淂」。述曰：此示正念相也。謂離所取、能取二相，心无所淂，契證真

七一五 如，是正念相。當知唯心无外境者，此顯正念離所取相也。即復此

校注

心之菩薩者此顯正念雖能乘於離二邪而都無所念契證心源
名得住也　論若從坐起至隨順觀察　述曰此顯餘儀亦脩
止也明直坐時常脩此止餘威儀中常思方便順於法性不動
道理　論久習淳熟至速成不退　述曰此明諸人能入之中
成得定除障不退久習淳熟其心得住菩薩者此明心成入證深
伏煩惱信心菩薩者此顯得定入位文易可知无煩更釋
論唯除疑惑至不能入　述曰前來已顯能入之人辨障者
於不能入此中即舉七種障人一疑惑者凡愚之人懷猶豫故
二不信者闡提之人不歸寶故三誹謗者外道之人起邪見故
四重罪者十惡等人心不淨故五業障者五逆之人心極惡故
六我慢者自高之人不虛學故七懈怠者放逸之人心縱
蕩故於此七中隨有一者即不能入　論復次依是至一行三昧

心亦無等者，此顯正念離能取相。離二取相，都無所念，契證心源，名淂住也。論：「若從坐起」至「隨順觀察」。述曰：此顯餘儀亦修止也。非直坐時，常脩此止；餘威儀中，常思方便。順於法性，不動道理。論：「久習淳熟」至「速成不退」。述曰：此即勝人能入之中成淂定，除障不退，久習淳熟。其心淂住等者，此明止成入證。深伏煩惱信心等者，此顯淂定入位。文易可知，无煩更解。

論：「唯除疑或[一]」至「所不能入」。述曰：前來已顯能入之人，顯障者所不能入。此中即舉七種障人：一疑或[二]者，凡愚之人懷猶豫故；二不信者，闡提之人不悕[三]望故；三誹謗者，外道之人起邪見故；四重罪者，十惡等人心不浄故；五業障者，五逆之人心極惡故；六我慢者，自高之人不屈學故；七懈[四]怠者，放逸之人心縱蕩故。於此七中，隨有一者，即不能入。論：「復次依是」至「一行三昧」。

校注

【一】「或」，《大正藏》作「惑」。【二】「或」，《大正藏》作「惑」。【三】「悕」，《大正藏》作「希」。【四】「懈」，《大正藏》作「解」。

述曰次六句第二從止殊能於中有二初顯三昧能知真義後顯真如為
三昧本此初也依是三昧故知等者初之殊能表體也謂一切下
次顯其義諸佛法身與衆生等釋法界字計意不知差
別法故平等無二釋一相字凡聖同真無二體故正名已下顯
立其名此釋知字能知法界一相心者是即名為一行三昧一謂真
如是三昧境行謂行離是三昧入此三昧盡知恒沙諸佛法界無
差別相　論當知真如至無量三昧　述曰此顯真如為三昧本
謂此真如是三昧體三昧乃是真如之用一切三昧順真而生故說
真如為三昧本若人修行真如三昧乃能漸生無量以依止觀真
如體故　論或有衆生至男女等相　述曰次第三辨止魔事
於中有三先略後廣略中又二先標後治此初也不言衆生無
善根力者此舉修因謂無增上勝善根力都無世別謂已下
顯能障者魔謂天魔性樂生死恐出其境故障修行心鬼謂

述曰：次下第二，修止勝能。於中有二，初顯三昧能知真義，後顯真如爲[一]三昧本，此初也。依是三昧，即知等者，初立勝能相者體也。謂一切下，次顯其義。諸仏法身与衆生身，釋法界字。皆意所知，差別法故，平等无二，釋一相字。凡聖同真，无二體故，即名已下，顯立其名，此釋知字。能知法一相心者，是即名爲一行三昧。一謂真如，是三昧境；行謂行解，是三昧。入此三昧，盡知恒沙諸仏法界无差別相。論：「當知真如」至「无量三昧」。述曰：此顯真如爲三昧本。謂此真如是三昧體，三昧乃是真如之用，一切三昧順真而生，故説真如爲三昧本。若人脩行真如三昧，即能漸生无量，以此正觀真如體故。論：「或有衆生」至「男女等相」。述曰：次下第三，弁止魔事。於中有二，先略，後廣。略中又二，先障，後治，此初也。所言衆生无善根力者，此舉障因。謂无增上勝善根力，非都无也。則謂已下，顯能障者。魔謂天魔，性樂生死，恐出其境，故障修止。鬼謂

校注

【一】「爲」，《大正藏》作「門」。

堀塲鬼神謂精媚神由術邪道墮此類中是故怨名外道
鬼神惱嬈行人之障偏心或於已天等其惱相即前三類皆
能惱亂或現惡形以怖其心或現美色以迷其意或現雜
相以觸亂專故言坐中現恐怖等 論曰當念唯心云終不為惱
述曰此略弁治也一切諸境尚唯自心何況坐中境非心也是故觀
察唯心之理惱境自滅不能亂魔境皆依動念生故觀察
唯心非彼知故 論或現天像云是真也 述曰治六廣弁
魔事差別於中有二先弁魔事後顯對治於中顯其五對
此即第一所現形聲對也以此現形說法異本或亂行人令失本
道是故皆名為魔障也 論或令人知云名利之事 述曰此
第二所得通辯對知宿命等類得宿通弁才三只顯成四弁
論又令使人云種種牽纏 述曰此第三所起或業對也數瞋喜

塠[一]場鬼，神謂精媚神。由脩邪道，墮此類[二]中，是故揔名外道。鬼神憎嫉，行人亦障脩止。或於已下，舉其惱相，如前三類，皆能恠變，或現惡形以怖其心，或現美色以迷其意，或現雜相以易所專，故言坐中現恐怖等。論：「當念唯心」至「終不爲惱」。述曰：此略弁治也。一切諸境，尚唯自心，何况坐中境非心也。是故觀察唯心之理，惱境自滅不能乱，魔境皆依動念生故。觀察唯心，非彼知故。論：「或現天像」至「是真涅槃」。述曰：次下廣弁魔事差別。於中有二，先弁魔事，後顯對治。初中顯其五對，此即第一，所現形聲對也。以此現形，說法異相，或乱行人，令失本道，是故皆名爲魔障也。論：「或令人知」至[三]「名利之事」。述曰：此第二，所淂通辯對。知宿命等，顯淂三通。弁等已下，顯成四弁。論：「又令使人」至「種種牽纒」。述曰：此第三，所起或[四]業對也。數嗔喜

校注

【一】「塠」，《大正藏》作「堆」。【二】「類」，「類」之俗訛字。【三】「至」，《大正藏》作「之」。【四】「或」，《大正藏》作「惑」。

菩提不起或捨本心菩提道法業　論亦能使人至使人愛
著　述曰此第四不得定住對治得說三昧少似菩提此不成定
或復令人自菩提此不住禪　論或復令人至顏色變異
述曰此第五不受食色對文相易故无煩配釋　論以是義故至
是諸業障　述曰上弁魔事此顯對治以者當應觀察菩
者此勸察觀察不隨死網謂諸魔菩以於前事網羅以者令
隨其中是故當應知恵觀察必莫令其出離之心却隨
邪網以其顯邪道要勤正念不取著者此後示其觀察
之法謂於如前邪相須時但自脩習本所脩行都无動念者
勤正念住正念故若生智恵了法正心更何所取知心正相何
於能著是故若不取不著由不著故業障不起不於邪
相无不遠離故云遠離是諸業障　論應知外道至名利恭

等，是所起或[一]。捨夲行等，是造諸業。論：「亦能使人」至「使人愛著」。述曰：此第四，所淂定住對也。淂諸三昧少似等者，此所成定。或復令人一日等者，此所住禪。論：「或復令人」至「顔色變異」。述曰：此第五，所變食色對。文相異知，无煩配釋。論：「以是義故」至「是諸業障」。述曰：上弁魔事，此顯對治。行者常應觀察等者，此勸觀察[二]，不堕邪綱。謂諸魔等，以如前事綱羅行者，令堕其中。是故常應智恵[三]觀察，必莫令其出離之心却堕耶[四]綱，行其耶[五]道。當勤正念不取等者，此後示其觀察之法。謂有如前邪相現時，但自脩習，夲所脩行，都无動念，名勤正念住。正念故發生智恵[六]，了法即心，更何所取？知心即如，何有能著？是故名爲不取不著，由不著故，業障所起所有耶[七]相，无不遠離，故言遠離是諸業障。論：「應知外道」至「名利恭

校注

【一】「或」，《大正藏》作「惑」。【二】「觀察」，原卷作「察觀察」，右有倒乙符，並點去後一字。【三】「惠」，《大正藏》作「慧」。【四】「耶」，《大正藏》作「邪」。【五】「耶」，《大正藏》作「邪」。「邪」上，《大正藏》存「顔」字。【六】「惠」，《大正藏》作「慧」。【七】「耶」，《大正藏》作「邪」。

教故　述曰：次下第四簡正真名。於中有二：初舉外內二空以示
邪正，後對理辨二空明真名。前中又二：初明邪空，後顯正空。
謂彼外道所得三昧，皆不能離分別煩惱，多起諸見；又亦不
離俱生煩惱，多生耽著；又亦不伏亦不知障，故恃空生慢，故云不
離見愛我慢心也。由不伏惑，分貪名利，故云貪著名利恭敬。
論：真如三昧至漸漸微薄。　述曰：此顯內空是正也，謂既遠離一
切相故，入真如三昧故，在定中離於果，離於真相，故云不住見
亦得相故，在散心於諸法著之生懈怠，之不恃空慢諸善品，故云
出定亦無懈慢。由定與真相應，或種力故，出定時現惑不起，故
言煩惱微薄也。　論：若諸凡夫至無有是處。　述曰：次對理辨
二空以明真名。於中有二：初明理空是真，後顯辨空之名。此初
世謂諸外凡十信人菩薩修大乘等行者，莫不皆依真如三昧

敌故」。述曰：次下第四，簡止真僞。於中有二，初舉外内二定，以別邪正；後對理事二定，以明真僞。前中又二，初明邪定，後顯正定。謂彼外道所淂三昧，皆不能離分別煩惱；多起諸見，又亦不離俱生煩惱；多生耽著，又亦不伏所知障故。恃定生慢，故云不離見愛我慢心也。由不伏或[一]而貪名利故，言貪著名利等也。

論：「真如三昧」至「漸漸微薄」。述曰：此顯内定是正也。謂既遠離一切相故，入真如三昧故，在定中離於心相，離於真相，故言不住見相淂相。若在散心，於諸善亦生懈怠，亦不恃定，慢諸善品，故言出定亦无懈慢。由定契真損或[二]種力故，出定時現惑不起，故言煩惱微薄也。論：「若諸凡夫」至「无有是處」。述曰：次對理事二定，以明真僞。於中有二，初明理定是真，後顯事定之僞，此初也。謂諸外[三]凡十信人等，修行大乘菩薩行者，莫不皆依[四]真如三昧，

校注

【一】「或」，《大正藏》作「惑」。【二】「或」，《大正藏》作「惑」。【三】「外」，《大正藏》無。【四】「依」，亦似「信」，《大正藏》作「信」。

得入十住種姓位中，準此更無能入之道，故云不習无有是處。然
如來種有其二種：一者本住，謂衆生身本覺真性，正是
起如來之種，本來有故；二者始起，謂初住上以定信心住
如來家紹佛位，是爲佛種，自今起故。今此所入如來種
者，正是始起如來種也。　論：以脩世間善外道見故。　述曰：此顯
爭定之爲世，何以要由真如三昧方入種姓不退位中？故此答云：以
不淨觀、安般念等諸禪三昧，有相可壞，皆名世間。由有相故，而
有四過：一多起味著，依我見起，繫屬三界，與外道共，以名爲發。
通而論之，此未要須善友教授，設無不爾，則起外道見也。
論：復次精勤至十種利益。　述曰：次下第五，示修利益。於中有
二：初總標，後別釋。此初總也。　論：云何爲十至之所護念。　述曰：自

淂入十住種[一]姓位中，除此更無能入之道。故云：不習无有是處。然如來種有其二種：一者夲住，謂衆生身夲覺真性，即是起如來之種，夲來有故；二者始起，謂初住上淂定信心，往如來家，當紹仏位，是爲仏種今[二]方起故。今[三]此淂入如來種者，即是始起如來種也。論：「以脩世間」至「外道見故」。述曰：此顯事定之僞也。何以要由真如三昧方入種姓？不退位中故。此荅云：以不浄觀，安鉢念等諸禪三昧，有相可壞，皆名世間；由有相故，而有四過，多起味著。依我見起，繫屬三界，与外道共。若爲發通而修此者，常須善友教授護念，不尔則起外道見也。

論：「復次精勤」至「十種利益」。述曰：次下第五，示止利益。於中有二，初揔摽，後別釋，此初也。論：「云何爲十」至「之所護念」？述曰：自[四]

校注

【一】「種」，《大正藏》作「稱」。【二】「今」，原卷似「即」，據《大乘起信論廣釋》卷五録，《大正藏》作「即」。【三】「今」，亦似「令」，《大乘起信論廣釋》卷五、《大正藏》作「今」。【四】「自」，《大正藏》作「次」。

六分之辨之十種者為分十此論也由修三昧正因者應得入仏種
家仏諸也　論二者不為邪不能恐怖　述曰由彼三昧正智
知惠知境本空知心亦全不為魔等現形恐怖　論三者不為
重之不惑亂　述曰不為外道者諸鬼見彼三昧者見不動故不
為彼所惑亂也　論四者遠離重謗之微薄　述曰達境唯心
不誹諸識知心元起不謗真如由達識如甚深法故非但不謗
不起新業亦了諸法元無自性故重罪障漸得薄也
論五者滅一切疑諸惡覺觀　述曰由此證了唯識真如不生猶
豫疑惑之心況復更生諸惡尋伺　論六者於如來境信
得增長　述曰謂本能覺知若日如來彼行不觀為若為境
彼三昧者雖未契證仍信此真如本元念也　論七者遠離
至勇猛不怯　述曰知一切法即無所求果元憂不戚於已

下别釋。别釋十種，即爲分[一]十，此初也。由脩三昧，正因相應，淂入仏種，蒙仏護也。論：「二者不爲」至「所能恐怖」。述曰：由修三昧，正智相應，知境夲空，知心無念，不爲魔䓁現形恐怖。論：「三者不爲」至「之所或[二]乱」。述曰：而外道者，著諸見；修三昧者，見不動；故不爲彼所或[三]乱也。論：「四者遠離」至「漸漸微薄」。述曰：達境唯心不誹唯識，知心无起，不謗真如；由達識如甚深法故，非但不謗不起新業；亦了諸法无有自性，故重罪障漸淂薄也。

論：五者，滅一切疑諸惡覺觀。述曰：由此證了唯識真如，不生猶豫疑惑之心，况復更生諸惡尋伺。論：六者，於如來境，信淂增長。述曰：謂夲始覺，名曰如來；修行所觀，即名爲境；修三昧者雖未契證，信此真如夲无念也。論：「七者遠離」至「勇猛不怯[四]」。述曰：知一切法即涅槃相，所求果无憂不成。於已

校注

【一】「分爲」，原卷作「爲分」，右有倒乙符。【二】「或」，《大正藏》作「惑」。【三】「或」，《大正藏》作「惑」。【四】「怯」，《大正藏》作「法」。

善法不悔修以於生死法而知夢幻修以而勇猛大受而无
怯 論八者其心柔他人不惱 述曰於高傲者輕蔑於他
為他輕忽便生惱恨心調順者謙下於他為人所敬不為惱也
論九者雖未出不樂世間 述曰雖然未得出世在定中由前
定力衰煩惱種縱在散心不起現行由此不著世間法也
論十者不為得音之所驚動 述曰不為時得住三昧之中心如虛
空无罣礙故雖有廣聲終无驚動 論復次若人至是修
觀 述曰上雖修止不雖修觀於中有三初修觀之意次弁不
修觀者後諸觀分齊此初也若人唯脩止便有四失一心沈没失
息緣偏寂順癡者故二起懈怠失其心自息弃修業故三不
樂味寂靜捨眾善故四不起大悲失不觀苦境自樂寂故
論脩習觀者至須臾變壞 述曰次弁觀於中有四一法於觀二

斈法，不悔修行；於生死法，而知夢幻。修行而勇猛，久處而无怯。論：「八者其心」至「他人所惱」。述曰：有高傲者，輕蔑於他，爲他輕忽[一]，便生惱恨；心調順者，謙下於他，爲人所敬，不爲惱也。論：「九者雖未」至「不樂世間」。述曰：雖然未淂常在定中，由前定力衰煩惱種，縱在散[二]心不起現或[三]，由此不著世間法也。論：「十者若淂」至「之所驚動」。述曰：若時淂住三昧之中，心如虛空无罣㝵故，雖有疾聲，終无驚動。論：「復次若人」至「是〔故〕[四]修觀」。述曰：上顯修止，下顯修觀。於中有三，初修觀之意，次弁所修觀相，後結觀分齊，此初也。若唯脩止，便有四失：一心沉[五]没失，息緣偏寂順癡相故；二起懈怠失，其心止息弃餘業故；三不樂味[六]，寂靜輕衆善故；四不起大悲失，不觀苦境自樂寂故。論：「脩習觀者」至「須臾變壞」。述曰：次弁觀。於中有四：一法相觀，二

校注

【一】「忽」，《大正藏》作「忍」。【二】「散」，《大正藏》作「敬」。【三】「或」，《大正藏》作「惑」。【四】「故」，原卷無，據《大乘起信論》補。【五】「沉」，《大正藏》作「沈」。【六】「不樂味」，《大乘起信論廣釋》卷五作「不樂衆善失」。

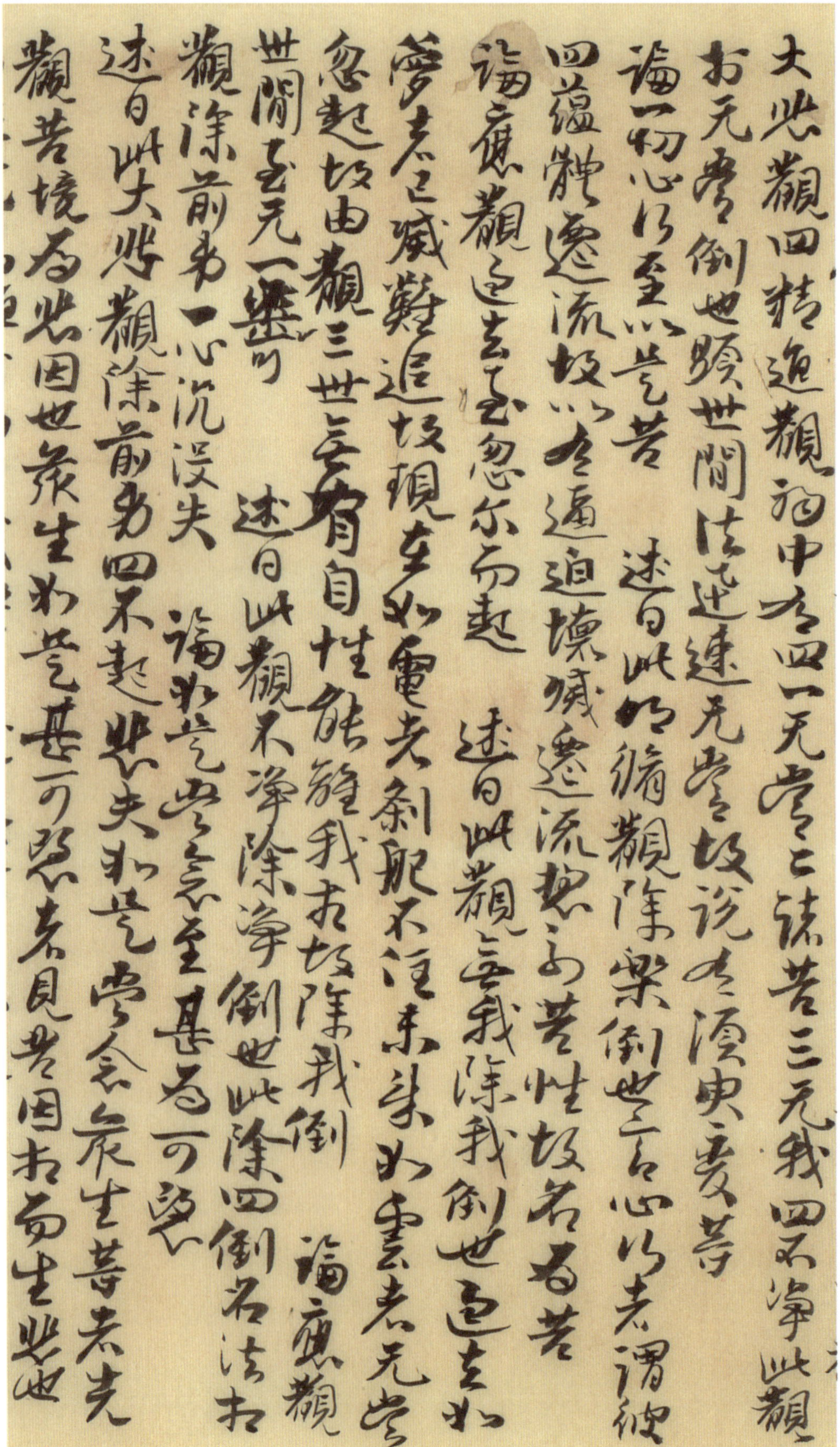

八三

大悲觀，〔三誓願觀〕（二），四精進觀。初中有四，一无常，二諸苦，三无我，

四不净，此觀
八一三 於无常倒也。顯世間法，迅速无常故，説有須臾變荨。
八一四 論：「一切心行」至「以是苦」。述曰：此明脩觀，除樂倒也。言心行者，謂
彼
八一五 四蘊體遷流故。以有逼迫壞滅[二]遷流揔别苦性，故名爲苦。
八一六 論：「應觀過去」至「忽尔而起」。述曰：此觀無我，除我倒也。過去如
八一七 夢者，已滅難追故。現在如電者，剎那不住。未來如雲者，无常
八一八 忽起故。由觀三世，無有自性，能離我相，故除我倒。論：「應觀
八一九 世間」至「无一可樂[三]」。述曰：此觀不净，除净倒也。此除四倒，名法相
八二〇 觀。除前第一，心沉[四]没失。論：「如是當念」至「甚爲可愍」。
八二一 述曰：此大悲觀，除前第四不起悲失。如是當念衆生荨者，先
八二二 觀苦境爲悲因也。衆生如是甚可愍者，見苦因相而生悲也。

校注

【一】「三誓願觀」，原卷無，據《大乘起信論廣釋》卷五補。《大正藏》未補。【二】「滅」，《大正藏》作「疾」。【三】「可樂」，原卷作「樂可」，右有倒乙符。【四】「沉」，《大正藏》作「沈」。

八三

論：「作是思惟」至「第一義樂」。述曰：此誓願觀，因悲立願。願脩

八二四 衆[一]善，除前第二不樂善失。願令我心離分別者，此不顛
八二五 倒願，即願體也。下有三願，顯其願用：遍於十方脩行等者，明
八二六 長時願；以無量方便救拔等，明廣大願；令淂涅槃，明第一願。願既
八二七 是心[二]，亦得[三]名爲四種心也。論：「以起如是」至「心[四]无懈怠」。述曰：
此精
八二八 進觀。因願策勤，除前第三起懈怠失。一切時處蔄聲聞行，不
八二九 於一切時處脩故。隨已堪能等者，蔄凡夫行，不量自力，頓脩便
八三〇 止故。論：「唯除坐時」至「應作不應作」。述曰：此第三，結觀分
八三一 齊也。唯除端坐脩止之時。若餘一切悉當觀察，順理應作，違
八三二 理不應作。論：「若行若住」至「觀止俱行」。述曰：上顯別脩，下
八三三 明雙運。於中有三，初揔摽俱行，次顯其行相，後揔結雙運，

校注

【一】「衆」上，原卷衍一「脩」字，據《大乘起信論廣釋》卷五、《大正藏》刪。【二】「心」與「得」字之間有雜寫「人」字。「願既是心」，《大乘起信論廣釋》卷五作「願不離心」。【三】「亦得」，原卷作「得亦」，右有倒乙符。【四】「心」，原卷作「以」，據《大乘起信論》改。《大正藏》亦誤作「以」。

此初世則四運於中威儀皆俱修也　論云謂雖念諸性不可
得　述曰大段修於於中第二初顯順理俱修止觀後顯對治
俱修止觀此約世諦謂之下論明以止而修於觀自性無生者
約非有義以明止也業果不失者約非無義以明觀也此二不二故
云云此正順於不動真際達立諸法良以非有即是非無
故不動心而起觀也顯念之大後明以觀而修於止因緣業
報約非無義以明觀乃性不可得約非有義以明止乃此二不二之云
互念此正隨順不壞假名而說實相以法非無正是非有故不
捨觀而入止也然此止觀說顯前後在乃者心鎔融不二之性者
實性故　論若修止者至不修善根　述曰此顯對治俱修
止觀謂修止者除二種過正除凡夫人法二執以是住著世間因
故兼除二乘法我之見以是怯怖生死因故若修止者心安真境
何樂世間寧怯生死謂修觀者亦除二失正除二乘不觀衆生

此初也。則四[一]威儀常俱行也。論：「所謂雖念」至「性不可淂」。述曰：下顯行相。於中有二，初顯順理俱行止觀，後顯對治俱行止觀，此初也。所謂已下，初明即止而脩。於觀自性無生者，約非有義，以明止也。業果不失者，約非無義，以明觀也。此二不二，故云即念。此即順於不動真際建立諸法。良以非有即是非無，故不動止而起觀也。雖念已下，後明即觀而脩。於止因緣業報，約非无義以明觀行。性不可淂，約非有義，以明止行。此二不二，亦云即念。此即隨順不壞假名而説實相。以法非无，即是非有故，不捨觀而入止也。然此止觀，説雖前後，在行者心鎔融，不二之性，即實性故。論：「若脩止者」至「不脩善根」。述曰：此顯對治，俱行止觀也。謂脩止者，除二種過。正除凡夫人法二執，以是住著世間因故。兼除二乘法我之見，以是法怖生死因故。若脩止者，心安真境，何樂世間，寧怯生死？謂脩觀者亦除二失，正除二乘不觀衆生，

校注

【一】「四」下，《大正藏》照録「運於中」三字，誤。

不起大悲狹劣心過遠離凡夫不觀无常可生懈怠不修道
過　論以是義故云不相捨離　述曰次六句第二勸然異運
於中有二初顯具德後明闕失此初也謂凡夫人不因修止得不
樂世間難起精進爲二乘人不因修止得不怖生死无以起悲
此則以止而助觀也爲二乘人不觀心以念念生滅凡夫之人不觀
三世无我不淨无以厭離而住於止此即以觀而助於止故言止
觀共相助成　論若止觀不具无菩提之道　述曰此顯闕
失菩提道者此是法界菩提因止心爲歸法性體觀心照用
順法性用止觀俱行甚順體用既順法性得成菩提爲唯修
止不順真用不發種智爲唯修觀不歸真體輪迴之見是
故不具非入菩提　論復次衆生至意欲退者　述曰次六句第
三防退方便於中有二初舉可退之人後顯防退之法此初也

不起大悲狭劣心過，兼除凡夫不觀无常，而生懈怠不脩道過。論：「以是義故」至「不相捨離」。述曰：次下第二，揔結雙運。於中有二，初顯具德，後明闕失，此初也。謂凡夫人不因脩止淂不樂世間，難起精進，若二乘人不因脩止淂不怖生死，無以起悲。此則以止而助觀也。若二乘人不觀心行，念念生滅；凡夫之人不觀三世无我不净，无以猒離而住於止。此即以觀而助於止，故言止觀，共相助成。論：「若止觀不具」至「菩提之道」。述曰：此顯闕失。菩提道者，即是法界菩提因也。止心寂歸法性體，觀心照用，順法性用，止觀俱行，雙順體用，既顯法性，淂成菩提。若唯脩止，不順真用，不發種智；若唯脩觀，不歸真體，輪迴無息；是故不具，非入菩提。論：「復次衆生」至「意欲退者」。述曰：次下第三，防退方便。於中有二，初舉可退之人，後顯防退之法，此初也。初

校注

學覺法者此明所以劣以住之下舉受釋成內心既劣外闕勝緣
信所以難成故將退也已覺將退入二乘也　論當知如來有攝
護信心　述曰次下顯其防退之法於中有二初正顯其法後示
引證初中有二初勸知念佛攝護後顯知念而得之益此
初也　當知十方諸佛如來有勝神通善巧方便攝受護念縱
信心者不令退墮勸初心者起如是念勿生怯弱　論謂以專
意念佛永離惡道　述曰此後顯其知念之益爲此所者以知如
來專意念故隨其願樂見佛因緣得生淨土見佛不墮
論如脩多羅說无有退　述曰下引經證於中有三初顯
得往生後顯住正定此初也然生淨土有其勝利所以人專念西方
菩者此顯所以世不脩善根願求菩去此勝利也已得往生常見
菩者顯由所願得往生也　論曰觀彼佛至住正定故
述曰此顯住正定世尊至淨土得聞法已漸次脩行觀見彼佛真其於

亊是法者，此明行劣。以住已下，舉處釋成。內心既劣，外闕勝[一]緣，信行難成，故得退也。即是將退入二乘也。論：「當知如來」至「攝護信心」。述曰：次下顯其防退之法。於中有二，初正顯其法，後別引經證。初中有二，初勸知念諸仏攝護，後顯知念所淂之益，此初也。當知十方諸仏如來，有勝神通善巧方便，攝受護念，修信心者不令退墮，勸初心者起如是念，勿生怯弱。論：「謂以專意」至「永離惡道」。述曰：此後顯其知念之益。爲此行者，以知如來專意念故，隨其願樂見仏因緣，淂生净土見仏不墮。

論：「如脩多羅」至「終无有退」。述曰：下引經證。於中有二[二]，初顯淂往生，後顯住正定，此初也。然生净土有其願行。若人專念西方等者，此顯行也。所脩善根願求等者，此明願也。即淂往生常見等者，顯由行願淂往生也。論：「若觀彼仏」至「住正定故」。述曰：此顯住正定也。若至净土，淂聞法已，漸次脩行，觀見彼仏真如

校注

【一】「闕勝」，原卷作「勝闕」，右有倒乙符。《大正藏》誤作「勝闕」。【二】「二」，原卷作「三」，據《大乘起信論廣釋》卷五改。

法身者畢竟生得信種性正定信故已佛法身者為化家觀心隨順者往生也　論已說修乃至勸修利益分　述曰上來已釋修行信心次第五勸修利益於中有二初結前起後二正宗勸修此論也前來已說顯法正宗此是其數法流通已顯題中論之一字顯論功能令受持故　論如是摩訶衍法至我已總說　述曰次下正示利益勸修於中有三初總標結前說次舉信謗損益後總結勸修此論也摩訶衍者舉所勸修大乘法也諸佛祕藏者顯大乘法是甚深也我已總說者顯以略文攝廣義也　論若有眾生求無上之道　述曰次下顯其信謗損益於中有二初信受福勝後謗毀罪重前中有三初約三惠總舉其益後別顯三惠示有益者此論也若有眾生欲於等者此明依論為修道因無念真理名外緣境知不異顯名為

法身，名畢竟生。淂住種性正定位故，即仏法身，名爲仏家。觀心随順，名往生也。論：「已説脩行」至「勸脩利益分」。述曰：上來已釋脩行信心，次下第五，勸脩利益。於中有二，初結前起後，後正示勸脩，此初也。前來已説顯法正宗，此是其歎法流通，即顯題中論之一字，顯論功能，令受持故。論：「如是摩訶演[一]法」至「我已揔説」。述曰：次下正示利益勸脩。於中有三，初揔摽結前説，次舉信謗損益，後揔結勸脩，此初也。摩訶演者，舉所勸脩大乘法也。諸仏祕藏者，顯大乘法是甚深也。我已揔説者，顯以略文攝廣義也。論：「若有衆生」至「無上之道」。述曰：次下顯其信謗損益。於中有二，初信受福勝，後謗毀罪重。前中有二，初約三恵[二]，揔舉其益，後別顯三恵[三]所有益相，此初也。若有衆生欲於等者，此明依論爲淂道因，無念真理，名如來境，知而契順，名爲

校注

【一】「演」，《大乘起信論》作「衍」。【二】「恵」，《大正藏》作「慧」。【三】「恵」，《大正藏》作「慧」。下不再注

正信不謂念證名雖誹謗大劫不進名大乘道心雖能不證
會名入學持此論思量菩者此所依論起三惠以究竟能至
无上道者所依以緣不得勝果 論以後有人至之不受記
述曰次下有顯三惠發益於中有三謂聞思修此相也真以本
覺共佛齊同一念證會與佛无異聞而善者不怯修以學知
此人定紹佛種佛與受記決定无疑 論假使有人至不可為喻
述曰此思惠發益也十善斷多人天漏業思論斷少佛无漏因由
是遠前不可為喻 論復次有人至无有邊際 述曰此明修
惠發益也有人善者頌時少福多假令之下校量多者何以故六
釋多所以此論所明法性之理性體无際德之无窮起修惠者
契順性德功德无邊歎莫能盡 論其有衆生至受大苦想
述曰次下顯其毀謗罪重於中有四一謗成重罪二誡勸心謗
三釋罪重意四結釋所由此論世擬一造五逆但五劫苦謗此論

八八四 正信。不謂念證，名離誹謗。大智所遊，名大乘道。心離能所，證
八八五 會名入。當持此論思量等者，此明依論起三恵行。究竟能至
八八六 无上道者，明依行缘所淂勝果。論：「若復有人[一]」至「之所受[二]記」。
八八七 述曰：次下别顯三恵益相。於中有三，謂聞、思、脩，此初也。真如本
八八八 覺，共仏齊同；一念證會，与仏无異。聞而喜悦，不怯脩行，當知
八八九 此人定紹仏種，仏与受記，决定无疑。論：「假使有人」至「不可爲喻」。
八九〇 述曰：此思恵益也。十善雖多，人天[三]漏業；思論雖少，仏无漏因。由
八九一 是過前，不可爲喻。論：「復次若人」至「无有邊際」。述曰：此明脩
八九二 恵益也。若人等者，顯時少福多。假令已下，據量多相。何以故下，
八九三 釋多所以。此論所明法性之理，性體无際，德亦无窮。起脩恵者，
八九四 契順性德，功德无邊，歎莫能盡。論：「其有衆生」至「受大苦惱」。
八九五 述曰：次下顯其毁謗罪重。於中有四，一謗成重罪，二誡勸止謗，
八九六 三釋罪重意，四轉釋所由，此初也。極造五逆，但五刼苦。謗此論

校注

【一】「若復有人」，《大乘起信論》作「若人」。【二】「受」，《大乘起信論》作「授」。【三】「天」，《大正藏》作「無」。

者經無量劫受於十方阿鼻地獄苦以毀諸佛師母法故
論是故衆生當不應誹謗　述曰此誡勸止謗也由是毀謗獲
大罪故從來曾聞不堪思修但可仰信不應誹謗　論以深自
害至三寶之種　述曰此釋罪重意也造過之逆者但能自害
非斷三寶非名深害謗此法者豈始自他墮大苦趣之斷自三
他寶之種名深自害之害他人斷絕一切三寶種也　論以一切
如來至入佛智故　述曰次六轉釋斷三寶意於中有二初明
佛寶依法而成後顯僧寶依法而成此初也如來依此得涅槃
者明過現佛因法成果菩薩因修入佛智者顯未來佛以法為因
故謗法者斷佛種也　論當知過去至得成淨信　述曰此顯
僧寶依法成也夫言僧者和合為義淨信無違方得名僧
三世菩薩既依此法得成淨信故謗此法之得名為斷僧寶也佛
僧斷故法亦不得是故名為斷三寶也

者，逕无量刼，受於十方阿鼻極苦，以是諸仏師母法[一]故。論：「是故衆生」至「不應誹謗」。述曰：此誡勸心謗也。由是毀謗獲大罪故，縱未曾聞，不堪思脩，但可仰信，不應誹謗。論：「以深自害」至「三寶之種」。述曰：此釋罪重意也。造五逆者，但能自害，非断三寶，非爲深害。謗此法者，豈惟自他墮大苦趣，亦断自他[二]三寶之種，名深自害，亦害他人，斷絶一切三寶種也。論：「以一切如來」至「入仏智故」。述曰：次下轉釋斷三寶意。於中有二，初明仏寶依法而成，後顯僧寶依法而有，此初也。如來依此淂涅槃者，明過現仏因法成果。菩薩因脩入仏智者，顯未來仏以法爲因。故謗法者，斷仏種也。論：「當知過去」至「淂成净信」。述曰：此顯僧寶依法成也。夫言僧者，和合爲義，净信无違，方淂名僧。三世菩薩，既依此法，淂成净信。故謗此法，亦淂名爲斷僧寶也。仏僧斷故，法亦不行，是故名爲斷三寶也。

校注

【一】「師母法」，《大乘起信論廣釋》卷五作「所師法」。【二】「他」與下行首字「三」，原卷倒，右有倒乙符。

論是故衆生應勤修學　述曰前來已顯信謗損益此即第
三結勸修是毀謗者自害害他成大損故衆生願求自利利他
成大益者於此論中應勤修學　論諸佛甚深乃至一切衆生界
述曰上來已顯法施正宗此顯迴向流通分也文中四句顯於大
乘理教以果以成一頌初句正顯所說之法顯說所依大乘理
也謂即一心是佛所證含其二門無際限不可名甚深義具包
三大無所不運名之廣大義次句正顯能詮之文依理所起大乘
教也我隨己量分所顯理以其略文而攝多義起此大乘總
持教也次句正顯福施群生顯修大乘之則以也謂如法性所
不至我此依理起教功德亦如法性施群生也後句正顯福施
之益顯依以則所得之果利普令衆生得於大乘果利益也

大乘起信論略述卷下

論：是故衆生，應勤脩斈。述曰：前來已顯信謗損益，此即第三，揔結勸脩。是毁謗者，自害害他，成大損故。衆生欲求自利利他，成大益者，於此論中，應勤修斈。論：「諸仏甚深」至「一切衆生界」。

述曰：上來已顯法施正宗，此顯迴向流通分也。文中四句，顯於大乘理教行果，以成一頌。初勾正顯所説之法，顯説所依大乘理也。謂即一心是仏所證，含其二門，齊限不分，名甚深義；具包三大，无所不運，名廣大義。次勾正顯能詮之文，依理所起大乘教也。我隨智量，分所顯理，以其略文而攝多義，起此大乘揔持教也。次勾正顯福施羣生，顯脩大乘之願行也。謂如法性，無[一]所不至；我此依理，起教功德，亦如法性，施羣生也。後勾正顯福施之益，顯依行願所淂之果利，普令衆生淂於大乘果利益也。

大乘起信論略述卷下

校注

【一】「性無」，原卷作「無性」，右有倒乙符。

敦煌草書本《大乘起信論略述》淺議

《大乘起信論略述》爲敦煌出土的數以萬計的寫本文書之一，爲佛教論疏類作品，是對《大乘起信論》的注解和闡釋。與一九〇〇年出土的敦煌莫高窟藏經洞寫本文書一樣流散海内外，現藏中國和英、法等國。目前所見敦煌文獻中，《大乘起信論略述》卷上有斯二四三一、斯二四三六，伯二一四一背，伯四八一一，北七二四八（鹹〇四六），北七二四九（淡〇四八），共計六個卷號。其中斯二四三六草書寫本，寫卷完整，共計六十一紙，有烏絲欄，每行三十字左右，共計文字七百九十行，二萬四千字左右。卷下有伯二〇五一，斯〇一二二五（行草書卷），斯〇九六四 A–B（行草），北七二五〇（行楷），北七二五一（行楷），五個卷號。

一、關於《大乘起信論》

《大乘起信論》又稱《起信論》，闡述大乘佛教如來藏緣起及菩薩、凡夫發起大乘信根等概要含義的論疏，從理論和實踐兩方面歸納大乘佛教的中心思想，是佛教最重要的啓蒙書籍之一，包含佛教理論中最基本的「一心」「二門」「三大」學説，推行「四信」「五行」實踐法門。相傳爲印度馬鳴菩薩所造，有新舊二譯本：舊譯爲南朝梁元帝承聖三年九月，印度僧拘那羅陀（Gunarata 即真諦三藏）的譯述，由智愷筆録，即梁譯本；新譯爲唐則天武后聖曆三年十月，印度僧實叉難陀（Cikshananda）譯述，由復禮筆録。〔一〕黄懺華《佛學概論》提到：關於佛典之傳譯，有新舊之稱。劉漢以來謂之舊譯，李唐而下謂之新譯。〔二〕成書於唐玄宗開元十七年（七二九）的《開元釋教録》著録了《大乘起信論》的新譯本，據此可知，唐新譯本《大乘起信論》在七三〇年之前就已經出現，「但近代以來，主張所謂『唐譯』是僞托的學者，指出參與實叉難陀譯場的華嚴宗法藏（六四三至七一二）及玄奘弟子法寶（六二七至七〇五）都没有提及唐譯《大乘起信論》，從此，一直到圭峰（宗密）以前，唐代諸大家都未談到唐譯《起信》」〔三〕。關於譯本真僞的辯論中，引人注目的是現代日本佛教學者望月信亨〔四〕在一九二二年出版的《大乘起信論之研究》中提到的「疑似僞經」説，他的論述根據大致是：通過大量閲讀和考察真諦翻譯的著作，發現《大乘起信論》中常見佛教詞語的表述方式，遣詞用語的習慣等，並不與真諦其他著作的用詞相似。「如其中的佛的三身的名稱、修多

〔一〕〔日〕湯次了榮：《大乘起信論新釋》，豐子愷譯，浙江人民美術出版社，二〇一五，第五頁。

〔二〕黄懺華：《佛學概論》，廣陵書社，二〇〇九，第一九頁。

〔三〕張雪松：《河西曇曠及其〈大乘起信論〉研究（上）》，《中國佛學》二〇一五年（總第三十八期），第一〇頁。

〔四〕望月信亨（一八六九—一九四八），日本佛教學者，原姓松原，名勝次郎，福井縣人。曾與同學於京都創辦《宗粹》雜志，宣揚净土教義。著作有《望月佛教大辭典》《佛教大年表》《中国净土教理史》《佛教史之諸研究》等。而他所編《望月佛教大辭典》，一九五四年經塚本善隆等補遺三册，合爲十册，爲近代日本最被重視的佛教研究工具書。

羅的用例、煩惱礙智礙的説法等，皆爲北方地論派的説法，顯示了《大乘起信論》與地論派之間的密切關係。……望月信亨還進一步推論，《大乘起信論》爲梁陳年間，由北方地論師曇尊口述、曇遷整理而成。」〔一〕日本學者常盤大定〔二〕否認了是由中國撰述僞經的説法，從印度佛教的背景出發分析《大乘起信論》的思想特徵，分析其出現的必然性，提出了該經是印度真諦由梵文譯述而來的觀點。〔三〕現存敦煌文獻曇曠撰《大乘起信論廣釋》中，「僅就現存篇幅來看，明確提到唐譯近二百次，其中稱『新論』就達一百四十四處之多，『新本』十次，『新、舊論』四次，『二論』五次，『兩論』一次；此外提及『譯』字十五處（其中十處爲『譯者』）也多牽扯唐譯」〔四〕。根據曇曠的生活、學習經歷及著述可以考知，唐譯本《大乘起信論》在八世紀中葉之前的長安地區已經流行。而《大乘起信論》的新舊和真僞問題，至今在海内外學者中存在争論。

〔一〕张文良：《日本的〈大乘起信論〉研究》，《佛學研究》二〇一〇年第十九期，第四一一頁。

〔二〕常盤大定（一八七〇—一九四五），東京大學、東洋大學教授。曾五次赴中國考察儒釋道文化遺迹。曾撰寫《支那佛教史迹》《支那佛教史迹踏查記》《中國文化史迹》等，在中國佛教研究領域取得了顯著的成績。另著有《佛性的研究》《寶林傳的研究》《後漢至宋齊譯經總録》《支那佛教之研究》等。

〔三〕张文良：《日本的〈大乘起信論〉研究》，《佛學研究》二〇一〇年第十九期，第四一一頁。

〔四〕張雪松：《河西曇曠及其〈大乘起信論〉研究（上）》，《中國佛學》二〇一五年（總第三十八期），第一一頁。

對於《大乘起信論》的價值與地位，學者普遍認爲：「《大乘起信論》在中國佛學史，乃至中國哲學史上的地位是不容忽視的。」〔一〕《大乘起信論》提出了「一心、二門、三大、四信、五行」〔二〕的獨特思想體系，其中，一心即是衆生心、如來藏和真如，是該論的綱要。真如是宇宙萬物的本體（實打實的存在）。而「真如緣起論，對佛教各宗派有一定的影響」〔三〕，特别是對華嚴宗和禪宗創立和發展有一定的影響。〔四〕《大乘起信論》表現的佛教思想，在中國佛教諸宗派關係史、漢藏佛教交流史中都起到了積極的作用，「該論所代表的思想，在佛教思想中有它的獨特價值，值得我們深入研究」〔五〕。這些認識逐漸成爲一種學術共識。也因爲《大乘起信論》的内容與印度和中國的諸多佛典著作有不可割離的關係，對這些經典著述的研究是熱門話題。《大乘起信論》「一心二門」之「心真如門」的説法，認爲如來藏即心之體，即是本覺。本

〔一〕龔雋：《〈大乘起信論〉與佛學中國化》，文津出版社，一九九五，第一頁。

〔二〕（梁）真諦譯，高振農校釋《大乘起信論校釋·序言》，中華書局，一九九二，第九頁。

〔三〕（梁）真諦譯，高振農校釋《大乘起信論校釋·序言》，第一四頁。

〔四〕參見韓廷傑注釋，潘栢世校閱《新譯大乘起信論》，三民書局，二〇一六，第一二頁。張文良：《宗密的〈大乘起信論〉觀：以宗密的判教説爲中心》，載張風雷、〔日〕竹村牧男、〔韓〕金成哲主編《〈大乘起信論〉與東亞佛教》，宗教文化出版社，二〇一六，第一－二〇頁。

〔五〕釋印順：《大乘起信論講記》，中華書局，二〇一〇，第一一頁。

覺一詞，「是印度文獻中找不到的獨特用語，之後在日本佛教也成爲重要的用語」〔一〕。《大乘起信論》中包含的佛教内容和思維方式，吸引了各地佛教學者的關注和解讀，他們通過各自的研究闡釋，再豐富法義和創造經論。很多思想辯論都圍繞如何解答《大乘起信論》展開。對《大乘起信論》文本的研究已是百花齊放，「如何從更廣大的視角出發，探討《大乘起信論》的思想意義和文化意義，就成爲更有現實意義的課題」〔二〕。

也正是因爲《大乘起信論》非凡的價值意義，此論在漢傳佛教界風行，關於此論的注疏等撰述甚多，可以考知的主要有梁代智愷的《一心二門大意》一卷，隋代曇延的《大乘起信論疏》二卷（現存上卷），慧遠的《大乘起信論義疏》二卷，法藏的《大乘起信論義記》五卷、《大乘起信論義記别記》一卷，法藏述宗密注《大乘起信論疏》四卷，唐代曇曠的《大乘起信論略述》二卷（敦煌寫本）、《大乘起信論廣釋》五卷（敦煌寫本存三卷），宋代子璿的《起信論疏筆削記》二十卷、《起信論疏科》一卷，明代真界的《起信論纂注》二卷，正遠的《起信論捷要》二卷，德清的《起信論直解》二卷、《大乘起信論略疏》四卷，通潤的《起信

〔一〕〔日〕青木隆：《〈大乘起信論〉的出現》，收入〔日〕沖本克己、菅野博史編輯，釋果鏡譯《興盛開展的佛教：中國Ⅱ隋唐》，法鼓文化，二〇一六，第九九頁。

〔二〕张文良：《日本的〈大乘起信論〉研究》，《佛學研究》二〇一〇年第十九期，第四二二頁。

論續疏》二卷，智旭的《大乘起信論裂綱疏》（釋新譯）六卷，清代續法的《起信論疏記會閱》十卷，民國梁啓超的《大乘起信論考證》一卷等。此外，據《歷代三寶紀》卷十一，真諦三藏於梁太清三年作有《起信論疏》二卷，這大概是傳説。其他佚失的疏記，有梁代智愷的《論疏》一卷、《論注》二卷（見《義天録》），唐靈潤的《論疏》（卷數不詳，見《續高僧傳》卷十五《靈潤傳》），智儼的《義記》一卷、《疏》一卷，宗密的《一心修證始末圖》一卷，傳奥的《隨疏記》六卷（此三則均見《義天録》），慧明的《疏》三卷（見《東域傳燈録》），宋代知禮的《融會章》一篇（見《四明教行録》），仁岳的《起信黎耶生法圖》一卷（見《佛祖統記》），延俊的《演奥鈔》十卷，元朗的《集釋鈔》六卷，智榮的《疏》一卷（此三則均見《義天録》）等。此論在朝鮮、日本流行亦廣。朝鮮古代僧人有關此論的著述，現存有元曉的《起信論疏》二卷、《大乘起信論別記》二卷，太賢的《古迹記》（即《大乘起信論内義略探記》）一卷，見登的《大乘起信論同異略集》二卷。此外已佚本還有元曉的《宗要》一卷、《大記》一卷、《料簡》一卷，憬興的《問答》一卷。日本有關此論的章疏亦多，現存有湛睿的《起信論決疑鈔》一卷，圓應的《大乘起信論五重科注》一卷，亮典的《大乘起信論專釋鈔》五卷，即中的《起信論科解》二卷，貫空的《大乘起信論注疏講述》一卷，曇空的《大乘起信論要解》三卷，藤井玄珠的《起信論校注》一卷、《起信論講述》一卷，村上專精的《起信論達意》一卷、《起信論科注》和《起信論講義》各一卷，望月信亨的《大乘起信論之研究》一卷、《起信論講述》一卷，尊辯的《大乘起信論鈔》二卷，因静的《起信論義成》六卷等。此外日本學者有關法藏的《大乘起信論義記》的注釋也多至數十種。

除了注疏，還有歷朝歷代衆多高僧的宣講，都没有留下文本，留下文本的好多也没有傳世，曇曠的《大乘起信論廣釋》和《大乘起信論略述》即是如此。好在有敦煌莫高窟藏經洞的千年封存，才使我們今天有幸見到。遺憾的是《大乘起信論廣釋》本來有五卷，敦煌所出衹見到三、四、五這三卷，儘管這樣，曇曠的這兩件經釋還是極爲珍貴的中國佛教史文獻，值得我們去研究和瞭解。

二、《大乘起信論略述》的作者與成書年代

（一）河西高僧曇曠生平

曇曠，姓氏、生卒年不詳。敦煌文獻《大乘百法明門論開宗義決》（又名《大乘百法明門論抄》）伯二〇七七（首尾齊全），撰於唐大曆九年（七七四）六月一日。序言稱：

> 余以冥昧，濫承傳習。初在本鄉，切《唯識》《俱舍》，後遊京鎬，專《起信》《金剛》。雖不造幽微，而粗知鹵畝。及旋歸河右，方事弘楊。當僥薄之時，屬艱虞之代，（暮）〔慕〕道者急急於衣食，學

者（後）〔役役於〕条承。小論小經尚起懸崖之想；大章大疏皆懷絶尔之心。……余慷茲虛度，慨彼長迷。或補前修之闕文，足成廣釋；或削古德之繁猥，裁就略章。始在朔方撰《金剛旨贊》，次於凉城造《起信》銷文。後於敦煌撰《入道次第开决》，撰《百法論開宗義記》。所恐此疏旨敻文幽，學者難究。遂更傍求衆義，開决疏文，使夫學徒，當成事業。〔一〕

對曇曠的個人經歷、主要著述做了較爲明確的闡述，對寫作宗旨也做了清楚的交代。〔二〕伯二一四一背卷首序中沙門澄漪提到：

有建康沙門曇曠者，幼而好學，長而成德，妙閑製述，善能清詞。先造《廣釋》，後學賴焉！包含事理，網羅邪正。無執而不改，有疑而（不）皆遣。恐初心者仰崇崖而起退，望渤澥而迷神，迺復撮其旨歸，爲之《略述》。可謂尋其源而知其流，折其（擀）〔幹〕而得其枝。至如開發題端，該談教藏；傍

〔一〕上海古籍出版社、法國國家圖書館編《法國國家圖書館藏敦煌西域文獻》第四册，上海古籍出版社，一九九五，第二一九頁。參校以《大正藏》第八五册，第一〇六八頁上；〔日〕上山大俊：《敦煌佛教の研究》，法藏館，一九九〇，第二〇頁；張雪松：《河西曇曠及其〈大乘起信論〉研究（上）》，《中國佛學》二〇一五年（總第三十八期），第一二頁。

〔二〕《大正藏》第八五册，第一〇六八頁上；〔日〕上山大俊：《敦煌佛教の研究》，第二〇頁。

探異説，委闢義門；引經證成，會《論》宗趣；法喻周舉，問答析疑，略而不明，具如《廣釋》。好博聞者，尋而究之，且欲指陳，綰攝綱要。〔一〕

綜合對敦煌文獻的考察及前賢研究〔二〕，唐河西僧人曇曠的生平大致如下：曇曠是生活在唐八世紀的僧人，河西建康人（今地理位置在甘肅河西走廊張掖、酒泉一帶，即北凉建康郡）。美國愛沃華大學宗教學院教授巴宙在《大乘二十二問之研究》（*A Study of the Twenty-two Dialogues on Mahāyāna Buddhism*）中提到「建康」應該是《新唐書·地理志》「甘州張掖郡」條中的「建康軍」：「西北百九十里，祁連山北，有建康軍。證聖元年王孝傑以甘肅二州相距回遠，置軍。」〔三〕而黃征教授在《敦煌草書寫卷〈大乘起信論略述卷上〉考訂》中認爲曇曠爲江蘇南京人，是南方的大德名僧。〔四〕而曇曠生年、本名不可考，大約出生於八世紀初。

〔一〕參校以《大正藏》第八五册，第一〇八九頁上；黃征《敦煌草書寫卷〈大乘起信論略述卷上〉考訂》，《南京師範大學文學院學報》二〇〇三年第二期，第一四九頁。

〔二〕屈直敏：《敦煌高僧》，民族出版社，二〇〇四，第九四－九五頁；杜斗城等：《河西佛教史》，中國社會科學出版社，二〇〇九，第三四六頁；張雪松：《河西曇曠及其〈大乘起信論〉研究（上）》，《中國佛學》二〇一五年（總第三十八期），第一〇－一八頁。

〔三〕張雪松：《河西曇曠及其〈大乘起信論〉研究（上）》，《中國佛學》二〇一五年（總第三十八期），第一四頁。

〔四〕黃征：《敦煌草書寫卷〈大乘起信論略述卷上〉考訂》，《南京師範大學文學院學報》二〇〇三年第二期，第一四九頁。

敦煌寫卷内容可證實曇曠早年出家後在本鄉先學大乘習唯識，以《唯識論》爲主並研習《俱舍論》，入長安西明寺主修《大乘起信論》和《金剛般若經》，學習經歷從最初的唯識學擴展到般若學和大乘藏體系。敦煌文獻斯一四三八背《吐蕃時期某漢人高官書儀》記載了吐蕃占領敦煌初期沙州漢人都督索允寫給贊普的請求跟隨曇曠出家的書狀：

狀請出家……年在襁褓，不食薰羶，及乎佩雋（觿），每誦經論，持齋持戒，積有歲年……近日相公不以庸鄙，令介沙州，將登耳順之年，漸及懸車之日，老夫耄矣，誠无供於國用，佛法興流，庶裨益於聖祚。使事曇和尚廿年……身單獨，舉目无依，今請捨官出家，伏［惟］相公无障聖道，則小人與身報賀，万死酬恩，解脱之因，伏望衷察。捨官出家，並施宅充寺，資財、駝馬、田園等充爲常住……伏乞聖慈，允臣所請，謹因奉狀聞。［一］

［一］方廣錩、［英］吴芳思主編《英國國家圖書館藏敦煌遺書》第二二册，廣西師範大學出版社，二〇一三，第二二二—二二三頁；唐耕耦、陸宏基編《敦煌社會經濟文獻真迹釋録》第五輯，全國圖書館縮微文獻複製中心，一九九〇，第三一五—三一六頁。參校以張雪松：《河西曇曠及其〈大乘起信論〉研究（上）》，《中國佛學》二〇一五年（總第三十八期），第一三—一四頁。

出家的表文説明此時索允跟隨曇和尚已有二十年，「曇和尚」即曇曠[一]。關於敦煌陷蕃的時間，陳國燦先生主張在七八六年，這一説法能够和有關文書記載相吻合，已爲多數研究者所接受，有的學者還進一步提出證據，[二]參照敦煌古鐘「索允鐘」，敦煌遺書吐蕃統治時期願文中也多次出現「都督索公」之語，遂判定索允在敦煌陷蕃之後被任命爲沙州都督一職，又據斯二四三六最末題記「寶應貳載玖月初於沙州龍興寺寫記」，説明曇曠最晚到達敦煌的時間爲寶應貳載即七六三年，甚至更早。唐朝爆發爭奪統治權内戰的安史之亂時間爲七五五年至七六三年，不難推測曇曠前往敦煌與安史之亂有關。曇曠選擇在這一時間中斷在長安西明寺的學習，游歷河西到達敦煌，在龍興寺修持、傳道，對大乘佛教在敦煌的推廣踐行做出了貢獻。曇曠也受到當時敦煌社會僧俗的敬仰。

（二）曇曠的主要著述

據前引撰於大曆九年的伯二〇七七《大乘百法明門論開宗義决》、伯二一四一背沙門澄漪《大乘起信論

[一] 張雪松：《河西曇曠及其〈大乘起信論〉研究（上）》，《中國佛學》二〇一五年（總第三十八期），第一四頁。

[二] 陸離：《敦煌寫本S.一四三八背〈書儀〉殘卷與吐蕃占領沙州的幾個問題》，《中國史研究》二〇一〇年第一期，第八五－八六頁；陳國燦：《唐朝吐蕃陷落沙州城的時間問題》，《敦煌學輯刊》一九八五年第一期；鄧文寬：《三篇敦煌邈真贊研究——兼論吐蕃統治末期敦煌的僧官》，《出土文獻研究》第四輯，中華書局，一九九八，第八五－八六頁。

略述序》、斯二四三六《大乘起信論略述卷上》題記綜合考訂，可大致勾勒出曇曠游歷河西，傳播佛法時的撰述。受朝廷内亂的影響，曇曠離開京鎬之地，到達朔方（今寧夏靈武），後一路西行經凉城（凉州，今甘肅武威）最晚於唐肅宗寶應二載九月到達敦煌修持傳道。途中撰寫完成《金剛般若經旨贊》二卷、《大乘起信論廣釋》五卷。於甘州將《大乘起信論廣釋》五卷凝練爲《大乘起信論略述》二卷。抵達敦煌後，撰寫《大乘入道次第開决》一卷、《大乘百法明門論開宗義記》一卷、《大乘百法明門論開宗義决》一卷、《瑜伽師地論疏議》等佛經注疏，用以「傍求衆義，開决疏文」，這些大乘佛學的集大成著作都是在唐大曆九年之前就已經完成的。[一] 這些在後世中國廣泛流傳、産生巨大影響的佛教經典著作也推動了大乘佛學在敦煌的宏揚與流傳。

吐蕃占領敦煌後，對於頓、漸之争頗感困惑，因慕曇曠之名，贊普欲邀曇曠入藏，曇曠以老病爲借口推托。據英國國家圖書館藏斯二六七四，贊普赤松德贊將種種疑問整理爲二十二問，遣使求解於曇曠，曇曠遂撰寫《大乘二十二問》以答。[二] 上引文可以表明曇曠在敦煌、藏地佛教普羅信徒乃至贊普心中的地位，其佛教著述在溝通漢、藏，向吐蕃傳播漢傳佛教方面具有重要的歷史意義。

[一] 張雪松：《河西曇曠及其〈大乘起信論〉研究（上）》，《中國佛學》二〇一五年（總第三十八期），第一二頁。

[二] 楊富學、李吉和輯校《敦煌漢文吐蕃史料輯校》（第一輯），甘肅人民出版社，一九九九，第二四頁。

曇曠撰寫的佛學著作與當時社會背景有密切聯繫，也是大乘佛教興起的一種需要，成於敦煌佛教義學的高潮期。敦煌佛教義學的興起條件是安史之亂後的中原政治動蕩，吐蕃管轄沙州後漢人都督信奉佛教，區域內佛教的流行和昌盛。

（三）《大乘起信論略述》寫本的成書

據《大乘百法明門論開宗義決》序之曇曠自傳「次於凉城造《起信》銷文」，已可知《大乘起信略述》所產生的時代、地點。沙門澄漪的序稱曇曠先撰《大乘起信論廣釋》，但因爲其累繁晦澀，「恐初心者仰崇崖而起退，望渤澥而迷神。迺復探其旨歸，爲之《略述》」。此時是在甘州途中。到達敦煌後完成。斯二四三六《大乘起信論略述卷上》，首尾完整，尾題：「寶應貳載玖月初於沙州龍興寺寫記。」「寶應二載」展示了時間，「沙州龍興寺」交代了地點。敦煌文獻《四分律比丘戒本》卷末題記「乾元二年四月廿日龍興寺僧静深寫了」出現最早的關於龍興寺的記載。〔一〕龍興寺在《敦煌莫高窟供養人題記》〔二〕一書中出現了十四次，是石窟題記中出現頻次較高的沙州寺院之一。就目前所掌握的文獻資料綜合考證，龍興寺爲敦煌莫

〔一〕《國家圖書館藏敦煌遺書》第十六卷，北京圖書館出版社，二〇〇六，條記目録第一二頁；陈大爲：《敦煌龍興寺與其他寺院的關係》，《敦煌學輯刊》二〇〇九年第三期，第五二頁。

〔二〕敦煌研究院編《敦煌莫高窟供養人題記》，文物出版社，一九八六。

高窟附近的著名寺院，同時在沙州衆多寺院中有着不可或缺的地位。關於敦煌龍興寺的位置，鄭炳林教授判定其當在「沙州羅城中，子城北偏東方向，張芝墨池附近」[一]。伯二一四一背草書寫卷應出於敦煌抄經僧人之手，斯二四三六多處增删則是文本創作过程的直接反映。

三、《大乘起信論略述》的内容及特色

《大乘起信論略述》是對《大乘起信論》的重要注疏，是對佛教大乘思想的論述。而對大乘佛法生起信仰之心的目的，則是通過修習大乘之行，最終達到成佛的境界。[二]《大乘起信論》的内容架構爲五分。此前的《大乘起信論廣釋》五卷本即是分五章進行闡釋。五分中，第一章因緣分爲序分，第二、三、四章（立義分、解釋分、修行信心分）爲正宗分，第五章勸修利益分爲此論的流通分。而《大乘起信論略述》僅上下兩卷，又以此論最初歸敬頌爲序分，最後回向頌爲流通分（如二六、二七行所述）。從内容安排看，卷上是對《大

［一］鄭炳林：《敦煌碑銘贊輯釋》，上海古籍出版社，一九九二，第三一三頁；陳大爲：《敦煌龍興寺與其他寺院的關係》，《敦煌學輯刊》二〇〇九年第三期，第五二頁。

［二］高振農譯注《大乘起信論譯注》，中華書局，二〇一二，第一頁。

乘起信論》第一、二、三分的注疏，而卷下則是對第四分「修行信心分」和第五分「勸修利益分」的闡述。

在前面部分開明宗義，先講《大乘起信論》的主旨思想〔一〕：

將釋此論，三門分別：一明造論意，二顯論宗〔趣〕，三解論文義。初造意者，准論四義及八種因。如下廣説。今捴略攝，以爲二義：一令離妄，二爲顯真。此二各二：一自，二他。謂諸衆生一心本性，非動非静，非生非滅，非浄非染；由无明熏，動成妄念，流轉生死，備受諸苦。今令衆生了自心性，本來寂滅，令无動念。有動者皆是无明動念，无明亦无所起；知心无動，不起念者，契證心源，永无流轉，即經所説：離自心妄相，得自覺聖智。此是諸經所説宗要，依所通達而能脩行，依自所脩能爲他説，即經所言宗通説通。宗通爲脩行，説通爲愚者，顯如是義，故造此論。明宗趣者，略有二種：一明所宗，二明所趣。所宗有二：一大乘教，二大乘理。所趣有二：一大乘行，二大乘果。大乘教者，謂説一心、二門等教。此能詮教，但是假者，巧詮實義，是可崇故。大乘理者，謂法与義。所言法者，謂即一心、二門之法。所言義者，謂體相用三大之義。此法与義，是實所詮，皆无虚妄，可尊主故。大乘行者，謂信与行。信謂四信，行謂五行，是脩行者所歸趣故。大乘果者，謂大法身；此大法身具體相用，

〔一〕以下引用此卷時俗字均用正字轉録。

是前行因所歸趣故。此等諸義，下文當説，樂廣説者，應尋引之。

緊接着是對「大乘起信論」的題解：

解論文者，略有二種，先釋題目，後述論文。釋題有三：一釋大乘，二明起信，三解論字。言大乘者，謂即一心。而言大者，當體立名，以廣包故。所言乘者，寄喻立稱。由能運故，謂此一心能含二門、三大等義，凡聖染净无所不包，故謂之大；由此乃能運生万法，運凡至聖，運因成果，故名爲乘。由此依心能所詮，〔證〕教理行果，皆名大乘。依大乘心之所起，故言起信者。起謂發起，謂大乘教是能發起，信謂忍樂心净爲相，是所發起。由大乘教，於勝理果發信心行，故名起信。所言論者，決判爲義。決斷分判理行果義，令物生解，故名爲論。摠而言之，能令衆生於此大乘起信之論，名大乘起信論。

第八四行起入因緣分，列舉造此論有八種緣由，是造此論疏的緣起，如：

述曰：次下第三，依名弁相。别釋五分，即分爲五。初因緣中，復分爲二，初標私分名，後别顯其義，此初也。言因緣者，是所以義、所爲義、發起義，是因緣義。

一一六行總結「前八因所説之法立義分等諸義等」。

一四五行起，入立義分，揭示發大乘心性根的實質是法與義。法即衆生之心：

述曰：次下第三，依名弁相。於中有二：先法，後義。法中有二：初就體揔立，後依門別立。揔中有三：初揔出法體，次弁法功能，後釋其法名……中心者，如來藏心，而名法者，爲乘體故。謂具隨流不變之義。能含二門、攝三大故，即大乘體，故名爲法。

心能攝一切法，有心真如相和心生滅因緣相兩種，義有體大（一七四至一七五行）、相大（一七六至一八〇行）、用大（一八一至一八四行），也是諸佛和菩薩所乘的核心，故名大乘。大乘的體、相、用三大之説一直被認爲是《大乘起信論》最具特色的三個部分。

一八七行起，入解釋分。根據立義分的法説原則，又分三段式解釋：

一是顯示正義。正義即是第二部分立義分的法義，此處又對其内容進行梳理和拓展，先解釋心真如門，再釋心生滅門，彰顯世間一切法的體大、相大、用大即是阿黎耶識——衆生的根本識，指出長劫修行，始得成佛的法義。

二是對治邪執。一切邪執有人和法二種我見，即是凡夫五種人我見、二乘聲聞的法我見，《大乘起信論》給出方法加以對治。

三是發趣道相。即指菩薩修行發菩提心，願一切衆生探求生命真諦，也是獲如來正等覺果位，往生浄土的祈願之心。

卷下先是修行信心分，即「四信」，或稱四種信心——信真如、信佛、信法、信僧，是解説起信的内容。寫卷在這裏反復强調「真如」——四信之中，信真如是前提和核心，然後纔有信奉佛、法、僧「三寶」。真如是理，是義，是法，是智，是進入佛教的門檻，是修行的境界。

真如既遍一切法中，亦非一善而能順。……

證何境界謂真如者，此舉所證之法也；以依轉識説爲境界等者，此釋外疑難也。既説體會名證，真如於中，則無能所差别；而乃説真爲境界者，以依證智，同時轉相，能取境界故。説真爲境，欲顯菩薩，雖證真如，非能浄故，假説轉識；而實證者，體會真如，理智無别，何有境界？唯真如智名法身者，結明非境，謂證菩薩，名爲法身。法身唯是如浄智，既彼理智無有别體，是故真如境界也。……

真如既是諸仏所師、衆行之源，故云根本，樂念觀察，故名爲信，是後三信根本故，故初明也。

在具體的修行措施方面，論述了五種修行觀即「五行」——修施、修戒、修忍、修精進、修止觀，即所謂「故脩五行，以成四信」。實際上也是對佛教六度思想的另一種特殊的解釋和説明。同時，另有爲專門修大乘法而有怯弱心者而説的修持法，即專念佛而往生净土，是大乘佛教常説的「頓悟」理念。

在與修行相關的内容中，寫卷對原論的「修忍」的詮釋最有特色。

八七三行起，入勸修利益分。首行贊歎修行功德，然後誡其毁謗。

述曰：次下顯其毁謗罪重。於中有四：一謗成重罪，二誡勸止謗，三釋罪重意，四轉釋所由，此初也。極造五逆，但五劫苦。謗此論者，逕无量劫，受於十方阿鼻極苦……由是毁謗獲大罪故，縱未曾聞，不堪思脩，但可仰信，不應誹謗。……造五逆者，但能自害，非斷三實，非爲深害。謗此法者，豈惟自他墮大苦趣，亦斷自他三寶之種，名深自害，亦害他人，斷絶一切三寶種也。

文末歸結：「是毁謗者，自害害他，成大損故。衆生欲求自利利他，成大益者，於此論中，應勤修學。」勸修利益分是修持大乘法的利益功德。「復次精勤」至「十種利益」，《大乘起信論》原文叙述較詳，《大乘起信論略述》則祇是象徵性地附和，而顯「略述」之義。

在「略述」的最後，是對《大乘起信論》主題的概括和内容總結亦即流通分：

文中四句，顯於大乘理教行果，以成一頌。初句正顯所説之法，顯説所依大乘理也。謂即一心是仏所證，含其二門，齊限不分，名甚深義；具包三大，无所不運，名廣大義。次句正顯能詮之文，依理所起大乘教也。我隨智量，分所顯理，以其略文而攝多義，起此大乘摠持教也。次句正顯福施羣生，顯脩大乘之願行也。謂如法性，無所不至；我此依理，起教功德，亦如法性，施羣生也。後句正顯福施之益，顯依行願所得之果利，普令衆生得於大乘果利益也。

這裏的一心、二門、三大等，也是對文本開頭的回應。

總之，正如方廣錩先生所認爲的，「釋文探源尋流，旁徵博引，研究者或謂其反映了西明寺系僧人的學風與觀點」[一]。此論疏解行並進，文思敏捷，不僅在漢地流行，亦在韓國、日本等地流傳甚廣，是歷代各宗派的經論依據之一，也是古往今來佛學經典疏釋之一。

[一] 季羡林主編《敦煌學大辭典》，上海辭書出版社，一九九八，第七一八頁。

四、《大乘起信論略述》的歷史價值

（一）歷史文獻價值

曇曠的相關著述均爲唐五代時期的寫本，敦煌文獻僅存，這批文獻形成的時間在寶應二年（七六三）九月（實際已到唐代宗廣德元年）曇曠到達敦煌之後，宋元之際敦煌藏經洞封閉之前。這些草書寫經均爲曇曠對佛教經典的注疏、解釋，大多爲孤本，也無傳世資料作爲印證，具有極高的文獻價值。作爲敦煌草書寫本，此類寫卷書法精美，而且大多經過校勘。就草書本而言，至今尚無專門的整理和研究成果。以《大乘起信論略述》卷上斯二四三六的整理和校勘爲例，與《大正藏》互校，發現有五百多處可以訂正的内容，寫本中保存有朱筆標記，亦有墨筆訂正修補痕迹，該寫本與伯二一四一背是經過校勘的寫本，從中可以進一步瞭解唐代寫經手對著述的書寫形式等。

（二）内容的哲學價值

曇曠對《大乘起信論》的注疏，主要反映當時僧人對《大乘起信論》的理解，展現了曇曠的佛教思想，代表當時佛教思想的發展水平和傳播情況，這些文獻所體現的思想與時代特色，是研究禪宗與法相宗、華嚴宗等唐代佛教宗派传播史、漢地佛教與藏地佛教交流史的重要材料。

曇曠自述其早年開始研究唯識學，到長安後專門研學《金剛般若經》和《大乘起信論》，所學從唯識學擴展到般若學及如來藏系統。所撰對《大乘起信論》的注疏通過「一心二門」的心性學架構而層層展開染净互熏的流轉與還滅運動，法、報、應三身佛説，以及止觀修習等大乘教義，明顯表現出，既融攝了南北朝以來中土所傳大乘佛教的中觀、瑜伽、如來藏等各家之説，又創造性地吸收、消化了中國傳統哲學的思維成果，並有意識地超越各家的争論和各種文化的異同，加以融會貫通，曲成無遺。〔一〕《大乘起信論略述》是對佛教經典《大乘起信論》的闡釋著作，著述的目的在於進一步宣揚佛法，曇曠在五卷本《大乘起信論廣釋》的基礎上將其凝煉爲《大乘起信論略述》上下兩卷，可見曇曠對大乘信根等概要含義的重視，反映了曇曠對該經的具體認識，是研究佛教中國化的重要資料。

（三）反映古代佛教儀式的重要文獻

《續高僧傳·僧朗傳》記：

有比丘尼，爲鬼所著，超悟玄解，统辯經文，居宗講導，聽採雲合，皆不測也，莫不贊其聰悟。朗聞曰：「此邪鬼所加，何有正理，須後撿校。」他日清旦，猴犬前行，徑至尼寺，朗隨往到，禮佛遺繞

〔一〕龔雋：《〈大乘起信論〉與佛學中國化》，第二一一頁。

塔，至講堂前。尼猶講説，朗乃厲聲呵曰：「小婢，吾今既來，何不下座。」此尼承聲崩下，走出堂前，立對於朗，從卯至申，卓不移處，通汗流地，默無言説。問其慧解，奄若聾癡，百日已後，方服本性。[一]

唐代僧人宗密述《大方廣圓覺修多羅了義經略疏》卷下之二載：「造塔造寺，供佛供僧，持咒持經，僧講俗講。」[二]可見唐代講經主要分爲三類，即僧講、尼講和俗講（齋講），尼僧講法雖不新奇，但社會影响力較大，主持講經儀式的均爲有威望學識的高僧大德。從中可見唐代講經的盛行，敦煌文獻中存在的大量講經文即證實當時講經制度的流行。講經制度不但弘揚了佛法，對於教育僧衆，開宗立派，佛教思想的衍變也大有裨益。僧講是在僧人安居月期間不集俗人的傳法講，宣揚佛教教義，僧講是以經注爲本，演説經義。關於講説經義的講稿和記録，僧講使用的底本多帶有「釋」「疏」「開决」等比較專業的術語，其論疏内容多爲解釋經文，但側重義理闡釋，較爲晦澀難懂。[三]《大乘起信論略述》作爲對《大乘起信論廣釋》的進

[一] 釋道宣撰《續高僧傳》，《大正藏》第五〇册，第六五〇—六五一頁。

[二]《大正藏》第三九册，第五六八頁。

[三] 林世田、楊學勇、劉波：《敦煌佛典的流通與改造》，甘肅教育出版社，二〇一三，第四一五頁。

一步濃縮，則是爲了方便宣講，快速傳播大乘義理。原卷伯二〇五一《大乘起信論略述卷下》，内容完整，寫本首尾書寫整齊，無烏絲欄，無朱筆校勘痕迹。斯〇一二二五號寫本首尾殘[一]，字體近似《大乘起信論略述卷上》斯二四三六，有烏絲欄，有多處校勘痕迹，可能是講經或聽經中的速抄本原件，伯二〇五一爲複抄本。

五、《大乘起信論略述》的書寫特徵及書法史意義

敦煌草書寫本均爲對非經文的佛教經典疏、論、記的記録和抄寫，所以多爲孤本，此類草書寫本中的書法均爲珍貴的真迹。這些珍貴作品再現了當時用筆、用墨的痕迹，是研究敦煌地域書風、書法史的重要材料，從另外一個角度反映了唐代寫經書體形式的豐富，也反映出唐代社會書法的流行趨勢與繁榮。

（一）卷上寫本的主要書寫特徵

卷上斯二四三六，講究書寫的間架布局，用朱筆標注的句讀、段落區分等符號，如「述曰」上方使用「△」，每段首「論」右上側使用「』」等，增添了寫本的藝術美感。該寫卷具有一些顯著特徵。

〔一〕方廣錩、〔英〕吴芳思主編《英國國家圖書館藏敦煌遺書》第二册，廣西師範大學出版社，二〇一四，第三四二－三五一頁。

第一，趨變適時，行草兼用。

工整的草書基本上不留行書筆畫，如黄庭堅草書《杜甫寄賀蘭銛詩》、張旭狂草《古詩四帖》。斯二四三六《大乘起信論略述卷上》有很多字保留了行書的筆畫，如第一行的「將」「釋」「此」「造」等。從通篇而言，斯二四三六行筆的速度快，偶有連帶。

一是減省筆畫。斯二四三六的有些字保留了行書字的每個筆畫，有些字則衹是保留了行書的框架，將鄰近的兩筆連爲一筆。如第四行、六五行「衆生」，六二行「欲令」，六〇〇行「六識」，等等。減省筆畫是形成草書字的基本方法，在採取其他草化的方法時，也離不開減省筆畫這個基本方法。

二是半行半草。該寫卷中用了一些行書字形，半行半草的字在行書中常見，而在標準的草書中不常用，如第五行的「由」字是行楷，「轉」字是半行半草；第六行的「起」是半行半草；第八行的「依」，右旁用兩筆寫就代替「衣」，是半行半草；等等。唐書學理論家張懷瓘《書斷》上卷曰：「漢元帝時史游作《急就篇》，解散隸體，粗書之，漢俗簡惰，漸以行之是也。」[一] 草書作爲獨立書體，大約始於漢代。從書法史重要的書論對書家的評斷可以看出，當時的書家常常是多體兼善的，東晉王獻之《二十九日帖》、唐顏真卿《裴將軍詩》的文稿中亦採用不同的書體。斯二四三六在行書草書混用書寫時處理得極佳，注意格調統一。

〔一〕《歷代書法論文選》，上海書畫出版社、華東師範大學古籍整理研究室选編點校，上海書畫出版社，一九七九，第一六二頁。

第二，以圓筆、直弧綫爲主，兼用方筆、尖筆多種筆法。書法妙趣，皆在運筆。唐人寫經書法有其獨特的風格樣式和筆法結構。圓筆中鋒，偶用連筆，蒼勁而有質感，以圓筆弧綫求筋力的風格可成爲書法愛好者研習的規範。

此寫卷有些字大量用圓轉直弧綫筆畫，這種圓轉直弧綫，與方筆和尖筆起收勢形成鮮明的對比，如第二行「宗」「義」，第八行「自」「通」，第一〇行「明」「大」，第十五行「身」「當」等以圓筆爲主；方筆切入起筆的，如第七八五行「由」，第七八九行「卷」字等；尖筆起收的，如第一〇六行「品」，第一四〇行「也」「如」「此」，第一七一行「乘」；運用直綫以及直綫意味的弧綫的，第七行「所」，第九行「行」，第一一行「謂」「説」「詮」等最爲明顯，「其曲如弓，其直如弦，矯然特出，若龍騰于川，森尔下穨，若雨墜于天」[一]。直弧綫、方圓等筆法既運用在筆畫上，也運用在字體結構和章法中。康有爲《廣藝舟雙楫》做了闡述：「蓋方筆便於作正書，圓筆便於作行草。然此言其大較，正書無圓筆，則無宕逸之致，行草無方筆，則無雄强之神，則又交相爲用也。」[二]「妙在方圓並用，不方不圓，亦圓亦方，或體方而用圓，或用圓而體方，

〔一〕（唐）房玄齡等撰《晉書》，中華書局，一九七四，第一〇六二頁。

〔二〕康有爲著，崔爾平校注《廣藝舟雙楫注》，上海書畫出版社，一九八一，第二〇二—二〇三頁。

或筆方而章法圓，神而明之，存乎其人。」〔一〕南宋姜夔《續書譜》云：「方者參之以圓，圓者參之以方，斯爲妙矣。然而方圓、曲直不可顯露，直須涵泳，一出於自然，如草書尤忌横直分明，横直多則字有積薪束葦之狀，而無蕭散之氣，時參出之，斯爲妙矣。」〔二〕該卷草書圓筆切入兼用方勢，方中不矩，圓中不規，「屋漏痕」式凝重行筆。「屋漏痕欲其横直匀而藏鋒。」〔三〕又有「折釵股」式用筆。釵是古代婦女頭上的金銀飾物，質地堅韌，後被借以形容彎曲盤繞的筆畫，筆勢雖轉折而其筆畫依然圓潤飽滿。「用筆如折釵股……折釵股欲其曲折圓而有力。」〔四〕南宋陸游《醉中作行草數紙》詩云：「堂堂筆陣從天下，氣壓唐人折釵股。」《西窗》詩：「看畫客無寒具手，論書僧有折釵評。」

第三，「隨聽寫」簡而便的書寫規範。

斯二四三六寫本完整，末有題記，有烏絲欄相隔，個别地方有速寫錯誤造成的多餘筆道。看得出，可能是正在創作中的文本，或是一份聽講的記録稿，並經過講述人校對。

梁武帝《草書狀》曰：「蔡邕云，昔秦之時，諸侯争長，簡檄相傳，望烽走驛，以篆隸之難，不能救

〔一〕康有爲著，崔爾平校注《廣藝舟雙楫注》，第二〇一頁。
〔二〕《歷代書法論文選》，第三九一頁。
〔三〕《歷代書法論文選》，第三八八頁。
〔四〕《歷代書法論文選》，第三八八頁。

速，遂作赴急之書，蓋今草書是也。」〔一〕伯二〇七九《净名經關中釋抄卷上》題記：「壬辰年正月一日，河西管内都僧政京城進論朝天賜紫大德曹和尚就開元寺爲城隍禳灾。僧講《維摩經》，當寺弟子僧智惠并隨聽寫此上批，至二月廿二日寫訖。」〔二〕斯六六〇四《四分戒本疏卷第一》朱筆題記：「亥年十月廿三日起首於報恩寺李教授闍梨説此疏，隨聽隨記，十月二日。」〔三〕題記可證實這一類的寫卷爲寫經僧人實用性的書寫，並非書法創作。梁庾肩吾《書品》云：「草勢起於漢時，解散隸法，用以赴急。本因草創之義，故曰『草書』。」〔四〕《晉書》卷三十六衛瓘傳記載「崔瑗作《草書勢》曰：書契之興，始自頡皇。寫彼鳥跡，以定文章……草書之法，蓋又簡略。應時諭指，用於卒迫。兼功并用，愛日省力。純儉之變，豈必古式。」〔五〕在聽講經過程中的速寫記録，學僧聽高僧大德講法時的筆記，具有快速書寫的筆法特徵，兼有「用以赴急」叙事、通情達意之類的實用價值，成爲許多傳世注疏的底本。若能在這些功能之上，加以對美感的追求，作品就有了藝術性。

第四，敦煌「獨草」的簡約變體法則。

〔一〕（清）嚴可均校輯《全梁文》卷六，《全上古三代秦漢六朝文》，中華書局，一九五八，第二九八五頁。
〔二〕《法國國家圖書館藏敦煌西域文獻》第四册，第二六二頁。
〔三〕黄永武主編《敦煌寶藏》第四九册，新文豐出版公司，一九八一，第二四七頁。
〔四〕《歷代書法論文選》，第八六頁。
〔五〕《晉書》，第一〇六六頁。

由於「隨聽寫」的特點，敦煌草書寫卷書寫速度過快，產生了簡寫筆法。「在由篆而隸的書體演變過程中，依靠快寫、省略、假借、合併部首等篆書快寫手段，破壞和肢解原有的漢字結構和用筆方式，並在變化中逐步形成自己的規律。」〔一〕在隸變過程中省略、合併、快寫之類的「草化」思想，一直都在醖釀着。〔二〕在「解散隸體」的書寫中以「畫」代符、以「點」代畫、省符、省部件的書寫時常出現。〔三〕從現有的書論評斷中可窺探出草書的形成路徑：古篆→古隸（秦隸）→隸書→隸草（篆草）→草書。斯二四三六配有烏絲欄相隔，而古代隸書文字書寫工具爲削製成的較爲平整的狹長竹木片，書寫材料的特性造成書寫簡約原理，横勢走向，抑左揚右，字字獨立，用筆少牽連，姜夔《續書譜》云：「自唐以前，多是獨草，不過兩字屬連。」〔四〕此卷草書寫經中偶有出現「欲令」「衆生」等兩字相連的情况，以獨字書寫爲主的章法特點與「章草」書寫相暗合。「至漢末，脱去『章草』中隸書筆劃的形迹，上下字之間，往往牽連相通，演變成『今草』，即一般所稱之草書。」〔五〕《古代字體論稿》：「漢代草書簡牘中的字樣，多半是漢隸的架勢，而簡易地、快速地寫

〔一〕黄惇：《中國書法史》，遼寧美術出版社，二〇〇一，第一五頁。

〔二〕馮猛：《章草摭談》，《焦作大學學報》二〇一一年第四期，第三六頁。

〔三〕王繼安：《敦煌殘卷〈大乘起信論略述卷上〉破體書風評析》，《藝術百家》二〇一〇年第三期，第二一六頁。

〔四〕《歷代書法論文選》，第二八七頁。

〔五〕康有爲著，崔爾平校注《廣藝舟雙楫注》，第一七頁。

去。所以無論一字中間如何簡單，而收筆常帶出燕尾的波脚。且兩字之間絶不相連……稱爲章草」。[一]隋朝的行草書寫卷並不多，「斯二〇四八《攝論章》是沙州崇教寺沙彌善藏於仁壽元年（六〇一）所書，通篇氣勢連貫，行筆流暢，有的字還具有章草的特點，有的地方也露出魏體用筆的特徵。另一件行書寫卷斯二一三七《相州光嚴寺信行遺文》行筆抑揚頓挫，極有風致，具有西魏寫卷《法華經義記》（伯三三〇八）的遺風，但細膩處則又不足」[二]。唐敦煌地區草書寫卷必然相承前朝書體，但並無隸意的特點與「今草」契合，又具有唐人「今草」銜尾相隨、渾然一體的特色。寫經者在以赴急用的「隨聽寫」中不僅諳熟章草的書寫法則，並融會魏體、今草的筆法特徵以爲己用，創造出獨具敦煌特色的獨草寫法。

（二）卷下的主要書寫特徵

《大乘起信論略述》卷下伯二〇五一寫卷中保留了最爲典型的敦煌俗字合文寫法，如五七行、七四行「涅槃」等，卷中文字上下牽連情况增多，如第三〇九行「轉勝」、第三三九行「之外」、第三九五行「諸法」「離真」「无別」等，三字、四字牽連也不鮮見，如：第四四五行「發心者」、第四八〇行「分別義」、第四四三行「彰發心所」等。概括而言，伯二〇五一具有三方面顯著特徵。

〔一〕啓功：《古代字體論稿》，文物出版社，一九九三，第三三－三四頁。

〔二〕趙聲良：《隋代敦煌寫本的書法藝術》，《敦煌研究》一九九五年第四期，第一三五頁。

第一，撥鐙有序的筆法。

唐代林蘊《撥鐙序》：「翰林禁經云：筆貴饒左，書尚遲鈍，此君臣之道也。大凡點畫，不在拘之長短遠近，但勿遏其勢。俾令筋骨相連，意在筆前，然後作字。若平直相似，狀如算子，此畫爾，非書法也。吾昔授教於韓吏部，其法曰『撥鐙』，今將受子，子勿妄傳。推、拖、撚、拽是也。訣書於此，子其旨而味乎！」〔一〕

> 自後漢崔子玉傳筆法，至鍾、王，下逮永禪師。永傳虞世南，世南傳陸柬之，柬之傳其侄彥遠，彥遠傳张長史，長史傳崔邈，邈以授韓方明。方明曰：「置筆於大指節前，大指齊中指相助爲力，指自然實，掌自然虛。」盧攜述義、獻以來相傳筆法曰：「大指擫，中指斂，第二指拒無名指。」林蘊傳盧肇撥鐙法，亦云：「以筆管著中指尖，令圓活易轉運。」其法與今同。蓋足踏馬鐙，淺則易轉運。「撥鐙」二字，誠爲妙譬，蓋崔、杜之舊軌，鍾、王之正傳也。〔二〕

據以上引文可知「推、拖、撚、拽」四字是運用毛筆書寫時的走勢，於「指自然實，掌自然虛」中見其

〔一〕（唐）林蘊：《撥鐙序》，（清）董誥等編《全唐文》卷七六八，中華書局，一九八三年影印嘉慶本，第八〇〇四頁。

〔二〕《歷代書法論文選》，第八三九頁。

握筆的方法。伯二〇五一《大乘起信論略述卷下》行草書運筆時細筆纖巧，粗筆厚重，如第三四三行「也」、第三四九行「上」、第四四四行「何」、第七四三行「或」；以中、側鋒相承，上下交筆偏鋒過渡，如第二七八行「起心」、第四六一行「前問」；起訖分明的用筆既增添了筆畫的綫條趣味，又省略了筆筆換鋒的麻煩，以捻管的方式代替。書法講究用墨，下筆輕重筆墨濃淡均不相同，濃墨可增添神采，淡墨可頻添樂趣，第三七五行「一」「不」，第四一九行「自」，第八三五行「有」，使作品在墨色變化中有了節奏感和韻律。這方面，恰似文徵明《西苑詩》的用筆，墨色濃淡表現了筆意的蒼雋灑脱，行筆温潤勁秀。

第二，裹束有度的結字特徵。

五體皆備的書法理論中講間架結構的不少，如歐陽詢「結構三十六法」、李淳進「大字結構八十四法」、黄自元「間架結構摘要九十二法」等，均以爲篆、隸、楷莊重穩健，行草書靈動有序，趙孟頫作於一三一〇年的《定武蘭亭十三跋》第七跋云「书法以用筆爲上，而結字亦需用工，蓋結字因時相傳，而用筆千古不易」[一]。明代項穆《書法雅言》云：「書法要旨，有正與奇。所謂正者，偃仰頓挫，揭按照應，筋骨威儀，確有節制是也。」[二]道出書法结體參差起伏、穩定沉着的辯證關係。唐张懷瓘提出了字體態勢開合聚散的「裹束」説。张懷

〔一〕《趙孟頫集》，錢偉强點校，浙江古籍出版社，二〇一二，第三〇三頁。

〔二〕《歷代書法論文選》，第五二四頁。

瓘《玉堂禁經》云：「夫書，第一用筆，第二識勢，第三裹束。三者兼備，然後爲書，苟守一途，即爲未得。」[一]漢字以獨體字爲主，部分合體字的上下與左右結構形成了不同的結體規律。書法字形結體的秘密無非就是「謙讓」二字。書法的結構、用筆孰輕孰重雖有不同的考量，在五種書體中雖風格不同，但筆畫、結構的處理方法遵循内鬆外緊、内緊外鬆兩種規律。伯二〇五一單字中點畫安排與形式布局的内緊外鬆式如第一六四行「心」、第三八〇行「耳」、第四二六行「然」、第七二六行「逸」等，内鬆外緊式如第七七行「心」、第二六三行「是」、第四〇七行「至」等，字與字，形與形，因字賦形與空間謙讓的態勢分出了主次，謙讓出了美感也生發出了和諧。

第三，虛实錯落的章法空間。

南齊謝赫《畫品》「經營位置」之説雖是品評中國繪畫最重要的理論，亦可成爲對書法字與行遞相映帶的解説。唐韓方明《授筆要説》中説道：「夫欲書先當想，看所書一紙之中是何詞句，言語多少，及紙色目，相稱以何等書令與書體相合，或真或行或草，與紙相當。然意在筆前，筆居心後……自然容與徘徊，意態雄逸，不得臨時無法，任筆所成，則非謂能解也。」[二]唐代張懷瓘《書議》曰：「子敬才高識遠，行草之

〔一〕《歷代書法論文選》，第二二七－二二八頁。

〔二〕韓方明：《授筆要説》，《歷代書法論文選》，第二八七頁。

外，更開一門。夫行書，非草非真，離方遁圓，在乎季孟之間。兼真者，謂之真行，帶草者，謂之行草。子敬之法，非草非行，流便於草，開張於行，草又處其中間。無籍因循，寧拘制則，挺然秀出，務於簡易，情馳神縱，超逸優游，臨事制宜，從意適便。有若風行雨散，潤色開花，筆法體勢之中，最爲風流者也。」[一]董其昌《畫禪室隨筆》云：「古人論書，以章法爲一大事，蓋所謂行間茂密是也。」。[二]章法是點評一幅作品中字與字點畫布置、行與行呼應關係的方法。清代劉熙載《書概》中指出：「書之章法有大小，小如一字及數字，大如一行及數行，一幅及數幅，皆須有相避相形、相呼相應之妙。」[三]「字體有整齊、有參差。整齊，取正也，參差，取反應也。」[四]大章法包括正文、落款、鈐印等；小章法即是單字的筆書安排，是單字與多字之間的分布關係。中國書法借助綫條建立了審美形式規範。伯二〇五一書法的章法中很重視「計白當黑」，字與字之間分疏有致，寫本中虛實相依，黑白避讓，有字無字，應接自如，在黑白虛實中彼此涵攝融爲一體，獲得獨特的章法美，充實平面的層次透露出獨特的意境。

〔一〕《歷代書法論文選》，第一四八—一四九頁。
〔二〕《歷代書法論文選》，第五四三頁。
〔三〕《歷代書法論文選》，第七一二頁。
〔四〕《歷代書法論文選》，第七一一頁。

圖書在版編目(CIP)數據

大乘起信論略述：全二冊/ 姚志薇編著. --北京：
社會科學文獻出版社，2022. 6
（敦煌草書寫本識粹 / 馬德，吕義主編）
ISBN 978-7-5201-9593-5

Ⅰ. ①大… Ⅱ. ①姚… Ⅲ. ①大乘－佛經－研究
Ⅳ. ①B942.1

中國版本圖書館CIP數據核字（2021）第279064號

·敦煌草書寫本識粹·
大乘起信論略述（全二冊）

主　　編 / 馬　德　吕　義
編　　著 / 姚志薇

出 版 人 / 王利民
組稿編輯 / 宋月華
責任編輯 / 胡百濤　周雪林　范明禮
責任印製 / 王京美

出　　版 / 社會科學文獻出版社·人文分社（010）59367215
地址：北京市北三環中路甲29號院華龍大厦　郵編：100029
網址：www.ssap.com.cn
發　　行 / 社會科學文獻出版社（010）59367028
印　　裝 / 北京盛通印刷股份有限公司

規　　格 / 開　本：889mm×1194mm 1/16
印　張：26.5　字　數：195千字　幅　數：212幅
版　　次 / 2022年6月第1版　2022年6月第1次印刷
書　　號 / ISBN 978-7-5201-9593-5
定　　價 / 498. 00圓（全二冊）

讀者服務電話：4008918866